Vladimir Ilich Lenin

Vladimir Ilich Lenin

Textos escogidos

Compilación e introducción
de Sonia Almazán del Olmo
y Jacinto Valdés-Dapena Vivanco

New York • Oakland • London

Derechos © 2016 Ocean Press y Ocean Sur

Todos los derechos reservados. Ninguna parte de esta publicación puede ser reproducida, conservada en un sistema reproductor o transmitirse en cualquier forma o por cualquier medio electrónico, mecánico, fotocopia, grabación o cualquier otro, sin previa autorización del editor.

Seven Stories Press/Ocean Sur
140 Watts Street
New York, NY 10013
www.sevenstories.com

ISBN: 978-1-921700-01-9

Índice

Nota a la edición	1
Sobre los compiladores	2
Lenin y la Revolución Rusa	5
Cronología	11

Selección de textos

¿Qué hacer?	19
Un paso adelante, dos pasos atrás	35
Dos tácticas de la socialdemocracia en la revolución democrática	47
Sobre la reorganización del partido	58
Las enseñanzas de la insurrección de Moscú	68
Marxismo y revisionismo	76
El imperialismo, fase superior del capitalismo	85
Informe sobre la revolución de 1905	96
Las tareas del proletariado en la presente revolución	114
La dualidad de poderes	119
VII Conferencia (de abril) de toda Rusia del POSDR(b) 24–29 de abril (7–12 de mayo) de 1917	123
El Estado y la Revolución: La doctrina marxista del Estado y las tareas del proletariado en la revolución	132
La crisis ha madurado	142

Segundo Congreso de los Soviets de diputados obreros
y soldados de toda Rusia
25–26 de octubre (7–8 de noviembre) de 1917   145

Acerca de la historia sobre la paz desdichada   155

Acerca del infantilismo «izquierdista»
y del espíritu pequeñoburgués   164

El hambre (Carta a los obreros de Petrogrado)   174

La revolución proletaria y el renegado Kautsky   182

Una gran iniciativa   197

La economía y la política en la época
de la dictadura del proletariado   208

Informe de la Comisión para los problemas
nacional y colonial   219

Tareas de las Juventudes Comunistas   225

Informe sobre la sustitución del sistema de contingentación
por el impuesto en especie (15 de marzo)   241

Acerca del papel y de las tareas de los sindicatos
en las condiciones de la nueva política económica   257

Acerca de la formación de la URSS   270

IV Congreso de la Internacional Comunista   273

Carta al congreso   287

Sobre la cooperación   308

Cómo tenemos que reorganizar la Inspección Obrera
y Campesina (Proposición al XII Congreso del Partido)   316

Más vale poco y bueno   322

Notas   339

Bibliografía general   355

Personas mencionadas (Breve selección)   357

Índice temático   369

Índice de nombres   374

Nota a la edición

La obra teórica y el quehacer político de V.I. Lenin están plenamente incorporados a la historia del movimiento revolucionario marxista y de liberación nacional del siglo XX. Fue, sin lugar a dudas, el primero entre los iguales de los dirigentes bolcheviques que tomaron por asalto el cielo de Petrogrado en el Octubre Rojo de 1917, que inició uno de los momentos más trascendentales de su época: el socialismo como alternativa válida al capitalismo y como perspectiva de un mundo mejor, más justo y humano.

La selección de textos que les presentamos, ofrece al lector los aspectos más relevantes en materia de filosofía, política, economía, sociología, cultura e ideología del leninismo, elaborados a partir del contexto histórico y las coyunturas específicas en que Lenin desplegó sus actividades como el revolucionario que pensó la revolución por la que luchó y en la que estuvo al frente.

En el umbral del tercer milenio, conocer y recuperar el legado leniniano no es solo un excelente ejercicio del pensar, sino una forma de constatar y apreciar que Lenin todavía ofrece respuestas creadoras y originales, claves importantes de las ciencias sociales y las revoluciones del siglo XXI.

Sobre los compiladores

SONIA LILIAN ALMAZÁN DEL OLMO (Cienfuegos, 1942). Licenciada en Lengua y Literaturas Hispánicas de la Escuela de Letras y de Arte de la Universidad de la Habana. Profesora Titular y Consultante de la Universidad de La Habana y Dra. en Ciencias Filológicas.

Tiene una amplia experiencia de docencia e investigación en pregrado y posgrado. Ha impartido cursos de maestría y doctorado en universidades de los Estados Unidos, Centroamérica y Cuba. Ha impartido conferencias en Estados Unidos, Centroamérica, España, Bulgaria, Serbia, Alemania, Rusia y República Dominicana.

Ha participado en importantes eventos científicos en Cuba y en el extranjero y publicado artículos y ensayos en publicaciones cubanas y extranjeras. Ha colaborado en proyectos de Investigación con la Universidad Alejandro de Humboldt de Berlín. Es autora de tres libros sobre cultura cubana y pensamiento cultural cubano que se utilizan como textos para la docencia universitaria en todo el país.

Tiene una destacada participación en la formación de doctores, masters y especialistas.

Pertenece a varios Consejos científicos de instituciones académicas cubanas. Pertenece al Tribunal Nacional Permanente para el otorgamiento de doctorados en Ciencias Filológicas.

Ha recibido numerosas órdenes y condecoraciones por su labor científica y docente en el ámbito universitario y en otras actividades del mismo orden dentro del país entre la que se destaca la Orden Frank País de Primera clase, la más alta distinción docente del país, otorgada por el Consejo de Estado de la República de Cuba.

Sobre los compiladores **3**

JACINTO VALDÉS–DAPENA VIVANCO (La Habana, 1942). Licenciado en Lengua y Literaturas Hispánicas en la Escuela de Letras y Arte de la Universidad de la Habana. Profesor e Investigador Titular. Dr. en Ciencias Jurídicas.

Tiene una larga experiencia docente y de investigación en el campo de la filosofía. Ejerció la docencia universitaria en esta especialidad, durante varios años en la Universidad de La Habana. Ha sido traductor científico técnico de inglés, alemán y checo en la Academia de Ciencias de Cuba.

Ha participado en actividades científicas dentro de Cuba y en el extranjero. Ha publicado diversos artículos y ensayos en publicaciones nacionales y extranjeras. Es autor de varios libros sobre temas de su especialidad. Es Miembro de la Comisión de grados científicos de su especialidad y miembro del Tribunal permanente para el otorgamiento de doctorados en Ciencia Política.

Se destaca por su labor en la formación de doctores y en la tutoría de maestrías y especialidades.

Es miembro de diversos Consejos científicos en instituciones científicas y educativas en Cuba.

Ha recibido numerosas órdenes y condecoraciones entre las que se destaca la Orden Carlos J. Finlay, la más alta distinción científica del país concedida por el Consejo de Estado de la República de Cuba.

Lenin y la Revolución Rusa

La obra teórica de Lenin representó una nueva interpretación del marxismo en el siglo XX. Constituyó, en el terreno de la teoría revolucionaria, una ruptura total con los postulados de la socialdemocracia cuya bancarrota él había vaticinado antes que los bolcheviques hicieran su revolución ininterrumpida y permanente entre febrero y octubre de 1917.

Lenin captó, en pleno despliegue del imperialismo, como fase superior del capitalismo, dentro del Imperio de los Romanov, las posibilidades y perspectivas de una revolución socialista auténtica, que habría de combinar en un solo proceso, en «el eslabón más débil de la cadena imperialista», los objetivos y procesos de la revolución democrático–burguesa y la revolución socialista, como bien estableció en las Tesis de Abril de 1917.

Cuando ningún teórico del marxismo de su época concibió la vía armada e insurreccional para tomar el poder, V.I. Lenin organizó un partido para hacer la revolución socialista en las condiciones especiales —sociales, políticas, económicas, culturales e ideológicas— de la sociedad rusa de fines del siglo XIX y principios del XX.

El análisis y la teoría acerca del partido y su *modus operandi* en el escenario ruso, su visión de la vanguardia como el destacamento de avanzada, desde el punto de vista teórico e intelectual del proletariado, las concepciones acerca del centralismo democrático, el sentido de la organización y los fines de la propaganda y de la agitación, su polémica con el menchevismo y el populismo, respondían al conocimiento adquirido acerca del desarrollo del capitalismo en Rusia y su práctica política.

6 Vladimir Ilich Lenin: Textos escogidos

Años después, en una de sus célebres intervenciones en la III Internacional, habría de insistir ante los revolucionarios del mundo entero, que la Revolución Rusa no era un ícono para reverenciar, sino una fuente de experiencias que podría aportar sus enseñanzas a otras fuerzas políticas, cuya meta final era el socialismo. Así, alertaba acerca del peligro de copiar modelos que no habrían de prosperar en otras circunstancias y sociedades, como se hizo evidente en Europa del Este, después de concluida la II Guerra Mundial.

En tanto para Carlos Marx y Federico Engels la Revolución Socialista tendría su epicentro en los países más adelantados de Europa, en términos de economía y cultura, Lenin expuso, en contra del escolasticismo filosófico de la socialdemocracia, sus tesis acerca de la legitimidad, actualidad y factibilidad de la Revolución en Rusia.

Dos factores intervendrían en consolidar estas verdades:

- La Revolución Rusa de 1905, con su legado de los Soviets como forma de democracia socialista.

- La esencia imperialista de la primera guerra mundial.

La aproximación y reflexión teórica sobre estos dos fenómenos deslindarían el campo entre el reformismo de los mencheviques y el carácter insurreccional del bolchevismo, cuyas diferencias habían comenzado a perfilarse en el II Congreso del Partido Obrero Socialdemócrata de Rusia, celebrado en el año 1903.

Una lectura marxista de las clases sociales condujo a Lenin a reconocer que, en un imperio mayoritariamente campesino, europeo y asiático, de culturas diversas, múltiples nacionalidades y una compleja formación económico–social, que merece examen aparte, la alianza obrero–campesina constituye uno de los pilares fundamentales del socialismo. A lo largo de su vida, una y otra vez, asociaría la supervivencia de la Revolución a la consolidación de esta alianza.

Un aspecto que no se puede evadir ni soslayar en la interpretación de la obra leniniana es que para él y los bolcheviques la Revolución Rusa era la antesala, el despertar, de la revolución europea, y que esta tendría su centro principal en Alemania.

Solo así se puede entender y comprender, en el decurso de los acontecimientos posteriores a 1917, los planteamientos acerca de iniciar la «construcción del socialismo en un solo país» que, a su pesar, tuvieron que reconocer los bolcheviques, como una imposición de la historia, y como única vía para salvar la Revolución de Octubre.

Entre sus méritos teóricos y políticos no puede omitirse la recuperación y el rescate que hace de la teoría de Carlos Marx y Federico Engels en torno al Estado y la Revolución, que restaura y actualiza su visión creadora y sus aportes teóricos, reformados y revisados por la socialdemocracia europea después de la muerte de Federico Engels en 1895.

Corresponde al leninismo no solo analizar, evaluar y apreciar el nuevo desarrollo del capitalismo en el siglo XX —el imperialismo—, sino incorporar el problema colonial de las naciones subdesarrolladas de Asia, África y América Latina a la teoría económica marxista. Como se consagra en la creación de la III Internacional Comunista en marzo de 1919, el problema comprendía y trascendía a la unidad de los proletarios, incluía además, a los pueblos oprimidos del mundo, los «condenados de la tierra», a los que décadas después, haría referencia Frantz Fanon. Ya en el poder, frustrada la revolución socialista en Europa Occidental, Lenin percibiría certeramente en Asia el próximo escenario de la insurrección socialista victoriosa. La Revolución China de 1949 así lo corroboraría.

Momento trascendental en la historia de la revolución bolchevique, lo constituyó la firma de la Paz de Brest–Litovsk en el año 1918. Solo la genialidad política, el talento impar, la autoridad carismática de Lenin, pudo lograr, en el seno de la vanguardia del Octubre Rojo, un acuerdo que significaba renunciar, aunque solo fuera en apariencia como se demostró con posterioridad, a la revolución en Europa en aras de salvar la revolución en Rusia.

La visión dialéctica en torno a esta paz que él mismo calificó de «abyecta» demostró, en su expresión más acabada, la conexión entre los ideales y el proyecto político de un partido revolucionario que tomó el cielo por asalto e inició una nueva era: las revoluciones del siglo XX.

Deudores del bolchevismo serían todas las revoluciones antiimperialistas, anticolonialistas y socialistas del siglo XX.

Desde el Tercer Milenio, en sus inicios, a la luz de modernas concepciones económicas e inclusive de un dominio pleno de *El capital*, resultaría un complejo ejercicio intelectual y teórico proponerse comprender la política de Comunismo de Guerra, adoptada por los bolcheviques en el año 1918, año I de la Revolución Rusa. Sin embargo, las intervenciones de Lenin en

8 Vladimir Ilich Lenin: Textos escogidos

el VIII (1919), IX (1920), X (1921) y XI (1922) congresos del Partido Bolchevique, con un realismo político sorprendente, sirven de instrumentos únicos y excepcionales para explicar la génesis de esta economía de guerra que, en ocasiones, despectivamente se califica como «comunismo de cuartel».

La adopción de la Nueva Política Económica (NEP) en el año 1921 marcó el comienzo de una nueva realidad socio–económica, histórica, cultural y política de la Revolución. Constituía un auténtico repliegue, un retroceso en el campo de la economía socialista, con importantes secuelas en el orden ideológico y político, en tanto se introdujeron formas capitalistas en la industria, la agricultura y los servicios que se convertían en retos y desafíos para el socialismo bolchevique.

De manera fehaciente, la visión leniniana, en particular en el XI Congreso del partido (1922), revela los factores de orden interno y externo que caracterizan a la NEP. En realidad, la formación económico–social rusa no podía prescindir de la acumulación socialista originaria de capital, sobre la que insistirían de manera creadora, Evgueni Preobrazhenski, Nicolái Bujárin y otros lúcidos economistas bolcheviques, para desarrollar base y superestructura de un nuevo modo de producción al que legítimamente se aspiraba: el comunismo.

Sus escritos del período 1919–1923 son claves para comprender las tesis fundamentales acerca de la transición al socialismo en la Rusia soviética.

En el «Discurso de clausura del IX Congreso del Partido Comunista (bolchevique) de Rusia», «Acerca de la formación de la URSS», «Cinco años de la Revolución Rusa y perspectivas de la Revolución Mundial», «Discurso en el pleno del Soviet de Moscú», «Cartas al Congreso», «Acerca del problema de las nacionalidades o sobre la "autonomización"», «Páginas del Diario», «Sobre la cooperación», «Nuestra Revolución», «Cómo tenemos que reorganizar la Inspección Obrero y Campesina», «Más vale poco y bueno», se encuentra un balance estratégico de la historia de la Revolución Rusa desde el año 1917. Revelan una exacta visión profética y percepción de los problemas fundamentales que atravesaba el socialismo, sus perspectivas, amenazas y vulnerabilidades.

Lo más importante, sin embargo, subyace en que Lenin ofrece no solo un riguroso análisis, sino que brinda una comprensión del contexto histórico y político en que se desarrollaba su actividad y sus tesis sobre cuestiones fundamentales de la práctica marxista, el movimiento revolucionario internacional y sus perspectivas, el partido y la necesidad de experimentar una transformación dinámica que permitiera estar por encima y no ser rebasado por las circunstancias existentes en la época, y, por último, los métodos a seguir en la construcción del socialismo en la Rusia soviética.

En este período elaboraría sus notas críticas al libro de Nicolái Bujárin, *La economía del período de transición*. En medio de los difíciles problemas que enfrentó —guerra civil, hambre, cerco capitalista— hay una constante preocupación en Lenin por hacer la revolución que se está desarrollando, pero al propio tiempo, desarrollar la teoría de la revolución que se está forjando. De este modo, la Revolución de Octubre de 1917, la de los bolcheviques de Lenin, en cuya vanguardia militaron revolucionarios excepcionales de la talla de Nicolái Bujárin, León Trotski, José Stalin, Gregori Zinóviev, Lev Kámenev, Nadezhda Krupskaia, Evgueni Preobrazhenski, Félix Dzerzhinski, Aleksandra Kollontai, Larisa Reisner, Anatoli Lunacharski e Inessa Armand, solo por citar a algunas figuras representativas de la pléyade de Octubre, se convirtió en un paradigma para todos los que desde el marxismo de Carlos Marx y Federico Engels se propusieron conquistar el futuro para un mundo mejor, el del socialismo y el comunismo.

La selección de textos que se ofrece al lector se propone poner a su alcance escritos fundamentales que demuestran la originalidad, novedad, aportes científicos y prácticos del quehacer teórico y político de Vladimir Ilich Lenin. Es de suma trascendencia la interpretación del imperialismo, desde el marxismo y la práctica revolucionaria, proveniente de un análisis que se origina a partir de Rusia y para Rusia, pero que se convierte en un referente importante para todas las generaciones de los revolucionarios de ayer, hoy y mañana.

La juventud encontrará en estos textos excepcionales la importante contribución de Lenin a la comprensión del devenir histórico de nuestros tiempos y podrá reconocer en él a uno de los más relevantes protagonistas de la creación de una sociedad más justa y humana, cuya obra merece ser estudiada y divulgada para comprender las grandes transformaciones que se están operando en el siglo XXI.

Sonia Almazán del Olmo
Jacinto Valdés–Dapena Vivanco

Cronología

1870 El 24 de abril nace en Simbirsk, Rusia, Vladimir Ilich Ulianov, quien sería mundialmente conocido como Vladimir Ilich Lenin. Su padre Ilya N. Ulianov, eminente pedagogo era inspector de enseñanza en toda la provincia de Simbirsk. María, su madre, era hija de Alexander Blanck, médico que ejerció su profesión en la provincia de Kazán.

1887 Se gradúa con Título de Oro en el Liceo de Kazán. En el otoño ingresa en la Universidad de Kazán para estudiar la carrera de derecho. Es arrestado en diciembre y acusado de participar en las protestas estudiantiles contra el gobierno de la provincia. Interrumpe sus estudios y se traslada a la residencia de sus abuelos maternos. El 8 de mayo su hermano Alejandro, en unión de otros cuatro militantes de la Organización Voluntad del Pueblo, es ejecutado por su participación en un complot para atentar contra el zar Alejandro III. Este hecho constituyó un fuerte impacto en la formación revolucionaria de Lenin.

1889 El joven Vladimir organiza un pequeño grupo marxista en la provincia de Samara. El Ministerio de Educación en San Petersburgo le autoriza la matrícula en la carrera de Derecho. Se gradúa, con honores, en 1891 como abogado.

1892 Regresa a la provincia de Samara para ejercer la carrera, y realiza actividades políticas clandestinas en el grupo marxista de esa ciudad.

1893 Se traslada a San Petersburgo y se vincula a los grupos clandestinos de la socialdemocracia rusa, que realizaban acciones de propaganda en los círculos obreros. Convoca a transformar la propaganda en acciones de agitación política.

1895 Viaja al extranjero. Se relaciona en Suiza con Gueorgui Plejánov y Pavel Axelrod, padres fundadores del marxismo ruso, y con otros dirigentes socialistas europeos. En París conoce a Paul Lafargue, yerno de Carlos Marx. Elabora artículos políticos con el pseudónimo de Tulin. Regresa a fines de año a San Petersburgo y conoce a Yuli Mártov quien habría de ser una de las figuras más importantes del menchevismo en Rusia. En diciembre ambos son detenidos por la policía secreta zarista, y acusados de actividades políticas clandestinas.

1896 En prisión se le reconoce como el dirigente principal de la recién creada Unión para la Emancipación del Trabajo. Empieza a escribir su primera obra significativa «El desarrollo del capitalismo en Rusia» que habría de ser un texto clásico de la economía política marxista.

1897 Es desterrado a Villa de Shusencoe en el este de Siberia. Durante este período consolida y profundiza sus conocimientos de la teoría marxista, ejerce, además, la abogacía. Conoce que el dirigente de la socialdemocracia alemana Eduard Berstein ha elaborado un texto en el que plantea la revisión del marxismo en teoría y práctica. Lenin se enfrentará a esta posición con vehemencia.

1898 Contrae matrimonio con Nadezhda Krupskaia, su compañera para siempre en la vida y en la política. En su ensayo «Los objetivos de la socialdemocracia rusa» emplea por primera vez el pseudónimo de Lenin en honor al río Lena que fluye en la región donde estuvo desterrado.

1900 Concluye su destierro. Regresa a la Rusia europea. En Pskov Lenin, Mártov, Potresov y otros marxistas se reúnen secretamente para elaborar los planes con vista a la publicación de un diario marxista en el exterior, *Iskra*. Ese mismo año Lenin cruza la frontera con Alemania con el propósito de crear las condiciones finales para la publicación de *Iskra* que significaría, en esencia, el surgimiento del bolchevismo en la socialdemocracia rusa.

1901 Se radica en Múnich para el desarrollo de su actividad revolucionaria contra el zarismo.

1902 Se traslada a Londres. En la Biblioteca del Museo Británico, al igual que Carlos Marx en el siglo XIX, Lenin desplegará una intensa labor de estudio e investigación. En esta ciudad conoce a León Trotski, colaborador de *Iskra*. En su obra «¿Qué hacer?», Lenin expone los principios de la teoría de la vanguardia revolucionaria y su vinculación con las masas. Surge aquí el concepto del revolucionario profesional.

1903 Se traslada a Suiza, y reside en una pequeña casa de un distrito obrero en las afueras de Ginebra. Se intensifican las divergencias entre los miembros del Consejo de dirección de *Iskra*, que se expresan en la polémica entre Lenin y Plejánov en torno al Programa del Partido Ruso. El Segundo Congreso de la Socialdemocracia Rusa sesiona en Bruselas. A partir de las discusiones entre los diferentes delegados surgen las dos tendencias históricas de la socialdemocracia rusa: los mencheviques y los bolcheviques. La discrepancia fundamental gira en torno al carácter de la revolución en Rusia y el papel de las clases sociales. Por sus diferencias con Plejánov, Lenin renuncia a la Junta directiva de *Iskra*.

1904 Escribe «Un paso adelante, dos pasos atrás». De regreso a Suiza se dispone a crear un nuevo órgano de prensa, y en diciembre sale el primer número de *Vperiod* que posteriormente aparecerá con el nombre de *Proletari*.

1905 Estalla la primera Revolución Rusa. Los acontecimientos se adelantan a los pronósticos de los marxistas rusos. Bajo la dirección de Lenin las acciones posteriores de los bolcheviques se orientan a desencadenar la insurrección armada, la creación de un ejército revolucionario y de un Gobierno Provisional. Lenin consideró la Revolución de 1905 como el ensayo de la Revolución de 1917.

1906 En Estocolmo, en reunión de bolcheviques y mencheviques, Lenin se opone a la política de participación en la Duma, Parlamento, y convoca a crear las condiciones para promover la insurrección armada urbana.

1907 En la Conferencia de la socialdemocracia rusa en San Petersburgo Lenin define la posición del bolchevismo en relación con el parlamentarismo.

1908 Lenin concluye su magna obra filosófica *Materialismo y empiriocriticismo*.

1909 Se establece en París donde despliega una intensa actividad de estudio e investigación en la biblioteca de esa ciudad.

14 Vladimir Ilich Lenin: Textos escogidos

1910 Participa en el Congreso de la Internacional Socialista en Copenhague donde se manifiestan, una vez más, las diferencias entre el menchevismo y el bolchevismo.

1912 En la Conferencia de Praga los bolcheviques rompen definitivamente con el menchevismo y se declaran como legítimos representantes de la socialdemocracia rusa. Lenin es considerado, a partir de entonces, la figura cimera del bolchevismo ruso. En ese año funda, en San Petersburgo, el diario *Pravda*.

1914 Participa en la reunión del Comité Central de los bolcheviques en Cracovia para convocar a un congreso extraordinario. Al estallar la Primera Guerra Mundial, y votar la socialdemocracia alemana a favor de los créditos para la guerra, Lenin proclama que la II Internacional está muerta.

1915 En la Conferencia de Zimmerwald, Suiza, se reúnen los grupos socialdemócratas opuestos a la guerra. Aquí Lenin expresa que el deber del proletariado ruso es conducir la revolución burguesa hasta el final con el propósito de iniciar la revolución socialista en Europa.

1916 En la Conferencia de Kienthal, Suiza, Lenin presenta una resolución de censura al Buró Socialista Internacional de la II Internacional. Concluye su libro, devenido un clásico de la teoría marxista, *El imperialismo, fase superior del capitalismo*.

1917 Estalla la Revolución de Febrero en Rusia y el proletariado de Petrogrado constituye la vanguardia de la revolución. La burguesía rusa es incapaz de encabezar la revolución y los Soviets de obreros y soldados proclaman el fin de la dinastía Romanov. Lenin regresa de su exilio en Suiza y en los primeros días de abril pronuncia las históricas «Tesis de abril» en las que convoca a transformar, de manera ininterrumpida, la revolución democrático–burguesa en revolución socialista. En octubre los bolcheviques asumen el Poder Revolucionario bajo el liderazgo indiscutible de Lenin. Se forma el Consejo de Comisarios del Pueblo y se dictan los tres decretos fundamentales del programa político del bolchevismo. Decreto de la Paz, Decreto de la Tierra y Decreto del Control Obrero.

1918 Se firma la paz de Brest–Litovsk con Alemania. Lenin la considera como un momento histórico inevitable en el curso de la revolución socialista. Su autoridad, prestigio y capacidad de conductor permitió lograr que la dirigencia bolchevique llegara al acuerdo de aprobar su propuesta de paz. El 30 de agosto es víctima de un atentado personal. Se desencadena la guerra civil y la intervención extranjera contra la Rusia Soviética. Bajo la dirección de Lenin se proclama el Comunismo de Guerra, que militarizó toda la economía del país para enfrentar la agresión externa y la guerra civil. En épica hazaña los bolcheviques aniquilan la contrarrevolución interna y la agresión extranjera.

1919 Lenin crea la III Internacional, heredera de la I Internacional de Marx y Engels. Bajo la consigna de «Proletarios y pueblos oprimidos del mundo, uníos», los bolcheviques de Lenin se proponen apoyar la revolución internacional en Europa y los países coloniales. Se trataba de convertir la utopía en realidad.

1921 Lenin propone y se aprueba, en el X Congreso de los Bolcheviques, la Nueva Política Económica (NEP), que debía crear las bases para la acumulación socialista de capital que permitiera consolidar las bases del socialismo en la URSS, con o sin revolución internacional.

1922 Bajo la inspiración de Lenin se crea la Unión de Repúblicas Socialistas Soviéticas URSS. En el XI Congreso Lenin advierte acerca del peligro de que el socialismo fuera influido por la impregnación capitalista. A pesar de su enfermedad percibe los problemas fundamentales que enfrenta el partido en la construcción del socialismo. Alerta sobre el peligro de la escisión y división en la dirigencia bolchevique y propone al XIII Congreso la reestructuración del Comité Central y del Buró Político; recomienda la sustitución de J. Stalin como secretario general y que su lugar sea ocupado por otro dirigente con sus cualidades positivas, pero sin sus defectos.

1924 Fallece Lenin el 21 de enero a las 7:00 p.m. Se incorpora así a la historia del siglo XX como uno de sus grandes protagonistas y como el marxis-ta, que en su época, interpretó, de manera más genial y excepcional, la teoría de Marx y Engels desde las condiciones de la Rusia zarista y el imperialismo. A partir de entonces su quehacer teórico y político sería definido como leninismo. Fue, sin lugar a duda, el primero entre los iguales de los revolucionarios marxistas del siglo XX.

Selección de textos

¿Qué hacer?*

III. Política tradeunionista y política socialdemócrata

e) La clase obrera, como combatiente de vanguardia por la democracia

Ya hemos visto que la agitación política más amplia y, por consiguiente, la organización de denuncias políticas en todos los aspectos constituye una tarea en absoluto necesaria, la tarea *más imperiosamente* necesaria de la actividad, siempre que esta actividad sea verdaderamente socialdemócrata. Pero hemos llegado a esta conclusión partiendo *solo* de la apremiante necesidad que la clase obrera tiene de conocimientos políticos y de educación política. Ahora bien, esta manera de plantear la cuestión sería demasiado restringida, desconocería las tareas democráticas generales de toda socialdemocracia en general y de la socialdemocracia rusa actual en particular. Para explicar esta tesis del modo más concreto posible, trataremos de enfocar la cuestión desde el punto de vista más «familiar» a los economistas, o sea desde el punto de vista práctico. «Todo el mundo está de acuerdo» en que es necesario desarrollar la conciencia política de la clase obrera. Pero ¿*cómo* hacerlo y qué es necesario para hacerlo? La lucha económica «hace pensar» a los obreros únicamente en las cuestiones concernientes a la actitud del gobierno hacia la clase obrera; por eso, *por más que nos esforcemos* en la tarea de «imprimir a la lucha económica misma un carácter político», *no podremos jamás,* en el marco de dicha tarea, desarrollar la conciencia política de los obreros (hasta el grado de conciencia política socialdemócrata), pues *el marco mismo es estrecho.*

---

*   Escrito en el otoño de 1901. Publicado como libro en marzo de 1902 en *Stuttgart.*

20 Vladimir Ilich Lenin: Textos escogidos

La fórmula de Martínov nos es valiosa, no como prueba del confusionismo de su autor, sino porque expresa con relieve el error fundamental de todos los economistas, a saber: la convicción de que se puede desarrollar la conciencia política de clase de los obreros *desde dentro,* por decirlo así, de su lucha económica, o sea tomando solo (o, cuando menos, principalmente) esta lucha como punto de partida, basándose solo (o, cuando menos, principalmente) en esta lucha. Esta opinión es falsa de punta a cabo; y precisamente porque los economistas, furiosos por nuestra polémica con ellos, no quieren reflexionar con seriedad sobre el origen de nuestras discrepancias, acabamos literalmente por no comprendernos, por hablar lenguas diferentes.

La conciencia política de clase no se le puede aportar al obrero *más que desde el exterior,* esto es, desde fuera de la lucha económica, desde fuera de la esfera de las relaciones entre obreros y patronos. La única esfera en que se puede encontrar estos conocimientos es en la esfera de las relaciones de *todas* las clases y capas con el Estado y el gobierno, la esfera de las relaciones de *todas* las clases entre sí. Por eso a la pregunta: «¿qué hacer para aportar a los obreros conocimientos políticos?» no se puede dar únicamente la respuesta con la que se contentan, en la mayoría de los casos, los militantes dedicados al trabajo práctico, sin hablar ya de los que se inclinan hacia el economismo a saber: «Hay que ir a los obreros». Para aportar a *los obreros* conocimientos políticos los socialdemócratas deben *ir a todas las clases de la población,* deben enviar a *todas partes* destacamentos de su ejército.

Si empleamos conscientemente esta formulación ruda y nos expresamos deliberadamente de una forma simplificada y tajante, no es de ninguna manera por el placer de decir paradojas, sino para «hacer pensar» bien a los economistas en las tareas que de un modo imperdonable desdeñan, en la diferencia que existe entre la política tradeunionista y la política socialdemócrata, diferencia que no quieren comprender. Por eso, rogamos al lector que conserve su calma y nos siga atento hasta el final.

Tomemos como ejemplo el tipo del círculo socialdemócrata más difundido en estos últimos años y examinemos su actividad. «Está en contacto con los obreros» y se conforma con esto, editando hojas que flagelan los abusos cometidos en las fábricas, la parcialidad del gobierno hacia los capitalistas, así como las violencias de la policía; en las reuniones que se celebran con los obreros, la conversación, por lo común, no se sale o casi no se sale del marco de estos mismos temas; las conferencias y las charlas sobre la historia del movimiento revolucionario, sobre la política interior y exterior de nuestro gobierno, sobre la evolución económica de Rusia y de Europa, sobre la situación de las distintas clases en la sociedad contemporánea, etcétera, son casos sumamente raros y nadie piensa en establecer y desenvolver de manera sistemática relaciones con las otras clases de la sociedad. En el fondo, el ideal del militante, para los miembros de un tal círculo, se parece, en la mayoría de los casos, mucho más a un secretario de tradeunión que a un jefe político socialista. Pues el secretario, de cualquier tradeunión inglesa, por ejemplo, ayuda siempre a los obreros a sostener la lucha económica, organiza la denuncia de los abusos cometidos en las fábricas, explica la injusticia de las leyes y reglamentos que restringen la libertad de huelga y la libertad de colocar piquetes cerca de las fábricas (para anunciar que la huelga ha sido declarada), explica la parcialidad de los árbitros pertenecientes a las clases burguesas de la población, etcétera, etcétera. En una palabra, todo secretario de tradeunión sostiene y ayuda a sostener «la lucha económica contra los patronos y el gobierno». Y nunca se insistirá en que esto no es aún socialdemocratismo, que el ideal del socialdemócrata no debe ser el secretario de tradeunión sino el *tribuno popular,* que sabe reaccionar contra toda manifestación de arbitrariedad y de opresión, dondequiera que se produzca y cualquiera que sea la capa o clase social a que se afecte; que sabe sintetizar todos estos hechos para trazar un cuadro de conjunto de la brutalidad policíaca y de la explotación capitalista, que sabe aprovechar el menor detalle para exponer *ante todos* sus convicciones socialistas y sus reivindicaciones democráticas, para explicar a *todos y* a cada uno la importancia histórico–mundial de la lucha emancipadora del proletariado. Comparad, por ejemplo, a hombres como Roberto Knight (conocido secretario líder de la Unión de obreros caldereros, uno de los más poderosos sindicatos de Inglaterra) y Guillermo Liebknecht y apliquémosles los contrastes enumerados por Martínov en la exposición de sus discrepancias con *Iskra*. Veréis que R. Knight —empiezo a repasar el artículo de Martínov— «ha exhortado» mucho más «a las masas a realizar acciones concretas determinadas» y que G. Liebknecht se ha ocupado más de «enfocar desde un punto de vista revolucionario todo el régimen actual o sus manifestaciones parciales»; que R. Knight «ha formulado las reivindicaciones inmediatas del proletariado e indicado los medios de satisfacerlas» y que G. Liebknecht, sin dejar de hacer esto, no ha renunciado a «dirigir al mismo tiempo la enérgica actividad de los diferentes sectores oposicionistas», «dictarles un programa positivo de acción»;[1] que R. Knight ha tratado precisamente de «imprimir, en la medida de lo posible, a la lucha económica misma un carácter político» y que ha sabido a la perfección «formular al gobierno reivindicaciones concretas que prometían ciertos resultados tangibles», en tanto que G. Liebknecht se ha ocupado mucho más, «en forma unilateral», de «denunciar los abusos»; que R. Knight ha concedido más importancia a la «marcha progresiva de la lucha cotidiana y gris», y G. Liebknecht, «a la propaganda de ideas brillantes y acabadas»; que G. Liebknecht ha hecho del periódico dirigido por él, precisamente, «un órgano de oposición revolucionaria» que denuncia nuestro régimen, y sobre todo nuestro régimen político, en cuanto que está en pugna con los intereses de las capas más diversas de la población, mientras que R. Knight «ha trabajado por la causa obrera en estrecho contacto orgánico con la lucha proletaria» —si se entiende por «estrecho contacto orgánico» ese culto de la espontaneidad que hemos analizado más arriba en los ejemplos de Krichevski y de Martínov— y «ha restringido la esfera de su influencia», convencido, desde luego, como Martínov, de que «con ello se hacía más compleja esta influencia». En una palabra, veréis que Martínov rebaja *de facto* la socialdemocracia al nivel del tradeunionismo, aunque, claro está, en modo alguno lo hace porque no quiera el bien de la socialdemocracia, sino simplemente porque se ha apresurado un poco a profundizar a Plejánov, en lugar de tomarse la molestia de comprenderlo.

Pero volvamos a nuestra exposición. El socialdemócrata, como hemos dicho, si es partidario, y no solo de palabra, del desarrollo integral de la conciencia política del proletariado, debe «ir a todas las clases de la población». Surgen estas preguntas: ¿Cómo hacerlo? ¿Tenemos fuerzas suficientes para ello? ¿Existe un terreno para este trabajo en todas las demás clases? Un trabajo semejante, ¿no implicará abandono o no conducirá a que se abandone el punto de vista de clase? Examinemos estas cuestiones.

Debemos «ir a todas las clases de la población» como teóricos, como propagandistas, como agitadores y como organizadores. Nadie duda de que el trabajo teórico de los socialdemócratas debe orientarse hacia el estudio de todas las particularidades de la situación social y política de las diversas clases. Pero muy, muy poco se hace en este sentido, muy poco si se compara con la labor que se lleva a cabo para el estudio de las particularidades de la vida de las fábricas. En los comités y en los círculos podemos encontrar gente que se especializa en el estudio de algún ramo de la siderurgia, pero apenas si encontrarán ejemplos de miembros de las organizaciones que (obligados por una u otra razón, como sucede a menudo, a retirarse de la labor práctica) se ocupen especialmente de reunir materiales sobre alguna cuestión de actualidad de nuestra vida social y política que pudiera dar motivo para una labor socialdemócrata entre los otros sectores de la población. Cuando se habla de la poca preparación de la mayor parte de los actuales dirigentes del movimiento obrero, no se puede dejar de mencionar asimismo la preparación en este aspecto, pues también está ligada a la concepción «economista» del «estrecho contacto orgánico con la lucha proletaria». Pero lo principal, evidentemente, es la *propaganda* y la *agitación* entre todas las capas de la población. Para el socialdemócrata de Europa Occidental, esta labor la facilitan las reuniones y asambleas populares, a las cuales asisten *todos* los que lo desean; la facilita la existencia del Parlamento, en el que el representante socialdemócrata habla ante los diputados de *todas* las clases. En nuestro país no tenemos ni Parlamento ni libertad de reunión, pero sabemos, sin embargo, organizar reuniones con los obreros que quieren escuchar a un socialdemócrata. Del mismo modo, debemos saber organizar reuniones con los representantes de todas las clases de la población que deseen escuchar a un *demócrata*. Pues no es socialdemócrata el que olvida en la práctica que «los comunistas apoyan todo movimiento revolucionario»; que, por tanto, debemos exponer y subrayar *ante todo el pueblo los objetivos democráticos generales,* sin ocultar ni por un instante nuestras convicciones socialistas. No es socialdemócrata el que olvida en la práctica que su deber consiste en ser el *primero* en plantear, en acentuar y en resolver *toda* cuestión democrática general.

«¡Pero si todo el mundo está de acuerdo con ello!» —nos interrumpirá el lector impaciente—, y las nuevas instrucciones a la redacción de *Rabócheie Dielo,* aprobadas en el último Congreso de la Unión, dicen con claridad: «Deben servir de motivos para la propaganda y la agitación políticas todos los fenómenos y acontecimientos de la vida social y política que afecten al proletariado, sea directamente, como clase especial, sea como *vanguardia de todas las fuerzas revolucionarias en la lucha por la libertad»* (*Dos congresos.* Subrayado por mí). Estas son, en efecto, palabras muy justas y muy excelentes, y estaríamos

24 Vladimir Ilich Lenin: Textos escogidos

enteramente satisfechos si *Rabócheie Dielo las comprendiese, si no dijese, al mismo tiempo, otras que las contradicen.* No basta titularse «vanguardia», destacamento avanzado: es preciso también obrar de suerte que *todos* los demás destacamentos vean y estén obligados a reconocer que marchamos a la cabeza. ¿Es que los representantes de los demás «destacamentos» son tan estúpidos que van a creernos «vanguardia» porque lo digamos?, preguntamos al lector. Figurémonos de manera concreta el siguiente cuadro. El «destacamento» de radicales o de constitucionalistas liberales rusos ilustrados ve llegar a un socialdemócrata que les declara: Somos la vanguardia; «ahora nuestra tarea consiste en imprimir, en la medida de lo posible, un carácter político a la lucha económica misma». Todo radical o constitucionalista, por poco inteligente que sea (y entre los radicales y constitucionalistas rusos hay muchos hombres inteligentes), no podrá por menos de acoger con una sonrisa semejantes palabras y decir (para sus adentros, claro está, ya que en la mayoría de los casos es diplomático experimentado):

> ¡He aquí una «vanguardia» bien simple! No comprende siquiera que es a nosotros, representantes avanzados de la democracia burguesa, a quienes corresponde la tarea de imprimir a la lucha económica *misma* de los obreros un carácter político. Somos nosotros quienes queremos, como todos los burgueses del occidente de Europa, incorporar a los obreros a la política, pero *solo a la política tradeunionista y no a la política socialdemócrata.* La política tradeunionista de la clase obrera es precisamente la *política burguesa* de la clase obrera. ¡Y la formulación que esta «vanguardia» hace de su tarea no es otra cosa que la formulación de la política tradeunionista! Así, pues, que se llamen cuanto quieran socialdemócratas. ¡Yo no soy un niño, no voy a enfadarme por una etiqueta! Pero que no se dejen llevar por esos nefastos dogmáticos, ortodoxos, ¡que dejen la «libertad de crítica» a los que arrastran inconscientemente a la socialdemocracia al cauce tradeunionista!

Y la ligera sonrisa de nuestro constitucionalista se transformará en risa homérica, cuando sepa que los socialdemócratas que hablan de la vanguardia de la socialdemocracia, en el momento actual, cuando el elemento espontáneo prevalece casi absolutamente en nuestro movimiento, ¡temen más que nada «aminorar el elemento espontáneo», temen «aminorar la importancia de la marcha progresiva de la lucha cotidiana y gris a expensas de la propaganda de ideas brillantes y acabadas», etcétera, etcétera! ¡Una «vanguardia» que teme que lo consciente prevalezca sobre lo espontáneo, que teme propugnar un «plan» audaz que tenga que ser aceptado incluso por aquellos que piensan de otro modo! ¿No será que confunden el término vanguardia con el término retaguardia?

Reflexionad, en efecto, sobre el siguiente razonamiento de Martínov. En la página cuarenta declara que la táctica de denuncias de *Iskra* es unilateral; que, «por más que sembremos la desconfianza y el odio hacia el gobierno, no alcanzaremos nuestro objetivo mientras no logremos desarrollar una energía social suficientemente activa para el derrocamiento de aquel». He aquí, dicho sea entre paréntesis, la preocupación, que ya conocemos, de intensificar la actividad de las masas, tendiendo a la vez a restringir la suya propia. Pero no se trata ahora de esto. Como vemos, Martínov habla aquí de energía *revolucionaria* («para el derrocamiento»). Mas ¿a qué conclusión llega? Como, en tiempo ordinario, las diversas capas sociales actúan inevitablemente en forma dispersa, «es claro, por tanto, que los socialdemócratas no podemos simultáneamente dirigir la actividad enérgica de los diversos sectores de oposición, no podemos dictarles, un programa positivo de acción, no podemos indicarles los procedimientos con que hay que luchar día tras día por defender sus intereses… Los sectores liberales se preocuparán ellos mismos de esta lucha activa por sus intereses inmediatos, lucha que les hará enfrentarse con nuestro régimen político». De esta suerte, después de haber comenzado a hablar de energía revolucionaria, de lucha activa por el derrocamiento de la autocracia, ¡Martínov se desvía inmediatamente hacia la energía sindical, hacia la lucha activa por los intereses inmediatos! Se comprende de por sí que no podemos dirigir la lucha de los estudiantes, de los liberales, etcétera, por sus «intereses inmediatos», ¡pero no era de esto de lo que se trataba, respetable economista! De lo que se trataba era de la participación posible y necesaria de las diferentes capas sociales en el derrocamiento de la autocracia, y *esta* «actividad enérgica de los diversos sectores de oposición», no solo *podemos*, sino que debemos dirigirla sin falta si queremos ser la «vanguardia». En cuanto a que nuestros estudiantes, nuestros liberales, etcétera, «se enfrenten con nuestro régimen político», no solo se preocuparán ellos mismos de esto, sino que principalmente y ante todo se preocuparán la propia policía y los propios funcionarios del gobierno autocrático. Pero «nosotros», si queremos ser demócratas avanzados, debemos preocupamos de *sugerir* a los que no están descontentos más que del régimen universitario o del zemstvo, etcétera, la idea de que es todo el régimen político el que es malo. *Nosotros* debemos asumir la tarea de organizar la lucha política, bajo la dirección de *nuestro* Partido, en forma tan múltiple, que todos los sectores de la oposición puedan prestar y presten efectivamente a esta lucha, así como a nuestro Partido, la ayuda de que sean capaces. *Nosotros* debemos hacer de los militantes prácticos socialdemócratas jefes políticos que sepan dirigir todas las manifestaciones de esta lucha múltiple, que sepan, en el momento necesario, «dictar un programa positivo de acción» a los estudiantes en agitación, a los descontentos de los zemstvos, a los miembros indignados de las sectas, a los maestros lesionados en sus intereses, etcétera, etcétera. Por eso, es *completamente falsa* la afirmación de Martínov de que «no podemos desempeñar con respecto a ellos *más que* el papel *negativo* de denunciadores del régimen... *Solo* podemos disipar sus esperanzas en las distintas comisiones gubernamentales» (subrayado por mí). Al decir esto, Martínov demuestra así que *no comprende nada en absoluto* del verdadero papel de una «vanguardia» revolucionaria. Y si el lector tiene esto en cuenta, comprenderá *el verdadero sentido* de las siguientes palabras de conclusión de Martínov: «*Iskra* es un órgano de oposición revolucionaria que denuncia nuestro régimen, y sobre todo nuestro régimen político, en cuanto que está en pugna con los intereses de los sectores más diversos de la población. Por lo que a nosotros se refiere, trabajamos y trabajaremos por la causa obrera en estrecho contacto orgánico con la lucha proletaria. Al restringir la esfera de nuestra influencia, hacemos más compleja esta». El verdadero sentido de tal conclusión es: *Iskra* quiere *elevar* la política tradeunionista de la clase obrera (política a la cual, por equivocación, por falta de preparación o por convicción, se limitan con tanta frecuencia entre nosotros los militantes prácticos) al nivel de la política social–demócrata; en cambio, *Rabócheie Dielo* quiere *rebajar* la política socialdemócrata al nivel de la política tradeunionista. Y, como si esto fuera poco, asegura a todo el mundo que «estas dos posiciones son perfectamente compatibles en la obra común». ¡*O, sancta simplicitas!*

Prosigamos. ¿Tenemos fuerzas bastantes para llevar nuestra propaganda y nuestra agitación a *todas* las clases de la población? Naturalmente que sí. Nuestros economistas, que a menudo se inclinan a negarlo, olvidan los gigantescos progresos realizados por nuestro movimiento de 1894 (más a menos) a 1901. «Seguidistas» auténticos, con frecuencia tienen ideas propias del período, hace mucho tiempo fenecido, inicial del movimiento. Entonces, nuestras fuerzas eran realmente mínimas, entonces era natural y legítima la decisión de consagrarnos por entero al trabajo entre los obreros y de condenar con severidad toda desviación de esta línea, entonces la tarea estribaba en consolidarnos en el seno de la clase obrera. Ahora ha sido incorporada al movimiento una masa gigantesca de fuerzas; hacia nosotros vienen los mejores representantes de la nueva generación de las clases instruidas; por todas partes, en provincias, se ve obligada a la inacción gente que ya ha tomado o desea tomar parte en el movimiento y que tiende hacia la socialdemocracia (mientras que, en 1894, los socialdemócratas rusos se podían contar con los dedos). Uno de los defectos fundamentales de nuestro movimiento, tanto desde el punto de vista político como desde el de organización, consiste en que no *sabemos* emplear todas estas fuerzas, asignarles el trabajo adecuado (hablaremos con más detalle sobre esta cuestión en el capítulo siguiente). La inmensa mayoría de dichas fuerzas, está completamente privada de la posibilidad de «ir a los obreros»; por consiguiente, no puede ni hablarse del peligro de distraer fuerzas de nuestra labor fundamental. Y para suministrar a los obreros conocimientos políticos verdaderos, vivos, que abarquen todos los aspectos es necesario que tengamos «hombres nuestros», socialdemócratas, en todas partes, en todas las capas sociales, en todas las posiciones que permiten conocer los resortes internos de nuestro mecanismo estatal. Y nos hacen falta estos hombres no solo para la propaganda y la agitación, sino más aún para la organización.

¿Existe terreno para la actividad en todas las clases de la población? Los que no lo ven prueban una vez más que su conciencia está en retraso con respecto al movimiento ascensional espontáneo de las masas. Entre los unos, el movimiento obrero ha suscitado y suscita el descontento; entre los otros despierta la esperanza en el apoyo de la oposición; a otros les da conciencia de la sinrazón del régimen autocrático, de lo inevitable de su hundimiento. Pero solo de palabra seríamos «políticos» y socialdemócratas (como muy a menudo ocurre, en efecto), si no tuviéramos conciencia de nuestro deber de utilizar todas las manifestaciones del descontento y de reunir y elaborar todos los elementos de protesta, por embrionaria que sea. Dejemos ya a un lado el hecho de que la masa de millones de campesinos trabajadores, de artesanos, de pequeños productores, etcétera, escuchará siempre con avidez la propaganda de un socialdemócrata, por poco hábil que sea. Pero ¿es que existe una sola clase de la población en que no haya individuos, grupos y círculos descontentos de la falta de derechos y de la arbitrariedad, y, por consiguiente, accesibles a la propaganda del socialdemócrata, como portavoz que es de las aspiraciones democráticas generales más urgentes? A las que quieran formarse una idea *concreta* de esta agitación política del socialdemócrata en *todas* las clases y capas de la población, les indicaremos *la denuncia de los abusos políticos,* en el sentido amplio de la palabra, como el principal (pero, claro está, no el único) medio de esta agitación.

Debemos —escribía en el artículo *¿Por dónde empezar?* (*Iskra,* núm. 4, mayo de 1901), del que tendremos que hablar en detalle más abajo— despertar en todas las capas del pueblo que tengan un mínimo de conciencia la pasión por las denuncias *políticas.* No debe asustarnos el hecho de que las voces que denuncian políticamente sean ahora tan débiles, raras y tímidas. La razón de este hecho no es, ni mucho menos, una resignación general con la arbitrariedad policíaca. La razón está en que las personas capaces de denunciar y dispuestas a hacerlo no tienen una tribuna para hablar desde ella, no tienen un auditorio que escuche ávidamente y anime a los oradores, no ven por parte alguna en el pueblo una fuerza que merezca la pena de dirigirle una queja contra el «todopoderoso» gobierno ruso... Ahora, podemos y debemos crear una tribuna para denunciar ante todo el pueblo al gobierno zarista: esa tribuna tiene que ser un periódico socialdemócrata.

El auditorio ideal para las denuncias políticas es precisamente la clase obrera, que tiene necesidad, ante todo y por encima de todo, de amplios y vivos conocimientos políticos, que es la más capaz de transformar estos conocimientos en lucha activa, aun cuando no prometa ningún «resultado tangible». En cuanto a la tribuna para estas denuncias *ante todo el pueblo,* no puede ser otra que un periódico destinado a toda Rusia. «Sin un órgano político, sería inconcebible en la Europa contemporánea un movimiento que merezca el nombre de movimiento político», y, en este sentido por «Europa contemporánea» hay que entender también, sin duda alguna, a Rusia. La prensa se ha convertido en nuestro país, desde hace ya mucho tiempo, en una fuerza;

de lo contrario, el gobierno no invertiría decenas de millares de rublos en sobornarla y en subvencionar a toda clase de Katkov y Mescherski. Y no es una novedad en la Rusia autocrática que la prensa ilegal rompa los candados de la censura y *obligue* a hablar abiertamente de ella a los órganos legales y conservadores. Así ocurrió en los años del 70 e incluso a mediados de siglo. ¡Y cuánto más extensos y profundos son ahora los sectores populares dispuestos a leer la prensa ilegal y, para emplear la expresión del obrero autor de la carta publicada en el número 7 de *Iskra*,[2] a aprender en ella a «vivir y a morir»! Las denuncias políticas son una declaración de guerra *al gobierno*, como las denuncias de tipo económico son una declaración de guerra al fabricante. Y esta declaración de guerra tiene una significación moral tanto más grande, cuanto más vasta y vigorosa es la campaña de denuncias, cuanto más numerosa y decidida es la *clase* social que *declara la guerra para iniciarla*. Las denuncias políticas son, pues, ya de por sí, uno de los medios más potentes para *disgregar* el régimen adverso, apartar del enemigo a sus aliados fortuitos o temporales y sembrar la hostilidad y la desconfianza entre los que participan continuamente en el poder autocrático.

Solo el partido que *organice* campañas de denuncias en las que realmente *participe todo el pueblo* podrá convertirse en nuestros días en vanguardia de las fuerzas revolucionarias. Las palabras «todo el pueblo» encierran un gran contenido. La inmensa mayoría de los denunciadores que no pertenecen a la clase obrera (y para ser vanguardia es necesario precisamente atraer a otras clases) son políticos realistas y gente sensata y práctica. Sabe muy bien que si peligroso es «quejarse» incluso de un modesto funcionario, lo es todavía más hacerlo con respecto al «todopoderoso» gobierno ruso. Por eso, no se dirigirán *a nosotros* con quejas sino cuando vean que estas pueden surtir efecto, que representamos una *fuerza política*. Para llegar a ser una fuerza política a los ojos del público, es preciso trabajar mucho y con porfía por *elevar* nuestro grado de conciencia, nuestra iniciativa y nuestra energía; no basta colocar la etiqueta de «vanguardia» sobre una teoría y una práctica de retaguardia.

Pero —nos preguntarán y nos preguntan ya los partidarios acérrimos del «estrecho contacto orgánico con la lucha proletaria»—, si debemos encargarnos de la organización de denuncias de los abusos cometidos por el gobierno en las que realmente participe todo el pueblo, ¿en qué se manifestará entonces el carácter de clase de nuestro movimiento? ¡Pues precisamente en que seremos nosotros, los socialdemócratas, quienes organicemos esas campañas de denuncias en las que intervenga todo el pueblo; en que todas las cuestiones planteadas en nuestra agitación serán esclarecidas desde un punto de vista invariablemente socialdemócrata, sin ninguna indulgencia para las deformaciones, intencionadas o no, del marxismo; en que esta agitación política multiforme será realizada por un partido que reúna en un todo indivisible la ofensiva en nombre del pueblo entero contra el gobierno con la educación revolucionaria del proletariado, salvaguardando, al mismo tiempo su independencia política, y con la dirección de la lucha económica de la clase obrera y la utilización de sus conflictos espontáneos con sus explotadores, conflictos que ponen en pie y atraen sin cesar a nuestro campo a nuevas capas del proletariado!

Pero uno de los rasgos más característicos del economismo es precisamente no comprender esta relación; aún más: no comprender el hecho de que la necesidad más urgente del proletariado (educación política en todos los aspectos, por medio de la agitación política y de las denuncias políticas) coincide con idéntica necesidad del movimiento democrático general. Esta incomprensión se pone de manifiesto no solo en las frases de Martínov, sino también en diferentes pasajes de la misma significación en los que los economistas se refieren a un pretendido punto de vista de clase. He aquí, por ejemplo, cómo se expresan los autores de la carta «economista», publicada en el número 12 de *Iskra*:[3]

> Este mismo defecto fundamental de *Iskra* (la sobreestimación de la ideología) es la causa de su inconsecuencia en las cuestiones relativas a la actitud de la socialdemocracia ante las diversas clases y tendencias sociales. Resolviendo por medio de construcciones teóricas… (y no basándose en «el crecimiento de las tareas del Partido, que crecen junto con este…») la tarea de pasar inmediatamente a la lucha contra el absolutismo y apercibiéndose, probablemente, de toda la dificultad de esta tarea para los obreros dado el actual estado de cosas…(y no solo apercibiéndose, sino sabiendo muy bien que esta tarea les parece menos difícil a los obreros que a los intelectuales «economistas» que tratan a aquéllos como a niños, pues los obreros están dispuestos a batirse incluso por reivindicaciones que no prometan, para emplear las palabras del inolvidable Martínov, ningún «resultado

¿Qué hacer?   **31**

tangible»)…, pero no teniendo la paciencia de esperar a que se hayan acumulado fuerzas para esta lucha, *Iskra* comienza a buscar aliados entre los liberales y los intelectuales.

Sí, sí, se nos ha acabado, en efecto, toda la «paciencia» para «esperar» los días felices que nos prometen desde hace mucho los «conciliadores» de toda clase y en los cuales nuestros economistas cesarán de echar a los obreros la culpa de su propio atraso; de justificar su insuficiente energía por una pretendida insuficiencia de fuerzas de los obreros. ¿En qué, preguntamos a nuestros economistas, debe consistir la «acumulación de fuerzas por los obreros para esta lucha»? ¿No es evidente que consiste en la educación política de los obreros, en poner ante ellos al desnudo *todos* los aspectos de nuestro infame régimen autocrático? ¿Y no está claro que *justamente para este trabajo* necesitamos tener «aliados entre los liberales y los intelectuales», prestos a aportarnos sus denuncias sobre la campaña política contra los miembros de los zemstvos, los maestros, los funcionarios de Estadística, los estudiantes, etcétera? ¿Será, en realidad, tan difícil de comprender este asombroso «sabio mecanismo»? ¿No os repite ya P. Axelrod desde 1897 que «el problema de que los socialdemócratas rusos conquisten partidarios y aliados directos o indirectos entre las clases no proletarias se resuelve ante todo y principalmente por el carácter de la propaganda hecha en el seno del proletariado mismo»? ¡Pero los Martínov y demás economistas siguen, no obstante, creyendo que los obreros deben *primero,* por medio de «la lucha económica contra los patronos y el gobierno», acumular fuerzas (para la política tradeunionista) y solo *después,* según parece, «pasar» de la «educación» tradeunionista de la «actividad» a la actividad socialdemócrata!

«…En sus indagaciones —continúan los economistas—, *Iskra* se desvía con frecuencia del punto de vista de clase, escamoteando los antagonismos de clase y colocando en el primer plano la comunidad del descontento contra el gobierno, a pesar de que las causas y el grado de este descontento son muy diferentes entre los «aliados». Tal es, por ejemplo, la actitud de *Iskra* hacia los zemstvos… *Iskra* (según dicen los economistas) «promete a los nobles, descontentos de las limosnas gubernamentales, la ayuda de la clase obrera, y haciendo esto no dice ni palabra del antagonismo de clase que separa a estos dos sectores de la población». Si el lector se remite a los artículos

La autocracia y los zemstvos (núm. 2 y 4 de *Iskra*),[4] a los que *por lo visto* hacen alusión los autores de la carta, verá que están consagrados[5] a la actitud del *gobierno* ante la «blanda agitación del zemstvo burocrático censatario» e incluso ante la «actividad independiente de las clases poseedoras». El artículo dice que el obrero no puede contemplar con indiferencia la lucha del gobierno contra el zemstvo; insta a los miembros de los zemstvos a dejar a un lado sus discursos blandos y a pronunciarse con palabras firmes y categóricas cuando la socialdemocracia revolucionaria se alce con toda su fuerza ante el gobierno. ¿Qué hay en esto de inaceptable para los autores de la carta? Nadie lo sabe. ¿Piensan que el obrero «no comprenderá» las palabras «clases poseedoras» y «zemstvo burocrático censatario»? ¿Creen que el hecho de *impulsar* a los miembros de los zemstvos a pasar de los discursos blandos a las palabras categóricas es una «sobreestimación de la ideología»? ¿Se imaginan que los obreros pueden «acumular fuerzas» para la lucha contra el absolutismo si no saben cómo este trata *también* a los zemstvos? Nadie lo sabe tampoco. Lo único claro es que los autores tienen una idea muy vaga de las tareas políticas de la socialdemocracia. Que esto es así nos lo dice con mayor claridad aún esta frase: «Idéntica es la actitud de *Iskra* ante el movimiento estudiantil» (es decir, que también «escamotea los antagonismos de clase»)... En lugar de exhortar a los obreros a afirmar, por medio de una manifestación pública, que el verdadero origen de la violencia, de la arbitrariedad y del desenfreno no se halla en la juventud universitaria, sino en el gobierno ruso (*Iskra*, núm. 2), ¡deberíamos haber publicado, por lo que se ve, razonamientos concebidos en el espíritu de *R. Mysl*! Y semejantes ideas son expresadas por socialdemócratas, en el otoño de 1901, después de los acontecimientos de febrero y de marzo, en vísperas de un nuevo auge del movimiento estudiantil, auge que revela que, incluso en este plano, la «espontaneidad» de la protesta contra la autocracia *rebasa* a la dirección consciente del movimiento por la socialdemocracia. ¡La aspiración espontánea de los obreros a intervenir en defensa de los estudiantes apaleados por la policía y los cosacos rebasa a la actividad consciente de la organización socialdemócrata!

«Sin embargo, en otros artículos —continúan los autores de la carta—, *Iskra* condena valientemente todo compromiso y defiende, por ejemplo, la posición de intolerancia de los guesdistas». A quienes suelen afirmar con tanta presunción y ligereza que las discrepancias actuales entre los socialdemócratas no son esenciales y no justifican una escisión, les aconsejamos que mediten bien estas palabras. Los que afirman que no hemos hecho casi nada todavía para demostrar la hostilidad de la autocracia hacia las clases más diversas y para hacer conocer a los obreros la oposición de los sectores más diversos de la población contra la autocracia, ¿pueden militar eficazmente en una misma organización con quienes ven en esta actividad un «compromiso»; evidentemente un compromiso con la teoría de la «lucha económica contra los patronos y el gobierno»?

Con ocasión del 40 aniversario de la liberación de los campesinos, hemos hablado de la necesidad de llevar la lucha de clases al campo (núm. 3); a propósito de la memoria secreta de S. Witte, hemos descrito (núm. 4) la incompatibilidad que existe entre las órganos de la administración autónoma local y la autocracia; en relación con la nueva ley (núm. 8), hemos atacado el feudalismo de los terratenientes y del gobierno que les sirve, y hemos saludado el Congreso ilegal de los zemstvos (núm. 8), alentando a los *zemtsi* a pasar de las peticiones humillantes a la lucha; hemos alentado (núm. 3, con motivo del llamamiento del 25 de febrero del Comité Ejecutivo de los estudiantes de Moscú) a los estudiantes que, comenzando a comprender la necesidad de la lucha política, la han emprendido, y, al mismo tiempo, hemos fustigado la «bárbara incomprensión» de los partidarios del movimiento «puramente universitario» que exhortan a los estudiantes a no participar en las manifestaciones callejeras; hemos puesto al descubierto *(Raid policíaco contra la literatura,* núm. 5) los «sueños absurdos», la «mentira y la hipocresía» de los taimados liberales del periódico *Rossía,*[6] y, al mismo tiempo, hemos estigmatizado la rabiosa represión gubernamental que «se ejerce contra pacíficos literatos, contra viejos profesores y científicos, contra conocidos liberales de los zemstvos», hemos revelado (núm. 6) el sentido verdadero del programa «de tutela del Estado para el mejoramiento de la vida de los obreros» y celebrado la «confesión preciosa» de que «más vale prevenir con reformas desde arriba las exigencias de reformas desde abajo, que esperar esta última eventualidad»; hemos alentado (núm. 7) a los funcionarios de Estadística en su protesta y condenado a los funcionarios esquiroles (núm. 9). ¡El que vea en esta táctica un oscurecimiento de la conciencia de clase del proletariado y *un compromiso con el liberalismo* revela que no entiende en absoluto el verdadero sentido del programa del *Credo y,* de facto, *aplica precisamente este programa,* por mucho que lo repudie! Porque, *por eso mismo,* arrastra a la socialdemocracia a «la lucha económica contra los patronos y el gobierno» y *retrocede ante el liberalismo,* renunciando a la tarea de intervenir activamente en *cada* problema de carácter «liberal» y a determinar frente a cada uno de estos problemas *su propia* actitud, su actitud socialdemócrata.

Fuente: V.I. Lenin: «¿Qué hacer?», en *Obras escogidas* en tres tomos, t. I, Capítulo III, Ediciones en Lenguas Extranjeras, Moscú, 1960, Editorial Progreso, Moscú, 1981, pp. 191–206.

Un paso adelante, dos pasos atrás*

[...]

i) Artículo primero de los estatutos

Ya hemos citado las diversas formulaciones que suscitaron en el Congreso interesantes debates. Estos debates se llevaron casi dos sesiones y terminaron por *dos* votaciones *nominales* (en todo el Congreso no hubo, si no me equivoco, más que ocho votaciones nominales, tan solo en casos de especial importancia, por la enorme pérdida de tiempo que suponen tales votaciones). Se había planteado una cuestión que, indudablemente, tiene un carácter de principio. El interés del Congreso por los debates era inmenso. En la votación tomaron parte *todos* los delegados, fenómeno raro en nuestro Congreso (como en todo gran congreso) y prueba, al mismo tiempo, del interés de los que discutían.

¿En qué consistía, pues la esencia de la cuestión en litigio?

Ya dije en el Congreso, y lo he repetido después más de una vez, que «no considero en absoluto nuestra discrepancia (respecto al artículo primero) tan esencial, que de ella dependa la vida o la muerte del Partido. ¡No pereceremos, ni mucho menos, por un mal artículo en los estatutos!». Esta discrepancia, por sí misma, aunque pone de manifiesto matices de carácter de principio, no pudo producir en modo alguno la divergencia (y en realidad, para hablar sin convencionalismos, la escisión) que se ha producido después del Congreso. Pero toda *pequeña* discrepancia puede hacerse *grande* si se insiste

---

* Escrito en febrero–marzo de 1904. Publicado como libro en mayo de 1904 en Ginebra.

36 Vladimir Ilich Lenin: Textos escogidos

en ella, si se la saca a primer plano, si *nos ponemos* a buscar todas las raíces y todas las ramificaciones de la misma. Toda *pequeña* discrepancia puede adquirir *enorme* importancia, si sirve de punto de partida para un *viraje* hacia ciertos conceptos equivocados, y si a estos conceptos equivocados vienen a unirse, a consecuencia de nuevas divergencias complementarias, actos *anárquicos* que llevan al Partido a la escisión.

Esta era precisamente la situación en el caso que examinamos. Una discrepancia relativamente poco importante sobre el artículo primero ha adquirido ahora enorme importancia, porque es precisamente lo que ha servido de punto de viraje hacia las elucubraciones oportunistas y hacia la fraseología anarquista de la minoría (especialmente en el Congreso de la Liga, y después también en las columnas de la nueva *Iskra)*. Esta discrepancia ha sido precisamente el *comienzo* de la coalición de la minoría iskrista con los antiiskristas y con la charca, que adquirió formas definitivamente precisas en el momento de las elecciones. Sin comprender esta coalición *no es posible comprender* tampoco la divergencia principal, básica, en el problema de la composición de los organismos centrales. El pequeño error de Mártov y Axelrod acerca del artículo primero era una pequeña quebradura en nuestro vaso (según dije en el Congreso de la Liga). Podíamos haberlo atado bien fuerte, con un nudo doble (y no con un nudo corredizo, como creyó oír Mártov, que durante el Congreso de la Liga se encontraba en un estado próximo a la histeria). Podían hacerse *todos* los esfuerzos para agrandar la quebradura, para romper el vaso. Y esto fue precisamente lo que sucedió por el boicot y demás medidas anárquicas de tipo parecido, de los entusiastas partidarios de Mártov. La discrepancia acerca del artículo primero desempeñó un papel considerable en el problema de la elección de los organismos centrales, y la derrota de Mártov en este punto lo llevó a la «lucha en el terreno de principios» por medios toscamente mecánicos y hasta escandalosos (discursos en el Congreso de la Liga de la socialdemocracia revolucionaria rusa en el extranjero).

Ahora, después de todas esas peripecias, el problema del artículo primero ha adquirido, de este modo, *enorme importancia,* y debemos darnos cuenta exacta tanto del carácter de los agrupamientos que se establecieron en el Congreso al votarse este artículo, como —lo que es incomparablemente más importante— del carácter efectivo de los *matices de opinión* que se señalaron, o comenzaron a señalarse, en relación con el artículo primero. *Ahora,* después de los acontecimientos mencionados, la cuestión está ya *planteada* en la forma siguiente: ¿Se ha reflejado en la formulación de Mártov, defendida por Axelrod, su (de él o de ellos) inestabilidad, su falta de firmeza y su vaguedad política, como dije en el Congreso del Partido, su (de él o de ellos) desviación hacia el jauresismo y el anarquismo, según suponía Plejánov en el Congreso de la Liga (102 y otras de las actas de la Liga)? ¿O es que mi formulación, defendida por Plejánov, reflejaba una concepción del centralismo equivocada, burocrática, formalista, al estilo *Pompadour*[1] no socialdemócrata? *¿Oportunismo y anarquismo o burocracia y formalismo?*: en estos términos está *planteada* la cuestión *ahora*, cuando se ha agrandado una pequeña divergencia. Y nosotros debemos *tener en cuenta* precisamente *esta* forma de plantear el problema, que los acontecimientos nos han impuesto a todos, diría históricamente determinada, si no temiese expresiones demasiado rimbombantes, al examinar *el fondo* de los argumentos en pro y en contra de mi formulación.

Comencemos el examen de estos argumentos por un análisis de las discusiones que se desarrollaron en el Congreso. El primer discurso, del camarada Iegórov, no presenta más interés que por su actitud (*non liquet*, no está aún claro para mí, no sé aún dónde está la verdad), muy característica para muchos delegados a quienes no les fue fácil orientarse en un problema efectivamente nuevo, bastante complejo y minucioso. El discurso siguiente, del camarada Axelrod, plantea ya en seguida la cuestión en el terreno de los principios. Es el primer discurso de esta índole, mejor dicho, es, en general, el primer discurso del camarada Axelrod en el Congreso, y cuesta trabajo considerar como muy feliz su debut con el célebre «profesor». «Yo creo —dijo el camarada Axelrod— que debemos delimitar los conceptos: Partido y organización. En cambio, aquí estos dos conceptos están confundidos. Esta confusión es peligrosa». Tal es el primer argumento contra mi formulación. Pero examinadlo más de cerca. Cuando digo que el Partido debe ser una *suma* (y no una simple suma aritmética, sino un complejo) de *organizaciones*,[2] ¿quiere esto decir que yo «confunda» los conceptos de partido y organización? Claro que no. Al hacerlo, expreso de un modo perfectamente claro y preciso mi deseo, mi exigencia de que el Partido, como destacamento de vanguardia de la clase, reúna el máximo de *organización* posible y solo acoja en su seno a aquellos elementos que *admitan, por lo menos, un grado mínimo de organización.* Por el contrario, mi contrincante *confunde* en el Partido elementos organizados

38   Vladimir Ilich Lenin: Textos escogidos

y no organizados, a los que se dejan dirigir con los que no se dejan, a los avanzados con los incorregiblemente atrasados, pues los que son corregiblemente atrasados pueden entrar en la organización. *Esta confusión* es la efectivamente *peligrosa.* El camarada Axelrod alude luego «a las organizaciones del pasado rigurosamente conspirativas y centralistas» (Tierra y libertad y La voluntad del pueblo); alrededor de estas organizaciones, según dice, «se agruparon toda una serie de personas que no formaban parte de la organización, pero que la ayudaban en una u otra forma y se consideraban miembros del Partido… Este principio debe aplicarse en forma aún más rigurosa en la organización socialdemócrata». Y aquí hemos llegado precisamente a uno de los *quids* de la cuestión: «este principio», que autoriza llamarse miembros del Partido a personas que no figuran en ninguna de sus organizaciones, sino que se limitan a «ayudarle de uno u otro modo», ¿es, efectivamente, un principio socialdemócrata? Plejánov ha dado a esta pregunta la única respuesta posible: «Axelrod no tenía razón cuando aludía a la década del setenta. Entonces existía un centro bien organizado, con una disciplina perfecta; alrededor de él existían organizaciones de diverso grado que él había creado, y lo que estaba fuera de esas organizaciones era caos y anarquía. Los elementos integrantes de este caos se daban el título de miembros del Partido, pero la causa no salía ganando con ello, sino perdiendo. No debemos imitar la anarquía de la década del setenta, sino evitarla». Por tanto, «este principio», que el camarada Axelrod quería hacer pasar por socialdemócrata, es en realidad un *principio anárquico.* Para refutar esto, es preciso demostrar la *posibilidad* del control, de la dirección y de la disciplina al margen de la organización, hay que demostrar la *necesidad* de que a los «elementos del caos» se les adjudique el título de miembros del Partido. Los defensores de la formulación del camarada Mártov no han demostrado y no podían demostrar ni *una ni otra cosa.* Para poner un ejemplo, el camarada Axelrod, ha hablado del «profesor que se considera socialdemócrata y lo declara». Para llevar a su término la idea que contiene este ejemplo, el camarada Axelrod debiera haber dicho luego si los mismos socialdemócratas organizados reconocen como socialdemócrata a este profesor. No habiendo formulado esta segunda pregunta, el camarada Axelrod ha dejado su argumentación a medias. En efecto, una de dos: o bien los socialdemócratas organizados consideran al profesor de que tratamos como socialdemócrata, y entonces, ¿por qué no incluirlo en esta o la otra organización socialdemócrata? Solo después de semejante incorporación estarán «las declaraciones» del profesor en armonía con sus actos y no serán frases huecas (que es en lo que quedan con demasiada frecuencia las declaraciones de profesores). O bien los socialdemócratas organizados *no* consideran socialdemócrata al profesor, y en este caso carece de sentido y es absurdo y *perjudicial* concederle el derecho a ostentar el título de miembro del Partido, que entraña consideración y responsabilidad. Por tanto, la cosa queda reducida precisamente a aplicar de un modo consecuente el principio de organización o a consagrar la dispersión y la anarquía. ¿Estamos constituyendo el Partido, tomando por base el núcleo de *socialdemócratas* que ya ha sido creado y ha adquirido cohesión, el núcleo que ha organizado, supongamos, el Congreso del Partido y que debe extender y multiplicar toda clase de organizaciones del Partido, o nos contentamos con la *frase* tranquilizadora de que todos los que ayudan son miembros del Partido? «Si aceptamos la fórmula de Lenin —continuó el camarada Axelrod—, echaremos por la borda una parte de los que, aun cuando no puedan ser admitidos directamente en la organización, son, sin embargo, miembros del Partido». La confusión de conceptos de que Axelrod quiso acusarme a mí se destaca aquí en sus propias palabras con toda claridad: considera ya como un hecho que todos los que ayudan *son* miembros del Partido, cuando esto es precisamente lo que se discute y los oponentes tienen que *demostrar* aún la necesidad y ventaja de semejante interpretación. ¿Cuál es el contenido de esta frase, a primera vista terrible, de echar por la borda? Si únicamente se consideran como miembros del Partido los miembros de organizaciones reconocidas como organizadores del mismo, entonces personas que no pueden ingresar «directamente» en ninguna organización del Partido, podrán, sin embargo, trabajar en una organización que no sea del Partido, pero que esté en contacto con él. Por consiguiente, no se puede ni hablar de arrojar por la borda en el sentido de apartar del trabajo, de la participación en el movimiento. Por el contrario, cuanto más fuertes sean nuestras organizaciones del Partido, integradas por socialdemócratas *efectivos,* cuanto menos vacilación e inestabilidad haya *dentro* del Partido, tanto más amplia y polifacética, tanto más rica y fructuosa será la influencia del Partido sobre los elementos de las *masas* obreras que le rodean y que él dirige. Porque no se puede, en verdad, confundir al Partido como destacamento de vanguardia de la clase obrera con toda la clase. Y esta es

40 Vladimir Ilich Lenin: Textos escogidos

precisamente la confusión (propia de nuestro economismo oportunista, en general) en que cae el camarada Axelrod cuando dice: «Claro es que antes que nada constituimos una organización de los elementos más activos del Partido, una organización de revolucionarios, pero, puesto que somos un partido de clase, debemos pensar en hacer las cosas de modo que no queden fuera de él personas que, de un modo consciente, aunque quizá no con plena actividad, están en contacto con dicho partido». En primer lugar, entre los elementos activos del Partido Obrero Socialdemócrata en modo alguno figurarán tan solo las organizaciones de revolucionarios, sino *toda una serie* de organizaciones obreras reconocidas como organizaciones del Partido. En segundo lugar: ¿por qué motivo y en virtud de qué lógica podía deducirse, del hecho de que somos un partido de clase, la consecuencia de que no es preciso establecer una distinción entre los que *integran* el Partido y los que *están en contacto* con él? Muy al contrario: precisamente porque existen diferencias en el grado de conciencia y en el grado de actividad, es necesario establecer una diferencia en el grado de proximidad al Partido. Nosotros somos el Partido de la clase, y, por ello, *casi toda la clase* (y en tiempo de guerra, en época de guerra civil, la clase entera) debe actuar bajo la dirección de nuestro Partido, debe tener con nuestro Partido la ligazón más estrecha posible; pero sería manilovismo[3] y «seguidismo» creer que casi toda la clase o la clase entera pueda algún día, bajo el capitalismo, elevarse hasta el punto de alcanzar el grado de conciencia y de actividad de su destacamento de vanguardia, de su Partido socialdemócrata. Ningún socialdemócrata juicioso ha puesto nunca en duda que, bajo el capitalismo, ni aún la organización sindical (más rudimentaria, más asequible al grado de conciencia de las capas menos desarrolladas) esté en condiciones de englobar a toda o casi toda la clase obrera. Olvidar la diferencia que existe entre el destacamento de vanguardia y toda la masa que gravita hacia él, olvidar el deber constante que tiene el destacamento de vanguardia de *elevar* a capas cada vez más amplias a su avanzado nivel, sería únicamente engañarse a sí mismo, cerrar los ojos ante la inmensidad de nuestras tareas, restringir nuestras tareas. Y precisamente así se cierran los ojos y tal es el olvido que se comete cuando se borra la diferencia que existe entre los que están en contacto y los que ingresan, entre los conscientes y los activos, por una parte, y los que ayudan, por otra.

Remitirse a que somos un partido de clase *para justificar* la difusión orgánica, *para justificar* la confusión entre organización y desorganización, significa repetir el error de Nadiezhdin, que confundía «la cuestión filosófica e histórico-social de las «profundas raíces» del movimiento con una cuestión técnica de organización» (¿Qué hacer?). Y precisamente esta confusión, que con tanta suerte inició el camarada Axelrod, la repitieron después decenas de veces los oradores que defendieron la formulación del camarada Mártov. «Cuanto más se extienda el título de miembro del Partido, tanto mejor», dice Mártov, sin explicar, no obstante, qué ventaja resulta de la amplia difusión de un *título* que no corresponde a su contenido. ¿Puede negarse que es una ficción el control de los miembros del Partido que no forman parte de su organización? La amplia difusión de una ficción es nociva, y no útil. «Solo podemos alegramos de que todo huelguista, todo manifestante, respondiendo de sus actos, pueda declararse miembro del Partido». ¿De verdad? *¿Cualquier huelguista* debe tener derecho a *declararse miembro del Partido?* Con esta tesis lleva el camarada Mártov su error al absurdo, *rebajando* el socialdemocratismo al huelguismo, repitiendo las malandanzas de los Akímov. Solo podemos alegramos de que la socialdemocracia consiga dirigir cada huelga, porque la obligación directa y absoluta de la socialdemocracia estriba en dirigir todas las manifestaciones de la lucha de clase del proletariado, y la huelga es una de las manifestaciones más profundas y potentes de esta lucha. Pero seremos seguidistas si consentimos que esta forma elemental de lucha, *ipso facto* nada más que forma tradeunionista, *se identifique* con la lucha socialdemócrata, multilateral y consciente. De un modo oportunista, *consagraremos una cosa manifiestamente falsa,* si concedemos a todo huelguista el derecho a «declararse miembro del Partido», pues semejante «declaración», *en una inmensidad de casos,* será una declaración *falsa.* Nos adormeceremos con ensueños manilovianos si se nos ocurre asegurarnos a nosotros mismos y a los demás que *todo huelguista* puede *ser* socialdemócrata y miembro del Partido Socialdemócrata, dada la infinita fragmentación, opresión y embrutecimiento que, bajo el capitalismo, pesará inevitablemente sobre sectores muy amplios de obreros «no especializados», no calificados. Precisamente el ejemplo del «huelguista» muestra con singular claridad la diferencia entre la *aspiración revolucionaria* a dirigir de un modo socialdemócrata cada huelga y la *frase oportunista* que declara miembro del Partido a *todo* huelguista. Nosotros somos un partido de clase por cuanto

42   Vladimir Ilich Lenin: Textos escogidos

dirigimos, *en efecto,* de un modo socialdemócrata, a casi toda e incluso a toda la clase del proletariado; pero solo los Akímov pueden deducir de esto que tengamos que identificar *de palabra* el Partido y la clase.

«No me da miedo una organización de conjuradores» —decía el camarada Mártov en el mismo discurso—, pero —añadía— «para mí una organización de conjuradores solo tiene sentido en tanto la rodea un amplio Partido obrero socialdemócrata». Para ser exacto debiera decir: en tanto la rodea un amplio *movimiento* obrero socialdemócrata. Y en esta forma, la tesis del camarada Mártov no solo es indiscutible, sino que es una evidente perogrullada. Me detengo en este punto únicamente porque de la perogrullada del camarada Mártov, los oradores siguientes dedujeron el argumento *muy corriente y muy vulgar* de que Lenin quería «reducir todo el conjunto de miembros del Partido a un conjunto de conspiradores». Tanto el camarada Posadovski como el camarada Popov esgrimieron este argumento, que solo puede provocar una sonrisa, y cuando Martínov y Akímov lo hicieron suyo, su verdadero carácter, es decir, el carácter de frase oportunista quedó ya esbozado con toda claridad. En el presente, el camarada Axelrod desarrolla este mismo argumento en la nueva *Iskra,* para poner en conocimiento de los lectores los nuevos puntos de vista de la nueva redacción en materia de organización. Ya en el Congreso, en la primera sesión en que se trató del artículo primero, observé que los oponentes querían aprovecharse de arma tan barata y por esto hice en mi discurso la advertencia siguiente: «No debe pensarse que las organizaciones del Partido habrán de constar solo de revolucionarios profesionales. Necesitamos las organizaciones más variadas, de todos los tipos, categorías y matices, comenzando por organizaciones extraordinariamente reducidas y conspirativas y concluyendo por organizaciones muy amplias, libres, *lose Organisationen*». Se trata de una verdad hasta tal punto evidente y lógica, que consideré superfluo pararme en ella. Pero, en los momentos actuales, como nos han arrastrado hacia atrás en mucho, también en este punto hay que «repetir lo ya mascado». Y para hacerlo, citaré unos pasajes de *¿Qué hacer?* y de la *Carta a un camarada:*

> A un círculo de corifeos como Alexéiev y Mishkin, Jalturin y Zheliabov le son accesibles las tareas políticas en el sentido más real, más práctico de la palabra, y le son accesibles precisamente por cuanto sus ardientes prédicas

encuentran eco en la masa, que se despierta espontáneamente; por cuanto su hirviente energía es comprendida y apoyada por la energía de la clase revolucionaria». Para ser un *partido* socialdemócrata hay que conquistar *el apoyo de la clase* propiamente. No es el Partido que debe rodear a la organización conspirativa, como pensaba el camarada Mártov, sino que la clase revolucionaria, el proletariado, debe rodear al Partido, el cual ha de abarcar tanto las organizaciones clandestinas, como las que no lo sean.

Las organizaciones obreras para la lucha económica deben ser organizaciones sindicales. Todo obrero socialdemócrata debe, dentro de lo posible, apoyar a estas organizaciones y trabajar activamente en ellas... Pero no estamos en manera alguna interesados en exigir que únicamente los socialdemócratas puedan ser miembros de los sindicatos: esto reduciría el alcance de nuestra influencia en la masa. Dejemos participar en el sindicato a todo obrero que comprenda que es necesario unirse para luchar contra los patronos y contra el gobierno. El fin mismo de los sindicatos sería inasequible si no agrupasen a todos los obreros capaces de comprender aunque no fuese más que esta noción elemental, si estos sindicatos no fuesen organizaciones muy *amplias*. Y cuanto más amplias sean estas organizaciones, tanto más podrá extenderse nuestra influencia en ellas, influencia ejercida no solamente por el desenvolvimiento «espontáneo» de la lucha económica, sino también por la acción consciente y directa de los miembros socialistas de los sindicatos sobre sus camaradas.

Diremos de paso que el ejemplo de los sindicatos es particularmente característico para dilucidar el problema en discusión respecto al artículo primero. No puede haber entre socialdemócratas dos opiniones acerca de que estos sindicatos *deban* trabajar «bajo el control y la dirección» de organizaciones socialdemócratas. Pero el *partir de esta base* para dar a todos los miembros de dichos sindicatos el derecho a «declararse» miembros del Partido Socialdemócrata, sería un absurdo evidente y representaría la amenaza de un doble daño: *reducir* las proporciones del movimiento sindical y debilitar la solidaridad obrera en este terreno, por una parte. Por otra, esto abriría las puertas del Partido Socialdemócrata a lo confuso y vacilante. La socialdemocracia alemana se vio en el caso de resolver un problema semejante, planteado en forma concreta, cuando surgió el célebre incidente de los albañiles de Hamburgo, que trabajaban a destajo.[4] Ni un momento vaciló la socialdemocracia en reconocer que la conducta de los esquiroles era indigna desde el punto de vista de un socialdemócrata, es decir, en reconocer la dirección de las huelgas, en apoyarlas como cosa *suya*, pero, al mismo tiempo, y con la misma decisión rechazó la exigencia de identificar los intereses del Partido con los intereses de los sindicatos, de *hacer al Partido responsable* de los diversos pasos de los distintos sindicatos. El Partido debe y procurará imbuir de su espíritu, someter a su influencia a los sindicatos, pero, precisamente en aras de esa influencia, debe distinguir en estos sindicatos a los elementos plenamente socialdemócratas (integrantes del Partido Socialdemócrata) de los elementos que no tienen plena conciencia ni plena actividad política, y no confundir a unos y a otros, como quiere el camarada Axelrod.

La centralización de las funciones más clandestinas por la organización de los revolucionarios no debilitará, sino que reforzará la amplitud y el contenido de la actividad de una gran cantidad de otras organizaciones destinadas al gran público y, por consiguiente, lo menos reglamentadas y lo menos clandestinas posibles: sindicatos obreros, círculos obreros de autodidactas y de lectura de publicaciones ilegales, círculos socialistas, círculos democráticos para *todos* los demás sectores de la población, etcétera, etcétera. Tales círculos, sindicatos y organizaciones son necesarios por todas partes; es preciso que sean *lo más numerosos,* y sus funciones, lo más variadas posible, pero es absurdo y perjudicial *confundir* estas organizaciones con la de las *revolucionarios,* borrar entre ellas las fronteras.

Este pasaje muestra cuán poco a propósito me recordó el camarada Mártov que la organización de revolucionarios debía *quedar rodeada* de amplias organizaciones obreras. Ya lo indiqué en *¿Qué hacer?,* y en la *Carta a un camarada* desarrollé esta idea de un modo más concreto. Los círculos de las fábricas —decía yo en dicha carta—: tienen especial importancia para nosotros: en efecto, toda la fuerza principal del movimiento reside en el grado en que estén organizados los obreros de las *grandes* fábricas, pues las grandes fábricas contienen la parte de la clase obrera predominante no solo por su número, sino, aún más por su influencia, su desarrollo y su capacidad de lucha. Cada fábrica debe ser una fortaleza nuestra. El subcomité de fábrica debe procurar abarcar toda la empresa, el mayor número posible de obreros en una red de toda clase de círculos (o agentes). Todos los grupos, círculos, subcomités, etcétera, deben considerarse organismos dependientes del comité o secciones filiales del mismo. Algunos de ellos declararán francamente su deseo de ingresar en el Partido Obrero Socialdemócrata de Rusia y, a *condición de que sean aprobados* por el Comité, entrarán a formar parte del Partido, asumirán determinadas funciones (por encargo del Comité o de acuerdo con él), se comprometerán a someterse a las disposiciones de los organismos del Partido, *obtendrán los derechos de todos los miembros del Partido,* se considerarán los candidatos más próximos a miembros del Comité, etcétera. Otros *no entrarán* a formar parte del POSDR, permaneciendo en la situación de círculos, organizados por miembros del Partido o en contacto con este o el otro grupo del Partido, etcétera.

Las palabras que he subrayado indican con particular claridad que *la idea* de la formulación que yo di al artículo primero estaba totalmente expresada ya en la *Carta a un camarada.* Allí están claramente indicadas las condiciones de admisión en el Partido, a saber: 1) cierto grado de organización y 2) confirmación por un comité del Partido. Una página más abajo indico también aproximadamente qué grupos y organizaciones y por qué consideraciones deben (o no deben) ser admitidos en el Partido.

Los grupos de distribuidores deben pertenecer al POSDR y conocer a determinado número de sus miembros y de sus funcionarios. Un grupo que estudie las condiciones profesionales del trabajo y elabore proyectos de reivindicaciones sindicales no tiene que pertenecer obligatoriamente al POSDR. Un grupo de estudiantes, de oficiales del ejército o de empleados que trabajen en su autoeducación *con la ayuda* de uno o dos miembros del Partido, hasta no tiene a veces por qué saber que estos pertenecen al Partido, etcétera.

¡Ahí tenéis nuevos materiales para la cuestión de la «visera levantada»! Mientras que la fórmula del proyecto del camarada Mártov no toca ni siquiera las relaciones entre el Partido y la organización, yo, casi un año antes del Congreso, indicaba ya que ciertas organizaciones debían entrar en el Partido y otras no. En la *Carta a un camarada* se destaca ya claramente la idea que he defendido en el Congreso. La cosa podría representarse en forma gráfica del modo siguiente. Por el grado de organización en general, y por el grado de clandestinidad de la organización en particular, pueden distinguirse, aproximadamente, las categorías siguientes: 1) organizaciones de revolucionarios; 2) organizaciones obreras, lo más amplias y diversas posible (me limito a la clase obrera, suponiendo, como cosa que se entiende por sí misma,

46 Vladimir Ilich Lenin: Textos escogidos

que ciertos elementos de las demás clases entrarán también en estas organizaciones, en determinadas condiciones). Estas dos categorías constituyen el Partido. Luego: 3) organizaciones obreras en contacto con el Partido; 4) organizaciones obreras que no están en contacto con el Partido, pero subordinadas de hecho a su control y dirección; 5) elementos inorganizados de la clase obrera, que en parte también se subordinan, al menos en los casos de grandes manifestaciones de la lucha de clases, a la dirección de la socialdemocracia. Así es, aproximadamente, cómo se presentan las cosas, desde mi punto de vista. Desde el punto de vista del camarada Mártov, por el contrario, las fronteras del Partido quedan absolutamente indeterminadas, porque «cualquier huelguista» puede «declararse miembro del Partido». ¿Cuál es el provecho de semejante vaguedad? La gran difusión del «título». Lo que tiene de nocivo consiste en que origina la idea *desorganizadora* de la confusión de la clase con el Partido.

[…]

Fuente: V.I. Lenin: «Un paso adelante, dos pasos atrás», en *Obras escogidas* en tres tomos, t. I, Ediciones en Lenguas Extranjeras, Moscú, 1960, pp. 338–349.

Dos tácticas de la socialdemocracia en la revolución democrática*

13. Conclusión. ¿Nos atreveremos a vencer?

Los que conocen superficialmente el estado de cosas de la socialdemocracia de Rusia o lo juzgan desde fuera y desconocen la historia de toda nuestra lucha interior desde la época del economismo, muy a menudo se desentienden también de las divergencias tácticas que se han definido ahora, sobre todo después del III Congreso, aludiendo simplemente a dos tendencias naturales, inevitables, completamente conciliables, de todo movimiento socialdemócrata. Por una parte, según ellos, se subraya vivamente la labor corriente, cotidiana, habitual, la necesidad de desarrollar la propaganda y la agitación, de preparar las fuerzas, de profundizar el movimiento, etcétera. Por otra parte, se subrayan las tareas de combate, las tareas políticas de orden general y las tareas revolucionarias del movimiento, se indica la necesidad de la insurrección armada y se lanzan las consignas de dictadura democrática revolucionaria y gobierno provisional revolucionario. No se debe exagerar ni una parte ni otra; ni allí ni aquí (como, en general, en ninguna parte del mundo) los extremismos son buenos, etcétera, etcétera.

Las verdades baratas de prudencia práctica (y «política» entre comillas) que hay indudablemente en semejantes razonamientos, encubren, sin embargo, con demasiada frecuencia la incomprensión de las necesidades vitales, candentes, del Partido. Fijaos en las divergencias tácticas actuales entre los

---

* Escrito en junio–julio de 1905. Publicado por primera vez como folleto en julio de 1905, en Ginebra.

socialdemócratas rusos. Naturalmente, el hecho de que en los razonamientos neoiskristas sobre la táctica se subraye de un modo acentuado el aspecto cotidiano, habitual, del trabajo, no podría representar de por sí todavía ningún peligro y no podría provocar divergencia alguna en las consignas tácticas. Pero basta comparar las resoluciones del III Congreso del Partido Obrero Socialdemócrata de Rusia con las resoluciones de la Conferencia, para que dicha divergencia salte a la vista.

¿De qué se trata? Se trata, primero, de que no basta una simple indicación general, abstracta, de las dos corrientes existentes en el movimiento y de lo perniciosos que son los extremismos. Hay que saber concretamente cuál es el mal que aqueja al movimiento en el momento presente, en qué consiste ahora el peligro político real para el Partido. Segundo, hay que saber a qué fuerzas políticas reales hacen el juego estas o las otras consignas tácticas o tal vez tal o cual ausencia de consignas. Si escucháis a los neoiskristas, llegaréis a la conclusión de que el Partido de la socialdemocracia se ve amenazado del peligro de arrojar por la borda la propaganda y la agitación, la lucha económica y la crítica de la democracia burguesa, de dejarse seducir desmesuradamente por la preparación militar, por los ataques armados, por la toma del Poder, etcétera. Pero, en realidad, el verdadero peligro que amenaza al Partido proviene de otro lado completamente distinto. El que conozca siquiera sea un poco de cerca la situación del movimiento, el que lo siga de un modo atento y reflexivo, no puede por menos de ver lo que tienen de ridículo los temores neoiskristas. Toda la labor del Partido Obrero Socialdemócrata de Rusia ha cristalizado ya en un marco definitivo, consistente e invariable, que garantiza de un modo incondicional fijar el centro de gravedad en la propaganda y la agitación, en los mítines relámpago y reuniones de masas, en la difusión de octavillas y folletos, en la contribución a la lucha económica y en el apoyo de sus consignas. No hay ni un solo comité de partido, ni un solo comité regional, ni una sola reunión central, ni un solo grupo de fábrica, en el cual las noventa y nueve partes de atención, fuerzas y tiempo no se dediquen siempre y de un modo constante a todas estas funciones, establecidas ya desde la segunda mitad de la década del noventa. Esto lo ignoran únicamente los que no conocen en absoluto el movimiento. Solo gente muy ingenua o poco informada puede tomar en serio la repetición neoiskrista de los viejos estribillos cuando esto se hace con aire de importancia.

Dos tácticas de la socialdemocracia en la revolución democrática **49**

El hecho es que no solo entre nosotros la gente no se deja llevar de un modo desmesurado por las tareas de la insurrección, por las consignas políticas generales, por la dirección de toda la revolución popular, sino que, al contrario, *el atraso,* precisamente en este sentido, salta a la vista, es el lado más vulnerable, representa un peligro real para el movimiento, el cual puede degenerar, y degenera en algunos sitios, de revolucionario de hecho en revolucionario de palabra. De los muchos centenares de organizaciones, grupos y círculos que realizan la labor del Partido, no encontraréis ni uno solo en el cual no se haya llevado a cabo desde su nacimiento esa labor cotidiana, de la que hablan los sabios de la nueva *Iskra,* dándose el tono de gente que ha descubierto nuevas verdades, y, por el contrario, encontraréis un tanto por ciento insignificante de grupos y círculos que tengan conciencia de las tareas de la insurrección armada, que hayan emprendido la realización de las mismas, que se den cuenta de la necesidad de dirigir toda la revolución popular contra el zarismo, de la necesidad de propugnar para ello precisamente estas y no otras consignas de vanguardia.

Nos hallamos en un atraso increíble con respecto a las tareas de vanguardia y efectivamente revolucionarias, no hemos adquirido todavía conciencia de las mismas en infinidad de casos, hemos dejado que aquí y allí se fortaleciese la democracia burguesa revolucionaria a cuenta de nuestro atraso en este sentido. Y los escritores de la nueva *Iskra,* volviendo la espalda a la marcha de los acontecimientos y a las exigencias del momento, repiten tercamente: ¡No olvidéis lo viejo! ¡No os dejéis llevar por lo nuevo! Es este el tono fundamental e invariable de todas las resoluciones sustanciales de la Conferencia, mientras que en las resoluciones del Congreso podréis leer también invariablemente lo siguiente: al mismo tiempo que confirmamos lo viejo (y sin detenernos a rumiarlo, precisamente porque es algo viejo, ya decidido y consagrado en las publicaciones, en las resoluciones y en la experiencia), propugnamos una nueva tarea, llamamos la atención sobre la misma, planteamos una nueva consigna, exigimos de los socialdemócratas realmente revolucionarios una labor inmediata para que sea llevada a la práctica.

He aquí cómo está, en realidad, planteada la cuestión de las dos tendencias en la táctica de la socialdemocracia. La época revolucionaria ha destacado nuevas tareas que solo gente completamente ciega no ve. Y estas tareas las aceptan decididamente unos socialdemócratas y las ponen al orden del día: la insurrección armada es inaplazable, preparaos para la misma inmediata y enérgicamente, acordaos de que es necesaria para la victoria decisiva, plantead las consignas de república, de gobierno provisional, de dictadura democrática revolucionaria del proletariado y de los campesinos. Otros socialdemócratas, en cambio, retroceden, no se mueven del sitio; en vez de dar consignas, escriben prólogos; en lugar de indicar lo nuevo paralelamente a la confirmación de lo viejo, rumian incansable y aburridamente lo viejo, inventan pretextos para desentenderse de lo nuevo, no sabiendo definir las condiciones de la victoria decisiva, no sabiendo presentar las únicas consignas que corresponden a la aspiración de conseguir la victoria completa.

El resultado político de este seguidismo salta a la vista. La fábula relativa al acercamiento de la «mayoría» del Partido Obrero Socialdemócrata de Rusia a la democracia burguesa revolucionaria no pasa de ser una fábula, no confirmada ni por un solo hecho político, ni por una sola resolución importante de los «bolcheviques», ni por un solo acto del III Congreso del Partido Obrero Socialdemócrata de Rusia. Mientras tanto, la burguesía oportunista, monárquica, personificada por Osvobozhdenie, celebra desde hace tiempo las tendencias «de principio» del neoiskrismo y ahora sencillamente hace ya mover su molino con el agua de las mismas, se asimila todos sus términos e «ideuchas» contra la «conspiración» y el «motín», contra las exageraciones del aspecto «técnico» de la revolución, contra la presentación directa de la consigna de la insurrección armada, contra el «revolucionismo» de las reivindicaciones extremas, etcétera, etcétera. La resolución de toda una conferencia de los socialdemócratas «mencheviques» del Cáucaso y la aprobación de dicho acuerdo por la nueva *Iskra* ofrecen un resumen político inequívoco de todo esto: ¡lo esencial es que la burguesía no vuelva la espalda en caso de participación del proletariado en la dictadura democrática revolucionaria! Con esto está dicho todo. Con esto se consagra definitivamente la transformación del proletariado en apéndice de la burguesía monárquica. Con esto queda demostrada en la práctica, no por la declaración casual de una persona, sino por una resolución especialmente aprobada por toda una tendencia, *la significación política* del seguidismo neoiskrista.

El que reflexione sobre estos hechos comprenderá la verdadera significación de las indicaciones corrientes respecto a los dos aspectos y a las dos tendencias del movimiento socialdemócrata. Tomad el bernsteinianismo para

Dos tácticas de la socialdemocracia en la revolución democrática **51**

estudiar dichas tendencias en gran escala. Los bernsteinianos afirmaban y afirman, exactamente igual, que son precisamente ellos los que comprenden las verdaderas necesidades del proletariado, las tareas que traen aparejados el crecimiento de sus fuerzas, el ahondamiento de todo el trabajo, la preparación de los elementos de la nueva sociedad, la propaganda y la agitación. ¡Exigimos el reconocimiento abierto de lo que existe! —dice Bernstein—, consagrando con esto el «movimiento» *sin* «meta final», consagrando solo la táctica defensiva, predicando la táctica del miedo «a que la burguesía vuelva la espalda». También los bernsteinianos gritaban a propósito del «jacobinismo» de los socialdemócratas revolucionarios, de los «literatos», que no comprenden la «iniciativa obrera», etcétera, etcétera. En realidad, como todo el mundo sabe, los socialdemócratas revolucionarios no han pensado siquiera en abandonar la labor cotidiana, la labor pequeña, la preparación de fuerzas, etcétera, etcétera. Lo único que exigían era la conciencia clara del objetivo final, el planteamiento claro de las tareas revolucionarias, querían elevar a los sectores semiproletarios y semipequeñoburgueses hasta el nivel revolucionario del proletariado y no rebajar este último hasta las consideraciones oportunistas de que «la burguesía no vuelva la espalda». Quizá la expresión más elocuente de esta disensión entre el ala oportunista intelectual y el ala revolucionaria proletaria del Partido fuese la pregunta: *dürfen wir siegen?*, «¿nos atreveremos a vencer?», ¿nos está permitido vencer?, ¿no es peligroso vencer?, ¿conviene que venzamos? Por extraño que parezca a primera vista, esta pregunta fue, sin embargo, formulada, y debía serlo, pues los oportunistas temían la victoria, intimidaban al proletariado con la perspectiva de la misma, pronosticaban toda clase de calamidades como consecuencia de ella, ridiculizaban las consignas que incitaban directamente a conquistarla.

Esta misma división fundamental en tendencia oportunista intelectual y revolucionaria proletaria, existe también entre nosotros, con la sola diferencia, muy sustancial, de que se trata no de la revolución socialista, sino de la revolución democrática. Entre nosotros ha sido también formulada la pregunta, absurda a primera vista: «¿nos atreveremos a vencer?». Esta pregunta ha sido formulada por Martínov en *Dos dictaduras,* donde profetiza toda clase de calamidades si preparamos muy bien y llevamos a cabo con pleno éxito la insurrección. Ha sido formulada por toda la literatura de los neoiskristas consagrada a la cuestión del gobierno provisional revolucionario, con la

52 Vladimir Ilich Lenin: Textos escogidos

particularidad de que constantemente han intentado con celo, pero sin éxito, confundir la participación de Millerand en el gobierno oportunista burgués, con la participación de Varlin[1] en el gobierno revolucionario pequeñoburgués. La cuestión ha quedado fijada por la resolución al hablar del miedo a que «la burguesía vuelva la espalda». Y si bien Kautsky, por ejemplo, intenta ahora ironizar, diciendo que nuestras discusiones sobre el gobierno provisional revolucionario se parecen al reparto de la piel del oso antes de haberlo matado, esta ironía no demuestra otra cosa sino que incluso socialdemócratas inteligentes y revolucionarios se descarrían cuando hablan de lo que conocen solo de oídas. La socialdemocracia alemana no se encuentra aún muy cerca del momento en que pueda matar el oso (realizar la revolución socialista), pero la discusión a propósito de saber si nos «atreveremos» a matarlo ha tenido una inmensa importancia desde el punto de vista de los principios y desde el punto de vista político–práctico. Los socialdemócratas rusos no se encuentran todavía muy cerca de tener las fuerzas suficientes para «matar a su oso» (realizar la revolución democrática), pero saber si nos «atreveremos» a matarlo tiene una importancia extremadamente seria para todo el porvenir de Rusia y para el porvenir de la socialdemocracia rusa. No se puede hablar de un reclutamiento enérgico y eficaz de un ejército, de la dirección del mismo, sin estar seguros de que nos «atreveremos» a vencer.

Fijaos en nuestros viejos economistas. Estos gritaban también que sus adversarios eran unos conspiradores, unos jacobinos (véase: *Rabócheie Dielo*, sobre todo el número 10, y el discurso de Martínov en los debates del II Congreso sobre el programa) que, absorbidos por la política, se separaban de las masas, que olvidaban las bases del movimiento obrero, que no tenían en cuenta la iniciativa obrera, etcétera, etcétera. Pero, en realidad, esos partidarios de la «iniciativa obrera» eran unos intelectuales oportunistas, que imponían a los obreros su concepción estrecha y filistea de las tareas del proletariado. En realidad, los adversarios del economismo, como puede verlo cualquiera por la vieja *Iskra*, no abandonaban ni relegaban al último término ni uno solo de los aspectos de la labor socialdemócrata, no olvidaban en lo más mínimo la lucha económica, sabiendo al mismo tiempo plantear con toda amplitud las tareas políticas urgentes e inmediatas, oponiéndose a la transformación del Partido Obrero en un apéndice «económico» de la burguesía liberal.

Los economistas habían aprendido de memoria que la base de la política es la economía, y «entendían» esto como si fuera necesario rebajar la lucha política hasta la lucha económica. Los neoiskristas han aprendido de memoria que la revolución democrática tiene en su base económica la revolución burguesa, y han «entendido» esto como si fuera necesario rebajar las tareas democráticas del proletariado hasta el nivel de la moderación burguesa, hasta el límite más allá del cual «la burguesía volverá la espalda». Los economistas, con el pretexto de profundizar el trabajo, con el pretexto de la iniciativa obrera y de la política puramente de clase, entregaban, en realidad, la clase obrera en manos de los políticos liberales burgueses, es decir, conducían al Partido por un camino cuya significación objetiva era precisamente esta. Los neoiskristas, con los mismos pretextos, traicionan, en realidad, a favor de la burguesía los intereses del proletariado en la revolución democrática, es decir, conducen al Partido por el camino cuya significación objetiva es precisamente esta. A los economistas les parecía que la hegemonía en la lucha política no era cosa de los socialdemócratas, sino propiamente cosa de los liberales. A los neoiskristas les parece que la realización activa de la revolución democrática no es cosa de los socialdemócratas, sino propiamente cosa de la burguesía democrática, pues la dirección y la participación hegemónica del proletariado «disminuiría el alcance» de la revolución.

En una palabra, los neoiskristas son unos epígonos del economismo, no solo por su origen en el II Congreso del Partido, sino también por su modo actual de plantear las tareas tácticas del proletariado en la revolución democrática. Son también un ala oportunista intelectual del Partido. En materia de organización comenzó con el individualismo anarquista, propio de los intelectuales, y ha terminado con la «desorganización–proceso», consagrando, en los «estatutos»[2] aprobados por la Conferencia, la falta de ligazón de las publicaciones con la organización del Partido, las elecciones indirectas, casi en cuatro etapas, el sistema de los plebiscitos bonapartistas en vez de la representación democrática y, finalmente, el principio del «acuerdo» entre la parte y el todo. En la táctica del Partido se deslizaban por la misma pendiente. En el «plan de campaña de los zemstvos» declararon como «tipo superior de manifestación» las acciones ante los elementos de los zemstvos, no viendo en la escena política más que dos fuerzas activas (¡esto en vísperas del 9 de enero!): el gobierno y la democracia burguesa. La tarea urgente de armarse la «profundizaron», sustituyendo la consigna práctica directa por un llamamiento a armar al pueblo del deseo ardiente de armarse. Las tareas de la insurrección armada, del gobierno provisional, de la dictadura democrática revolucionaria han sido ahora deformadas y embotadas en sus resoluciones oficiales. «¡Que la burguesía no vuelva la espalda!» —este acorde final de la última de sus resoluciones— proyecta viva luz sobre la cuestión de saber a dónde conduce al Partido el camino que ellos preconizan.

La revolución democrática en Rusia es una revolución burguesa por su esencia social y económica. No basta con repetir sencillamente esta tesis marxista justa. Hay que saber comprenderla y saber aplicarla a las consignas políticas. Toda la libertad política en general, sobre la base de las relaciones de producción actuales, esto es, capitalistas, es una libertad burguesa. La reivindicación de libertad expresa ante todo los intereses de la burguesía. Sus representantes fueron los primeros en presentar esta reivindicación. Sus partidarios han aprovechado en todas partes como dueños y señores la libertad obtenida, ajustándola meticulosamente a un rasero burgués moderado, combinándola con la represión del proletariado revolucionario, más refinada en tiempo de paz y ferozmente cruel durante las tormentas.

Pero solo los populistas rebeldes, los anarquistas y los «economistas» podían deducir de esto la negación o el menoscabo de la lucha por la libertad. Se ha conseguido imponer al proletariado estas doctrinas intelectual–filisteas únicamente de un modo temporal, a pesar de su resistencia. El proletariado se ha dado cuenta, por instinto, de que la libertad política le es necesaria, le es necesaria a él más que a nadie, a pesar de que esta refuerce y organice directamente a la burguesía. El proletariado no espera su salvación apartándose de la lucha de clases sino de su desarrollo, del aumento de su amplitud, de su conciencia, de su organización y de su decisión. El que menoscabe las tareas de la lucha política convierte al socialdemócrata, de tribuno popular, en secretario de tradeunión. El que menoscabe las tareas proletarias en la revolución democrático–burguesa, convierte al socialdemócrata, jefe de la revolución popular, en líder de sindicato obrero libre.

Sí, de la revolución *popular*. La socialdemocracia ha luchado y lucha con pleno derecho contra el abuso democrático–burgués de la palabra «pueblo». Exige que con esta palabra no se encubra la incomprensión de los antagonismos de clase en el seno del pueblo. Insiste incondicionalmente en la

Dos tácticas de la socialdemocracia en la revolución democrática **55**

necesidad de una completa independencia de clase del Partido del proletariado. Pero divide al «pueblo» en «clases», no para que la clase de vanguardia se encierre en sí misma, se limite con una medida mezquina, castre su actividad con consideraciones como la de que no vuelvan la espalda los amos de la economía del mundo, sino para que la clase de vanguardia, que no adolece de las vacilaciones, de la inconsistencia, de la indecisión de las clases intermedias, luche con tanta mayor energía, con tanto mayor entusiasmo por la causa de todo el pueblo, al frente de todo el pueblo.

¡He aquí lo que tan a menudo no comprenden los neoiskristas actuales que sustituyen la presentación de consignas políticas activas en la revolución democrática por la repetición casuística de las palabras «de clase» en todos los géneros y casos!

La revolución democrática es burguesa. La consigna del «reparto negro» o de «tierra y libertad» —esta consigna difundidísima entre la masa campesina, ignorante y oprimida, pero que busca apasionadamente la luz y la felicidad— es burguesa. Pero nosotros, marxistas, debemos saber que no hay y no puede haber otro camino hacia la verdadera libertad del proletariado y de los campesinos que el camino de la libertad burguesa y del progreso burgués. No debemos olvidar que en estos momentos no hay ni puede haber otro medio de acercar el socialismo que la libertad política completa, la república democrática, la dictadura democrático–revolucionaria del proletariado y de los campesinos. Como representantes de la clase de vanguardia, de la única clase revolucionaria sin reservas, sin dudas, sin volver la vista atrás, debemos plantear ante todo el pueblo, del modo más amplio, más audaz y con la mayor iniciativa posible, las tareas de la revolución democrática. El menoscabo de dichas tareas es teóricamente una caricatura del marxismo y una adulteración filistea del mismo, y desde el punto de vista político práctico significa entregar la causa de la revolución en manos de la burguesía, la cual se apartará inevitablemente de la realización consecuente de la revolución. Las dificultades que se alzan en el camino hacia la victoria completa de la revolución son muy grandes. Nadie podrá condenar a los representantes del proletariado si hacen todos los esfuerzos posibles y estos se estrellan ante la resistencia de la reacción, la traición de la burguesía y la ignorancia de las masas. Pero todos y cada uno —y sobre todo el proletariado consciente— condenarán a la socialdemocracia si esta cercena la energía revolucionaria

56 Vladimir Ilich Lenin: Textos escogidos

de la revolución democrática, si cercena el entusiasmo revolucionario con el miedo a vencer, con consideraciones a propósito del peligro de que la burguesía vuelva la espalda.

Las revoluciones son las locomotoras de la historia, decía Marx. Las revoluciones son la fiesta de los oprimidos y explotados. Nunca la masa del pueblo es capaz de ser un creador tan activo de nuevos regímenes sociales como durante la revolución. En tales períodos, el pueblo es capaz de hacer milagros, desde el punto de vista del rasero estrecho y pequeñoburgués del progreso gradual. Pero es necesario que también los dirigentes de los partidos revolucionarios planteen sus tareas de un modo más amplio y audaz en tales períodos, que sus consignas se adelanten siempre a la iniciativa revolucionaria de las masas, sirviendo de faro a las mismas, mostrando en toda su grandeza y en toda su magnificencia nuestro ideal democrático y socialista, indicando el camino más corto y más directo hacia la victoria completa, incondicional y decisiva. Reservamos a los oportunistas de la burguesía de Osvobozhdenie la búsqueda, por miedo de la revolución y por miedo al camino directo, de sendas indirectas, de rodeo, de componenda. Si se nos obliga por la fuerza a arrastrarnos por dichos caminos, sabremos cumplir con nuestro deber aún en la pequeña labor cotidiana. Pero que sea la lucha implacable la que primero decida la elección del camino. Seremos unos felones y traidores a la revolución si no aprovechamos esta energía de las masas en fiesta y su entusiasmo revolucionario para la lucha implacable y abnegada por el camino directo y decisivo. Que los oportunistas de la burguesía piensen cobardemente en la reacción futura. A los obreros no les asusta la idea de que la reacción se disponga a ser terrible ni que la burguesía se disponga a volver la espalda. Los obreros no esperan componendas, no solicitan dádivas; aspiran a aplastar implacablemente las fuerzas reaccionarias, es decir, aspiran a *la dictadura democrática revolucionaria del proletariado y de los campesinos.*

Ni que decir tiene que en los períodos tempestuosos la nave de nuestro Partido se ve amenazada por mayores peligros que durante la «navegación» tranquila del progreso liberal, que significa una extracción dolorosa y lenta de los jugos de la clase obrera por sus explotadores. Ni que decir tiene que las tareas de la dictadura democrático–revolucionaria son mil veces más difíciles y complejas que las tareas de la «oposición extrema» y de la lucha parlamentaria exclusiva. Pero aquel que en el momento revolucionario actual es capaz de preferir conscientemente la navegación tranquila y el camino de la «oposición» sin peligros, es mejor que se aparte temporalmente de la labor socialdemócrata, que espere el fin de la revolución, que espere a que termine la fiesta y se vuelva a la labor cotidiana, y su habitual y estrecho rasero no sea una disonancia tan repelente y una deformación tan monstruosa de las tareas de la clase de vanguardia.

¡A la cabeza de todo el pueblo y, en particular, de los campesinos, por la libertad total, por la revolución democrática consecuente, por la república! ¡A la cabeza de todos los trabajadores y explotados, por el socialismo! Esta debe ser, en la práctica, la política del proletariado revolucionario, esta es la consigna de clase que debe informar y determinar la solución de todos los problemas tácticos, de todos los pasos prácticos del Partido obrero durante la revolución.

Fuente: V.I. Lenin: «Dos tácticas de la socialdemocracia en la revolución democrática. Conclusión. ¿Nos atreveremos a vencer?», en *Obras escogidas* en tres tomos, t. I, Ediciones en Lenguas Extranjeras, Moscú, 1960, pp. 577–586.

Sobre la reorganización del partido*

I

Las condiciones en que se desarrolla la actividad de nuestro Partido están cambiando radicalmente. Se ha conquistado la libertad de reunión, asociación y prensa. Naturalmente, estos derechos son en grado sumo endebles, y confiar en las libertades actuales sería una locura, sino un crimen. La lucha decisiva está por venir, y la preparación para ella debe encontrarse en primer plano. El aparato conspirativo del Partido debe ser conservado. Pero, al mismo tiempo, es del todo necesario aprovechar con la mayor amplitud el actual campo de acción, relativamente más vasto. Es absolutamente necesario crear al lado del aparato conspirativo nuevas organizaciones legales y semilegales del Partido (y cercanas a él). Sin desplegar esta última labor es inconcebible adaptar nuestras actividades a las nuevas condiciones y estar en situación de resolver las nuevas tareas.

Para dar una nueva base a la organización es necesario celebrar un nuevo congreso del Partido. Según los Estatutos, el Congreso debe celebrarse cada año y ha sido fijado para mayo de 1906, pero ahora es necesario acelerarlo. Si no aprovechamos la ocasión, la dejaremos escapar en el sentido de que la necesidad de organización, experimentada por los obreros con extrema agudeza, tomará formas monstruosas, peligrosas, y fortalecerá a cualesquiera

---

* Primer artículo de Lenin publicado en el periódico *Nóvaia Zhizn* (*La nueva vida*) con la firma de N. Lenin. Nos. 9, 13 y 14, el 10, 15 y 16 de noviembre de 1905. Fue escrito por Lenin después de regresar a Rusia de la emigración. Sirvió de base para la resolución *Reorganización del Partido,* aprobada en la Conferencia de Tammerfors en diciembre de 1905.

«independientes»,[1] etcétera. Hay que apresurarse a organizar de modo nuevo, hay que someter a discusión general los nuevos procedimientos, hay que determinar con audacia y decisión el «nuevo rumbo».

El Llamamiento al Partido impreso en el presente número y firmado por nuestro Comité Central[2] determina ese nuevo rumbo, según mi profunda convicción, con toda justeza. Los representantes de la socialdemocracia revolucionaria, los partidarios de la «mayoría», hemos dicho reiteradas veces que la democratización del Partido, llevada hasta sus últimas consecuencias, era imposible en las condiciones del trabajo conspirativo, que en estas condiciones el «principio electivo» es mera frase. Y la vida ha confirmado nuestras palabras. Los expartidarios de la minoría han señalado ya en numerosas publicaciones (v. el folleto de Obrero, con prefacio de Axelrod, la carta de «Un obrero como muchos», publicada en *Iskra,*[3] y el folleto *Los obreros acerca de la escisión del Partido)* que de hecho no se ha logrado efectuar ninguna democratización seria ni aplicar efectivamente el principio de la electividad. Pero los bolcheviques hemos reconocido siempre la necesidad de aplicar el principio electivo en las nuevas condiciones, al pasar a la libertad política: las actas del III Congreso del POSDR lo demuestran con particular elocuencia, si es que hacen falta pruebas de ello.

Así, pues, la tarea está clara: mantener por el momento el aparato conspirativo y desarrollar un aparato nuevo, legal. En su aplicación al Congreso, esta tarea (cuyo cumplimiento concreto exige, claro está, saber trabajar prácticamente y conocer todas las condiciones de lugar y tiempo) reza así: convocar el IV Congreso[4] sobre la base de los Estatutos y, al mismo tiempo, empezar ahora mismo, sin dilación, a aplicar el principio electivo. El CC ha resuelto esta tarea: los miembros de los comités, como representantes formales de las organizaciones plenipotenciarias y como representantes reales de la continuidad partidaria, asisten al Congreso con derecho legítimo a voz y voto. A los delegados elegidos en representación de todos los miembros del Partido y, por consiguiente, de las masas obreras que componen el Partido, el CC los *ha invitado,* basándose en sus prerrogativas, con derecho a voz. El CC ha declarado además que propondrá inmediatamente al Congreso que ese derecho a voz se convierta en derecho a voz y voto. ¿Estarán de acuerdo con ello los representantes plenipotenciarios de los comités?

El CC declara que, a su parecer, estarán sin falta de acuerdo. Yo, personalmente, estoy profundamente convencido de ello. No se puede menos de estar de acuerdo con tal cosa. Imposible imaginarse que la mayoría de los dirigentes del proletariado socialdemócrata no acceda a esto. Estamos seguros de que las voces de los funcionarios del Partido, meticulosamente recogidas por el periódico *Nóvaia Zhizn*,[5] demostrarán muy rápido la justeza de nuestra opinión: incluso si hay que luchar por ese paso (la conversión del derecho a voz en derecho a voz y voto), el desenlace no despierta dudas.

Enfocad esta cuestión desde otro ángulo, no desde el punto vista formal, sino en esencia. ¿Encierra algún peligro para la socialdemocracia la realización del plan que proponemos?

Podría verse un peligro en que entraran de golpe en nuestro Partido masas de gente no socialdemócrata. En tal caso, el Partido se diluiría en la masa, dejaría de ser la vanguardia consciente de la clase, quedaría reducido al papel de un apéndice. Sería ese, sin duda alguna, un período lamentable. Y ese peligro *podría* adquirir *la más seria* importancia *si* entre nosotros hubiera inclinación a la demagogia, si careciésemos de principios de Partido (programa, reglas tácticas, experiencia de organización) o si estos fuesen débiles e inconsistentes. Pero esos «sies» no se observan. Entre nosotros, los bolcheviques, no solo no ha habido inclinación a la demagogia, sino que hemos luchado siempre con decisión, abierta y francamente contra el menor intento de demagogia, hemos exigido conciencia de los camaradas que ingresan en el Partido, hemos insistido en la gigantesca importancia de la continuidad en el desarrollo del Partido, hemos predicado la disciplina y la formación de *todos* los militantes en una u otra organización del Partido. Tenemos nuestro programa, un programa firme, reconocido oficialmente por todos los socialdemócratas y cuyas tesis cardinales no han suscitado la menor crítica esencial (la crítica de algunos puntos y formulaciones es completamente lógica y necesaria en cualquier partido activo). Tenemos resoluciones sobre tácticas elaboradas consecuente y sistemáticamente en los Congresos II y III y por la prensa socialdemócrata en largos años de labor. Tenemos cierta experiencia de organización y cierta organización efectiva, que ha desempeñado un papel educativo y ha dado, sin duda alguna, frutos que no se ven de golpe y porrazo, pero que solo pueden ser negados por gente ciega o cegada.

No, camaradas, no exageremos ese peligro. La socialdemocracia ha adquirido renombre, ha trazado una dirección, ha forjado cuadros de obreros socialdemócratas. Y en el momento presente, cuando el heroico proletariado ha expresado su disposición a la lucha y su capacidad de combatir solidariamente, firmemente, por fines a todas luces conscientes, de luchar en un espíritu puramente socialdemócrata, sería por demás ridículo dudar de que los obreros que ingresan en nuestro Partido y los que mañana ingresarán en él, invitados por el CC, no serán socialdemócratas en el 99% de los casos. La clase obrera es socialdemócrata por instinto, de modo espontáneo, y en diez años largos la socialdemocracia ha hecho mucho, muchísimo para convertir esa espontaneidad en conciencia. ¡No os pintéis horrores imaginarios, camaradas! No olvidéis que en todo partido vivo y en desarrollo siempre habrá elementos de inconsistencia, vacilaciones, titubeos. Pero esos elementos pueden ser y serán influidos por el núcleo socialdemócrata firme y unido.

Nuestro Partido se ha entumecido en la clandestinidad. Se ahogaba en ella estos últimos años, como dijo con mucho tino un delegado al III Congreso. La clandestinidad se desmorona. ¡Adelante, con mayor audacia, empuñad las nuevas armas, entregadlas a gente nueva, ampliad vuestras bases de apoyo, llamad a todos los obreros socialdemócratas, incorporadlos por centenares y por miles a las filas de las organizaciones del Partido! ¡Que sus delegados animen las filas de nuestros centros, aportando el aire fresco de la joven Rusia revolucionaria! Hasta ahora, la revolución ha justificado todas las tesis teóricas básicas del marxismo, todas las consignas esenciales de la socialdemocracia. Y la revolución ha justificado también *nuestra* labor socialdemócrata, ha justificado nuestra esperanza y nuestra fe en el verdadero espíritu revolucionario del proletariado. Dejemos a un lado todo espíritu mezquino en la necesaria reforma del Partido: emprendamos sin dilación la nueva vía. Ello no nos privará del viejo aparato conspirativo (su reconocimiento y confirmación por los obreros socialdemócratas es indudable: la vida y la marcha de la revolución lo han demostrado cien veces más convincentemente de lo que hubiera podido hacerlo cualquier resolución o acuerdo). ¡Eso nos dará además nuevas fuerzas jóvenes salidas de la entraña de la única clase verdaderamente revolucionaria, de la clase revolucionaria hasta las últimas consecuencias, que ha conquistado para Rusia la mitad de la libertad y le conquistará la libertad completa para llevarla, a través de la libertad, al socialismo!

II

La decisión del CC de nuestro Partido relativa a la convocatoria del IV Congreso del POSDR, publicada en el número 9 de *Nóvaia Zhizn* es un paso decidido hacia la completa realización del principio democrático en la organización del Partido. Las elecciones de los delegados al Congreso (primero con derecho a voz, pero que después obtendrán, sin duda, derecho a voz y voto) deben realizarse en el transcurso de un mes. Por lo tanto, todas las organizaciones del Partido deben emprender cuanto antes la discusión de las Candidaturas y de las tareas del Congreso. Hay que tomar sin falta en consideración la posibilidad de nuevos intentos de la autocracia agonizante de arrebatar las libertades prometidas, de atacar a los obreros revolucionarios y, sobre todo, a sus jefes. Por ello no creemos conveniente (de no ser en casos excepcionales) que se hagan públicos los verdaderos apellidos de los delegados. Mientras los ciennegristas permanezcan en el Poder, no podremos renunciar a los seudónimos a los que nos habituó la época de la esclavitud política. No estaría de más elegir suplentes de los delegados, también a la manera vieja, «por si hay reveses». Pero no vamos a detenernos en todas estas precauciones conspirativas, pues los camaradas conocedores de las condiciones locales del trabajo sabrán salvar fácilmente todas las dificultades que en este sentido puedan surgir. Los camaradas que poseen una rica experiencia de trabajo revolucionario en las condiciones de la autocracia deben ayudar con sus consejos a todos los que empiecen a desplegar la labor socialdemócrata en las nuevas condiciones «libres» (libres, por ahora, entre comillas). De su peso se cae que, en este aspecto, los miembros de nuestros comités deben tener mucho tacto: las viejas prerrogativas formales pierden inevitablemente ahora importancia, y es necesario recomenzar en muchos casos «desde el principio mismo», *demostrar* a amplias capas de nuevos camaradas del Partido toda la importancia del programa, la táctica y la organización socialdemócratas consecuentes. No se puede olvidar que hasta ahora hemos tenido que ver demasiado frecuentemente con revolucionarios salidos de la capa social dada, mientras que ahora tendremos que ver con representantes típicos de la masa: este cambio exige mutaciones en los métodos no solo de la propaganda y la agitación (la necesidad de emplear un lenguaje más popular, saber enfocar los problemas, explicar del modo más

Sobre la reorganización el Partido **63**

sencillo, palmario y auténticamente persuasivo los postulados fundamentales del socialismo), sino también de organización.

Quisiera tratar en el presente artículo un aspecto de las nuevas tareas de organización. La disposición del CC invita al Congreso a delegados de *todas* las organizaciones del Partido y llama a *todos* los obreros socialdemócratas a ingresar en dichas organizaciones. Para que este buen deseo se vea realmente cumplido, no basta con «invitar» simplemente a los obreros, no basta con aumentar simplemente el número de organizaciones del viejo tipo. No; para ello es necesario que todos los camaradas elaboren conjuntamente y con espíritu creador *nuevas* formas de organización. Aquí no se pueden señalar de antemano formas determinadas, porque se trata de una cosa nueva; aquí deben hallar aplicación el conocimiento de las condiciones locales y, sobre todo, la iniciativa de *todos* los miembros del Partido. La nueva forma de organización, mejor dicho, la nueva forma de la célula orgánica básica del partido obrero debe ser, sin duda, más amplia que los viejos círculos. Es probable, además, que la nueva célula deba ser una organización de estructura menos rigurosa, más «libre», «*lose*». Si hubiera plena libertad de asociación y los derechos civiles de la población estuvieran plenamente garantizados, deberíamos, claro está, fundar por doquier asociaciones socialdemócratas (no solo sindicales, sino también políticas, de partido). En las condiciones actuales hay que tender a aproximarse a este objetivo por todos los caminos y medios que se hallan a nuestra disposición.

Hay que despertar inmediatamente la iniciativa de todos los funcionarios del Partido y de todos los obreros simpatizantes con la socialdemocracia. Hay que organizar sin demora y por doquier charlas, pláticas, mítines y concentraciones en los que se dé a conocer el comunicado acerca del IV Congreso del POSDR, se expongan en la forma más popular y accesible las tareas del Congreso, se indique la nueva forma de organización de este y se llame a todos los socialdemócratas a participar en la elaboración, sobre bases nuevas, de un partido socialdemócrata verdaderamente proletario. Tal labor aportará en gran profusión nuevas experiencias, promoverá en dos o tres semanas (si se despliega enérgicamente) nuevas fuerzas socialdemócratas de entre los obreros, despertará en capas mucho más vastas el interés por el Partido socialdemócrata, que ahora hemos resuelto reconstruir junto con todos los camaradas obreros. En todas las reuniones se planteará inmediatamente la cuestión de crear asociaciones, organizaciones y grupos de Partido. Cada asociación, organización y grupo elegirá en seguida su buró o directiva o comisión ejecutora, en pocas palabras, una institución central y permanente para dirigir la organización, para mantener las relaciones con las instituciones locales del Partido, para recibir y difundir las publicaciones partidarias para recaudar cuotas destinadas a la labor del Partido, para organizar reuniones, conferencias, pláticas y, por último, para preparar las elecciones del delegado al Congreso del Partido. Naturalmente, los comités partidarios se cuidarán de ayudar a cada una de esas organizaciones, de proporcionarle materiales que den a conocer lo que es el POSDR, su historia y sus grandes tareas actuales.

Además, ya va siendo hora de preocuparse de crear, por decirlo así, puntos de apoyo locales de índole económica de las organizaciones obreras socialdemócratas: comedores, salones de té, cervecerías, bibliotecas, salas de lectura, tiros al blanco,[6] etcétera, etcétera, mantenidos por miembros del Partido. No hay que olvidar que a los obreros socialdemócratas los perseguirán, además de la policía «autocrática», los patronos «autocráticos», despidiendo a los agitadores, por lo que la creación de una base lo más independiente posible de las arbitrariedades de los fabricantes es asunto de suma importancia.

En términos generales, los socialdemócratas debemos aprovechar por todos los medios la actual ampliación de la libertad de acción, y cuanto más garantizada se halle esta libertad, tanto más enérgicamente lanzaremos la consigna: «¡Al pueblo!». Ahora, la iniciativa de los propios obreros se manifestará en proporciones en las que ni nos atrevíamos a soñar los conspiradores y los «circulistas» de ayer. Ahora, el influjo de las ideas socialistas llega y llegará a las masas proletarias por caminos que con frecuencia no estaremos en condiciones de seguir. En correspondencia con estas condiciones, deberemos preocuparnos de distribuir mejor a los intelectuales socialdemócratas,[7] para que no permanezcan en vano allí donde el movimiento se haya puesto en pie y se las arregle, si puede decirse así, con sus propias fuerzas; para que vayan a «las capas bajas», donde la labor es más dura y las condiciones más difíciles, donde se necesitan hombres expertos y con conocimientos, donde son menos las fuentes de luz, y es más débil el pulso de la vida política. Ahora debemos ir «al pueblo» tanto en caso de elecciones, en las que tomará parte toda la población hasta de los rincones más perdidos, como en caso de lucha abierta (esto es todavía más importante), con el fin de paralizar los afanes reaccionarios de la Vandea provinciana[8] y para garantizar la difusión por todo el país y entre todas las masas proletarias de las consignas que partan de los grandes centros.

Naturalmente, todo extremismo es nocivo; para montar las cosas de modo firme y, en lo posible, «ejemplar», nos vemos todavía constreñidos con frecuencia a concentrar las mejores fuerzas en uno u otro punto importante. La experiencia hará ver qué proporción hay que guardar en este sentido. Ahora nuestra tarea no es tanto idear normas para la organización sobre nuevas bases como desarrollar la labor más amplia y audaz con el fin de sintetizar y dar formas orgánicas en el IV Congreso a los datos de la experiencia del Partido.

III

En los primeros dos apartados nos hemos detenido en la importancia general del principio electivo en el Partido y en la necesidad de nuevas células orgánicas y de nuevas formas de organización. Ahora examinaremos otra cuestión también sumamente actual, a saber, la de la unificación del Partido.

Nadie ignora que la inmensa mayoría de los obreros socialdemócratas está muy descontenta con la escisión del Partido y exige la unificación. Nadie ignora que la escisión suscitó cierto enfriamiento de los obreros socialdemócratas (o dispuestos a serlo) hacia el Partido Socialdemócrata.

Los obreros casi han perdido la esperanza de que las «cimas» del Partido se unan ellas mismas. La necesidad de la unificación fue reconocida oficialmente tanto por el III Congreso del POSDR como por la Conferencia de los mencheviques de mayo de este año. Desde entonces han transcurrido seis meses, pero la unificación apenas si ha avanzado. No debe causar asombro que los obreros hayan empezado a manifestar impaciencia. No debe causar asombro que «Un obrero como muchos», al escribir acerca de la unificación en *Iskra* y en el folleto editado por la «mayoría» (*Los obreros acerca de la escisión del Partido*, ed. del CC, Ginebra, 1905) haya amenazado «con el puño desde abajo» a los intelectuales socialdemócratas. A unos socialdemócratas (los mencheviques) esa amenaza no les gustó; a otros (los bolcheviques) les pareció legítima y, en principio, plenamente justa.

Me parece que ha llegado la hora en que los obreros socialdemócratas *conscientes* pueden y deben realizar su propósito (no digo «amenaza» porque esta palabra huele a acusaciones, a demagogia, y nosotros debemos evitar a toda costa lo uno y lo otro). En efecto, ha llegado o, en todo caso, está llegando la hora en que el principio electivo podrá aplicarse en la organización del Partido no de palabra, sino de hecho, no como una frase bella, pero vacía, sino como un principio efectivamente nuevo, efectivamente renovador, que ampliará y robustecerá las ligazones partidarias. Representada por el CC, la «mayoría» ha llamado directamente a la aplicación e introducción inmediatas del principio electivo. La minoría sigue el mismo camino. Y los obreros socialdemócratas constituyen la mayoría gigantesca, aplastante, en todas las organizaciones, instituciones, reuniones, mítines, etcétera, etcétera, socialdemócratas.

Eso quiere decir que ahora existe ya la posibilidad, no solo de *convencer* de que hay que unificarse, no solo de arrancar *promes*as de unificación, sino de *unificarse* de hecho mediante una simple decisión de la mayoría de los obreros organizados en una y otra fracción. Eso no será ninguna «imposición», pues, en principio, la necesidad de unificarse ha sido reconocida por todos y los obreros solo tienen que resolver prácticamente una cuestión en principio ya resuelta.

La relación entre las funciones de los intelectuales y de los proletarios (los obreros) en el movimiento obrero socialdemócrata quizá pueda expresarla con exactitud la siguiente fórmula general: los intelectuales resuelven bien las cuestiones «desde el punto de vista de los principios», dibujan bien el esquema, razonan bien acerca de la necesidad de hacer…, y los obreros hacen, plasman en la vida misma la gris teoría.

No pecaré en absoluto de demagogo, no menoscabaré ni un tanto el gran papel de la conciencia en el movimiento obrero, no debilitaré en lo más mínimo la gigantesca importancia de la teoría marxista, de los principios marxistas, si digo ahora: hemos creado, tanto en el Congreso como en la Conferencia, la «gris teoría» de la unificación del Partido; ¡camaradas obreros, ayudadnos a plasmar en la vida misma esta gris teoría! ¡Acudid en enorme número a las organizaciones partidarias! ¡Haced de nuestro IV Congreso y de la segunda Conferencia menchevique, un imponente y grandioso Congreso de los obreros socialdemócratas! ¡Dedicaos prácticamente, junto con nosotros, al problema de la unificación, y que en este problema, a título de excepción! (¡es esta una excepción que confirma la regla!), haya una décima parte de teoría y nueve décimas partes de práctica. En verdad, este deseo es legítimo, históricamente necesario y psicológicamente comprensible. Hemos «teoretizado» tanto tiempo (a veces, no hay que ocultarlo, en vano) en el ambiente de la emigración, que, ¡vive Dios!, no estará de más ahora «doblar el arco en sentido opuesto» un tanto, un poquito, e impulsar un poco más la práctica. En el problema de la unificación, hablando del cual, en relación con las causas de la escisión, hemos gastado mares de tinta y montañas de papel, ese procedimiento estará muy en su lugar, sin duda alguna. Los emigrados, en particular, echamos de menos la práctica. Por cierto, hemos escrito ya un programa muy bueno y completo de toda la revolución democrática. ¡Unámonos también en aras de la realización práctica de esta revolución!

Fuente: V.I. Lenin: «Sobre la reorganización del Partido», en *Obras escogidas* en tres tomos, t. I, Ediciones en Lenguas Extranjeras, Moscú, 1960, pp. 610–618.

Las enseñanzas de la insurrección de Moscú*

El libro *Moscú en diciembre de 1905* (M. 1906) ha visto la luz con la mayor oportunidad. Asimilar la experiencia de la insurrección de diciembre es una tarea urgente del partido obrero. Es de lamentar que este libro sea una barrica de miel con una cucharada de brea: el material es sumamente interesante, a pesar de ser incompleto, mientras que las conclusiones son increíblemente descuidadas, increíblemente vulgares. De esas conclusiones hablaremos aparte. De momento abordaremos la cuestión política de palpitante actualidad: las enseñanzas de la insurrección de Moscú.

La forma principal del movimiento de diciembre en Moscú fue la huelga pacífica y las manifestaciones. La inmensa mayoría de la masa obrera no participó activamente más que en estas formas de lucha. Pero precisamente la acción de diciembre en Moscú ha demostrado de un modo evidente que la huelga general, como forma independiente y principal de lucha, ha caducado, que el movimiento, con una fuerza espontánea e irresistible, se desborda de este marco estrecho y engendra la forma suprema de lucha: la insurrección.

Todos los partidos revolucionarios, todos los sindicatos de Moscú, al declarar la huelga, tenían conciencia e incluso sentían que se transformaría inevitablemente en insurrección. El 6 de diciembre, el Soviet de diputados obreros acordó «tender a transformar la huelga en insurrección armada». Pero, en realidad, ninguna de las organizaciones estaba preparada para ello; incluso el Consejo coligado de los destacamentos obreros de combate[1] hablaba (¡*el 9 de diciembre!*) de la insurrección como de una cosa lejana, y es indudable que la

---

* *Proletari*, No. 2, 29 de agosto de 1906.

lucha de calle se desarrolló por encima e independientemente de aquel. Las organizaciones *habían quedado en retraso* respecto al crecimiento y la envergadura del movimiento.

La huelga se iba transformando en insurrección, ante todo, bajo la presión de las condiciones objetivas creadas después de octubre.[2] No era ya posible sorprender al gobierno por medio de una huelga general; este había ya organizado una contrarrevolución presta a obrar militarmente. Tanto el curso general de la revolución rusa después de octubre como la sucesión de los acontecimientos de Moscú, en las jornadas de diciembre, han confirmado de un modo admirable una de las profundas tesis de Marx: la revolución avanza por el hecho de que crea una contrarrevolución fuerte y unida, es decir, obliga al enemigo a recurrir a medios de defensa cada vez más extremos y elabora, por lo mismo, medios de ataque cada vez más potentes.

Los días 7 y 8 de diciembre: huelga pacífica, manifestaciones pacíficas de masas. El 8 por la noche: sitio del Acuario. El 9, durante el día: los dragones cargan contra la muchedumbre en la plaza Strastnaia. Por la noche, devastación de la casa de Fídler. Los ánimos se exaltan. La muchedumbre no organizada de la calle levanta, de modo completamente espontáneo y con vacilaciones, las primeras barricadas.

El 10, la artillería abre fuego contra las barricadas y contra la muchedumbre en las calles. Las barricadas son levantadas con seguridad y no son ya un hecho aislado, sino absolutamente en escala de masas. Toda la población está en la calle, los principales centros de la ciudad se cubren de una red de barricadas. Durante varios días se desarrolla una obstinada lucha de guerrillas entre los destacamentos de combate y la tropa, lucha que extenúa a los soldados y obliga a Dubásov[3] a implorar refuerzos. Solamente el 15 de diciembre la superioridad de las fuerzas gubernamentales es completa, y el 17 el regimiento Semiónovski[4] devasta la barriada de Presnia, última ciudadela de la insurrección.

De la huelga y de las manifestaciones a las barricadas aisladas. De las barricadas aisladas a las barricadas levantadas en masa y a la lucha de calles contra la tropa. Por encima de las organizaciones, la lucha proletaria de masas pasó de la huelga a la insurrección. Esta es la grandiosa adquisición histórica de la revolución rusa en las jornadas de diciembre de 1905, lograda, como todas las precedentes, al precio de sacrificios inmensos. El movimiento ha sido elevado de la huelga política general al grado superior, ha forzado a la reacción a ir *hasta el fin* en su resistencia, aproximando así, en proporciones gigantescas, el momento en que la revolución llegará también hasta el fin en el empleo de los medios de ofensiva. La reacción *no puede ir más allá* del bombardeo artillero de las barricadas, de las casas y de la muchedumbre de la calle. La revolución tiene todavía a dónde ir, más allá de los destacamentos de combate de Moscú, mucho más allá tanto en extensión como en profundidad. Y la revolución ha hecho ya mucho camino después de diciembre. La base de la crisis revolucionaria se ha hecho infinitamente más amplia; ahora hay que afilar más el corte.

El cambio de las condiciones objetivas de la lucha, cambio que exigía pasar de la huelga a la insurrección, lo ha sentido el proletariado antes que sus dirigentes. La práctica, como siempre, ha precedido a la teoría. La huelga pacífica y las manifestaciones han dejado en seguida de satisfacer a los obreros, que preguntaban: ¿y después?, y que exigían operaciones más activas. La directiva de levantar barricadas llegó a las barriadas con un enorme retraso, cuando en el centro se construían ya. Los obreros se pusieron en masa a la obra, pero *esto tampoco les satisfacía,* y preguntaban: ¿y después?, y exigían operaciones más activas. Nosotros, dirigentes del proletariado socialdemócrata, hemos hecho en diciembre como ese estratega que tenía tan absurdamente dispuestos sus regimientos, que la mayor parte de sus tropas no estaban en condiciones de participar activamente en la batalla. Las masas obreras buscaban directivas para operaciones activas de las masas, y no las encontraban.

Así, pues, nada más miope que el punto de vista de Plejánov, que hacen suyo todos los oportunistas, de que no se debió emprender esta huelga inoportuna, que «no se debía haber empuñado las armas». Por el contrario, lo que se debió hacer fue empuñar las armas más resueltamente, con más energía y mayor acometividad, lo que se debió hacer fue explicar a las masas la imposibilidad de una huelga puramente pacífica y la necesidad de una lucha armada intrépida e implacable. Y hoy debemos, en fin, reconocer públicamente, y proclamar bien alto, la insuficiencia de las huelgas políticas; debemos llevar a cabo la agitación entre las más grandes masas en favor de la insurrección armada, sin disimular esta cuestión por medio de ningún «grado preliminar», sin cubrirla con ningún velo. Ocultar a las masas la necesidad de una guerra encarnizada, sangrienta y exterminadora como tarea inmediata de la acción próxima es engañarse a sí mismo y engañar al pueblo.

Tal es la primera lección de los acontecimientos de diciembre. La segunda concierne al carácter de la insurrección, a la manera de hacerla, a las condiciones en las cuales las tropas se pasan al lado del pueblo. Sobre este último punto, entre el ala derecha del Partido está muy difundida una opinión unilateral en extremo. Es imposible, se pretende, luchar contra un ejército moderno; es preciso que el ejército se haga revolucionario. De suyo se comprende que si la revolución no gana a las masas y al ejército mismo, no se puede pensar en una lucha seria. De suyo se comprende que el trabajo en el ejército es necesario. Pero no hay que figurarse este cambio de frente en la tropa como un acto simple, único, resultante de la persuasión de una parte y de la conciencia de otra. La insurrección de Moscú demuestra hasta la evidencia lo que esta concepción tiene de rutinaria y de inerte. La vacilación de la tropa, en realidad inevitable en presencia de todo movimiento verdaderamente popular, conduce, cuando la lucha revolucionaria se hace más aguda, a una verdadera *lucha por ganarse el ejército*. La insurrección de Moscú nos muestra precisamente la lucha más implacable, más furiosa, entablada entre la reacción y la revolución, por conquistar el ejército. Dubásov mismo ha declarado que solo 5 000 hombres, de los 15 000 de la guarnición de Moscú, eran seguros. El gobierno retenía a los vacilantes por las medidas más diversas y más extremas: se les persuadía, se les adulaba, se les sobornaba distribuyéndoles relojes, dinero, etcétera, se les emborrachaba con aguardiente, se les engañaba, se les aterrorizaba, se les encerraba en los cuarteles, se les desarmaba, se les arrancaba por la traición y por la violencia a los soldados considerados como los más inseguros. Y hay que tener el valor de reconocer franca y públicamente que en este aspecto el gobierno nos ha dejado atrás. No hemos sabido utilizar las fuerzas de que disponíamos para sostener con tanta actividad, audacia, espíritu de iniciativa y de ofensiva una lucha por ganarnos el ejército vacilante, como la que el gobierno ha emprendido y realizado con éxito. Nos hemos dedicado y nos dedicaremos todavía con mayor tenacidad a «trabajar» ideológicamente el ejército; pero no seríamos más que unos lamentables pedantes si olvidásemos que en el momento de la insurrección es precisa también la lucha física por la conquista del ejército.

El proletariado de Moscú nos ha dado durante las jornadas de diciembre admirables lecciones de «preparación» ideológica de la tropa: por ejemplo, el 8 de diciembre, en la plaza Strastnaia, cuando la muchedumbre rodeó a los cosacos, se mezcló y fraternizó con ellos y les persuadió de que se volviesen atrás. O el 10, en Presnia, cuando dos jóvenes obreras, que llevaban una bandera roja entre una muchedumbre de 10 000 personas, salieron al paso de los cosacos gritando: «¡Matadnos! ¡Mientras nos quede vida no tomaréis nuestra bandera!». Y los cosacos, confusos, volvieron grupas, en tanto que la muchedumbre gritaba: «¡Vivan los cosacos!». Estos modelos de audacia y de heroísmo deben ser grabados para siempre en la conciencia de los proletarios.

Pero he aquí ejemplos de nuestro retraso con respecto a Dubásov. El 9 de diciembre, van soldados por la calle Bolsháia Serpujovskaia, cantando la *Marsellesa,* a unirse a los insurrectos. Los obreros les mandan delegados. Malájov[5] mismo galopa desesperadamente hacia ellos. Los obreros llegan con retraso; Malájov llega a tiempo, pronuncia un discurso inflamado, que hace vacilar a los soldados, después de lo cual los cerca con los dragones, los conduce al cuartel y los encierra en el mismo. Malájov ha sabido llegar a tiempo y nosotros no, a pesar de que, en dos días, a nuestro llamamiento se habían levantado 150 000 hombres, los cuales habrían podido y habrían debido organizar un servicio de patrullas en las calles. Malájov ha hecho cercar a los soldados por los dragones, y nosotros no hemos hecho cercar a los Malájov por obreros provistos de bombas. Habríamos podido y debido hacerlo; y desde hace mucho tiempo ya la prensa socialdemócrata (la vieja *Iskra*) había señalado que el exterminio implacable de los jefes civiles y militares es nuestro deber en tiempo de insurrección. Lo que se ha producido en la calle Bolsháia Serpujovskaia, a lo que se ve, se ha repetido, en grandes líneas, ante los cuarteles Nesvizh y Krutitski, y cuando las tentativas del proletariado de «ganarse» al regimiento de Ekaterinoslav, y cuando el envío de delegados a los zapadores de Alexándrov, y cuando la reexpedición de la artillería de Rostov dirigida contra Moscú, y cuando el desarme de los zapadores en Kolomna, y así sucesivamente. Durante la insurrección no hemos estado a la altura de nuestra misión en la lucha por la conquista del ejército vacilante.

Diciembre ha confirmado con evidencia otra tesis profunda de Marx, olvidada por los oportunistas: la insurrección es un arte, y la principal regla de este arte *es la ofensiva*[6] encarnizadamente audaz, implacablemente decidida.

Las enseñanzas de la insurrección de Moscú **73**

No nos hemos asimilado suficientemente esta verdad. Hemos estudiado y enseñado a las masas de un modo insuficiente este arte, esta regla de la ofensiva a toda costa. Ahora, nuestro deber consiste en reparar con toda energía esta falta. No basta agruparse en relación a las consignas políticas: es preciso agruparse también en relación a la insurrección armada. Quien esté en contra, quien no se prepare para ella, debe ser echado sin piedad de las filas de los partidarios de la revolución; echado al campo de sus adversarios, de los traidores o de los cobardes, pues se aproxima el día en que la fuerza de los acontecimientos y las circunstancias de la lucha nos obligarán a reconocer por este signo a los amigos y a los enemigos. No debemos predicar la pasividad, ni la simple «espera» del momento en que la tropa «se pase» a nuestro lado, no; debemos echar todas las campanas a vuelo proclamando la necesidad de la ofensiva intrépida, del ataque a mano armada, la necesidad de exterminar a los jefes y de luchar con la mayor energía por la conquista del ejército vacilante.

La tercera gran lección que nos ha dado Moscú se refiere a la táctica y a la organización de las fuerzas para la insurrección. La táctica militar depende del nivel de la técnica militar. Engels ha remachado esta verdad y la ha dado masticada a la boca de los marxistas. La técnica militar no es hoy lo que era a mediados del siglo XIX. Oponer la muchedumbre a la artillería y defender las barricadas a tiros de revólver sería estúpido. Y Kautsky tenía razón cuando escribía que ya es hora, después de Moscú, de revisar las conclusiones de Engels,[7] y que Moscú ha hecho aparecer una «*nueva táctica de las barricadas*».[8] Esta táctica era la táctica de guerrillas. La organización que dicha táctica suponía eran los destacamentos móviles y extraordinariamente pequeños: grupos de diez, de tres, incluso de dos. Entre nosotros se puede con frecuencia encontrar ahora a socialdemócratas que se ríen burlonamente cuando se habla de esos grupos de cinco o de tres. Pero las risas burlonas no son más que un medio barato de cerrar los ojos ante esta *nueva* cuestión de la táctica y de la organización, reclamadas por el combate de calle dada la técnica militar moderna. Leed atentamente el relato de la insurrección de Moscú, señores, y comprenderéis la relación existente entre los «grupos de cinco» y la cuestión de la «nueva táctica de las barricadas».

Moscú ha hecho aparecer esta táctica, pero está lejos de haberla desarrollado, está lejos de haberla desplegado en proporciones algo amplias, realmente de masas. Los miembros de los destacamentos eran poco numerosos; la masa obrera no había recibido la consigna de los ataques audaces y no la puso en práctica; el carácter de los destacamentos de guerrilleros era demasiado uniforme, su armamento y sus procedimientos, insuficientes, su aptitud de dirigir a la muchedumbre, casi rudimentaria. Debemos reparar esta falta, y la repararemos estudiando la experiencia de Moscú, propagando esta experiencia entre las masas, estimulando el genio creador de las masas mismas en el sentido del desarrollo ulterior de la experiencia. Y la guerra de guerrillas, el terror de masa que casi sin interrupción se extiende por todas partes en Rusia a partir del mes de diciembre, contribuirán indudablemente a enseñar a las masas la táctica acertada durante la insurrección. La socialdemocracia debe admitir e incorporar a su táctica este terror ejercido por las masas, naturalmente, organizándolo y controlándolo, subordinándolo al interés y a las condiciones del movimiento obrero y de la lucha revolucionaria general, eliminando y cortando implacablemente esa deformación «apachesca» de la guerra de guerrillas de la cual han hecho justicia de una manera tan maravillosa y tan implacable los moscovitas durante las jornadas de la insurrección y los letones durante las jornadas de las famosas repúblicas letonas.[9]

La técnica militar, en estos últimos tiempos, hace nuevos progresos. La guerra japonesa ha hecho aparecer la granada de mano. Las fábricas de armas han lanzado al mercado el fusil automático. La una y el otro comienzan ya a ser empleados con éxito en la revolución rusa, pero en proporciones que están lejos de ser suficientes. Podemos y debemos aprovechar los progresos de la técnica, enseñar a los destacamentos obreros la fabricación en gran escala de bombas, ayudarles, así como a nuestros destacamentos de combate, a procurarse explosivos, pistones y fusiles automáticos. Si la masa obrera participa en la insurrección en las ciudades, si atacamos en masa al enemigo, si luchamos de una manera diestra y decidida por conquistar el ejército, que vacila aún más después de la Duma, después de Sveaborg y Cronstadt,[10] si la participación del campo en la lucha común es asegurada, ¡la victoria será nuestra en la próxima insurrección armada de toda Rusia!

Despleguemos, pues, más ampliamente nuestra actividad y definamos con mayor audacia nuestras tareas, asimilándonos las enseñanzas de las grandes jornadas de la revolución en Rusia. Nuestra actividad se basa en una exacta apreciación de los intereses de las clases y de las necesidades del desarrollo de todo el pueblo en el momento presente. En torno a la consigna: derrocamiento del poder zarista y convocatoria de la Asamblea Constituyente por un gobierno revolucionario, agrupamos y agruparemos a una parte cada vez mayor del proletariado, de los campesinos y del ejército. Desarrollar la conciencia de las masas sigue siendo, como siempre, la base y el contenido principal de todo nuestro trabajo. Pero no olvidemos que a esta tarea general, constante, fundamental, en los momentos como el que atraviesa Rusia se agregan tareas particulares, especiales. No nos convirtamos en pedantes y filisteos, no esquivemos estas tareas particulares del momento, estas tareas especiales de las formas actuales de lucha, recurriendo a lugares comunes sobre nuestros deberes constantes e inmutables, cualesquiera que sean los tiempos y las circunstancias.

Recordemos que la gran lucha de masas se aproxima, y que esta será la insurrección armada, la cual debe ser, en la medida de lo posible, simultánea. Las masas deben saber que se lanzan a una lucha armada, sangrienta, sin cuartel. El desprecio a la muerte debe difundirse entre las masas y asegurar la victoria. La ofensiva contra el enemigo debe ser lo más enérgica posible; ofensiva, y no defensiva: esta debe ser la consigna de las masas; exterminio implacable del enemigo: tal será su tarea; la organización del combate se hará móvil y ágil; los elementos vacilantes del ejército serán arrastrados a la lucha activa. El Partido del proletariado consciente debe cumplir su deber en esta gran lucha.

Fuente: V.I. Lenin: «Las enseñanzas de la insurrección de Moscú», en *Obras escogidas en tres tomos*, t. I, Ediciones en Lenguas Extranjeras, Moscú, 1960, pp. 619–626.

Marxismo y revisionismo*

Un conocido aforismo dice que si los axiomas geométricos chocasen con los intereses de los hombres, seguramente habría quien los refutase. Las teorías de las ciencias naturales, que chocaban con los viejos prejuicios de la teología, provocaron y siguen provocando hasta hoy día la lucha más rabiosa. Nada tiene de extraño, pues, que la doctrina de Marx, que sirve directamente a la educación y a la organización de la clase de vanguardia de la sociedad moderna, que señala las tareas de esta clase y demuestra la sustitución inevitable —en virtud del desarrollo económico— del régimen actual por un nuevo orden de cosas; nada tiene de extraño que esta doctrina haya tenido que conquistar en lucha cada paso dado en la senda de la vida.

No hablemos de la ciencia y la filosofía burguesas, enseñadas de un modo oficial por los profesores oficiales para embrutecer a las nuevas generaciones de las clases poseedoras y «amaestrarlas» contra los enemigos de fuera y de dentro. Esta ciencia no quiere ni oír hablar de marxismo, declarándolo refutado y destruido; tanto los hombres de ciencia jóvenes, que hacen carrera refutando el socialismo, como los ancianos caducos, que guardan el legado de toda clase de anticuados «sistemas», se abalanzan sobre Marx con el mismo celo. Los avances del marxismo, la difusión y el afianzamiento de sus ideas entre la clase obrera, provocan inevitablemente la reiteración y la agudización de estos ataques burgueses contra el marxismo, que de cada una de sus «destrucciones» por obra de la ciencia oficial, sale más fortalecido, más templado y más vital.

---

* Escrito en abril de 1908. Publicado en 1908 en la recopilación *Carlos Marx (1818–1883)*. Firmado V.I. Lenin.

Pero, entre las doctrinas vinculadas a la lucha de la clase obrera y difundidas predominantemente entre el proletariado, el marxismo tampoco afirmó su posición de golpe, ni mucho menos. Durante el primer medio siglo de su existencia (desde la década del cuarenta del siglo XIX), el marxismo luchó contra las teorías que le eran profundamente hostiles. En la primera mitad de la década del cuarenta, Marx y Engels ajustaron cuentas con los jóvenes hegelianos radicales, que se situaban en el punto de vista del idealismo filosófico. A fines de esta década pasa a primer plano la lucha, en el campo de las doctrinas económicas, contra el *proudhonismo*.[1] Esta lucha llega a su final en la década del cincuenta: crítica de los partidos y de las doctrinas que se habían revelado en el turbulento año de 1848. En la década del sesenta, la lucha se desplaza del campo de la teoría general a un campo más cercano al movimiento obrero propiamente dicho: expulsión del bakuninismo de la Internacional. A comienzos de la década del setenta, se destaca en Alemania, por breve tiempo, el proudhonista Mühlberger; a fines de este período, el positivista Dühring. Pero la influencia de uno y otro sobre el proletariado ya es muy insignificante. El marxismo triunfa ya, incondicionalmente, sobre todas las demás ideologías del movimiento obrero.

Hacia la década del noventa del siglo pasado, este triunfo, en sus rasgos fundamentales, estaba ya consumado. Hasta en los países latinos, donde por más tiempo se habían mantenido las tradiciones del proudhonismo, los partidos obreros estructuraron, de hecho, sus programas y su táctica sobre bases marxistas. Al reanudarse —en forma de congresos internacionales periódicos— la organización internacional del movimiento obrero, esta se colocó inmediatamente y casi sin lucha, en todo lo esencial, en el terreno del marxismo. Pero, cuando el marxismo hubo desplazado a todas las doctrinas más o menos completas hostiles a él, las tendencias que se albergaban en estas doctrinas comenzaron a buscar otros caminos. Cambiaron las formas y los motivos de lucha, pero la lucha continuó. Y el segundo medio siglo de existencia del marxismo (década del noventa del siglo pasado) comenzó con la lucha de la corriente hostil al marxismo, en el seno de este.

Esta corriente debe su nombre al exmarxista ortodoxo Bernstein, que es quien más ruido hizo y quien dio la expresión más completa a las enmiendas hechas a Marx, a la revisión de Marx, al revisionismo.[2] Incluso en Rusia, donde el socialismo no marxista, lógicamente —en virtud del atraso

78 Vladimir Ilich Lenin: Textos escogidos

económico del país y del predominio de la población campesina, oprimida por los vestigios feudales —, se mantuvo más tiempo, incluso en Rusia, este socialismo se convierte claramente, a nuestros ojos, en revisionismo. Y lo mismo en la cuestión agraria (programa de municipalización de toda la tierra) que en las cuestiones generales programáticas y tácticas, nuestros socialpopulistas sustituyen cada vez más con «enmiendas» a Marx los restos agonizantes y caducos del viejo sistema, coherente a su modo y profundamente hostil al marxismo.

El socialismo premarxista ha sido derrotado. Ya no continúa la lucha en su propio terreno, sino en el terreno general del marxismo, a título de revisionismo. Veamos, pues, cuál es el contenido ideológico del revisionismo.

En el campo de la filosofía, el revisionismo iba a remolque de la «ciencia» académica burguesa. Los profesores «retornaban a Kant», y el revisionismo se arrastraba tras los neokantianos; los profesores repetían, por milésima vez, las vulgaridades de los curas contra el materialismo filosófico, y los revisionistas, sonriendo complacidamente, mascullaban (repitiendo ce por be el último manual) que el materialismo había sido «refutado» desde hacía mucho tiempo. Los profesores trataban a Hegel como a un «perro muerto»[3] y, predicando ellos mismos el idealismo, solo que mil veces más mezquino y trivial que el hegeliano, se encogían desdeñosamente de hombros ante la dialéctica, y los revisionistas se hundían tras ellos en el pantano del envilecimiento filosófico de la ciencia, sustituyendo la «sutil» (y revolucionaria) dialéctica por la «simple» (y pacífica) «evolución». Los profesores se ganaban su sueldo del Estado ajustando sus sistemas, tanto los idealistas como los «críticos», a la «filosofía» medieval imperante (es decir, a la teología), y los revisionistas se acercaban a ellos, esforzándose en hacer de la religión una «incumbencia privada», no en relación al Estado moderno, sino en relación al partido de la clase de vanguardia.

Huelga decir qué significación real de clase tenían semejantes «enmiendas» a Marx: la cosa es clara de por sí. Señalaremos solamente que Plejánov fue el único marxista dentro de la socialdemocracia internacional que hizo, desde el punto de vista del materialismo dialéctico consecuente, la crítica de aquellas increíbles necedades acumuladas por los revisionistas. Es tanto más necesario subrayar esto decididamente, por cuanto en nuestro tiempo se hacen tentativas profundamente erróneas para hacer pasar el viejo y reaccionario fárrago filosófico bajo el pabellón de la crítica del oportunismo táctico de Plejánov.[4]

Pasando a la Economía política hay que señalar, ante todo, que en este campo las «enmiendas» de los revisionistas eran muchísimo más multifacéticas y minuciosas; trataron de sugestionar al público con «nuevos datos del desarrollo económico». Decían que en el campo de la economía rural no se opera de ningún modo la concentración y el desplazamiento de la pequeña por la gran producción, y que en el comercio y en la industria se opera con extrema lentitud. Decían que, ahora, las crisis se han hecho más raras y más débiles, y que era probable que los cartels y los trusts diesen al capital la posibilidad de eliminar por completo las crisis. Decían que la «teoría de la bancarrota», hacia la cual marcha el capitalismo, es inconsistente a causa de la tendencia a suavizar y atenuar las contradicciones de clase. Decían, finalmente, que no estaría mal enmendar también la teoría del valor de Marx con arreglo a Böhm–Bawerk.[5]

La lucha contra los revisionistas, en torno a estas cuestiones, sirvió para reavivar fecundamente el pensamiento teórico del socialismo internacional, al igual que, veinte años antes, había ocurrido con la polémica de Engels contra Dühring. Los argumentos de los revisionistas fueron analizados con hechos y cifras en la mano. Se demostró que los revisionistas embellecían sistemáticamente la pequeña producción actual. El hecho de la superioridad técnica y comercial de la grande sobre la pequeña *producción,* no solo en la industria, sino también en la agricultura, está demostrado con datos irrefutables. Pero, en la agricultura, la producción de mercancías está mucho menos desarrollada, y los estadísticos y economistas actuales no saben, por lo general, destacar aquellas ramas (y, a veces, incluso las operaciones) especiales de la agricultura que expresan cómo esta se ve englobada, progresivamente, en el *intercambio* de la economía mundial. La pequeña producción se sostiene sobre las ruinas de la economía natural, gracias al empeoramiento infinito de la alimentación, al hambre crónica, y la prolongación de la jornada de trabajo, al descenso de la calidad del ganado y del cuidado de este; en una palabra, gracias a aquellos mismos medios con que se sostuvo también la producción artesana contra la manufactura capitalista. Cada paso de avance de la ciencia y de la técnica mina, inevitable e inexorablemente, los cimientos de la pequeña producción en la sociedad capitalista. Y la tarea de la Economía socialista consiste en investigar este proceso en todas sus formas, no pocas veces complejas e intrincadas, y demostrar al pequeño productor la imposibilidad de sostenerse bajo el capitalismo, la situación desesperada de las explotaciones campesinas en el régimen capitalista y la necesidad de que el campesino acepte el punto de vista del proletariado. Ante el problema de que tratamos, los revisionistas cometieron, en el aspecto científico, el pecado de incurrir en una generalización superficial de algunos hechos unilateralmente desglosados, al margen de su conexión con todo el régimen del capitalismo, y, en el sentido político, cometieron el pecado de llamar o empujar inevitablemente al campesino, de modo voluntario o involuntario, al punto de vista del propietario (es decir, al punto de vista de la burguesía), en vez de empujarle al punto de vista del proletario revolucionario.

El revisionismo salió aún peor parado en cuanto a la teoría de las crisis y a la teoría de la bancarrota. Solo durante un tiempo muy breve, y únicamente gentes muy miopes, podían pensar en modificar las bases de la doctrina de Marx bajo el influjo de unos cuantos años de auge y prosperidad industrial. Muy pronto, la realidad se encargó de demostrar a los revisionistas que las crisis no habían fenecido: tras la prosperidad, vino la crisis. Cambiaron las formas, la sucesión, el cuadro de las distintas crisis, pero estas seguían siendo parte integrante, inevitable, del régimen capitalista. Los cartels y los trusts, unificando la producción, reforzaron al mismo tiempo, a la vista de todos, la anarquía de la producción, la inseguridad del proletariado y la opresión del capital, agudizando de este modo, en un grado nunca visto, las contradicciones de clase. Que el capitalismo marcha hacia la bancarrota —tanto en el sentido de las crisis políticas y económicas aisladas, como en el sentido del completo hundimiento de todo el régimen capitalista— lo han venido a demostrar, de un modo bien palpable y en proporciones particularmente extensas, los modernos y gigantescos trusts. La reciente crisis financiera en Norteamérica, la espantosa agudización del paro en toda Europa, sin hablar de la próxima crisis industrial, de la que apuntan no pocos síntomas, todo ello ha hecho que las recientes «teorías» de los revisionistas hayan sido olvidadas por todos, incluyendo, al parecer, a muchos de ellos mismos. Lo que no se debe olvidar son las enseñanzas que esta inestabilidad de los intelectuales dio a la clase obrera.

Marxismo y revisionismo **81**

En cuanto a la teoría del valor, solo es necesario decir que, aparte de alusiones y suspiros muy vagos, a la manera de Böhm–Bawerk, los revisionistas no aportaron aquí absolutamente nada ni dejaron, por tanto, ninguna huella en el desarrollo del pensamiento científico.

En el campo de la política, el revisionismo intentó revisar realmente la base del marxismo, o sea, la teoría de la lucha de clases. La libertad política, la democracia, el sufragio universal destruyen la base para la lucha de clases —nos decían los revisionistas— y dan un mentís a la vieja tesis del *Manifiesto Comunista* de que los obreros no tienen patria. Puesto que en la democracia impera la «voluntad de la mayoría», no debemos ver en el Estado, según ellos, el órgano de la dominación de clase, ni negarnos a hacer alianzas con la burguesía progresiva, socialreformista contra los reaccionarios.

Es indiscutible que estas objeciones de los revisionistas se reducían a un sistema bastante armónico de concepciones, a saber: a las harto conocidas concepciones liberal–burguesas. Los liberales han dicho siempre que el parlamentarismo burgués suprime las clases y las diferencias de clase, ya que todos los ciudadanos sin excepción tienen derecho al voto y a intervenir en los asuntos del Estado. Toda la historia de Europa durante la segunda mitad del siglo XIX, y toda la historia de la Revolución Rusa, a comienzos del siglo XX, enseñan palpablemente cuán absurdos son tales conceptos. Bajo las libertades del capitalismo «democrático», las diferencias económicas, lejos de atenuarse, se acentúan y se agudizan. El parlamentarismo no elimina, sino que pone al desnudo la esencia de las repúblicas burguesas más democráticas como órganos de opresión de clase. Ayudando a ilustrar y a organizar a masas de población incomparablemente más extensas que las que antes participaban de un modo activo en los acontecimientos políticos, el parlamentarismo prepara así, no la supresión de las crisis y de las revoluciones políticas, sino la mayor agudización de la guerra civil durante estas revoluciones. Los acontecimientos de París, en la primavera de 1871, y los de Rusia, en el invierno de 1905, pusieron de manifiesto, con excepcional claridad, cuán inevitablemente se produce esta agudización. La burguesía francesa, para aplastar el movimiento proletario, no vaciló ni un segundo en pactar con el enemigo de toda la nación, con las tropas extranjeras que habían arruinado a su patria. Quien no comprenda la inevitable dialéctica interna del parlamentarismo y del democratismo burgués, que conduce a solucionar la disputa por la violencia de las masas de un modo todavía más tajante que en tiempos anteriores, jamás sabrá desarrollar, sobre la base de este parlamentarismo, una propaganda y una agitación consecuentes desde el punto de vista de los principios, que preparen verdaderamente a las masas obreras para la participación victoriosa en tales «disputas». La experiencia de las alianzas, de los acuerdos, de los bloques con el liberalismo socialreformista en la Europa Occidental y con el reformismo liberal (demócratas constitucionalistas)[6] en la revolución rusa, muestra de manera convincente que estos acuerdos no hacen más que embotar la conciencia de las masas, no reforzando, sino debilitando la significación real de su lucha, uniendo a los luchadores con los elementos menos capaces de luchar, con los elementos más vacilantes y traidores. El millerandismo francés[7] —la más grande experiencia de aplicación de la táctica política revisionista en una amplia escala, realmente nacional— nos ha dado una valoración práctica del revisionismo, que el proletariado del mundo entero jamás olvidará.

El complemento natural de las tendencias económicas y políticas del revisionismo era su actitud ante la meta final del movimiento socialista. «El objetivo final no es nada; el movimiento lo es todo»: esta frase proverbial de Bernstein expresa la esencia del revisionismo mejor que muchas largas disertaciones. Determinar el comportamiento de un caso para otro, adaptarse a los acontecimientos del día, a los virajes de las minucias políticas, olvidar los intereses cardinales del proletariado y los rasgos fundamentales de todo el régimen capitalista, de toda la evolución del capitalismo, sacrificar estos intereses cardinales en aras de las ventajas reales a supuestas del momento: ésa es la política revisionista. Y de la misma esencia de esta política se deduce, con toda evidencia, que puede adoptar formas infinitamente diversas y que cada problema un poco «nuevo», cada viraje un poco inesperado e imprevisto de los acontecimientos —aunque este viraje solo altere la línea fundamental del desarrollo en proporciones mínimas y por el plazo más corto— provocará siempre, inevitablemente, esta o la otra variedad de revisionismo.

El carácter inevitable del revisionismo está condicionado por sus raíces de clase en la sociedad actual. El revisionismo es un fenómeno internacional. Para ningún socialista un poco enterado y reflexivo puede existir ni la más pequeña duda de que la relación entre los ortodoxos y los bernsteinianos en Alemania, entre los guesdistas y los jauresistas (ahora, en particular, los brousistas) en Francia,[8] entre la Federación socialdemócrata y el Partido Laborista Independiente en Inglaterra,[9] entre De Brouckére y Vandervelde en Bélgica,[10] los integralistas y los reformistas en Italia,[11] los bolcheviques y los mencheviques en Rusia, es en todas partes, sustancialmente, una y la misma, pese a la gigantesca diversidad de las condiciones nacionales y de los factores históricos en la situación actual de todos estos países. La «división» en el seno del socialismo internacional contemporáneo se desarrolla ya, ahora, en los diversos países del mundo, esencialmente en una *misma* línea, lo cual muestra el formidable paso adelante que se ha dado en comparación con lo que ocurría hace 30 o 40 años, cuando en los diversos países luchaban tendencias heterogéneas dentro del socialismo internacional único. Y ese «revisionismo de izquierda» que se perfila hoy en los países latinos, con el nombre de «sindicalismo revolucionario»,[12] se adapta también al marxismo «enmendándolo»; Labriola en Italia, Lagardelle en Francia, apelan a cada paso del Marx mal comprendido al Marx bien comprendido.

No podemos detenemos a examinar aquí el contenido ideológico de *este* revisionismo, que dista mucho de estar tan desarrollado como el revisionismo oportunista, y que no se ha internacionalizado, que no ha afrontado ni una sola batalla práctica importante con el partido socialista de ningún país. Por eso, nos limitaremos a ese «revisionismo de derecha», que hemos dejado esbozado más arriba.

¿En qué estriba su carácter inevitable en la sociedad capitalista? ¿Por qué es más profundo que las diferencias debidas a las particularidades nacionales y al grado de desarrollo del capitalismo? Porque en todo país capitalista existen siempre, al lado del proletariado, extensas capas de pequeña burguesía, de pequeños propietarios. El capitalismo ha nacido y sigue naciendo, constantemente, de la pequeña producción. El capitalismo crea de nuevo, infaliblemente, toda serie de «capas medias» (apéndice de las fábricas, trabajo a domicilio, pequeños talleres diseminados por todo el país, en virtud de las exigencias de la gran industria, por ejemplo, de la industria de bicicletas y automóviles, etcétera). Estos nuevos pequeños productores se ven nuevamente arrojados también, de modo no menos inevitable, a las filas del proletariado. Es perfectamente natural que la mentalidad pequeño-burguesa irrumpa de nuevo, una y otra vez, en las filas de los grandes partidos obreros. Es perfectamente natural que deba suceder así, y así sucederá siempre hasta llegar a las peripecias de la revolución proletaria, pues sería un profundo error pensar que es necesario que la mayoría de la población se proletarice «por completo» para que esa revolución sea realizable. La que hoy vivimos con frecuencia en un plano puramente ideológico: las disputas en torno a las enmiendas teóricas hechas a Marx; lo que hoy solo se manifiesta en la práctica a propósito de ciertos problemas parciales, aislados, del movimiento obrero, como discrepancias tácticas con los revisionistas y las escisiones sobre este terreno, lo tendrá que vivir sin falta la clase obrera, en proporciones incomparablemente mayores, cuando la revolución proletaria agudice todos los problemas en litigio y concentre todas las discrepancias en los puntos de importancia más inmediata para determinar la conducta de las masas, obligando a separar, en el fragor del combate, los enemigos de los amigos, a echar por la borda a los malos aliados, para asestar los golpes decisivos al enemigo.

La lucha ideológica del marxismo revolucionario contra el revisionismo, librada a fines del siglo XIX, no es más que el preludio de los grandes combates revolucionarios del proletariado, que, pese a todas las vacilaciones y debilidades de los filisteos, avanza hacia el triunfo completo de su causa.

Fuente: V.I. Lenin: «Marxismo y Revisionismo», en *Obras escogidas* en tres tomos, t. I, Ediciones en Lenguas Extranjeras, Moscú, 1960, pp. 70–78.

El imperialismo, fase superior del capitalismo*[1]

VII. El imperialismo como fase particular del capitalismo

Intentaremos ahora hacer un balance, resumir lo que hemos dicho más arriba sobre el imperialismo. El imperialismo surgió como desarrollo y continuación directa de las propiedades fundamentales del capitalismo en general. Pero el capitalismo se trocó en imperialismo capitalista únicamente al llegar a un grado muy alto de su desarrollo, cuando algunas de las características fundamentales del capitalismo comenzaron a convertirse en su antítesis, cuando tomaron cuerpo y se manifestaron en toda la línea los rasgos de la época de transición del capitalismo a una estructura económica y social más elevada. Lo que hay de fundamental en este proceso, desde el punto de vista económico, es la sustitución de la libre competencia capitalista por los monopolios capitalistas. La libre competencia es la característica fundamental del capitalismo y de la producción mercantil en general; el monopolio es todo lo contrario de la libre competencia, pero esta última se va convirtiendo ante nuestros ojos en monopolio, creando la gran producción, desplazando a la pequeña, reemplazando la gran producción por otra todavía mayor y concentrando la producción y el capital hasta tal punto, que de su seno ha surgido y surge el monopolio: los cartels, los sindicatos, los trusts, y, fusionándose con ellos, el capital de una docena escasa de bancos que manejan miles de millones. Y al mismo tiempo, los monopolios, que se derivan de la

---

*   El libro *El imperialismo, fase superior del capitalismo* fue escrito en enero–junio de 1916. Publicado por primera vez como folleto en Petersburgo, en abril de 1917. Para ampliar información ver Nota 1.

libre competencia, no la eliminan, sino que existen por encima de ella y al lado de ella, engendrando así contradicciones, rozamientos y conflictos particularmente agudos y bruscos. El monopolio es el tránsito del capitalismo a un régimen superior.

Si fuera necesario dar una definición lo más breve posible del imperialismo, debería decirse que el imperialismo es la fase monopolista del capitalismo. Esa definición comprendería lo principal, pues, por una parte, el capital financiero es el capital bancario de algunos grandes bancos monopolistas fundido con el capital de los grupos monopolistas industriales y, por otra, el reparto del mundo es el tránsito de la política colonial, que se extiende sin obstáculos a las regiones todavía no apropiadas por ninguna potencia capitalista, a la política colonial de dominación monopolista de los territorios del globo enteramente repartido.

Pero las definiciones excesivamente breves, si bien son cómodas, pues recogen lo principal, resultan insuficientes, ya que es necesario extraer además de ellas otros rasgos muy esenciales de lo que hay que definir. Por eso, sin olvidar lo convencional y relativo de todas las definiciones en general, que jamás pueden abarcar en todos sus aspectos las relaciones de lo definido en su desarrollo completo, conviene dar una definición del imperialismo que contenga los cinco rasgos fundamentales siguientes: 1) la concentración de la producción y del capital llegada hasta un grado tan elevado de desarrollo, que ha creado los monopolios, los cuales desempeñan un papel decisivo en la vida económica; 2) la fusión del capital bancario con el industrial y la creación, sobre la base de este «capital financiero», de la oligarquía financiera; 3) la exportación de capitales, a diferencia de la exportación de mercancías, adquiere una importancia particularmente grande; 4) la formación de asociaciones internacionales monopolistas de capitalistas, las cuales se reparten el mundo, y 5) la terminación del reparto territorial del mundo entre las potencias capitalistas más importantes. El imperialismo es el capitalismo en la fase de desarrollo en que ha tomado cuerpo la dominación de los monopolios y del capital financiero, ha adquirido señalada importancia la exportación de capitales, ha empezado el reparto del mundo por los trusts internacionales y ha terminado el reparto de toda la tierra entre los países capitalistas más importantes.

El imperialismo, fase superior del capitalismo **87**

Más adelante veremos cómo se puede y se debe definir de otro modo el imperialismo, si se tienen en cuenta no solo las nociones fundamentales puramente económicas (a las cuales se limita la definición que hemos dado), sino también el lugar histórico de esta fase del capitalismo con respecto al capitalismo en general o la relación del imperialismo y de las dos tendencias fundamentales del movimiento obrero. Lo que ahora hay que consignar es que, interpretado en el sentido dicho, el imperialismo representa en sí indudablemente una fase particular de desarrollo del capitalismo. Para dar al lector una idea lo más fundamental posible del imperialismo, hemos procurado deliberadamente reproducir el mayor número posible de opiniones de economistas *burgueses* obligados a reconocer los hechos de la economía capitalista moderna sentados de una manera particularmente incontrovertible. Con el mismo fin hemos reproducido datos estadísticos minuciosos que permiten ver hasta qué punto ha crecido el capital bancario, etcétera, qué expresión concreta ha tenido la transformación de la cantidad en calidad, el tránsito del capitalismo desarrollado al imperialismo. Huelga decir, naturalmente, que en la naturaleza y en la sociedad todos los límites son convencionales y mudables, que sería absurdo discutir, por ejemplo, sobre el año o la década precisos en que se instauró «definitivamente» el imperialismo.

Pero sobre la definición del imperialismo nos vemos obligados a controvertir ante todo con Kautsky, el principal teórico marxista de la época de la llamada Segunda Internacional, es decir, de los veinticinco años comprendidos entre 1889 y 1914. Kautsky se pronunció decididamente en 1915 e incluso en noviembre de 1914 contra las ideas fundamentales expresadas en nuestra definición del imperialismo, declarando que por imperialismo hay que entender, no una «fase» o un grado de la economía, sino una política, y una política determinada, la política «preferida» por el capital financiero; que no se puede «identificar» el imperialismo con el «capitalismo contemporáneo»; que si la noción de imperialismo abarca «todos los fenómenos del capitalismo contemporáneo» —cartels, proteccionismo, dominación de los financieros, política colonial—, en ese caso el problema de la necesidad del imperialismo para el capitalismo se convierte en «la tautología más trivial», pues entonces, «naturalmente, el imperialismo es una necesidad vital para el capitalismo», etcétera. Expresaremos con la máxima exactitud el pensamiento de Kautsky si reproducimos su definición del imperialismo, diametralmente opuesta a la esencia de las ideas que nosotros explicamos (pues las objeciones procedentes del campo de los marxistas alemanes, los cuales han definido ideas semejantes durante largos años, son ya conocidas desde hace mucho tiempo por Kautsky como objeción de una corriente determinada en el marxismo).

La definición de Kautsky dice así:

> El imperialismo es un producto del capitalismo industrial altamente desarrollado. Consiste en la tendencia de toda nación capitalista industrial a someter y anexionarse cada vez más regiones *agrarias* (la cursiva es de Kautsky) sin tener en cuenta la nacionalidad de sus habitantes.[2]

Esta definición no sirve absolutamente para nada, puesto que es unilateral, es decir, destaca arbitrariamente tan solo el problema nacional (si bien de la mayor importancia, tanto en sí como en su relación con el imperialismo), enlazándolo arbitraria y *erróneamente solo* con el capital industrial de los países que se anexionan otras naciones, colocando en primer término, de la misma forma arbitraria y errónea, la anexión de las regiones agrarias.

El imperialismo es una tendencia a las anexiones: a eso se reduce la parte *política* de la definición de Kautsky. Es justa, pero extremadamente incompleta, pues en el aspecto político el imperialismo es, en general, una tendencia a la violencia y a la reacción. Mas lo que en este caso nos interesa es el aspecto *económico* que Kautsky *mismo* ha dado a *su* definición. Las inexactitudes de la definición de Kautsky saltan a la vista. Lo característico del imperialismo *no* es el capital industrial, *sino* el capital financiero. No es un fenómeno casual que, en Francia, precisamente el desarrollo particularmente rápido del capital *financiero*, que coincidió con un debilitamiento del capital industrial, provocara en la década del ochenta del siglo pasado una intensificación extrema de la política anexionista (colonial). Lo característico del imperialismo es precisamente la tendencia a la anexión *no solo* de las regiones agrarias, sino incluso de las más industriales (apetitos alemanes respecto a Bélgica, los de los franceses en cuanto a la Lorena), pues, en primer lugar, la división ya terminada del globo obliga, al proceder *a un nuevo reparto,* a alargar la mano hacia *toda clase* de territorios; en segundo lugar, para el imperialismo es sustancial la rivalidad de varias grandes potencias en sus aspiraciones a la hegemonía, esto es, a apoderarse de territorios no tanto directamente para sí, como para debilitar al adversario y quebrantar *su* hegemonía (para Alemania, Bélgica tiene una importancia especial como punto de apoyo contra Inglaterra; para Inglaterra, la tiene Bagdad como punto de apoyo contra Alemania, etcétera).

Kautsky se remite particularmente —y reiteradas veces— a los ingleses, los cuales, dice, han puntualizado la significación puramente política de la palabra «imperialismo» en el sentido que él la comprende. Tomamos al inglés Hobson y leemos en su obra *El imperialismo,* publicada en 1902:

> El nuevo imperialismo se distingue del viejo, primero, en que, en vez de la aspiración de un solo imperio creciente, sostiene la teoría y la actuación práctica de imperios rivales, guiado cada uno de ellos por idénticos apetitos de expansión política y de beneficio comercial; segundo, en que los intereses financieros o relativos a la inversión del capital predominan sobre los comerciales.[3]

Como vemos, Kautsky no tiene de hecho razón alguna al remitirse a los ingleses en general (en los únicos en que podría apoyarse sería en los imperialistas ingleses vulgares o en los apologistas declarados del imperialismo). Vemos que Kautsky, que pretende continuar defendiendo el marxismo, en realidad da un paso atrás con relación al *social-liberal* Hobson, el cual tiene en cuenta con *más acierto* que él las dos particularidades «históricas concretas» (¡Kautsky, con su definición, se mofa precisamente de la concreción histórica!) del imperialismo contemporáneo: 1) competencia de *varios* imperialismos; 2) predominio del financiero sobre el comerciante. Si lo esencial consiste en que un país industrial se anexiona un país agrario, el papel principal se atribuye al comerciante.

[...]

X. El lugar histórico del imperialismo

Como hemos visto, el imperialismo por su esencia económica es el capitalismo monopolista. Esto determina ya el lugar histórico del imperialismo, pues el monopolio, que nace única y precisamente de la libre competencia, es el tránsito del capitalismo a una estructura económica y social más elevada.

Hay que poner de relieve particularmente cuatro variedades esenciales del monopolio o manifestaciones principales del capitalismo monopolista características del período que nos ocupa.

Primero: El monopolio es un producto de la concentración de la producción en un grado muy elevado de su desarrollo. Lo forman las agrupaciones monopolistas de los capitalistas, los cartels, los sindicatos y los trusts. Hemos visto su inmenso papel en la vida económica contemporánea.

Hacia principios del siglo XX alcanzaron pleno predominio en los países avanzados, y si los primeros pasos en el sentido de la cartelización los dieron con anterioridad los países de tarifas arancelarias proteccionistas elevadas (Alemania, Estados Unidos), Inglaterra, con su sistema de librecambio, mostró, aunque algo más tarde, ese mismo hecho fundamental: el nacimiento del monopolio como consecuencia de la concentración de la producción.

Segundo: Los monopolios han venido a recrudecer la conquista de las más importantes fuentes de materias primas, particularmente para la industria fundamental y más cartelizada de la sociedad capitalista: la hullera y la siderúrgica. La posesión monopolista de las fuentes más importantes de materias primas ha aumentado terriblemente el poderío del gran capital y ha agudizado las contradicciones entre la industria cartelizada y la no cartelizada.

Tercero: El monopolio ha surgido de los bancos, los cuales, de modestas empresas intermediarias que eran antes, han adquirido ahora la exclusiva del capital financiero. Tres o cinco bancos más importantes de cualquiera de las naciones capitalistas más avanzadas han realizado la «unión personal» del capital industrial y bancario, concentran en sus manos sumas de miles y miles de millones, que constituyen la mayor parte de los capitales y de los ingresos monetarios de todo el país. Una oligarquía financiera que tiende una espesa red de relaciones de dependencia sobre todas las instituciones económicas y políticas de la sociedad burguesa contemporánea sin excepción: he aquí la manifestación de más bulto de este monopolio.

Cuarto: El monopolio ha nacido de la política colonial. A los numerosos «viejos» motivos de la política colonial, el capital financiero ha añadido la lucha por las fuentes de materias primas, por la exportación de capital, por las «esferas de influencia», esto es, las esferas de transacciones lucrativas, de concesiones, de beneficios monopolistas, etcétera, y, finalmente, por el territorio económico en general. Cuando las colonias de las potencias europeas en

África, por ejemplo, representaban una décima parte de ese continente, como ocurría aún en 1876, la política colonial podía desenvolverse de un modo no monopolista, por la «libre conquista», pudiéramos decir, de territorios. Pero cuando las 9/10 de África estuvieron ocupadas (hacia 1900), cuando todo el mundo estuvo repartido, empezó inevitablemente la era de posesión monopolista de las colonias y, por consiguiente, de lucha particularmente aguda por la partición y el nuevo reparto del mundo.

Es notorio hasta qué punto el capital monopolista ha agudizado todas las contradicciones del capitalismo. Basta indicar la carestía de la vida y el yugo de los cartels. Esta agudización de las contradicciones es la fuerza motriz más potente del período histórico de transición iniciado con la victoria definitiva del capital financiero mundial.

Los monopolios, la oligarquía, la tendencia a la dominación en vez de la tendencia a la libertad, la explotación de un número cada vez mayor de naciones pequeñas o débiles por un puñado de naciones riquísimas o muy fuertes: todo esto ha originado los rasgos distintivos del imperialismo, que obligan a calificarlo de capitalismo parasitario o en estado de descomposición. Cada día se manifiesta con más relieve, como una de las tendencias del imperialismo, la formación de «Estados rentistas», de «Estados usureros», cuya burguesía vive cada día más a costa de la exportación de capitales y del «corte del cupón». Sería un error creer que esta tendencia a la descomposición descarta el rápido crecimiento del capitalismo. No; ciertas ramas industriales, ciertos sectores de la burguesía, ciertos países manifiestan en la época del imperialismo, con mayor o menor intensidad, ya una ya otra de estas tendencias. En su conjunto, el capitalismo crece con una rapidez incomparablemente mayor que antes, pero este crecimiento no solo es cada vez más desigual, sino que la desigualdad se manifiesta asimismo, de un modo particular, en la descomposición de los países de capital más fuerte (Inglaterra).

En lo que se refiere a la rapidez del desarrollo económico de Alemania, Riesser, autor de una investigación sobre los grandes bancos alemanes, dice: «El progreso, no demasiado lento, de la época precedente (1848 a 1870) guarda con respecto al rápido desarrollo de toda la economía en Alemania y particularmente de sus bancos en la época actual (1870 a 1905) la misma relación aproximadamente que el coche de posta de los viejos tiempos con respecto al automóvil moderno, el cual marcha a tal velocidad que representa un peligro para el despreocupado transeúnte y para quienes van en el vehículo». A su vez, ese capital financiero que ha crecido con una rapidez tan extraordinaria, precisamente porque ha crecido de este modo no tiene inconveniente alguno en pasar a una posesión más «tranquila» de las colonias que deben ser conquistadas, no solo por medios pacíficos, a las naciones más ricas. Y en los Estados Unidos, el desarrollo económico ha ido durante estos últimos decenios aún más rápido que en Alemania, y precisamente *gracias* a esta circunstancia los rasgos parasitarios del capitalismo norteamericano contemporáneo resaltan con particular relieve. De otra parte, la comparación, por ejemplo, de la burguesía republicana norteamericana con la burguesía monárquica japonesa o alemana muestra que las más grandes diferencias políticas se atenúan en el más alto grado en la época del imperialismo; y no porque dicha diferencia no sea importante en general, sino porque en todos esos casos se trata de una burguesía con rasgos definidos de parasitismo.

La obtención de elevadas ganancias monopolistas por los capitalistas de una de tantas ramas de la industria, de uno de tantos países, etcétera, les brinda la posibilidad económica de sobornar a ciertos sectores obreros y, temporalmente, a una minoría bastante considerable de estos últimos, atrayéndolos al lado de la burguesía de dicha rama o de dicho país, contra todos los demás. El acentuado antagonismo de las naciones imperialistas en torno al reparto del mundo, ahonda esa tendencia. Así se crean los vínculos entre el imperialismo y el oportunismo, los cuales se han manifestado antes que en ninguna otra parte y de un modo más claro en Inglaterra debido a que varios de los rasgos imperialistas de desarrollo aparecieron en ese país mucho antes que en otros. A algunos escritores, por ejemplo, a L. Mártov, les place negar los vínculos que hay entre el imperialismo y el oportunismo en el movimiento obrero —hecho que salta ahora a la vista con particular evidencia— por medio de argumentos impregnados de «optimismo oficial» (en consonancia con el espíritu de Kautsky y Huysmans) del género del que sigue: la causa de los adversarios del capitalismo sería una causa perdida si el capitalismo avanzado condujera al reforzamiento del oportunismo o si los obreros mejor retribuidos mostraran inclinación hacia el oportunismo, etcétera. No hay que dejarse engañar sobre la significación de ese «optimismo»: es un optimismo con respecto al oportunismo, es un optimismo que sirve de tapadera al oportunismo. En realidad, la rapidez particular y el carácter singularmente

El imperialismo, fase superior del capitalismo **93**

repulsivo del desarrollo del oportunismo no le garantiza en modo alguno una victoria sólida, del mismo modo que la rapidez de desarrollo de un tumor maligno en un cuerpo sano no puede más que contribuir a que dicho tumor reviente antes librando así de él al organismo. Lo más peligroso en este sentido es la gente que no desea comprender que la lucha contra el imperialismo es una frase vacía y falsa si no va ligada indisolublemente a la lucha contra el oportunismo.

De todo lo que llevamos dicho sobre la esencia económica del imperialismo se desprende que hay que calificarlo de capitalismo de transición o, más propiamente, de capitalismo agonizante. En este sentido es extremadamente instructiva la circunstancia de que los términos más usuales que los economistas burgueses emplean al describir el capitalismo moderno son los de «entrelazamiento», «ausencia de aislamiento», etcétera; los bancos son «unas empresas que, por sus fines y su desarrollo, no tienen un carácter de economía privada pura, sino que cada día se van saliendo más de la esfera de la regulación de la economía puramente privada». ¡Y ese mismo Riesser, a quien pertenecen estas últimas palabras, manifiesta con la mayor seriedad del mundo que las «predicciones» de los marxistas respecto a la «socialización» «no se han cumplido»!

¿Qué significa, pues, la palabreja «entrelazamiento»? Expresa únicamente el rasgo más acusado del proceso que se está desarrollando ante nosotros; muestra que el observador cuenta los árboles y no ve el bosque, que copia servilmente lo exterior, lo accidental, lo caótico; indica que el observador es un hombre abrumado por los materiales en bruto y que no comprende nada de su sentido y de su significación. Se «entrelazan accidentalmente» la posesión de acciones, las relaciones de los propietarios particulares. Pero lo que constituye la base de dicho entrelazamiento, lo que se halla detrás del mismo son las relaciones sociales de producción sometidas a un cambio continuo. Cuando una gran empresa se convierte en gigantesca y organiza sistemáticamente, apoyándose en un cálculo exacto con multitud de datos, el abastecimiento de 2/3 o de 3/4 de las materias primas necesarias para una población de varias decenas de millones; cuando se organiza sistemáticamente el transporte de dichas materias primas a los puntos de producción más cómodos, que se hallan a veces separados por centenares y miles de kilómetros; cuando desde un centro se dirige la transformación del material en todas sus diversas fases hasta obtener numerosos productos manufacturados; cuando la distribución de dichos productos se efectúa según un plan único entre decenas y centenares de millones de consumidores (venta de petróleo en América y en Alemania por el «Trust del Petróleo» norteamericano), entonces se advierte con evidencia que nos hallamos ante una socialización de la producción y no ante un simple «entrelazamiento»; se advierte que las relaciones de economía y de propiedad privadas constituyen una envoltura que no corresponde ya al contenido, que esa envoltura debe inevitablemente descomponerse si se aplaza artificialmente su supresión, que puede permanecer en estado de descomposición durante un período relativamente largo (en el peor de los casos, si la curación del tumor oportunista se prolonga demasiado), pero que, con todo y con eso, será ineluctablemente suprimida.

Schulze–Gaevernitz, entusiasta admirador del imperialismo alemán, exclama: «Si, en fin de cuentas, la dirección de los bancos alemanes se halla en las manos de una decena de personas, su actividad es ya actualmente más importante para el bien público que la actividad de la mayoría de los ministros» (en este caso es más ventajoso olvidar el «entrelazamiento» existente entre banqueros, ministros, industriales, rentistas, etcétera)…

> Si se reflexiona hasta el fin sobre el desarrollo de las tendencias que hemos visto, llegamos a la conclusión siguiente: el capital monetario de la nación está unido en los bancos; los bancos están unidos entre sí en el cartel; el capital de la nación, que busca el modo de ser aplicado, ha tomado la forma de títulos de valor. Entonces se cumplen las palabras geniales de Saint–Simon: «La anarquía actual de la producción, consecuencia del hecho de que las relaciones económicas se desarrollan sin una regulación uniforme, debe dejar su puesto a la organización de la producción. La producción no será dirigida por patronos aislados, independientes uno del otro, que ignoran las necesidades económicas de los hombres; la producción se hallará en manos de una institución social determinada. El comité central de administración, que tendrá la posibilidad de enfocar la vasta esfera de la economía social desde un punto de vista más elevado, la regulará del modo que resulte útil para la sociedad entera, entregará los medios de producción a las manos apropiadas para ello y se preocupará, sobre todo, de que exista una armonía constante entre la producción

y el consumo. Existen instituciones que entre sus fines han incluido una determinada organización de la labor económica, los bancos». Estamos todavía lejos de que se cumplan estas palabras de Saint–Simon, pero nos hallamos ya en vías de lograrlo: será un marxismo distinto de como se lo imaginaba Marx, pero distinto solo por la forma.[4]

No hay nada que decir: excelente «refutación» de Marx, que da un paso atrás, que retrocede del análisis científico exacto de Marx a la conjetura — genial, pero conjetura al fin — de Saint–Simon.

Fuente: «El imperialismo, fase superior del capitalismo»: «VII. El imperialismo como fase particular del capitalismo» y «X. El lugar histórico del imperialismo», en *Obras escogidas* en tres tomos, t. I, Ediciones en Lenguas Extranjeras, Moscú, 1960, pp. 798–801 y 829–834.

Informe sobre la revolución de 1905*

Jóvenes amigas y camaradas:

Hoy se cumple el duodécimo aniversario del *Domingo Sangriento,* considerado con plena razón como el comienzo de la revolución rusa.

Millares de obreros, y de obreros no socialdemócratas, sino creyentes, súbditos leales, dirigidos por un sacerdote llamado Gapón, afluyen de todas las partes de la ciudad al centro de la capital, a la plaza del Palacio de Invierno, para entregar una petición al zar. Los obreros llevan iconos; su jefe de entonces, Gapón, se había dirigido al zar por escrito, garantizándole la seguridad personal y rogándole que se presentara ante el pueblo.

Se llama a las tropas. Ulanos y cosacos se lanzan sobre la multitud con el sable desenvainado, ametrallan a los inermes obreros, que puestos de rodillas suplicaban a los cosacos que se les permitiera ver al zar. Según los partes policíacos, hubo más de mil muertos y de dos mil heridos. La indignación de los obreros era indescriptible.

Tal es, en sus rasgos más generales, el cuadro del 22 de enero de 1905, del *Domingo Sangriento.*

Para que comprendan mejor la significación histórica de este acontecimiento, voy a leer algunos pasajes de la petición que formulaban los obreros. La petición comienza con estas palabras:

---

* El *informe sobre la revolución de 1905* fue pronunciado por V.I. Lenin en alemán en enero de 1917, en la Casa del Pueblo de Zurich, en una asamblea de jóvenes obreros suizos. Escrito en alemán y publicado por primera vez con la firma de N. Lenin en el núm. 18 de *Pravda,* el 22 de enero de 1925.

Nosotros, obreros, vecinos de Petersburgo, acudimos a ti. Somos unos esclavos desgraciados y escarnecidos; el despotismo y la arbitrariedad nos abruman. Cuando se agotó nuestra paciencia, dejamos el trabajo y solicitamos de nuestros amos que nos diesen lo mínimo que la vida exige para no ser un martirio. Más todo ha sido rechazado, tildado de ilegal por los fabricantes. Los miles y miles aquí reunidos, igual que todo el pueblo ruso, carecemos en absoluto de derechos humanos. Por culpa de tus funcionarios estamos reducidos a la condición de esclavos.

La petición exponía las siguientes reivindicaciones: amnistía, libertades públicas, salario normal, entrega gradual de la tierra al pueblo, convocatoria de una Asamblea Constituyente elegida en votación general e igual para todos, y terminaba con estas palabras:

¡Señor! ¡No niegues la ayuda a Tu pueblo! ¡Derriba el muro que se alza entre Ti y Tu pueblo! Dispón, júranoslo, que nuestros ruegos sean cumplidos, y harás la felicidad de Rusia; si no lo haces, estamos dispuestos a morir aquí mismo. Solo tenemos dos caminos: la libertad y la felicidad, o la tumba.

Cuando leemos *ahora* esta petición de obreros sin instrucción, analfabetos, dirigidos por un sacerdote patriarcal, experimentamos un sentimiento extraño. Se impone el paralelo entre esa ingenua petición y las actuales resoluciones de paz de los socialpacifistas, es decir, de gente que quiere ser socialista, pero que en realidad no son sino simples charlatanes burgueses. Los obreros no conscientes de la Rusia prerrevolucionaria no sabían que el zar es el jefe de la *clase dominante,* de la clase de los grandes terratenientes, ligadas ya por miles de vínculos a la gran burguesía y dispuestos a defender por toda clase de medios violentos su monopolio, sus privilegios y granjerías. Los socialpacifistas de hoy día, que — ¡dicho sea sin chanzas! — quieren parecer personas «muy cultas», no saben que esperar una paz «democrática» de los gobiernos burgueses, que sostienen una guerra imperialista rapaz, es tan estúpido como la idea de que el sanguinario zar pueda ser inclinado a las reformas democráticas mediante peticiones pacíficas.

A pesar de todo, la gran diferencia que media entre ellos estriba en que los socialpacifistas de hoy día son unos redomados hipócritas que, mediante

98   Vladimir Ilich Lenin: Textos escogidos

tímidas insinuaciones, tratan de apartar al pueblo de la lucha revolucionaria, mientras que los incultos obreros de la Rusia prerrevolucionaria demostraron con hechos que eran hombres sinceros en los que por vez primera despertaba la conciencia política.

Y precisamente en ese despertar de la conciencia política en inmensas masas populares, que se lanzan a la lucha revolucionaria, estriba la significación histórica del 22 de enero de 1905.

Dos días antes del Domingo Sangriento, el Sr. Piotr Struve, entonces jefe de los liberales rusos, director de un órgano ilegal libre editado en el extranjero, escribía: «En Rusia no hay aún un pueblo revolucionario». ¡Tan absurda le parecía a este «cultísimo», presuntuoso y archinecio jefe de los reformistas burgueses la idea de que un país campesino analfabeto pueda dar un pueblo revolucionario! ¡Tan profundamente convencidos estaban los reformistas de entonces —como lo están los de ahora— de que una verdadera revolución era imposible!

Hasta el 22 de enero (el 9 según el viejo cómputo) de 1905, el partido revolucionario de Rusia lo formaba un pequeño grupo de personas. Los reformistas de entonces (exactamente como los de ahora) se burlaban de nosotros tildándonos de «secta». Varios centenares de organizadores revolucionarios, unos cuantos miles de afiliados a las organizaciones locales, media docena de hojas revolucionarias, que no salían más de una vez al mes, se editaban sobre todo en el extranjero y llegaban a Rusia de contrabando, después de vencer increíbles dificultades y a costa de muchos sacrificios: esto eran en Rusia, antes del 22 de enero de 1905, los partidos revolucionarios y, en primer término, la socialdemocracia revolucionaria. Esta circunstancia autorizaba formalmente a los altivos y obtusos reformistas a afirmar que en Rusia no había aún un pueblo revolucionario.

No obstante, el panorama cambió por completo en el curso de unos meses. Los centenares de socialdemócratas revolucionarios se convirtieron «de pronto» en millares, los millares se convirtieron en jefes de dos o tres millones de proletarios. La lucha proletaria suscitó una gran efervescencia, que en parte fue movimiento revolucionario, en el seno «de una masa campesina de cincuenta a cien millones de personas; el movimiento campesino repercutió en el ejército y provocó insurrecciones de soldados, choques armados de una parte del ejército con otra. Así, pues, un país enorme, de 130 000 000 de habitantes, se lanzó a la revolución; así, pues, la Rusia aletargada se convirtió en la Rusia del proletariado revolucionario y del pueblo revolucionario.

Es necesario estudiar esta transición: comprender cómo se hizo posible, cuáles fueron, por así decirlo, sus métodos y caminos.

El medio principal de esa transición fue *la huelga de masas*. La peculiaridad de la revolución rusa estriba precisamente en que, por su contenido social, fue una revolución *democrático–burguesa*, mientras que, por sus medios de lucha, fue una revolución *proletaria*. Fue democrático–burguesa, puesto que el objetivo inmediato que se proponía, y que podía alcanzar directamente con sus propias fuerzas, era la república democrática, la jornada de 8 horas y la confiscación de los inmensos latifundios de la nobleza, medidas todas ellas que la revolución burguesa de Francia llevó casi plenamente a cabo en 1792 y 1793.

La revolución rusa fue a la vez una revolución proletaria, no solo por ser el proletariado su fuerza dirigente, la vanguardia del movimiento, sino también porque el medio específicamente proletario de lucha, la huelga, fue el medio principal para poner en movimiento a las masas y el fenómeno más característico del desarrollo, en oleadas sucesivas, de los acontecimientos decisivos.

La revolución rusa es la *primera* gran revolución de la historia mundial —y sin duda no será la última— en que la huelga política de masas desempeña un papel extraordinario. Se puede incluso afirmar que es imposible comprender los acontecimientos de la revolución rusa y la sucesión de sus formas políticas si no se estudia el *fondo* de esos acontecimientos y de esa sucesión de formas a través de la *estadística de las huelgas*.

Sé muy bien que los áridos datos estadísticos están muy fuera de lugar en un informe oral y que son capaces de asustar a los oyentes. Sin embargo, no puedo dejar de citar algunas cifras redondas, para que ustedes puedan apreciar la base objetiva real de todo el movimiento. Durante los diez años que precedieron a la revolución, el promedio anual de huelguistas en Rusia ascendió a 43 000. Por consiguiente, el número total de huelguistas durante el decenio anterior a la revolución fue de 430 000. En enero de 1905, En el primer mes de la revolución, el número de huelguistas llegó a 440 000. ¡O sea, que *en un* solo mes hubo *más* huelguistas que en todo el decenio precedente!

En ningún país capitalista del mundo, ni siquiera en los países más avanzados, como Inglaterra, los Estados Unidos y Alemania, se ha visto un movimiento huelguístico tan grandioso como el de 1905 en Rusia. El número total de huelguistas ascendió a 2 800 000, es decir al doble del total de obreros fabriles. Ello, naturalmente, no quiere decir que los obreros fabriles urbanos de Rusia fueran más cultos, o más fuertes, o estuvieran más adaptados a la lucha que sus hermanos de la Europa Occidental. Lo cierto era lo contrario.

Pero eso demuestra lo grande que puede ser la energía latente del proletariado. Eso indica que en los períodos revolucionarios —lo digo sin ninguna exageración, fundándome en los datos más exactos de la historia rusa— el proletariado *puede* desarrollar una energía combativa *cien veces* mayor que en épocas corrientes de tranquilidad. Eso indica que la humanidad no conoció hasta 1905 lo inmensa, lo grandiosa que puede ser y será la tensión de fuerzas del proletariado cuando se trata de luchar por objetivos verdaderamente grandes, de luchar de un modo verdaderamente revolucionario.

La historia de la revolución rusa nos muestra que quien luchó con la mayor tenacidad y la mayor abnegación fue la vanguardia, fueron los elementos selectos de los obreros asalariados. Cuanto más grandes eran las fábricas, más porfiadas eran las huelgas, mayor era la frecuencia con que se repetían en un mismo año. Cuanto más grande era la ciudad, más importante era el papel del proletariado en la lucha. Las tres grandes ciudades donde reside la población obrera más numerosa y más consciente —Petersburgo, Riga y Varsovia—, dan, con relación al número total de obreros, un porcentaje de huelguistas incomparablemente mayor que el de todas las demás ciudades, sin hablar ya del campo.

Los metalúrgicos son en Rusia —probablemente lo mismo que en otros países capitalistas— el destacamento de vanguardia del proletariado. Y a este respecto observamos el siguiente hecho instructivo: por cada 100 obreros fabriles hubo en 1905 en Rusia 160 huelguistas; mientras que por cada 100 *metalúrgicos* correspondían ese mismo año ¡320 huelguistas! Se ha calculado que cada obrero fabril ruso perdió en 1905, a consecuencia de las huelgas, un promedio de 10 rublos —unos 26 francos según la cotización de anteguerra—, dinero que, por así decirlo, entregó para la lucha. Si tomamos solo los metalúrgicos, obtendremos una cantidad *¡tres veces mayor!* Delante iban los mejores elementos de la clase obrera, arrastrando tras de sí a los vacilantes, despertando a los dormidos y animando a los débiles.

Extraordinario por su peculiaridad fue el entrelazamiento de las huelgas económicas y políticas en el período de la revolución. Está fuera de toda duda que solo la ligazón más estrecha entre estàs dos formas de huelga fue lo que aseguró la gran fuerza del movimiento. Si las amplias masas de los explotados no hubieran visto ante sí ejemplos diarios de cómo los obreros asalariados de las diferentes ramas de la industria obligaban a los capitalistas a mejorar de un modo directo e inmediato su situación, no habría sido posible en modo alguno atraerlas al movimiento revolucionario. Gracias a esta lucha, un nuevo espíritu agitó al pueblo ruso en su conjunto. Y solo entonces fue cuando la Rusia feudal, sumida en un sueño letárgico, la Rusia patriarcal, piadosa y sumisa, se despidió del viejo Adán según cuyos preceptos había vivido; solo entonces tuvo el pueblo ruso una educación verdaderamente democrática, verdaderamente revolucionaria.

Cuando los señores burgueses y los socialistas reformistas que les hacen coro sin sentido crítico, hablan con tanta petulancia de la «educación» de las masas, de ordinario entienden por educación algo escolar y formalista, algo que desmoraliza a las masas y les inocula los prejuicios burgueses.

La verdadera educación de las masas no puede ir nunca separada de la lucha política independiente, y sobre todo, de la lucha revolucionaria de las propias masas. Solo la lucha educa a la clase explotada, solo la lucha le descubre la magnitud de su fuerza, amplía sus horizontes, eleva su capacidad, aclara su inteligencia y forja su voluntad. Por eso, incluso los reaccionarios han tenido que reconocer que el año 1905, año de lucha, el «año de locura», enterró para siempre la Rusia patriarcal.

Examinemos más de cerca la proporción de obreros metalúrgicos y textiles durante las luchas huelguísticas de 1905 en Rusia. Los metalúrgicos son los proletarios mejor retribuidos, los más conscientes y más cultos. Los obreros textiles, cuyo número, en la Rusia de 1905, sobrepasaba en más de un 150% el de los metalúrgicos, representan a las masas más atrasadas y peor retribuidas, a unas masas que con frecuencia no han roto definitivamente sus vínculos familiares con el campo. Y a este respecto nos encontramos con esta importantísima circunstancia.

Las huelgas sostenidas por los metalúrgicos durante todo el año de 1905 nos dan un mayor número de acciones políticas que económicas, aunque ese predominio dista mucho de ser tan grande a principios como a finales de año. Al contrario, entre los obreros textiles observamos a comienzos de 1905 un formidable predominio de las huelgas económicas, que tan solo a fines de año pasa a ser predominio de las huelgas políticas. De ahí se deduce con toda claridad que solo la lucha económica, que solo la lucha por un mejoramiento directo e inmediato de su situación es capaz de poner en movimiento a las capas más atrasadas de las masas explotadas, de educarlas verdaderamente y de convertirlas —en una época de revolución—, en el curso de pocos meses, en un ejército de luchadores políticos.

Cierto, para eso era necesario que el destacamento de vanguardia de los obreros no entendiera, por lucha de clase la lucha por los intereses de una pequeña capa privilegiada, como con harta frecuencia han tratado de hacer creer a los obreros los reformistas, sino que los proletarios actuaran realmente como vanguardia de la mayoría de los explotados, incorporaran esa mayoría a la lucha, como ocurrió en Rusia en 1905 y como deberá suceder y sucederá sin duda alguna en la futura revolución proletaria en Europa.

El comienzo de 1905 trajo la primera gran ola del movimiento huelguístico extendido por todo el país. En la primavera de ese mismo año observamos ya el despertar del primer gran *movimiento campesino,* no solo económico, sino también político, habido en Rusia. Para comprender la importancia de ese hecho, que representa un viraje en la historia, hay que recordar que los campesinos no se emanciparon en Rusia de la más penosa dependencia feudal hasta 1861, que los campesinos son en su mayoría analfabetos y que viven en una miseria indescriptible, abrumados por los terratenientes, embrutecidos por los curas y aislados unos de otros por enormes distancias y por la falta casi absoluta de caminos.

Rusia vio por primera vez un movimiento revolucionario contra el zarismo en 1825, pero ese movimiento fue casi exclusivamente cosa de la nobleza. Desde entonces y hasta 1881, año en que Alejandro II es muerto por los terroristas, se encontraron al frente del movimiento intelectuales salidos de las capas medias, quienes dieron pruebas del más grande espíritu de sacrificio, suscitando con su heroico método terrorista de lucha el asombro del mundo entero. Es indudable que estas víctimas no cayeron en vano, que contribuyeron —directa o indirectamente— a la educación revolucionaria del pueblo ruso en años posteriores. Sin embargo, no alcanzaron ni podían alcanzar su objetivo inmediato: despertar la revolución popular.

Esto lo consiguió solo la lucha revolucionaria del proletariado. Solo la oleada de huelgas de masas, extendida por todo el país a consecuencia de las duras lecciones de la guerra imperialista ruso–japonesa, despertó a las amplias masas campesinas de su sueño letárgico. La palabra «huelguista» adquirió para los campesinos un sentido completamente nuevo, viniendo a ser algo así como rebelde o revolucionario, conceptos que antes se expresaban con la palabra «estudiante». Pero como el «estudiante» pertenecía a las capas medias, a la gente «de letras», a los «señores» era extraño al pueblo. El «huelguista», al contrario, había salido del pueblo, él mismo figuraba entre los explotados. Cuando lo desterraban de Petersburgo, muy a menudo retornaba al campo y hablaba a sus compañeros de la aldea del incendio que envolvía a las ciudades y que debía eliminar a los capitalistas y a los nobles. En la aldea rusa apareció un tipo nuevo: el joven campesino consciente. Este mantenía relaciones con los «huelguistas», leía periódicos, refería a los campesinos los acontecimientos que se producían en las ciudades, explicaba a sus compañeros de lugar la significación de las reivindicaciones políticas y los llamaba a la lucha contra los grandes terratenientes nobles, contra los curas y los funcionarios.

Los campesinos se reunían en grupos, hablaban de su situación y poco a poco se iban incorporando a la lucha; se lanzaban en masa contra los grandes terratenientes, prendían fuego a sus palacios y casas o se incautaban de sus reservas, se apropiaban del trigo y de otros víveres, mataban a los policías y exigían que se entregara al pueblo la tierra de las inmensas posesiones de la nobleza.

En la primavera de 1905 el movimiento campesino estaba aún en germen y abarcaba solo una pequeña parte de los distritos, la séptima parte aproximadamente.

Pero la unión de la huelga proletaria de masas en las ciudades con el movimiento campesino en las aldeas fue suficiente para hacer vacilar el último y más «firme» sostén del zarismo. Me refiero al *ejército*.

Comienza un período de *insurrecciones militares* en la Marina y en el Ejército. Cada ascenso en la oleada del movimiento huelguístico y campesino durante la revolución, va acompañado de insurrecciones de soldados en toda Rusia. La más conocida de ellas es la insurrección del acorazado *Potiomkin*, de la Flota del Mar Negro. Este buque, que cayó en manos de los sublevados, tomó parte en la revolución en Odesa, y después de la derrota de la revolución y tras algunas tentativas infructuosas de apoderarse de otros puertos (por ejemplo, de Feodosia, en Crimea), se entregó a las autoridades rumanas en Constanza.

A fin de proporcionarles un cuadro concreto de los acontecimientos en su punto culminante, me permitirán que les lea un pequeño episodio de esa insurrección de la Flota del Mar Negro:

Se celebraban reuniones de obreros y marinos revolucionarios, que eran cada vez más frecuentes. Como a los militares les estaba prohibido asistir a los mítines obreros, masas de obreros comenzaron a frecuentar los mítines militares. Se reunían miles de personas. La idea de actuar conjuntamente tuvo un vivo eco. En las compañías más conscientes se eligieron diputados.

El mando militar decidió entonces tomar medidas. Los intentos de algunos oficiales de pronunciar en los mítines discursos «patrióticos» daban los resultados más lamentables: los marinos, acostumbrados a la controversia, ponían en vergonzosa fuga a sus jefes. En vista de tales fracasos, se decidió prohibir toda clase de mítines. El 24 de noviembre de 1905 por la mañana, junto a las puertas de los cuarteles de la Marina montó guardia una compañía de línea con armamento y dotación de campaña. El contralmirante Pisarievski ordenó en voz alta: «¡Que nadie salga de los cuarteles! En caso de desobediencia, abrid fuego». De la compañía que acababa de recibir esta orden se destacó el marinero Petrov, cargó su fusil a los ojos de todos y mató de un disparo al subcapitán Stein, del regimiento de Bielostok, hiriendo del segundo disparo al contralmirante Pisarievski. Se oyó la voz de mando de un oficial: «¡Arrestadlo!». Nadie se movió del sitio. Petrov arrojó su fusil al suelo. «¿Qué hacéis ahí? ¡Detenedme!». Fue arrestado. Los marineros, que afluían de todas partes, exigieron en forma ruidosa que fuera puesto en libertad, manifestando que respondían por él. La efervescencia llegó a su apogeo.

—Petrov, ¿no es cierto que el disparo se ha producido casualmente? —preguntó un oficial, buscando salida a la situación.

— ¿Por qué casualmente? He salido de filas, he cargado el fusil y he apuntado, ¿qué tiene eso de casual?

—Los marineros exigen tu libertad...

Y Petrov fue puesto en libertad. Pero los marineros no se detuvieron ahí: arrestaron a todos los oficiales de guardia, los desarmaron y los condujeron a las oficinas... Los delegados de los marineros —unos cuarenta— deliberaron durante toda la noche, decidiendo poner en libertad a los oficiales y prohibirles en adelante la entrada en los cuarteles...

Esta pequeña escena muestra muy a lo vivo cómo transcurrieron en su mayoría las insurrecciones militares. La efervescencia revolucionaria reinante en el pueblo no podía dejar de extenderse al ejército. Es característico que los jefes del movimiento surgieran de *aquellos elementos* de la Marina de Guerra y del Ejército que antes habían sido principalmente obreros industriales y de las unidades para las cuales se exigía una mayor preparación técnica, como son los zapadores. Pero las amplias masas eran todavía demasiado ingenuas, tenían un espíritu demasiado pacífico, demasiado benévolo, demasiado cristiano. Se inflamaban con bastante facilidad; cualquier injusticia, el trato demasiado grosero de los oficiales, la mala comida y otras cosas por el estilo podían provocar su indignación. Pero faltaba firmeza, faltaba una conciencia clara de su misión: no alcanzaban a comprender suficientemente que la única garantía del triunfo de la revolución solo es la más enérgica continuación de la lucha armada, la victoria sobre todas las autoridades militares y civiles, el derrocamiento del gobierno y la conquista del poder en todo el país.

Las amplias masas de marinos y soldados se rebelaban con facilidad. Pero con esa misma facilidad incurrían en la ingenua estupidez de poner en libertad a los oficiales presos, se dejaban apaciguar por las promesas y exhortaciones de sus mandos; esto daba a los mandos un tiempo precioso, les permitía recibir refuerzos y derrotar a los insurrectos, entregándose después a la más cruel represión y ejecutando a los jefes.

Ofrece particular interés comparar las insurrecciones militares de 1905 en Rusia con la insurrección militar de los decembristas en 1825, cuando la dirección del movimiento político se encontraba casi exclusivamente en manos de oficiales, de oficiales nobles, que se habían contaminado de las ideas democráticas de Europa al rozarse con ellas durante las guerras napoleónicas. La tropa, formada entonces aún por campesinos siervos, permanecía pasiva.

La historia de 1905 nos ofrece un cuadro diametralmente opuesto. Los oficiales, salvo raras excepciones, estaban influenciados por un espíritu liberal burgués, reformista, o eran abiertamente contrarrevolucionarios. Los obreros y campesinos vestidos de uniforme fueron el alma de las insurrecciones;

el movimiento se hizo popular. Por primera vez en la historia de Rusia, abarcó a la mayoría de los explotados. Lo que a este movimiento le faltó fue, de una parte, firmeza y resolución en las masas, que adolecían de un exceso de confianza; de otra parte, faltó la organización de los obreros revolucionarios socialdemócratas que se hallaban bajo las armas: no supieron tomar la dirección en sus manos, ponerse a la cabeza del ejército revolucionario y pasar a la ofensiva contra el poder gubernamental.

A propósito sea dicho, esos dos defectos serán eliminados indefectiblemente —aunque tal vez más despacio de lo que nosotros deseáramos—, no solo por el desarrollo general del capitalismo, sino también por la guerra actual.

En todo caso, la historia de la revolución rusa, lo mismo que la historia de la Comuna de París de 1871, nos ofrecen la enseñanza irrefutable de que el militarismo jamás ni en caso alguno puede ser derrotado y eliminado por otro método que no sea la lucha victoriosa de una parte del ejército nacional contra la otra parte. No basta con fulminar, maldecir y «negar» el militarismo, criticarlo y demostrar sus perjuicios; es estúpido negarse pacíficamente a prestar el servicio militar. La tarea consiste en mantener en tensión la conciencia revolucionaria del proletariado, no solo en general, sino preparar concretamente a sus mejores elementos para que, llegado un momento de profundísima efervescencia del pueblo, se pongan al frente del ejército revolucionario.

Así nos lo enseña también la experiencia diaria de cualquier Estado capitalista. Cada una de sus «pequeñas» crisis nos muestra en miniatura elementos y gérmenes de los combates que habrán de repetirse ineluctablemente en gran escala en un período de gran crisis. ¿Y qué es, por ejemplo, cualquier huelga, sino una pequeña crisis de la sociedad capitalista? ¿No tenía acaso razón el ministro prusiano del Interior, señor von Puttkammer, al pronunciar aquella conocida sentencia de que «en cada huelga se oculta la hidra de la revolución»? ¿Es que la utilización de los soldados durante las huelgas, incluso en los países capitalistas más pacíficos, más «democráticos» —con perdón sea dicho—, no nos indica cómo van a ser las cosas cuando se produzcan crisis verdaderamente *grandes*?

Pero volvamos a la historia de la revolución rusa.

Informe sobre la Revolución de 1905 **107**

He tratado de mostrarles cómo las huelgas obreras sacudieron el país entero y a las capas explotadas más amplias y más atrasadas, cómo se inició el movimiento campesino y cómo fue acompañado de insurrecciones militares.

El movimiento alcanzó su apogeo en el otoño de 1905. El 19 (6) de agosto apareció el manifiesto del zar instituyendo una asamblea representativa. ¡La llamada Duma de Bulyguin debía ser fruto de una ley que concedía derecho electoral a un número irrisorio de personas y no reservaba a este original «parlamento» atribución legislativa alguna, reconociéndole únicamente funciones *consultivas*!

La burguesía, los liberales, los oportunistas estaban dispuestos a aferrarse con ambas manos a esta «dádiva» del asustado zar. Nuestros reformistas de 1905 eran incapaces de comprender —al igual que todos los reformistas— que hay situaciones históricas en las cuales las reformas, y en particular las promesas de reformas, persiguen *exclusivamente* un fin: contener la efervescencia del pueblo, obligar a la clase revolucionaria a suspender o por lo menos a debilitar la lucha.

La socialdemocracia revolucionaria de Rusia comprendió muy bien el verdadero carácter de esta concesión, de esta dádiva de una Constitución fantasma hecha en agosto de 1905. Por eso, sin perder un instante, lanzó las consignas de ¡Abajo la Duma consultiva! ¡Boicot a la Duma! ¡Abajo el gobierno zarista! ¡Continuación de la lucha revolucionaria para derrocar al gobierno! ¡No es el zar, sino un gobierno provisional revolucionario quien debe convocar la primera institución representativa auténticamente popular de Rusia!

La historia demostró la razón que asistía a los socialdemócratas revolucionarios, pues la *Duma de Bulyguin* nunca llegó a reunirse. Fue barrida por el vendaval revolucionario antes de reunirse. Ese vendaval obligó al zar a decretar una nueva ley electoral, que ampliaba considerablemente el censo, y a reconocer el carácter legislativo de la Duma.

Octubre y diciembre de 1905 son los meses que marcan el punto culminante en el ascenso de la revolución rusa. Todos los manantiales de la energía revolucionaria del pueblo se abrieron mucho más ampliamente que antes. El número de huelguistas, que como ya he dicho había alcanzado en enero de 1905 la cifra de 440 000, en octubre de 1905 pasó del medio millón (¡préstese atención, solo en un mes!). Pero a ese número, que comprende *únicamente* a los obreros fabriles, hay que agregar aún varios cientos de miles de obreros ferroviarios, empleados de Correos y Telégrafos, etcétera.

La huelga general de ferroviarios interrumpió el tráfico y paralizó del modo más rotundo la fuerza del gobierno. Se abrieron las puertas de las universidades, y las aulas —destinadas exclusivamente en tiempos pacíficos a embrutecer a los jóvenes cerebros con la sabiduría académica de doctos catedráticos y a convertirlos en mansos criados de la burguesía y del zarismo— se transformaron en lugar de reunión de millares y millares de obreros, artesanos y empleados, que discutían abierta y libremente los problemas políticos.

Se conquistó la libertad de prensa. La censura fue simplemente eliminada. Ningún editor se atrevía a presentar a las autoridades el ejemplar obligatorio, ni las autoridades se atrevían a adoptar medida alguna contra ello. Por primera vez en la historia de Rusia aparecieron libremente en Petersburgo y en otras ciudades periódicos revolucionarios. Solo en Petersburgo se publicaban tres diarios socialdemócratas con una tirada de 50 000 a 100 000 ejemplares.

El proletariado marchaba a la cabeza del movimiento. Su objetivo era conquistar la jornada de 8 horas por vía revolucionaria. El grito de guerra del proletariado de Petersburgo era: «¡Jornada de 8 horas y armas!». Para una masa cada vez mayor de obreros se hizo evidente que la suerte de la revolución solo podía decidirse, y que en efecto se decidiría, por la lucha armada.

En el fragor de la lucha se formó una organización de masas original: los célebres *Soviets de diputados obreros* o asambleas de delegados de todas las fábricas. Estos *Soviets de diputados obreros* comenzaron a desempeñar, cada vez más, en algunas ciudades de Rusia el papel de gobierno provisional revolucionario, el papel de órganos y de dirigentes de las insurrecciones. Se hicieron tentativas de organizar Soviets de diputados soldados y marineros y de unificarlos con los Soviets de diputados obreros.

Ciertas ciudades de Rusia vivieron en aquellos días un período de pequeñas «repúblicas» locales, donde las autoridades habían sido destituidas y el Soviet de diputados obreros desempeñó realmente la función de nuevo poder. Esos períodos fueron, por desgracia, demasiado breves, las «victorias» fueron demasiado débiles, demasiado aisladas.

El movimiento campesino alcanzó en otoño de 1905 proporciones aún mayores. Los llamados «desórdenes campesinos», que eran verdaderas insurrecciones campesinas, afectaron entonces a *más de un tercio* de todos los distritos del país. Los campesinos prendieron fuego a unas 2 000 casas de terratenientes y se repartieron los medios de subsistencia robados al pueblo por los rapaces nobles.

¡Por desgracia, esta labor se hizo demasiado poco a fondo! Desgraciadamente, los campesinos solo destruyeron entonces la quinzava parte del número total de casas de los nobles en el campo, solo la quinzava parte de lo que hubieran *debido* destruir para barrer del suelo ruso, de una vez para siempre, esa vergüenza del latifundio feudal. Por desgracia, los campesinos actuaron demasiado dispersos, demasiado desorganizadamente y con insuficiente brío en la ofensiva siendo esta una de las causas fundamentales de la derrota de la revolución.

Entre los pueblos oprimidos de Rusia estalló un movimiento de liberación nacional. *Más de la mitad, casi las tres quintas partes* (exactamente el 57%) de la población de Rusia sufre opresión nacional. Las minorías nacionales no gozan siquiera de libertad para expresarse en su lengua materna y son rusificadas a la fuerza. Los musulmanes, por ejemplo, que en Rusia son decenas de millones, organizaron entonces, con una rapidez asombrosa — se vivía en general una época de crecimiento gigantesco de las diferentes organizaciones —, una liga musulmana.

Para dar a los aquí reunidos, y en particular a los jóvenes, una muestra de la manera cómo, bajo la influencia del movimiento obrero, crecía el movimiento de liberación nacional en la Rusia de aquel entonces, citaré un pequeño ejemplo.

En diciembre de 1905, los muchachos polacos quemaron en centenares de escuelas todos los libros y cuadros rusos y los retratos del zar, apalearon y expulsaron de las escuelas a los maestros y a sus condiscípulos rusos al grito de «¡Fuera de aquí, a Rusia!». Los alumnos de los centros de segunda enseñanza presentaron, entre otras, las siguientes reivindicaciones: «1) Todas las escuelas de enseñanza secundaria deben pasar a depender del Soviet de diputados obreros; 2) celebración de reuniones conjuntas de estudiantes y obreros en los edificios escolares; 3) autorización para llevar en los liceos blusas rojas en señal de adhesión a la futura república proletaria», etcétera.

Cuanto más ascendía la oleada del movimiento, tanto mayor era la energía y el ánimo con que se armaban las fuerzas reaccionarias para luchar contra la revolución. La revolución rusa de 1905 justificó las palabras escritas por

Kautsky en 1902 (cuando, por cierto, todavía era marxista revolucionario, y no como ahora, defensor de los social patriotas y oportunistas) en su libro *La revolución social*. He aquí lo que decía Kautsky: «La futura revolución... se parecerá menos a una insurrección por sorpresa contra el gobierno que a una *guerra civil* prolongada».

¡Así sucedió! ¡Indudablemente así sucederá también en la futura revolución europea!

El zarismo descargó su odio sobre todo contra los judíos.

De una parte, estos daban un porcentaje especialmente elevado de dirigentes del movimiento revolucionario (considerando el total de la población judía). Hoy, por cierto, los judíos tienen también el mérito de dar un porcentaje relativamente elevado, en comparación con otros pueblos, de partidarios de la corriente internacionalista. De otro lado, el zarismo supo aprovechar muy bien contra los judíos los abominables prejuicios de las capas más ignorantes de la población para organizar *pogromos*, en los casos en que no se encargó él mismo de dirigir —en 100 ciudades se registraron durante ese período más de 4 000 muertos y más de 10 000 mutilados— esas matanzas monstruosas de pacíficos judíos, de sus mujeres e hijos, que han provocado la repulsa de todo el mundo civilizado. Me refiero, naturalmente, a la repulsa de los verdaderos elementos democráticos del mundo civilizado, que son *exclusivamente* los obreros socialistas, los proletarios.

La burguesía, incluso la burguesía de los países más libres, incluso de las repúblicas de Europa Occidental, sabe combinar magníficamente sus frases hipócritas acerca de las «ferocidades rusas» con los negocios más desvergonzados, especialmente con el apoyo financiero al zarismo y con la explotación imperialista de Rusia mediante la exportación de capitales, etcétera.

La revolución de 1905 alcanzó su punto culminante con la insurrección de diciembre en Moscú. Un pequeño número de insurrectos, obreros organizados y armados —no serían más de *ocho mil*—, ofrecieron resistencia durante nueve días al gobierno zarista, que no solo llegó a perder la confianza en la guarnición de Moscú, sino que se vio obligado a mantenerla rigurosamente acuartelada; solo la llegada del regimiento de Semiónov de Petersburgo permitió al gobierno aplastar la insurrección.

La burguesía es aficionada a escarnecer y motejar de artificiosa la insurrección de Moscú. Por ejemplo, el señor profesor Max Weber, en una sedicente publicación «científica» alemana como es su voluminosa obra sobre el desarrollo político de Rusia, la tildó de «putch». «El grupo leninista —escribe este «archierudito» señor profesor— y una parte de los eseristas hacía ya tiempo que venían preparando esta *descabellada* insurrección».

Para apreciar en lo que vale esta sabiduría académica de la cobarde burguesía, basta con refrescar en la memoria las concisas cifras de la estadística de huelgas. Las huelgas puramente políticas de enero de 1905 en Rusia abarcaron solo a 123 000 hombres; en octubre fueron 330 000; el número de participantes en huelgas puramente políticas *llegó al máximo en diciembre*, alcanzando la cifra de 370 000 ¡en el curso de un solo mes! Recordemos el incremento de la revolución, las insurrecciones de campesinos y soldados, y al instante nos convenceremos de que el juicio de la «ciencia» burguesa sobre la insurrección de diciembre, además de ser un absurdo, constituye un subterfugio verbalista de los representantes de la cobarde burguesía, que ve en el proletariado a su más peligroso enemigo de clase.

En realidad, todo el desarrollo de la revolución rusa impulsaba de modo inevitable a la lucha armada, al combate decisivo entre el gobierno zarista y la vanguardia del proletariado con conciencia de clase.

En las consideraciones antes expuestas, he indicado ya en qué consistió la debilidad de la revolución rusa, lo que condujo a su derrota temporal.

Al ser aplastada la insurrección de diciembre se inicia la línea descendente de la revolución. En este período hay también aspectos extraordinariamente interesantes; basta recordar el doble intento de los elementos más combativos de la clase obrera para poner fin al repliegue de la revolución y preparar una nueva ofensiva.

Pero he agotado casi el tiempo de que dispongo, y no quiero abusar de la paciencia de mis oyentes. Creo haber esbozado ya —en la medida en que es posible hacerlo tratándose de un breve informe y de un tema tan amplio— lo más importante para comprender la revolución rusa: su carácter de clase, sus fuerzas motrices y sus medios de lucha.

Me limitaré a unas breves observaciones más en cuanto a la significación internacional de la revolución rusa.

Desde el punto de vista geográfico, económico e histórico, Rusia no pertenece solo a Europa, sino también al Asia. Por eso vemos que la revolución rusa no se ha limitado a despertar definitivamente de su sueño al país más grande y más atrasado de Europa y a forjar un pueblo revolucionario dirigido por un proletariado revolucionario.

Ha conseguido más. La revolución rusa ha puesto en movimiento a toda Asia. Las revoluciones de Turquía, Persia y China demuestran que la potente insurrección de 1905 ha dejado huellas profundas y que su influencia, puesta de manifiesto en el movimiento progresivo de *cientos y cientos* de millones de personas, es inextirpable.

La revolución rusa ha ejercido también una influencia indirecta en los países de Occidente. No debemos olvidar que la noticia del manifiesto constitucional del zar, llegada a Viena el 30 de octubre de 1905, contribuyó decisivamente nada más saberse a la victoria definitiva del sufragio universal en Austria.

Durante una de las sesiones del congreso de la socialdemocracia austriaca, cuando el camarada Ellenbogen —que entonces no era todavía socialpatriota, entonces era una camarada— hacía su informe sobre la huelga política, fue colocado en su mesa ese telegrama. Los debates se suspendieron inmediatamente. ¡Nuestro puesto está en la calle!, fue el grito que resonó en toda la sala en que se hallaban reunidos los delegados de la socialdemocracia austriaca. En los días inmediatos se vieron enormes manifestaciones en las calles de Viena y barricadas en las de Praga. El triunfo del sufragio universal en Austria estaba asegurado.

Muy a menudo se encuentran europeos occidentales que hablan de la revolución rusa como si los acontecimientos, relaciones y medios de lucha en este país atrasado tuvieran muy poco de común con las relaciones de sus propios países, por lo que difícilmente pueden tener la menor importancia práctica.

Nada más erróneo que semejante opinión.

Es indudable que las formas y los motivos de los futuros combates de la futura revolución europea se distinguirán en muchos aspectos de las formas de la revolución rusa.

Más, a pesar de ello, la revolución rusa, gracias precisamente a su carácter proletario, en la acepción especial de esta palabra a que ya me he referido, sigue siendo el *prólogo* de la futura revolución europea. Es indudable que esta solo puede ser una revolución proletaria, y en un sentido todavía más profundo de la palabra: proletaria y socialista también por su contenido. Esa revolución futura mostrará en mayor medida aún, por una parte, que solo los más duros combates, las guerras civiles, pueden emancipar al género humano del yugo del capital; y por otra, que solo los proletarios con conciencia de clase pueden actuar y actuarán como jefes de la inmensa mayoría de los explotados.

No nos debe engañar el silencio sepulcral que ahora reina en Europa. Europa lleva en sus entrañas la revolución. Los horrores espantosos de la guerra imperialista y los tormentos de la carestía hacen germinar en todas partes el espíritu revolucionario, y las clases dominantes, la burguesía, y sus mandatarios, los gobiernos, se adentran en un callejón sin salida del cual no podrán escapar en modo alguno sino a costa de las más grandes conmociones.

Lo mismo que en la Rusia de 1905 comenzó bajo la dirección del proletariado la insurrección popular contra el gobierno zarista y por la conquista de la república democrática, así los años próximos traerán en Europa, como consecuencia de esta guerra de pillaje, insurrecciones populares dirigidas por el proletariado contra el poder del capital financiero, contra los grandes bancos, contra los capitalistas. Y esas conmociones no podrán terminar más que con la expropiación de la burguesía, con el triunfo del socialismo.

Nosotros, los viejos quizá no lleguemos a ver las batallas decisivas de esa revolución futura. No obstante, yo creo que puedo expresar con seguridad plena la esperanza de que los jóvenes, que tan magníficamente actúan en el movimiento socialista de Suiza y de todo el mundo, no solo tendrán la dicha de luchar, sino también la de triunfar en la futura revolución proletaria.

Fuente: V.I. Lenin: «Informe sobre la revolución de 1905», en *Obras escogidas* en tres tomos, t. I, Ediciones en Lenguas Extranjeras, Moscú, 1960, pp. 846–862.

Las tareas del proletariado en la presente revolución*[1]

Habiendo llegado a Petrogrado únicamente el 3 de abril por la noche, es natural que solo en nombre propio y con las consiguientes reservas, debidas a mi insuficiente preparación, pude pronunciar en la asamblea del 4 de abril un informe acerca de las tareas del proletariado revolucionario.

Lo único que podía hacer para facilitarme la labor —facilitársela también a los contradictores *de buena fe* — era preparar unas tesis *por escrito*. Las leí y entregué el texto al camarada Tsereteli. Las leí muy despacio y *por dos veces:* primero en la reunión de los bolcheviques y después en la de bolcheviques y mencheviques.

Publico estas tesis personales mías acompañadas únicamente de brevísimas notas explicativas, que en mi informe fueron desarrolladas con mucha mayor amplitud.

Tesis

1. En nuestra actitud ante la guerra, que por parte de Rusia sigue siendo indiscutiblemente una guerra imperialista, de rapiña, también bajo el nuevo gobierno de Lvov y Cía., en virtud del carácter capitalista de este gobierno, es intolerable la más pequeña concesión al «defensismo revolucionario».

El proletariado consciente solo puede dar su asentimiento a una guerra revolucionaria, que justifique verdaderamente el defensismo revolucionario, bajo las siguientes condiciones: a) paso del Poder a manos del proletariado y

---

*   Publicado el 7 de abril de 1917, en el núm. 26 de *Pravda*. Firmado: N. Lenin. Para ampliar la información vea la Nota 1.

de los sectores pobres del campesinado a él adheridos; b) renuncia de hecho, y no de palabra, a todas las anexiones; c) completo rompimiento de hecho con todos los intereses del capital.

Dada la indudable buena fe de grandes sectores de defensistas revolucionarios de filas, que admiten la guerra solo como una necesidad y no para fines de conquista, y dado su engaño por la burguesía, es preciso aclararles su error de un modo singularmente minucioso, paciente y perseverante, explicarles la ligazón indisoluble del capital con la guerra imperialista y demostrarles que sin derrocar el capital *es imposible* poner fin a la guerra con una paz verdaderamente democrática y no impuesta por la violencia.

Organizar la propaganda más amplia de este punto de vista en el ejército de operaciones.

Confraternización en el frente.

2. La peculiaridad del momento actual en Rusia consiste en el *paso* de la primera etapa de la revolución, que ha dado el Poder a la burguesía por carecer el proletariado del grado necesario de conciencia y de organización, *a su segunda* etapa, que debe poner el Poder en manos del proletariado y de las capas pobres del campesinado.

Este tránsito se caracteriza, de una parte, por el máximo de legalidad (Rusia es *hoy* el más libre de todos los países beligerantes); de otra parte, por la ausencia de violencia contra las masas y, finalmente, por la confianza inconsciente de estas en el gobierno de los capitalistas, de los peores enemigos de la paz y del socialismo.

Esta peculiaridad exige de nosotros habilidad para adaptarnos a las condiciones *especiales* de la labor del Partido entre masas inusitadamente amplias del proletariado, que acaban de despertar a la vida política.

3. Ningún apoyo al Gobierno Provisional; explicar la completa falsedad de todas sus promesas, sobre todo de la renuncia a las anexiones. Desenmascarar a *este* gobierno, que es un gobierno de capitalistas, en vez de propugnar la inadmisible e ilusoria «exigencia» de que *deje de ser* imperialista.

4. Reconocer que, en la mayor parte de los Soviets de diputados obreros, nuestro Partido está en minoría y, por el momento, en una minoría reducida, frente *al bloque de todos* los elementos pequeñoburgueses y oportunistas —sometidos a la influencia de la burguesía y que llevan dicha influencia al seno del proletariado—, desde los socialistas populares[2] y los socialis-

tas revolucionarios[3] hasta el Comité de Organización (Chjeídze, Tsereteli, Steklov, etcétera).

Explicar a las masas que los Soviets de diputados obreros son *la única* forma *posible* de gobierno revolucionario y que, por ello, mientras *este* gobierno se someta a la influencia de la burguesía, nuestra misión solo puede consistir en *explicar* los errores de su táctica de un modo paciente, sistemático, tenaz y adaptado, especialmente a las necesidades prácticas de las masas.

Mientras estemos en minoría, desarrollaremos una labor de crítica y esclarecimiento de los errores, propugnando al mismo tiempo la necesidad de que todo el Poder del Estado pase a los Soviets de diputados obreros, a fin de que, sobre la base de la experiencia, las masas corrijan sus errores.

5. No una república parlamentaria —volver a ella desde los Soviets de diputados obreros sería dar un paso atrás—, sino una República de los Soviets de diputados obreros, braceros y campesinos en todo el país, de abajo arriba.

Supresión de la policía, del ejército y de la burocracia.[4]

La remuneración de los funcionarios, todos ellos elegibles y amovibles en cualquier momento, no deberá exceder del salario medio de un obrero calificado.

6. En el programa agrario, trasladar el centro de gravedad a los Soviets de diputados braceros.

Confiscación de todas las tierras de los terratenientes.

Nacionalización de *todas* las tierras del país, de las que dispondrán los Soviets locales de diputados braceros y campesinos. Creación de Soviets especiales de diputados, campesinos pobres. Hacer de cada gran finca (con una extensión de unas 100 a 300 desiatinas, según las condiciones locales y de otro género y a juicio de las instituciones locales) una hacienda modelo bajo el control del Soviet de diputados braceros y a cuenta de la administración local.

7. Fusión inmediata de todos los bancos del país en un banco nacional único, sometido al control de los Soviets de diputados obreros.

8. No «implantación» del socialismo como nuestra tarea *inmediata,* sino pasar únicamente a la instauración inmediata del *control* de la producción social y de la distribución de los productos por los Soviets de diputados obreros.

9. Tareas del Partido:

a) celebración inmediata de un Congreso del Partido;

b) modificación del programa del Partido, principalmente:

    1) sobre el imperialismo y la guerra imperialista,

    2) sobre la posición ante el Estado y *nuestra* reivindicación de un «Estado—comuna»,[5]

    3) reforma del programa mínimo, ya anticuado;

c) cambio de denominación del Partido[6]

10. Renovación de la Internacional.

Iniciativa de constituir una Internacional revolucionaria, una Internacional contra los *socialchovinistas* y contra el «centro».[7]

Para que el lector comprenda por qué hube de resaltar de manera especial, como rara excepción, el «caso» de contradictores de buena fe, le invito a comparar estas tesis con la siguiente objeción del señor Goldenberg: Lenin —dice— «ha enarbolado la bandera de la guerra civil en el seno de la democracia revolucionaria». (Citado en el periódico *Edinstvo*,[8] del señor Plejánov, núm. 5).

Una perla, ¿verdad?

Escribo, leo y machaco: «Dada la indudable buena fe de *grandes* sectores de defensistas revolucionarios *de filas...*, dado su engaño por la burguesía, es preciso aclararles su error de un modo *singularmente* minucioso, *paciente* y perseverante».

Y esos señores de la burguesía, que se llaman socialdemócratas, que no pertenecen ni a los *grandes* sectores ni a los defensistas revolucionarios *de filas,* tienen la osadía de reproducir mis opiniones e interpretarlas así: «Ha enarbolado (…) la bandera (…) de la guerra civil» (¡ni en las tesis ni en el informe se habla de ella para nada!) «en el seno (…) de la democracia revolucionaria».

¿Qué significa eso? ¿En qué se distingue de una incitación al pogrom?, ¿en qué se diferencia de *Rússkaya Volia*?[9]

Escribo, leo y machaco: «Los Soviets de diputados obreros son la *única* forma *posible* de gobierno revolucionario y, por ello, nuestra misión solo puede consistir en *explicar* los errores de su táctica de un modo paciente, sistemático, tenaz y adaptado especialmente a las necesidades prácticas de las masas».

118 Vladimir Ilich Lenin: Textos escogidos

Pero cierta clase de contradictores exponen mis puntos de vista ¡como un llamamiento a la «guerra civil en el seno de la democracia revolucionaria»!

He atacado al Gobierno Provisional por *no* señalar un plazo, ni próximo ni remoto, para la convocatoria de la Asamblea Constituyente y limitarse a simples promesas. Y he demostrado que *sin* los Soviets de diputados obreros y soldados no está garantizada la convocatoria de la Asamblea Constituyente ni es posible su éxito.

¡¡¡Y se me imputa que soy contrario a la convocatoria inmediata de la Asamblea Constituyente!!!

Calificaría todo eso de expresiones «delirantes» si decenas de años de lucha política no me hubiesen enseñado a considerar una rara excepción la buena fe de los contradictores.

En su periódico, el señor Plejánov ha calificado mi discurso de «delirante». ¡Muy bien, señor Plejánov! ¡Pero fíjese cuán torpón, inhábil y poco perspicaz es usted en su polémica! Si me pasé dos horas delirando, ¿por qué aguantaron cientos de oyentes ese «delirio»? ¿Y para qué dedica su periódico toda una columna a reseñar un «delirio»? Mal liga eso, señor Plejánov, muy mal.

Es mucho más fácil, naturalmente, gritar, insultar y vociferar que intentar exponer, explicar y recordar *cómo* enjuiciaban Marx y Engels en 1871, 1872 y 1875 las experiencias de la Comuna de París[10] y qué decían acerca del *tipo* de Estado que necesita el proletariado.

Por lo visto, el exmarxista señor Plejánov no desea recordar el marxismo.

He citado las palabras de Rosa Luxemburgo, que el 4 de agosto de 1914[11] denominó a la socialdemocracia *alemana* «cadáver maloliente». Y los señores Plejánov, Goldenberg y Cía. se sienten «ofendidos»… ¿en nombre de quién? ¡En nombre de los chovinistas *alemanes,* calificados de chovinistas!

Los pobres socialchovinistas rusos, socialistas de palabra y chovinistas de hecho, se han armado un lío.

Fuente: V.I. Lenin: «Las tareas del proletariado en la presente revolución», en *Obras escogidas* en tres tomos, t. II, Editorial Progreso, Moscú, 1970, pp. 33–39.

La dualidad de poderes*

El problema del Poder del Estado es el fundamental en toda revolución. Sin comprenderlo claramente no puede ni pensarse en participar de modo consciente en la revolución y mucho menos en dirigirla.

Una particularidad notable en grado sumo de nuestra revolución consiste en que ha engendrado *una dualidad de poderes*. Es necesario, ante todo, explicarse este hecho, pues sin ello será imposible seguir adelante. Es menester saber completar y corregir las viejas «fórmulas», por ejemplo, las del bolchevismo, acertadas en general, como se ha demostrado, pero cuya realización concreta *ha resultado ser* diferente. *Nadie* pensaba ni podía pensar antes en la dualidad de poderes.

¿En qué consiste la dualidad de poderes? En que junto al Gobierno Provisional, junto al gobierno *de la burguesía,* se ha formado *otro gobierno,* débil aún, embrionario, pero existente sin duda alguna y en vías de desarrollo: los Soviets de diputados obreros y soldados.

¿Cuál es la composición de clase de este otro gobierno? El proletariado y los campesinos (con uniforme de soldado). ¿Cuál es el carácter político de este gobierno? Es una dictadura revolucionaria, es decir, un Poder que se apoya directamente en la conquista revolucionaria, en la iniciativa directa de las masas populares desde abajo, *y no en la ley* promulgada por el Poder centralizado del Estado. Es un Poder completamente diferente del de la república parlamentaria democrático–burguesa del tipo general que impera hasta ahora en los países avanzados de Europa y América. Esta circunstancia se olvida con frecuencia, no se medita sobre ella, a pesar de que en ella reside toda la

---

*   *Pravda,* núm. 28 de 9 de abril de 1917. Firmado: N. Lenin.

esencia del problema. *Este* Poder es un Poder *del mismo tipo* que la Comuna de París de 1871. Los rasgos fundamentales de este tipo de Poder son: 1) La fuente del Poder no está en una ley, previamente discutida y aprobada por el Parlamento, sino en la iniciativa directa de las masas populares desde abajo y en cada lugar, en la «toma» directa del Poder, para emplear un término en boga. 2) Sustitución de la policía y del ejército, como instituciones apartadas del pueblo y contrapuestas a él, por el armamento directo de todo el pueblo; con este Poder guardan el orden público los *mismos* obreros y campesinos armados, el *mismo* pueblo en armas. 3) Los funcionarios y la burocracia son sustituidos también por el Poder directo del pueblo o, al menos, sometidos a un control especial, se transforman en simples mandatarios, no solo elegibles, sino *amovibles* en todo momento, en cuanto el pueblo lo exija; se transforman de casta privilegiada, con una elevada retribución, con una retribución burguesa de sus «puestecitos», en obreros de un «arma» especial, cuya remuneración *no exceda* al salario corriente de un obrero calificado.

En esto, y *solo* en esto, radica la *esencia* de la Comuna de París como tipo especial de Estado. Y esta esencia es la que han olvidado y desfigurado los señores Plejánov (los chovinistas manifiestos, que han traicionado al marxismo), Kautsky (los «centristas», es decir, los que vacilan entre el chovinismo y el marxismo) y, en general, todos los socialdemócratas, socialrevolucionarios, etcétera, que dominan hoy día.

Salen del paso con frases, se refugian en el silencio, escurren el bulto, se felicitan mutuamente una y mil veces por la revolución y no quieren *reflexionar en lo que son* los Soviets de diputados obreros y soldados. No quieren ver la verdad manifiesta de que en la medida en que esos Soviets existen, *en la medida* en que son un poder, existe en Rusia un Estado *del tipo* de la Comuna de París.

Subrayo «en la medida», pues solo se trata de un Poder en estado embrionario. De un Poder que, pactando directamente con el Gobierno Provisional burgués y haciendo una serie de concesiones de hecho, *ha cedido y cede sus* posiciones a la burguesía.

¿Por qué? ¿Quizá porque Chjeídze, Tsereteli, Steklov y Cía. cometan un «error»? ¡Tonterías! Así puede pensar un filisteo, pero no un marxista. La causa está en el *insuficiente grado de la conciencia* y en la insuficiente organización de los proletarios y de los campesinos. El «error» de los jefes mencionados reside en su posición pequeñoburguesa, en que *embotan* la conciencia de los obreros en vez de abrirles los ojos, en que les *inculcan* ilusiones pequeñoburguesas en vez de destruírselas, en que *refuerzan* la influencia de la burguesía sobre las masas en vez de emancipar a estas de esa influencia.

Lo dicho debiera bastar para comprender por qué también nuestros camaradas cometen tantos errores al formular «simplemente» esta pregunta: ¿se debe derribar inmediatamente al Gobierno Provisional?

Respondo: 1) se le debe derribar, pues es un gobierno oligárquico, un gobierno burgués, y no del pueblo; un gobierno que no *puede* dar ni paz, ni pan, ni plena libertad; 2) no se le puede derribar inmediatamente, pues se sostiene gracias a un *pacto* directo e indirecto, formal y efectivo, con los Soviets de diputados obreros y, sobre todo, con el principal de ellos, el Soviet de Petrogrado; 3) en general, no se le puede «derribar» por la vía habitual, pues se asienta en el «*apoyo*» que presta a la burguesía el *segundo* gobierno, el Soviet de diputados obreros, y este es el único gobierno revolucionario posible, que expresa directamente la conciencia y la voluntad de la mayoría de los obreros y campesinos. La humanidad no ha creado hasta hoy, ni nosotros conocemos, un tipo de gobierno superior ni mejor que los Soviets de diputados obreros, braceros, campesinos y soldados.

Para convertirse en Poder, los obreros conscientes tienen que ganarse a la mayoría: *mientras* no exista violencia contra las masas, no habrá otro camino para llegar al Poder. No somos blanquistas,[1] no somos partidarios de la toma del Poder por una minoría. Somos marxistas, partidarios de la lucha proletaria de clase contra la embriaguez pequeñoburguesa, contra el defensismo chovinista, contra las frases hueras, contra la dependencia respecto de la burguesía.

Creemos un partido comunista proletario; los mejores militantes del bolchevismo han creado ya los elementos de ese partido; unámonos estrechamente en la labor proletaria de clase y veremos cómo vienen a nosotros, en masas cada vez mayores, los proletarios y los campesinos *pobres*. Porque la *vida* se encargará de destruir cada día las ilusiones pequeño burguesas de los «socialdemócratas», de los Chjeídze, de los Tsereteli, de los Steklov, etcétera, de los «socialrevolucionarios», de los pequeños burgueses todavía más «puros», etcétera, etcétera.

La burguesía defiende el Poder único de la burguesía.

Los obreros conscientes defienden el Poder único de los Soviets de diputados obreros, braceros, campesinos y soldados, el Poder único que es necesario preparar *esclareciendo* la conciencia proletaria, *emancipando* al proletariado de la influencia de la burguesía, y no por medio de aventuras.

La pequeña burguesía —los «socialdemócratas», los socialrevolucionarios, etcétera— vacila, *entorpeciendo* este esclarecimiento, esta emancipación.

Tal es la verdadera correlación de las fuerzas *de clase,* que determina nuestras tareas.

Fuente: V.I. Lenin: «La dualidad de poderes», en *Obras escogidas* en tres tomos, t. II, Editorial Progreso, Moscú, 1970, pp. 40-42.

VII Conferencia (de abril) de toda Rusia del POSDR(b)
24–29 de abril (7–12 de mayo) de 1917

[...]

Resolución sobre la guerra*

I

La guerra actual es, por parte de ambos grupos de potencias beligerantes, una guerra imperialista, es decir, la hacen los capitalistas por el reparto de los beneficios que proporciona la dominación mundial, por los mercados del capital financiero (bancario), por el sometimiento de las nacionalidades débiles, etcétera. Cada día de guerra enriquece a la burguesía financiera e industrial y arruina y agota las fuerzas del proletariado y del campesinado de todos los países beligerantes y, también, de los países neutrales. Por lo que se refiere a Rusia, la prolongación de la guerra pone, además, en grandísimo peligro las conquistas de la revolución y su desarrollo ulterior.

En Rusia el paso del Poder del Estado al Gobierno Provisional, gobierno de terratenientes y capitalistas, no ha cambiado ni podía cambiar ese carácter y significado de la guerra por parte de Rusia.

Este hecho se manifiesta con evidencia particular en que el nuevo gobierno, lejos de publicar los tratados secretos concluidos por el zar Nicolás II con los gobiernos capitalistas de Inglaterra, Francia, etcétera, ha ratificado formalmente, sin consultar al pueblo, esos tratados secretos, que prometen a

---

* *Pravda,* núm. 44, 12 de mayo (29 de abril) de 1917.

124 Vladimir Ilich Lenin: Textos escogidos

los capitalistas rusos el saqueo de China, de Persia, de Turquía, de Austria, etcétera. Con la ocultación de esos tratados se engaña al pueblo ruso acerca del verdadero carácter de la guerra.

Por eso, el Partido proletario no puede apoyar ni la guerra en curso, ni al gobierno actual, ni sus empréstitos sin romper por completo con el internacionalismo, es decir, con la solidaridad fraternal de los obreros de todos los países en la lucha contra el yugo del capital.

No merecen ningún crédito las promesas del gobierno actual de renunciar a las anexiones, es decir, a la conquista de países ajenos, o a la retención por la fuerza en los límites de Rusia de cualquier nacionalidad. Porque, en primer lugar, los capitalistas, unidos por miles de hilos del capital bancario, no pueden renunciar a las anexiones en esta guerra sin renunciar a las ganancias que proporcionan los miles de millones invertidos en empréstitos, en concesiones, en fábricas de guerra, etcétera. En segundo lugar, el nuevo gobierno, que renunció a las anexiones para embaucar al pueblo, declaró por boca de Miliukov el 9 de abril de 1917 en Moscú que no renuncia a las anexiones, y la nota del 18 de abril, así como la explicación a la misma del 22 de dicho mes, vino a confirmar el carácter rapaz de su política. Al poner en guardia al pueblo contra las vanas promesas de los capitalistas, la Conferencia declara, por ello, que es necesario establecer una rigurosa diferencia entre la renuncia a las anexiones de palabra y la renuncia de hecho, es decir, la publicación inmediata y la anulación de todos los bandidescos tratados secretos y la concesión inmediata a todas las nacionalidades del derecho a decidir por votación libre la cuestión de si desean ser Estados independientes o formar parte de un Estado cualquiera.

II

El llamado «defensismo revolucionario», que hoy se ha apoderado en Rusia de todos los partidos populistas (socialistas populares, trudoviques, socialistas revolucionarios), del partido oportunista de los socialdemócratas mencheviques (Comité de Organización, Chjeídze, Tsereteli y otros) y de la mayoría de los revolucionarios sin partido, representa, ateniéndonos a su significación de clase, por un lado, los intereses y el punto de vista de los campesinos acomodados y de un sector de los pequeños propietarios, quienes, al igual que los capitalistas, sacan provecho de la violencia contra los pueblos débiles;

por otro lado, el «defensismo revolucionario» es el resultado del engaño por los capitalistas de una parte de los proletarios y semiproletarios de la ciudad y del campo, quienes, por su posición de clase, no están interesados en las ganancias de los capitalistas ni en la guerra imperialista.

La Conferencia declara absolutamente inadmisible cualquier concesión al «defensismo revolucionario», ya que equivaldría de hecho a la ruptura completa con el internacionalismo y el socialismo. En cuanto al estado de ánimo defensista de las grandes masas populares, nuestro Partido luchará incansablemente contra él mediante el esclarecimiento, explicando la verdad de que la confianza inconsciente en el gobierno de los capitalistas es, en este momento, uno de los principales obstáculos para la rápida terminación de la guerra.

III

En lo que concierne a la cuestión principal, es decir, la de cómo terminar lo más pronto posible esta guerra de los capitalistas, mediante una paz verdaderamente democrática, y no impuesta, la Conferencia declara y resuelve:

La negativa de los soldados de una sola de las partes a continuar la guerra, o el simple cese de las hostilidades por una de las partes beligerantes, no puede poner fin a esta contienda.

La Conferencia protesta una vez más con motivo de la baja calumnia, difundida por los capitalistas contra nuestro Partido, de que simpatizamos con una paz por separado con Alemania. Consideramos a los capitalistas alemanes tan bandidos como a los capitalistas rusos, ingleses, franceses y otros, y al emperador Guillermo tan bandido coronado como Nicolás II, los monarcas inglés, italiano, rumano y todos los demás.

Nuestro Partido va a explicar al pueblo con paciencia, pero también con insistencia, la verdad de que las guerras son sostenidas por los *gobiernos*, que las guerras están siempre inseparablemente ligadas a la política de *clases* determinadas, que *solo* puede lograrse una paz democrática en esta guerra si todo el Poder del Estado pasa, por lo menos en algunos países beligerantes, a manos de la clase de los proletarios y semiproletarios, que es la única verdaderamente capaz de poner fin al yugo del capital.

La clase revolucionaria, después de tomar en sus manos el Poder del Estado en Rusia, adoptaría una serie de medidas orientadas a destruir el poderío económico de los capitalistas, a inutilizarlos políticamente y propondría inmediata y públicamente a todos los pueblos una paz democrática, sobre la base de la renuncia total a las anexiones y contribuciones, cualesquiera que fueran. Estas medidas y esta franca proposición de paz crearían una confianza plena entre los obreros de los países beligerantes y provocarían inevitablemente las insurrecciones del proletariado contra los gobiernos imperialistas que se opusieran a la paz propuesta.

Pero mientras la clase revolucionaria en Rusia no haya tomado todo el Poder del Estado, nuestro Partido seguirá apoyando por todos los medios a los partidos y grupos proletarios del extranjero que ya durante la guerra sostienen de hecho la lucha revolucionaria contra sus propios gobiernos imperialistas y contra su propia burguesía. El Partido apoyará, en particular, la confraternización en masa —que ya ha empezado— entre los soldados de todos los países beligerantes en el frente, tratando de transformar esta manifestación espontánea de solidaridad de los oprimidos en un movimiento consciente y lo mejor organizado posible para que todo el Poder del Estado pase en todos los países beligerantes a manos del proletariado revolucionario.

Resolución sobre la actitud ante el gobierno provisional*

La Conferencia de toda Rusia del POSDR declara:

1) El Gobierno Provisional es, por su carácter, un órgano de dominación de los terratenientes y de la burguesía;

2) este gobierno y las clases por él representadas se hallan ligados de modo indisoluble, económica y políticamente, al imperialismo ruso y anglofrancés;

3) inclusive el programa anunciado lo cumple de modo incompleto y solo bajo la presión del proletariado revolucionario y, en parte, de la pequeña burguesía;

4) las fuerzas de la contrarrevolución burguesa y terrateniente que se organizan, encubriéndose con la bandera del Gobierno Provisional y con su evidente cooperación, ya empezaron el ataque contra la democracia revolucionaria; por ejemplo: el Gobierno Provisional difiere la convocatoria de elecciones a la Asamblea constituyente, pone obstáculos al armamento

---

* *Pravda*, núm. 42, 10 de mayo (27 de abril) de 1917.

general del pueblo, impide que toda la tierra pase a manos del pueblo, tratando de imponer soluciones favorables a los terratenientes respecto a la cuestión agraria, sabotea la implantación de la jornada de 8 horas, favorece la agitación contrarrevolucionaria en el ejército (de Guchkov y Cía.), organiza a los oficiales superiores contra los soldados, etcétera;

5) el Gobierno Provisional, mientras protege las ganancias de los capitalistas y los terratenientes, no es capaz de adoptar medidas revolucionarias en el campo de la economía nacional (abastecimiento, etcétera), medidas imprescindibles e impostergables ante la amenaza de una inminente catástrofe económica;

6) al mismo tiempo, este gobierno se apoya actualmente en la confianza y en el acuerdo directo con el soviet de diputados obreros y soldados de Petrogrado, que es hasta el momento la organización dirigente para la mayoría de los obreros y de los soldados, es decir, del campesinado;

7) cada paso del Gobierno Provisional, tanto en la política exterior como en la interior, abrirá los ojos a los proletarios y a los semiproletarios de la ciudad y del campo; y obligará a las distintas capas de la pequeña burguesía a elegir una u otra posición política.

Partiendo de las tesis expuestas, la Conferencia resuelve:

1) Es necesaria una prolongada labor para esclarecer la conciencia de clase proletaria y cohesionar a los proletarios de la ciudad y del campo contra las vacilaciones de la pequeña burguesía, pues solo ello garantizará el feliz paso de todo el Poder del Estado a manos de los Soviets de diputados obreros y soldados o de otros órganos que expresen directamente la voluntad de la mayoría del pueblo (los órganos de administración local, la Asamblea Constituyente, etcétera).

2) Esta actividad requiere un trabajo múltiple dentro de los Soviets de diputados obreros y soldados, aumentar su número, consolidar sus fuerzas y aglutinar en su seno a los grupos proletarios internacionalistas de nuestro Partido.

3) Para afianzar y ampliar de inmediato las conquistas de la revolución en cada lugar, es necesario, apoyándose en una firme mayoría de la población local, desarrollar, organizar e intensificar en todos los sentidos las iniciativas de abajo, orientadas a hacer efectivas las libertades, a destituir a las autoridades contrarrevolucionarias y a poner en práctica medidas de carácter

económico, tales como el control de la producción y de la distribución, etcétera.

4) La crisis política del 19–21 de abril, originada por la nota del Gobierno Provisional, demostró que el partido gubernamental de los demócratas constitucionalistas, al organizar de hecho a los elementos contrarrevolucionarios tanto en el ejército como en las calles, pasa a los intentos de fusilamiento de obreros. Como consecuencia de esta situación inestable, derivada de la dualidad de poderes, la repetición de tales tentativas es inevitable, y el partido del proletariado está obligado a decir con absoluta energía al pueblo que es necesario organizar y armar al proletariado, lograr su más estrecha unión con el ejército revolucionario, romper con la política de confianza hacia el Gobierno Provisional, para conjurar el serio e inminente peligro de fusilamientos en masa del proletariado, como los que tuvieron lugar en París en los días de junio de 1848.

[…]

Resolución sobre el problema agrario*

La existencia de la propiedad agraria terrateniente en Rusia constituye la base material del Poder de los terratenientes feudales y una premisa de la posible restauración de la monarquía. Este sistema de propiedad agraria condena inexorablemente a la inmensa mayoría de la población de Rusia, al campesinado, a vivir en la miseria, el vasallaje y la opresión, y al país en su conjunto, al atraso en todas las esferas de la vida.

En Rusia, la propiedad campesina de la tierra —tanto las tierras asignadas a las comunidades[1] o a las familias campesinas como las de posesión privada (arrendadas o compradas) — está envuelta de abajo arriba, a lo largo y a lo ancho, por una red de viejos vínculos y relaciones de semiservidumbre, división de los campesinos en categorías heredadas del régimen de la servidumbre, fragmentación de las parcelas, etcétera, etcétera. La necesidad de romper todas estas trabas anticuadas y nocivas, de «levantar las cercas» de reestructurar sobre una base nueva todas las relaciones de la propiedad agraria y de la agricultura, en consonancia con las nuevas condiciones de la

---

* *Pravda,* núm. 45, 13 de mayo (30 de abril) de 1917.

VII Conferencia (de abril) de toda Rusia del POSDR (b)   **129**

economía nacional y mundial, constituye la base material de la aspiración del campesinado a la nacionalización de *todas* las tierras del país.

Cualesquiera que sean las utopías pequeño burguesas con que los distintos partidos y grupos populistas revistan la lucha de las masas campesinas contra la propiedad agraria feudal–terrateniente y, en general, contra todas las trabas feudales en la posesión y usufructo de la tierra en Rusia, esta lucha expresa por sí misma la aspiración —plenamente democrático–burguesa, progresiva en absoluto y necesaria desde el punto de vista económico— a romper resueltamente todas estas trabas.

La nacionalización de la tierra, que es una medida burguesa, significa liberar la lucha de clases y el disfrute de la tierra, en el mayor grado posible y concebible en la sociedad capitalista, de todos los aditamentos no burgueses. Además, la nacionalización de la tierra, como abolición de la propiedad privada sobre esta, representaría en la práctica un golpe tan demoledor a la propiedad privada sobre todos los medios de producción en general, que el Partido del proletariado debe prestar todo su concurso a esa transformación.

Por otro lado, los campesinos ricos de Rusia han creado hace ya tiempo los elementos de una burguesía campesina, que han sido, sin duda, reforzados, multiplicados y consolidados por la reforma agraria de Stolypin.[2] En el polo opuesto del campo se han reforzado y multiplicado en la misma proporción los obreros agrícolas asalariados, los proletarios y la masa de campesinos semiproletarios afines a ellos.

Cuanto mayores sean la decisión y el carácter consecuente con que se quebrante y elimine la propiedad agraria terrateniente, cuanto más resuelta y consecuente sea, en general, la transformación agraria democrático–burguesa en Rusia, mayores serán la fuerza y la rapidez con que se desarrollará la lucha de clases del proletariado agrícola contra los campesinos ricos (contra la burguesía campesina).

En tanto que la revolución proletaria que comienza a alzarse en Europa no ejerza una influencia directa y poderosa sobre nuestro país, la suerte y el desenlace de la revolución rusa dependerá de si el proletariado urbano logra atraerse al proletariado agrícola e incorporar a este en masa de semiproletarios del campo o de si esta masa sigue a la burguesía campesina, propensa a aliarse con Guchkov y Miliukov, con los capitalistas y terratenientes y con la contrarrevolución en general.

130 Vladimir Ilich Lenin: Textos escogidos

Basándose en esta situación y correlación de las fuerzas de clase, la Conferencia acuerda:

1. El partido del proletariado lucha con todas sus fuerzas por la confiscación inmediata y completa de todas las tierras de los terratenientes de Rusia (así como de las pertenecientes a la Corona, a la Iglesia, al zar, etcétera).

2. El partido aboga resueltamente por el paso inmediato de todas las tierras a manos de los campesinos organizados en los Soviets de diputados, campesinos o en otros organismos de administración local de carácter autónomo, elegidos de un modo plena y realmente democrático e independiente en absoluto de los terratenientes y de los funcionarios.

3. El partido del proletariado exige la nacionalización de todas las tierras existentes en el país, que, poniendo el derecho de propiedad de todas las tierras en manos del Estado, entrega el derecho a disponer de ellas a las instituciones democráticas locales.

4. El partido debe luchar enérgicamente tanto contra el Gobierno Provisional —que por boca de Shingariov y con sus actos colectivos impone a los campesinos un «acuerdo voluntario con los terratenientes», lo que equivale en la práctica a imprimir a la reforma un carácter terrateniente, y que amenaza con castigar a los campesinos por sus «arbitrariedades», es decir, con pasar a la violencia de la minoría de la población (los terratenientes y capitalistas) contra la mayoría—, como contra las vacilaciones pequeño burguesas de la mayoría de los populistas y socialdemócratas mencheviques, quienes aconsejan a los campesinos no tomar toda la tierra hasta que se reúna la Asamblea Constituyente.

5. El partido aconseja a los campesinos que tomen la tierra de modo organizado, sin permitir en modo alguno el menor deterioro de los bienes y preocupándose de aumentar la producción.

6. Todas las transformaciones agrarias, cualesquiera que sean, solo podrán ser eficaces y firmes si se democratiza por completo todo el Estado, es decir, por un lado, si se suprime la policía, el ejército permanente y la burocracia privilegiada de hecho y, por otro lado, si se implanta el más amplio régimen de administración local, libre en absoluto de toda fiscalización y tutela desde arriba.

7. Es necesario emprender inmediatamente y por doquier la organización especial e independiente del proletariado agrícola, tanto en Soviets de

diputados obreros agrícolas (y en Soviets especiales de diputados campesinos semiproletarios) como en grupos o fracciones proletarios en el seno de los Soviets generales de diputados campesinos, en todos los organismos de administración local y municipal, etcétera.

8. El partido debe apoyar la iniciativa de los comités campesinos que en diversas comarcas de Rusia entregan el ganado de labor, los aperos de labranza, etcétera, de los terratenientes a los campesinos organizados en esos comités, a fin de que sean utilizados colectivamente y de un modo reglamentado en el cultivo de toda la tierra.

9. El partido del proletariado debe aconsejar a los proletarios y semiproletarios del campo que traten de conseguir la transformación de cada finca terrateniente en una hacienda modelo bastante grande, administrada por los Soviets de diputados obreros agrícolas con recursos pertenecientes a la sociedad, bajo la dirección de agrónomos y empleando los mejores medios técnicos.

[...]

Fuente: V.I. Lenin: «VII Conferencia (de abril) de toda Rusia del POSDR(b)», en *Obras escogidas* en tres tomos, t. II, Editorial Progreso, Moscú, 1970, pp. 112–115, 116–117 y 124–126.

El Estado y la Revolución: La doctrina marxista del Estado y las tareas del proletariado en la revolución*

Capítulo I. La sociedad de clases y el Estado

1. El Estado, producto del carácter irreconciliable de las contradicciones de clase

Con la doctrina de Marx ocurre hoy lo que ha ocurrido en la historia repetidas veces con las doctrinas de los pensadores revolucionarios y de los jefes de las clases oprimidas en su lucha por la liberación. En vida de los grandes revolucionarios, las clases opresoras les someten a constantes persecuciones, acogen sus doctrinas con la rabia más salvaje, con el odio más furioso, con la campaña más desenfrenada de mentiras y calumnias. Después de su muerte, se intenta convertirlos en iconos inofensivos, canonizarlos, por decirlo así, rodear sus *nombres* de una cierta aureola de gloria para «consolar» y engañar a las clases oprimidas, castrando el *contenido* de su doctrina revolucionaria, mellando el filo revolucionario de esta, envileciéndola. En semejante «arreglo» del marxismo se dan la mano actualmente la burguesía y los oportunistas dentro del movimiento obrero. Olvidan, relegan a un segundo plano, tergiversan el aspecto revolucionario de esta doctrina, su espíritu revolucionario. Hacen pasar a primer plano, ensalzan lo que es o parece ser aceptable para la

---

*   Escrito en agosto–septiembre de 1917, el núm. 3 del capítulo II antes del 17 de diciembre de 1918. Publicado en 1918 en un folleto por la editorial *Zhizn* y *Znanie*, Petrogrado.

burguesía. Todos los socialchovinistas son hoy —¡bromas aparte!— «marxistas». Y cada vez con mayor frecuencia los científicos burgueses alemanes, que todavía ayer eran especialistas en pulverizar el marxismo, hablan hoy ¡de un Marx «nacional-alemán» que, según ellos, educó estas asociaciones obreras tan magníficamente organizadas para llevar a cabo la guerra de rapiña!

Ante tal situación, ante la inaudita difusión de las tergiversaciones del marxismo, nuestra misión consiste, sobre todo, en *restaurar* la verdadera doctrina de Marx acerca del Estado. Para ello es necesario citar toda una serie de pasajes largos de las obras mismas de Marx y Engels. Naturalmente, las citas largas hacen la exposición pesada y en nada contribuyen a darle un carácter popular. Pero es de todo punto imposible prescindir de ellas. No hay más remedio que citar del modo más completo posible todos los pasajes, o, por lo menos, todos los pasajes decisivos de las obras de Marx y Engels sobre la cuestión del Estado, para que el lector pueda formarse por su cuenta una noción del conjunto de ideas de los fundadores del socialismo científico y del desarrollo de estas ideas, así como para probar documentalmente y patentizar con toda claridad la tergiversación de estas ideas por el «kautskismo» hoy imperante.

Comencemos por la obra más conocida de F. Engels: *El origen de la familia, la propiedad privada y el Estado,* de la que ya en 1894 se publicó en Stuttgart la sexta edición. Conviene traducir las citas de los originales alemanes, pues las traducciones rusas, con ser tan numerosas, son en gran parte incompletas o deficientes sobremanera.

> El Estado —dice Engels, resumiendo su análisis histórico— no es de ningún modo un poder impuesto desde fuera a la sociedad; tampoco es «la realidad de la idea moral», ni «la imagen y la realidad de la razón», como afirma Hegel. Es más bien un producto de la sociedad cuando llega a un grado de desarrollo determinado; es la confesión de que esa sociedad se ha enredado en una irremediable contradicción consigo misma y está dividida por antagonismos irreconciliables, que es impotente para conjurarlos. Pero a fin de que estos antagonismos, estas clases con intereses económicos en pugna no se devoren a sí mismas y no consuman a la sociedad en una lucha estéril, se hace necesario un poder situado aparentemente por encima de la sociedad y llamado a amortiguar el choque, a

mantenerlo en los límites del «orden» y ese poder, nacido de la sociedad, pero que se pone por encima de ella y se divorcia de ella más y más, es el Estado». (pp. 171»178 de la sexta edición alemana).

Aquí aparece expresada con plena claridad la idea fundamental del marxismo en cuanto al papel histórico y a la significación del Estado. El Estado es producto y manifestación del *carácter irreconciliable* de las contradicciones de clase. El Estado surge en el sitio, en el momento y en el grado en que las contradicciones de clase no *pueden,* objetivamente, conciliarse. Y viceversa: la existencia del Estado demuestra que las contradicciones de clase son irreconciliables.

En este punto importantísimo y cardinal comienza precisamente la tergiversación del marxismo, tergiversación que sigue dos direcciones fundamentales.

De una parte, los ideólogos burgueses y especialmente los pequeñoburgueses, obligados por la presión de hechos históricos indiscutibles a reconocer que el Estado solo existe allí donde existen las contradicciones de clase y la lucha de clases, «corrigen» a Marx de tal manera que el Estado resulta ser un órgano de *conciliación* de las clases. Según Marx, el Estado no podría ni surgir ni mantenerse si fuese posible la conciliación de las clases.

Según los profesores y publicistas mezquinos y filisteos —¡que a cada paso invocan, benévolos, a Marx!— resulta que el Estado es precisamente el que concilia las clases. Según Marx, el Estado es un órgano de *dominación* de clase, un órgano de *opresión* de una clase por otra, es la creación del «orden» que legaliza y afianza esta opresión, amortiguando los choques entre las clases. En opinión de los políticos pequeñoburgueses, el orden es precisamente la conciliación de las clases y no la opresión de una clase por otra. Amortiguar los choques significa para ellos conciliar y no privar a las clases oprimidas de ciertos medios y procedimientos de lucha por el derrocamiento de los opresores.

Por ejemplo, durante la revolución de 1917, cuando el problema de la significación y del papel del Estado se planteó precisamente en toda su magnitud, en el terreno práctico, como un problema de acción inmediata y, además, de acción de masas, todos los socialrevolucionarios (eseristas) y todos los mencheviques cayeron, de pronto y por entero, en la teoría pequeñoburguesa de la «conciliación» de las clases «por el Estado». Innumerables resoluciones y artículos de los políticos de estos dos partidos están saturados de esta teoría mezquina y filistea de la «conciliación». Que el Estado es el órgano de dominación de una determinada clase, la cual *no puede* conciliarse con su antípoda (con la clase contrapuesta a ella), es algo que la democracia pequeñoburguesa no podrá jamás comprender. La actitud ante el Estado es uno de los síntomas más patentes de que nuestros eseristas y mencheviques no son en manera alguna socialistas, lo que nosotros, los bolcheviques, hemos demostrado siempre), sino demócratas pequeñoburgueses con una fraseología casi socialista.

De otra parte, la tergiversación «kautskiana» del marxismo es bastante más sutil. «Teóricamente», no se niega ni que el Estado sea el órgano de dominación de clase, ni que las contradicciones de clase sean irreconciliables. Pero se pasa por alto o se oculta lo siguiente: si el Estado es un producto del carácter irreconciliable de las contradicciones de clase, si es una fuerza que está *por encima* de la sociedad y que «*se divorcia más y más* de la sociedad», resulta claro que la liberación de la clase oprimida es imposible, no solo sin una revolución violenta, *sino también sin la destrucción* del aparato del Poder estatal que ha sido creado por la clase dominante y en el que toma cuerpo aquel «divorcio». Como veremos más abajo, Marx llegó a esta conclusión, teóricamente clara de por sí, con la precisión más completa, a base del análisis histórico concreto de las tareas de la revolución. Y esta conclusión es precisamente —como expondremos con todo detalle en las páginas siguientes— la que Kautsky... ha «olvidado» y falseado.

[...]

4. La «extinción» del Estado y la revolución violenta

Las palabras de Engels sobre la «extinción» del Estado gozan de tanta celebridad, se citan con tanta frecuencia y muestran con tanto relieve dónde está el *quid* de la adulteración corriente del marxismo por la cual este es adaptado al oportunismo, que se hace necesario detenerse a examinarlas detalladamente. Citaremos todo el pasaje donde figuran estas palabras:

> El proletariado toma el Poder estatal y comienza por convertir los medios de producción en propiedad del Estado. Pero con este acto se destruye a sí mismo como proletariado y destruye toda diferencia y todo

antagonismo de clase y, con ello mismo, el Estado como tal. La sociedad, que se ha movido hasta ahora entre antagonismos de clase, ha tenido necesidad del Estado, o sea, de una organización de la clase explotadora para mantener las condiciones exteriores de producción, y por tanto, particularmente, para mantener por la fuerza a la clase explotada en las condiciones de opresión (la esclavitud, la servidumbre, el trabajo asalariado), determinadas por el modo de producción existente. El Estado era el representante oficial de toda la sociedad, su síntesis en una corporación visible; pero lo era tan solo como Estado de la clase que en su época representaba a toda la sociedad: en la antigüedad era el Estado de los ciudadanos esclavistas; en la Edad Media, el de la nobleza feudal; en nuestros tiempos es el de la burguesía. Cuando el Estado se convierta finalmente en representante efectivo de toda la sociedad, será por sí mismo superfluo. Cuando ya no exista ninguna clase social a la que haya que mantener en la opresión; cuando desaparezcan, junto con la dominación de clase, junto con la lucha por la existencia individual, engendrada por la actual anarquía de la producción los choques y los excesos resultantes de esta lucha, no habrá ya nada que reprimir ni hará falta, por tanto, esa fuerza especial de represión, el Estado. El primer acto en que el Estado se manifiesta efectivamente como representante de toda la sociedad —la toma de posesión de los medios de producción en nombre de la sociedad— es a la par su último acto independiente como Estado. La intervención del Poder estatal en las relaciones sociales se hará superflua en un campo tras otro y se adormecerá por sí misma. El gobierno sobre las personas será sustituido por la administración de las cosas y por la dirección de los procesos de producción. El Estado no será «abolido»: *se extinguirá.* Partiendo de esto es como hay que juzgar el valor de esa frase que habla del «Estado popular libre», frase que durante cierto tiempo tuvo derecho a la existencia como consigna de agitación, pero que, en resumidas cuentas, carece en absoluto de fundamento científico. Partiendo de esto es también como debe ser considerada la exigencia de los llamados anarquistas de que el Estado sea abolido de la noche a la mañana.[1]

Sin temor a equivocarnos, podemos decir que de estos pensamientos sobremanera ricos, expuestos aquí por Engels, lo único que ha pasado a ser verdadero patrimonio del pensamiento socialista, en los partidos socialistas

El Estado y la Revolución: La doctrina marxista del Estado y las tareas... **137**

actuales, es la tesis de que el Estado, según Marx, «se extingue», a diferencia de la doctrina anarquista de la «abolición» del Estado. Truncar así el marxismo equivale a reducirlo al oportunismo, pues con esta «interpretación» no queda en pie más que una noción confusa de un cambio lento, paulatino, gradual, sin saltos ni tormentas, sin revoluciones. Hablar de la «extinción» del Estado en el sentido corriente, generalizado, de masas si cabe decirlo así, equivale indudablemente a esfumar, si no a negar, la revolución.

Pero semejante «interpretación» es la más tosca tergiversación del marxis-mo, tergiversación que solo favorece a la burguesía y que descansa teóricamente en la omisión de circunstancias y consideraciones importantísimas que se indican, por ejemplo, en el «resumen» contenido en el pasaje de Engels íntegramente citado por nosotros.

En primer lugar, Engels dice en el comienzo mismo de este pasaje que, al tomar el Poder estatal, el proletariado «destruye, con ello mismo, el Estado como tal». «No es usual» pararse a pensar lo que significa esto. Lo corriente es desentenderse de ello en absoluto o considerarlo algo así como una «debilidad hegeliana» de Engels. En realidad, estas palabras encierran concisamente la experiencia de una de las más grandes revoluciones proletarias, la experiencia de la Comuna de París de 1871, de la cual hablaremos detalladamente en su lugar. En realidad, Engels habla aquí de la «destrucción» del Estado de la *burguesía* por la revolución proletaria, mientras que las palabras relativas a la extinción del Estado se refieren a los restos del Estado *proletario después* de la revolución socialista. El Estado burgués no se «extingue», según Engels, sino que este *«es destruido»* por el proletariado en la revolución. El que se extingue, después de esta revolución, es el Estado o semi–Estado proletario.

En segundo lugar, el Estado es una «fuerza especial de represión». Esta magnífica y profundísima definición nos la da Engels aquí con la más completa claridad. Y de ella se deduce que la «fuerza especial de represión» del proletariado por la burguesía, de millones de trabajadores por unos puñados de ricachos, debe sustituirse por una «fuerza especial de represión» de la burguesía por el proletariado (dictadura del proletariado). En esto consiste precisamente la «destrucción del Estado como tal». En esto consiste precisamente el «acto» de la toma de posesión de los medios de producción en nombre de la sociedad. Y es de suyo evidente que *semejante* sustitución de una

138   Vladimir Ilich Lenin: Textos escogidos

«fuerza especial» (la burguesa) por otra (la proletaria) ya no puede operarse, en modo alguno, bajo la forma de «extinción».

En tercer lugar, Engels, al hablar de la «extinción» y —con palabra todavía más plástica y gráfica— del «adormecimiento» del Estado, se refiere con absoluta claridad y precisión a la época *posterior* a la «toma de posesión de los medios de producción por el Estado en nombre de toda la sociedad», es decir, *posterior* a la revolución socialista. Todos sabemos que la forma política del «Estado», en esta época, es la democracia más completa. Pero a ninguno de los oportunistas que tergiversan desvergonzadamente el marxismo se le viene a las mientes la idea de que, por consiguiente, Engels hable aquí del «adormecimiento» y de la «extinción» de la *democracia*. Esto parece, a primera vista, muy extraño. Pero solo es «incomprensible» para quien no haya comprendido que la democracia es *también* un Estado y que, en consecuencia, la democracia también desaparecerá cuando desaparezca el Estado. El Estado burgués solo puede ser «destruido» por la revolución. El Estado en general, es decir, la más completa democracia, solo puede «extinguirse».

En cuarto lugar, al formular su notable tesis: «El Estado se extingue», Engels aclara a renglón seguido, de un modo concreto, que esta tesis se dirige tanto contra los oportunistas como contra los anarquistas. Y Engels coloca en primer plano aquella conclusión de su tesis sobre la «extinción del Estado» que va dirigida contra los oportunistas.

Podría apostarse que de diez mil hombres que hayan leído u oído hablar acerca de la «extinción» del Estado, nueve mil novecientos noventa no saben u olvidan en absoluto que Engels *no* dirigió *solamente* contra los anarquistas sus conclusiones derivadas de esta tesis. Y de las diez personas restantes, lo más probable es que nueve no sepan lo que es el «Estado popular libre» y por qué el atacar esta consigna significa atacar a los oportunistas. ¡Así se escribe la historia! Así se adapta de un modo imperceptible la gran doctrina revolucionaria al filisteísmo reinante. La conclusión contra los anarquistas se ha repetido miles de veces, se ha vulgarizado, se ha inculcado en las cabezas del modo más simplificado, ha adquirido la solidez de un prejuicio. ¡Pero la conclusión contra los oportunistas la han esfumado y «olvidado»!

El «Estado popular libre» era una reivindicación programática y una consigna en boga de los socialdemócratas alemanes en la década del setenta. En esta consigna no hay el menor contenido político, fuera de una filistea y

El Estado y la Revolución: La doctrina marxista del Estado y las tareas... **139**

enfática descripción del concepto de democracia. Engels estaba dispuesto a «justificar» «por cierto tiempo» esta consigna desde el punto de vista de la agitación, por cuanto con ella se insinuaba legalmente la república democrática. Pero esta consigna era oportunista, porque expresaba no solo el embellecimiento de la democracia burguesa, sino también la incomprensión de la crítica socialista de todo Estado en general. Nosotros somos partidarios de la república democrática, como la mejor forma de Estado para el proletariado bajo el capitalismo, pero no tenemos ningún derecho a olvidar que la esclavitud asalariada es el destino del pueblo, incluso bajo la república burguesa más democrática. Más aún. Todo Estado es una «fuerza especial para la represión» de la clase oprimida. Por eso, *todo* Estado *ni* es libre *ni* es popular. Marx y Engels explicaron esto reiteradamente a sus camaradas de partido en la década del setenta.

En quinto lugar, en esta misma obra de Engels, de la que todos recuerdan la idea de la extinción del Estado, se contiene un pasaje sobre la importancia de la revolución violenta. El análisis histórico de su papel lo convierte Engels en un verdadero panegírico de la revolución violenta. Esto «nadie lo recuerda». Sobre la importancia de esta idea no se suele hablar ni aun pensar en los partidos socialistas contemporáneos: estas ideas no desempeñan ningún papel en la propaganda ni en la agitación cotidiana entre las masas. Y, sin embargo, se hallan indisolublemente unidas a la «extinción» del Estado y forman con ella un todo armónico.

He aquí el pasaje de Engels:

> De que la violencia desempeña en la historia otro papel (además del de agente del mal), un papel revolucionario; de que, según la expresión de Marx, es la partera de toda vieja sociedad que lleva en sus entrañas otra nueva; de que la violencia es el instrumento con la ayuda del cual el movimiento social se abre camino y rompe las formas políticas muertas y fosilizadas, de todo eso no dice una palabra el señor Dühring. Solo entre suspiros y gemidos admite la posibilidad de que para derrumbar el sistema de explotación sea necesaria acaso la violencia —cosa lamentable, ¡adviertan ustedes!—, pues todo empleo de la misma, según él, desmoraliza a quien hace uso de ella. ¡Y esto se dice, a pesar del gran avance moral e intelectual, resultante de toda revolución victoriosa! Y esto se dice en Alemania,

140 Vladimir Ilich Lenin: Textos escogidos

> donde la colisión violenta que puede ser impuesta al pueblo tendría, cuando menos, la ventaja, de extirpar el espíritu de servilismo que ha penetrado en la conciencia nacional como consecuencia de la humillación de la Guerra de los Treinta Años. ¿Y estos razonamientos turbios, anodinos, impotentes, propios de un cura, osan ofrecerse al partido más revolucionario de la historia?[2]

¿Cómo es posible conciliar en una sola doctrina este panegírico de la revolución violenta, presentado con insistencia por Engels a los socialdemócratas alemanes desde 1878 hasta 1894, es decir, hasta los últimos días de su vida, con la teoría de la «extinción» del Estado?

Generalmente se concilian ambas cosas con ayuda del eclecticismo, desgajando a capricho (o para complacer a los investidos de Poder), sin atenerse a los principios o de un modo sofístico, ora uno ora otro razonamiento; y se hace pasar a primer plano, en el noventa y nueve por ciento de los casos, si no en más, precisamente la tesis de la «extinción». Se suplanta la dialéctica por el eclecticismo: es la actitud más usual y más generalizada ante el marxismo en la literatura socialdemócrata oficial de nuestros días. Estas suplantaciones no tienen, ciertamente, nada de nuevo; han podido observarse incluso en la historia de la filosofía clásica griega. Con la suplantación del marxismo por el oportunismo; el eclecticismo, presentado como dialéctica, engaña más fácilmente a las masas, les da una aparente satisfacción, parece tener en cuenta todos los aspectos del proceso, todas las tendencias del desarrollo, todas las influencias contradictorias, etcétera, cuando en realidad no da ninguna interpretación completa y revolucionaria del proceso del desarrollo social.

Ya hemos dicho más arriba, y demostraremos con mayor detalle en nuestra ulterior exposición, que la doctrina de Marx y Engels sobre el carácter inevitable de la revolución violenta se refiere al Estado burgués. Este *no puede* sustituirse por el Estado proletario (por la dictadura del proletariado) mediante la «extinción», sino solo, como regla general, mediante la revolución violenta. El panegírico que dedica Engels a esta y que coincide plenamente con reiteradas manifestaciones de Marx (recordemos el final de *Miseria de la Filosofía* y del *Manifiesto Comunista* con la declaración orgullosa y franca sobre el carácter inevitable de la revolución violenta; recordemos la crítica del Programa de Gotha de 1875,[3] cuando ya habían pasado casi treinta años, en la que Marx fustiga implacablemente el oportunismo de este Programa), dicho panegírico no tiene nada de «apasionamiento», ni de declamación, ni de salida polémica de tono. La necesidad de educar sistemáticamente a las masas en *esta,* precisamente en esta idea de la revolución violenta, constituye la base de *toda* la doctrina de Marx y Engels. La traición cometida contra su doctrina por las corrientes socialchovinista y kautskiana imperantes hoy se manifiesta con singular relieve en el olvido por unos y otros de *esta* propaganda, de esta agitación.

La sustitución del Estado burgués por el Estado proletario es imposible sin una revolución violenta. La supresión del Estado proletario, es decir, la supresión de todo Estado, solo es posible por medio de un proceso de «extinción».

Marx y Engels desarrollaron estas ideas de un modo minucioso y concreto, estudiando cada situación revolucionaria por separado, analizando las enseñanzas sacadas de la experiencia de cada revolución. Pasamos a examinar esta parte de su doctrina, que es, incuestionablemente, la más importante.

Fuente: V.I. Lenin: «El Estado y la revolución. La sociedad de clases y el Estado. Capítulo I. La sociedad de clases y el Estado», en *Obras escogidas* en tres tomos, t. II, Editorial Progreso, Moscú, 1970, pp. 297-299, 305-310.

La crisis ha madurado*

[...]

VI

¿Qué hacer? Hay que *aussprechen was ist*, «decir lo que existe», reconocer la verdad de que entre nosotros, en el CC o en las altas esferas del Partido, existe una corriente u opinión favorable a *esperar* al Congreso de los Soviets, *opuesta* a la toma inmediata del Poder, *opuesta* a la insurrección inmediata. Hay que *vencer* esta corriente u opinión.[1]

De lo contrario, los bolcheviques *se cubrirían de oprobio* para siempre y *quedarían reducidos a la nada* como partido.

Porque dejar pasar este momento y «esperar» al Congreso de los Soviets es una *idiotez completa* o una *traición completa*.

Una traición completa a los obreros alemanes. ¡No vamos a esperar a que *comience* su revolución! En ese caso, hasta los Liberdán[2] estarán a favor de que se la «apoye». Pero esa revolución *no puede* comenzar mientras Kerenski, Kishkín y Cía. estén en el Poder.

Una traición completa al campesinado. Teniendo los Soviets de las dos *capitales*, permitir el aplastamiento de la insurrección campesina significaría *perder, y perder merecidamente*, toda la confianza de los campesinos, significaría equipararse ante sus ojos a los Liberdán y demás miserables.

---

* Los capítulos I–III y V fueron publicados el 20 (7) de octubre de 1917 en el núm. 30 del periódico *Rabochi Put*; el capítulo VI fue publicado por primera vez en 1924.

La crisis ha madurado **143**

«Esperar» al Congreso de los Soviets es una idiotez completa, pues significaría dejar pasar *semanas,* y las semanas e incluso los días lo deciden hoy *todo.* Significaría *renunciar* cobardemente a la toma del Poder, pues el 1–2 de noviembre será imposible (tanto política como técnicamente: se concentrará a los cosacos para el día de la insurrección, «fijado»[3] tan estúpidamente).

«Esperar» al Congreso de los Soviets es una idiotez, pues el Congreso *¡no dará nada, no puede dar nada!*

¿Significado «moral»? ¡¡Es asombroso!! ¡¡Hablar del «significado» de las resoluciones y de las conversaciones con los Liberdán cuando sabemos que los Soviets *están a favor* de los campesinos y que se *aplasta* la insurrección campesina!! Condenaríamos a esos *Soviets* al papel de despreciables charlatanes. Venced primero a Kerenski y luego convocad el Congreso.

Los bolcheviques tienen *asegurada* ahora la victoria de la insurrección: 1) podemos[4] (si no «esperamos» al Congreso de los Soviets) atacar *súbitamente* y desde tres puntos, desde Petrogrado, desde Moscú y desde la flota del Báltico; 2) tenemos consignas que nos aseguran el apoyo: ¡Abajo el gobierno que aplasta la insurrección campesina contra los terratenientes! 3) tenemos la mayoría *en el país;* 4) la desorganización de los mencheviques y eseristas es total; 5) tenemos la posibilidad técnica de tomar el Poder en Moscú (que podría incluso empezar para derrotar por sorpresa al enemigo); 6) tenemos *miles* de soldados y obreros armados en Petrogrado, que pueden tomar *a la vez* el Palacio de Invierno, el Estado Mayor Central, la Central de Teléfonos y todas las imprentas importantes; no nos echarán de allí, y la agitación en el *ejército* alcanzará tal amplitud, que será *imposible* luchar contra este gobierno de la paz, de la tierra para los campesinos, etcétera.

Si atacamos simultáneamente, por sorpresa, desde tres puntos, en Petrogrado, en Moscú y en la flota del Báltico, tendremos el noventa y nueve por ciento de posibilidades de triunfar con menos víctimas que las habidas del 3 al 5 de julio, pues *las tropas no combatirán* contra el gobierno de la paz. Hasta en el caso de que Kerenski tenga *ya* en Petrogrado una caballería «fiel», etcétera, si atacamos desde dos lados y el ejército simpatiza *con nosotros,* Kerenski se verá obligado a *rendirse.* Si no tomamos el Poder incluso con las posibilidades que existen ahora, todo lo que se hable del Poder de los Soviets se convertirá en una *mentira.*

No tomar ahora el Poder, «esperar», charlatanear en el CEC, limitarse a «luchar por el órgano» (el Soviet), «luchar por el Congreso», significa *hundir la revolución*.

Al ver que el CC ha dejado *incluso sin respuesta* mis instancias en este sentido desde el comienzo de la Conferencia Democrática, que el Órgano Central *tacha* de mis artículos las alusiones a errores tan escandalosos de los bolcheviques como la vergonzosa decisión de participar en el Anteparlamento, de conceder puestos a los mencheviques en el Presídium del Soviet, etcétera, etcétera; al ver todo eso, debo considerar que existe en ello una «sutil» insinuación de la falta de deseo del CC incluso de discutir esta cuestión, una sutil insinuación del deseo de taparme la boca y de proponerme que me retire.

Me veo obligado a *dimitir de mi cargo en el CC*, cosa que hago, y a reservarme la libertad de hacer agitación en *las organizaciones de base* del Partido y en su Congreso.

Porque estoy profundamente convencido de que si «esperamos» al Congreso de los Soviets y dejamos ahora pasar el momento, *hundiremos* la revolución.

N. Lenin
29/IX

P.S. ¡Toda una serie de hechos ha probado que ni *si quiera* las tropas cosacas lucharán contra el gobierno de la paz! ¿Y cuántas son? ¿Dónde están? ¿Y es que todo el ejército no destacará unidades que estén a *nuestro favor*?

Fuente: V.I. Lenin: «La crisis ha madurado» en *Obras escogidas* en tres tomos, Capítulo VI, t. II, Editorial Progreso, Moscú, 1970, pp. 404–406.

Segundo Congreso de los Soviets de diputados obreros y soldados de toda Rusia[1]
25-26 de octubre (7-8 de noviembre) de 1917

[...]

2
Informe sobre la paz
26 de octubre (8 de noviembre)

El problema de la paz es un problema candente, palpitante, del momento actual. Mucho se ha hablado y escrito acerca de este problema y es seguro que todos vosotros lo habéis discutido muchas veces. Permitid, pues, que os lea la declaración que ha de hacer el Gobierno que acabáis de nombrar.

Decreto de la paz

El Gobierno Obrero y Campesino, creado por la revolución del 24-25 de octubre y que se apoya en los Soviets de diputados obreros, soldados y campesinos, propone a todos los pueblos beligerantes y a sus gobiernos entablar negociaciones inmediatas para una paz justa y democrática.

El Gobierno considera la paz inmediata, sin anexiones (es decir, sin conquistas de territorios ajenos, sin incorporación de pueblos extranjeros por la fuerza) ni contribuciones, como una paz justa o democrática, como la que ansía la aplastante mayoría de los obreros y de las clases trabajadoras de todos los países beligerantes, agotados, atormentados y martirizados por la guerra, la paz que los obreros y campesinos rusos han reclamado del modo más categórico y tenaz después del derrocamiento de la monarquía zarista.

146 Vladimir Ilich Lenin: Textos escogidos

Esta es la paz cuya aceptación inmediata propone el Gobierno de Rusia a todos los pueblos beligerantes, declarándose dispuesto a hacer, sin dilación alguna, cuantas gestiones enérgicas sean necesarias hasta la ratificación definitiva de todas las condiciones de una paz semejante por las asambleas autorizadas de los representantes del pueblo de todos los países y de todas las naciones.

De acuerdo con la conciencia jurídica de la democracia en general, y de las clases trabajadoras en particular, el Gobierno entiende por anexión o conquista de territorios ajenos toda incorporación a un Estado grande o poderoso de una nacionalidad pequeña o débil, sin el deseo ni el consentimiento explícito, clara y libremente expresado por esta última, independientemente de la época en que se haya realizado esa incorporación forzosa, independientemente asimismo del grado de desarrollo o de atraso de la nación anexionada o mantenida por la fuerza en los límites de un Estado, independientemente, en fin, de si dicha nación se encuentra en Europa o en los lejanos países de ultramar.

Si una nación cualquiera es mantenida por la fuerza en los límites de un Estado, si, a pesar del deseo expresado por ella —independientemente de si lo ha hecho en la prensa, en las asambleas populares, en los acuerdos de los partidos o en movimientos de rebeldía e insurrecciones contra la opresión nacional—, no se le concede el derecho de decidir en una votación libre, sin la menor coacción, después de la completa retirada de las tropas de la nación conquistadora o, en general, más poderosa, la cuestión de las formas estatales de su existencia, la incorporación de esa nación al Estado constituye una anexión, es decir, una conquista y un acto de violencia.

El Gobierno considera que continuar esta guerra por el reparto entre las naciones fuertes y ricas de los pueblos débiles conquistados por ellas es el mayor crimen contra la humanidad y proclama solemnemente su resolución de firmar sin demora unas cláusulas de paz que pongan fin a esta guerra en las condiciones indicadas, igualmente justas para todas las nacionalidades sin excepción.

El Gobierno declara al mismo tiempo que en modo alguno considera un ultimátum las condiciones de paz antes indicadas, es decir, que está dispuesto a examinar cualesquiera otras condiciones de paz, insistiendo únicamente en que sean presentadas con la mayor rapidez posible por cualquier país beligerante y estén redactadas con toda claridad, sin ninguna ambigüedad y fuera de todo secreto.

El Gobierno pone fin a la diplomacia secreta, manifestando su firme resolución de llevar todas las negociaciones a la luz del día, ante el pueblo entero, y procediendo inmediatamente a la publicación íntegra de los tratados secretos, ratificados o concertados por el gobierno de los terratenientes y capitalistas, desde febrero hasta el 25 de octubre de 1917. Declara absoluta e inmediatamente anuladas todas las cláusulas de esos tratados secretos, puesto que en la mayoría de los casos tienden a proporcionar ventajas y privilegios a los terratenientes y a los capitalistas rusos y a mantener o a aumentar las anexiones de los rusos.

Al invitar a los gobiernos y a los pueblos de todos los países a entablar inmediatamente negociaciones públicas para concertar la paz, el Gobierno se declara, a su vez, dispuesto a negociar por escrito, por telégrafo, o mediante conversaciones entre los representantes de los diversos países, o en una conferencia de esos representantes. Con objeto de facilitar estas negociaciones, el Gobierno designa su representante plenipotenciario ante los países neutrales.

El Gobierno invita a todos los gobiernos y pueblos de todos los países beligerantes a concertar inmediatamente un armisticio, considerando, por su parte, que este armisticio debe durar tres meses por lo menos, plazo en el cual son plenamente posibles tanto la terminación de las negociaciones de paz con participación de los representantes de todas las naciones o pueblos sin excepción empeñados en la guerra u obligados a intervenir en ella, como la convocatoria, en todos los países, de asambleas autorizadas de representantes del pueblo, para ratificar definitivamente las condiciones de la paz.

Al dirigir esta proposición de paz a los gobiernos y a los pueblos de todos los países beligerantes, el Gobierno Provisional Obrero y Campesino de Rusia se dirige también, y sobre todo, a los obreros conscientes de las tres naciones más adelantadas de la humanidad y de los tres Estados más importantes que toman parte en la actual guerra: Inglaterra, Francia y Alemania. Los obreros de estos tres países han prestado los mayores servicios a la causa del progreso y del socialismo; han dado los magníficos ejemplos del movimiento cartista en Inglaterra, de las revoluciones de importancia histórico–mundial realizadas por el proletariado francés y, finalmente, de la lucha heroica contra la ley de excepción en Alemania y del trabajo prolongado, tenaz y disciplinado

148   Vladimir Ilich Lenin: Textos escogidos

para crear organizaciones proletarias de masas en este país, trabajo que sirve de ejemplo a los obreros de todo el mundo. Todos estos ejemplos de heroísmo proletario y de iniciativa histórica nos garantizan que los obreros de esos países comprenderán el deber en que están hoy de librar a la humanidad de los horrores de la guerra y de sus consecuencias, que esos obreros, con su actividad múltiple, resuelta, abnegada y enérgica, nos ayudarán a llevar a feliz término la causa de la paz y, con ella, la causa de la liberación de las masas trabajadoras y explotadas de toda esclavitud y de toda explotación.

El Gobierno Obrero y Campesino, creado por la revolución del 24–25 de octubre y que se apoya en los Soviets de diputados obreros, soldados y campesinos, debe entablar inmediatamente las negociaciones de paz. Nuestro llamamiento debe dirigirse, a la vez, a los gobiernos y a los pueblos. No podemos dar de lado a los gobiernos, porque eso sería alejar la posibilidad de concertar la paz, y un gobierno popular no puede atreverse a hacerlo. Pero tampoco tenemos derecho a no dirigirnos simultáneamente a los pueblos. Los gobiernos y los pueblos están en desacuerdo en todas partes, y por eso debemos ayudar a los pueblos a intervenir en los problemas de la guerra y de la paz. Defenderemos, naturalmente, por todos los medios, nuestro programa íntegro de paz sin anexiones ni contribuciones. No nos apartaremos de este programa, pero debemos quitar a nuestros enemigos la posibilidad de decir que sus condiciones son distintas y que, por consiguiente, no deben entablarse negociaciones con nosotros. Sí, debemos privarles de esa ventaja y no formular nuestras condiciones como un ultimátum. Por eso, incluimos el punto según el cual nos declaramos dispuestos a examinar todas las condiciones de paz, todas las proposiciones. Examinar no significa aceptar. Las someteremos a discusión en la Asamblea Constituyente, que tendrá plenos poderes para decidir dónde se puede y dónde no se puede ceder. Combatimos el engaño de los gobiernos, que, de palabra, son todos partidarios de la paz y de la justicia, pero que, de hecho, sostienen guerras de conquista y de rapiña. Ningún gobierno dirá todo lo que piensa. Pero nosotros estamos en contra de la diplomacia secreta y actuaremos a la luz del día, ante todo el pueblo. No cerramos los ojos hoy, ni los hemos cerrado jamás, ante las dificultades. La guerra no puede terminarse renunciando simplemente a ella; la guerra no puede terminarla una de las partes beligerantes. Proponemos un armisticio de tres meses, pero no rechazaremos un armisticio de menos duración, para que, al menos durante cierto tiempo, pueda respirar el ejército fatigado, y, además de esto, es necesario convocar en todos los países civilizados asambleas populares, en las cuales se discutan las condiciones de la paz.

Al proponer un armisticio inmediato, nos dirigimos a los obreros conscientes de los países que tanto han hecho por el desarrollo del movimiento proletario. Nos dirigimos a los obreros de Inglaterra, que han conocido el movimiento cartista, a los obreros de Francia, que han demostrado en múltiples insurrecciones todo el vigor de su conciencia de clase, y a los obreros de Alemania, que con su lucha han logrado dar al traste con la ley contra los socialistas y crear potentes organizaciones.

En el manifiesto del 14 de marzo[2] proponíamos derribar a los banqueros; pero no solo no derribamos a los nuestros, sino que incluso nos aliamos con ellos. Ahora hemos derribado el gobierno de los banqueros.

Los gobiernos y la burguesía harán todos los esfuerzos posibles para unirse y ahogar en sangre la revolución obrera y campesina. Pero los tres años de guerra han ilustrado suficientemente a las masas: el movimiento soviético en otros países; sublevación de la flota alemana, que los junkers del verdugo Guillermo II han aplastado. Hay que recordar, por último, que vivimos, no en el centro de África, sino en Europa, donde todo puede saberse pronto.

El movimiento obrero saldrá triunfante y abrirá el camino hacia la paz y el socialismo (prolongados aplausos).

[...]

4
Informe acerca de la tierra
26 de octubre (8 de noviembre)*

Consideramos que la revolución ha mostrado y demostrado la importancia que tiene plantear con claridad el problema de la tierra. El surgimiento de la insurrección armada, de la segunda revolución, la de Octubre, prueba claramente que la tierra debe ser entregada a los campesinos. El gobierno derribado y los partidos conciliadores de los mencheviques y socialrevolucionarios

---

* *Izvestia del CEC*, núm. 209, 28 de octubre de 1917. *Pravda*, núm. 171, 10 de noviembre (28 de octubre) de 1917.

cometían un crimen al aplazar, con diversos pretextos, la solución del problema agrario y llevar con ello al país a la ruina y a la insurrección campesina. Cuanto dicen acerca de los pogromos y de la anarquía en el campo son falsedades y un cobarde engaño. ¿Cuándo y dónde se ha visto que los pogromos y la anarquía sean suscitados por medidas sensatas? ¿Es que las masas campesinas se habrían agitado si el gobierno hubiera actuado sensatamente y sus medidas hubiesen respondido a las necesidades de los campesinos pobres? Pero todas las medidas gubernamentales, refrendadas por los Soviets de Avxéntiev y Dan, iban dirigidas contra los campesinos y los empujaban a la insurrección.

Después de provocar la insurrección, el gobierno se dedicó a denunciar los pogromos y la anarquía que él mismo había provocado. Quería reprimirla a sangre y fuego, pero él mismo ha sido barrido por la insurrección armada de los soldados, los marinos y los obreros revolucionarios. El Gobierno de la revolución obrera y campesina debe resolver, en primer término, el problema de la tierra, capaz de calmar y dar satisfacción a las grandes masas de campesinos pobres. Voy a leer los artículos del decreto que debe promulgar vuestro Gobierno de los Soviets. Uno de los artículos de ese decreto contiene el mandato a los comités agrarios, redactado sobre la base de los 242 mandatos de los Soviets locales de diputados campesinos.

Decreto sobre la tierra

1) Queda abolida en el acto sin ninguna indemnización la propiedad terrateniente.

2) Las fincas de los terratenientes, así como todas las tierras de la Corona, de los monasterios y de la Iglesia, con todo su ganado de labor y aperos de labranza, edificios y todas las dependencias, pasan a disposición de los comités agrarios subdistritales y de los Soviets de diputados campesinos de distrito hasta que se reúna la Asamblea Constituyente.

3) Cualquier deterioro de los bienes confiscados, que desde este momento pertenecen a todo el pueblo, será considerado un grave delito, punible por el tribunal revolucionario. Los Soviets de diputados campesinos de distrito adoptarán todas las medidas necesarias para asegurar el

Segundo Congreso de los Soviets de diputados obreros y soldados de toda Rusia **151**

orden más riguroso en la confiscación de las fincas de los terratenientes, para determinar exactamente los terrenos confiscables y su extensión, para inventariar con detalle todos los bienes confiscados y para proteger con el mayor rigor revolucionario todas las explotaciones agrícolas, edificios, aperos, ganado, reservas de víveres, etcétera, que pasan al pueblo.

4) Para la realización de las grandes transformaciones agrarias, hasta que la Asamblea Constituyente las determine definitivamente, debe servir de guía en todas partes el mandato campesino que se reproduce a continuación, confeccionado por la Redacción de *Izvestia Vserosíiskogo Sovieta Krestiánskij Deputátov,*[3] sobre la base de los 242 mandatos campesinos locales, y publicado en el número 88 de dicho periódico. (Petrogrado, 19 de agosto de 1917).

Mandato campesino acerca de la tierra

El problema de la tierra solo puede ser resuelto en todo su volumen por la Asamblea Constituyente de todo el pueblo.

La solución más justa del problema de la tierra debe ser la siguiente:

1) *Queda abolido para siempre el derecho de la propiedad privada sobre la tierra;* la tierra no puede ser vendida, comprada, arrendada, hipotecada o enajenada en ninguna otra forma.

Todas las tierras del Estado, de la Corona, del zar, de los conventos, de la Iglesia, de las posesiones, de los mayorazgos,[4] *de propiedad privada, de las comunidades y de los campesinos, etcétera, son enajenadas sin indemnización,* se convierten en patrimonio de todo el pueblo y pasan en usufructo a todos los que las trabajan.

A los damnificados por esta transformación del régimen de propiedad no se les reconoce más derecho que el de recibir un socorro de la sociedad durante el tiempo necesario para adaptarse a las nuevas condiciones de existencia.

2) Todas las riquezas del subsuelo —minerales, petróleo, carbón, sal, etcétera—, así como los bosques y las aguas de importancia nacional, serán usufructuadas con carácter exclusivo por el Estado. Todos los pequeños ríos, lagos, bosques, etcétera, pasan en usufructo a las comunidades, a condición de que sean explotados por los organismos de administración local.

3) Las tierras con haciendas de *alto nivel técnico*: huertos, plantaciones, semilleros, viveros, invernaderos, etcétera, no *serán repartidas, sino convertidas en haciendas modelo* y transferidas en usufructo exclusivo *al Estado o a las comunidades*, según su extensión e importancia.

Las tierras lindantes con las casas, en las ciudades y en el campo, con sus jardines y huertas, quedarán en usufructo de sus actuales propietarios. La extensión de estos terrenos y el impuesto a pagar por su usufructo serán establecidos por vía legislativa.

4) Los criaderos de ganado caballar, las granjas de ganado de raza, avícolas, etcétera, pertenecientes al fisco y a los particulares, quedan confiscados, convertidos en patrimonio de todo el pueblo y transferidos en usufructo exclusivo al Estado o a las comunidades, según sus proporciones e importancia.

La cuestión de la indemnización será examinada por la Asamblea Constituyente.

5) Todo el ganado de labor y aperos de labranza de las tierras confiscadas pasan sin indemnización en usufructo exclusivo al Estado o a las comunidades, según sus proporciones e importancia.

La confiscación de los aperos no afecta a los campesinos con poca tierra.

6) Tienen derecho, al usufructo de la tierra todos los ciudadanos del Estado ruso (sin distinción de sexo) que deseen trabajarla ellos mismos, con ayuda de su familia o asociados con otros, pero solo durante el tiempo que se encuentren en condiciones de hacerlo. No se permite el trabajo asalariado.

En caso de que cualquier miembro de la comunidad rural se vea imposibilitado ocasionalmente para trabajar durante dos años, la comunidad rural tiene el deber de ayudarle en ese período cultivando colectivamente la tierra, hasta que recobre su capacidad para el trabajo.

Los agricultores que se vean privados para siempre de la posibilidad de trabajar personalmente la tierra a causa de vejez o de invalidez, perderán su derecho al usufructo de la tierra, pero recibirán en cambio una pensión del Estado.

7) El usufructo del suelo debe ser igualitario, es decir, la tierra se reparte entre los trabajadores teniendo en cuenta las condiciones locales, de acuerdo con la norma de trabajo o de consumo.

Las formas de usufructo de la tierra deben ser enteramente libres: individual, en cortijo, comunal o cooperativa, conforme lo decidan las distintas aldeas y poblados.

8) Al ser enajenada, toda la tierra pasa a formar parte del fondo agrario nacional. El reparto de la tierra entre los trabajadores es dirigido por las administraciones locales y centrales, desde las comunidades rurales y urbanas, democráticamente organizadas, sin diferenciaciones estamentales, hasta las instituciones regionales centrales.

El fondo agrario será sometido a repartos periódicos en consonancia con el crecimiento de la población y con la elevación de la productividad y del nivel técnico de la agricultura.

En caso de modificarse los límites de las parcelas repartidas, permanecerá intacto el núcleo inicial de la parcela.

La tierra de los miembros salientes vuelve al fondo agrario. Se reconoce el derecho de prioridad en el reparto de dicha tierra a los familiares más cercanos de los miembros salientes y a las personas designadas por ellos.

El valor de los abonos y de los trabajos de mejoramiento (mejoras radicales) invertidos en la tierra debe ser reembolsado en la medida en que no hayan sido utilizados antes de ser devuelta la parcela al fondo agrario.

En aquellos lugares donde el fondo agrario existente no baste para satisfacer las necesidades de toda la población local, el excedente de población deberá ser asentado en otras tierras.

El Estado debe tomar a su cargo la organización del asentamiento, así como los gastos que originen este y la adquisición de aperos, etcétera.

El asentamiento se hará en el orden siguiente: primero, los campesinos sin tierra que lo deseen; después, los miembros tarados de la comunidad, los desertores, etcétera, y, finalmente, por sorteo o acuerdo».

Se declara ley provisional el contenido de este mandato, que expresa la voluntad absoluta de la inmensa mayoría de los campesinos conscientes de toda Rusia. Esta ley será aplicada hasta la reunión de la Asamblea Constituyente sin ningún aplazamiento, en cuanto sea posible, y, en algunas de sus partes, con la necesaria gradación, que deberán determinar los Soviets de diputados campesinos de distrito.

154 Vladimir Ilich Lenin: Textos escogidos

5) No se confiscan las tierras de los simples campesinos y cosacos.

Se dice aquí que el decreto y el mandato han sido redactados por los socialistas revolucionarios. Sea así. No importa quién los haya redactado; mas como gobierno democrático, no podemos dar de lado la decisión de las masas populares, aunque no estemos de acuerdo con ella. En el crisol de la vida, en su aplicación práctica, poniéndola en ejecución en cada localidad, los propios campesinos verán dónde está la verdad. E incluso si los campesinos continúan siguiendo a los socialistas revolucionarios, incluso si dan a este partido la mayoría en la Asamblea Constituyente, volveremos a decir: sea así. La vida es el mejor maestro y mostrará quién tiene razón. Que los campesinos resuelvan este problema por un extremo y nosotros por el otro. La vida nos obligará a acercarnos en el torrente común de la iniciativa revolucionaria, en la elaboración de las nuevas formas estatales. Debemos marchar al unísono con la vida; debemos conceder plena libertad al genio creador de las masas populares. El antiguo gobierno, derribado por la insurrección armada, pretendía resolver el problema agrario con el concurso de la vieja burocracia zarista mantenida en sus puestos. Pero en lugar de resolver el problema, la burocracia no hizo otra cosa que luchar contra los campesinos. Los campesinos han aprendido algo en estos ocho meses de nuestra revolución y quieren resolver por sí mismos todos los problemas relativos a la tierra. Por eso nos pronunciamos contra toda enmienda a este proyecto de ley. No queremos entrar en detalles, porque redactamos un decreto y no un programa de acción. Rusia es grande y las condiciones locales existentes en ella son diversas. Confiamos en que los propios campesinos sabrán, mejor que nosotros, resolver el problema con acierto, como es debido. Lo esencial no es que lo hagan de acuerdo con nuestro programa o con el de los eseristas. Lo esencial es que el campesinado tenga la firme seguridad de que han dejado de existir los terratenientes, que los campesinos resuelvan ellos mismos todos los problemas y organicen su propia vida. (Clamorosos aplausos).

Fuente: V.I. Lenin: «Segundo Congreso de los Soviets de diputados, obreros y soldados de toda Rusia. Informe sobre la paz, 26 de octubre (8 de noviembre) e Informe acerca de la tierra, 26 de octubre (8 de noviembre)», en *Obras escogidas* en tres tomos, t. II, Editorial Progreso, Moscú, 1970, pp. 485–489 y 493–496.

Acerca de la historia sobre la paz desdichada*

Habrá, sin duda, quien pueda decir que no estamos ahora para ocuparnos de la historia. Semejante afirmación sería admisible si no existiera una relación práctica directa e indisoluble entre el pasado y el presente en una cuestión determinada. Pero la cuestión de la paz desdichada, de la paz archidura, es tan actual que se hace preciso aclararla. Y por eso publico las tesis sobre esta cuestión que leí el 8 de enero de 1918 en una reunión a la que asistieron cerca de 60 destacados funcionarios petrogradenses de nuestro Partido.

He aquí las tesis:

7.1.1918.

Tesis sobre el problema de la conclusión inmediata de una paz separada y anexionista[1]

1. La situación de la revolución rusa en el presente momento es tal que casi todos los obreros y la gran mayoría de los campesinos están indudablemente al lado del Poder soviético y de la revolución socialista comenzada por este. Por tanto, el éxito de la revolución socialista en Rusia está asegurado.

2. Al mismo tiempo, la guerra civil, provocada por la resistencia furiosa de las clases poseedoras, que saben perfectamente que han empeñado el

---

*   Escrito: Las tesis, el 7 (20) de enero; la tesis 22, el 21 de enero (3 de febrero); la «Introducción», antes del 11 (24) de febrero de 1918. Publicado (sin la tesis 22) el 24 (11) de febrero de 1918 en el núm. 34 de *Pravda*. Firmado: N. Lenin. Publicada por primera vez la tesis 22 en 1949, en el t. XXVI de la 4ta edición de las *Obras* de V.I. Lenin.

combate final y decisivo por la conservación de la propiedad privada sobre la tierra y los medios de producción, no ha llegado todavía a su punto álgido. En esta guerra, el Poder soviético tiene asegurada la victoria, pero es inevitable que transcurra algún tiempo, serán inevitablemente necesarios no pocos esfuerzos, será inevitable ese período de profunda ruina y caos que acompañan a toda guerra y en particular a la guerra civil hasta que la resistencia de la burguesía haya sido aplastada.

3. Además, esta resistencia en sus formas menos activas y no militares: el sabotaje, el soborno de maleantes, el soborno de los agentes de la burguesía que se infiltran en las filas de los socialistas para socavar su obra, etcétera, etcétera; esta resistencia resultó tan tenaz y tan capaz de adoptar las formas más variadas que la lucha contra ella se prolongará inevitablemente durante cierto tiempo, y es poco probable que acabe, en sus formas principales, antes de algunos meses. Pero el triunfo de la revolución socialista es imposible sin vencer de un modo decisivo esta resistencia pasiva y encubierta de la burguesía y de sus adeptos.

4. Por último, las tareas de la transformación socialista en Rusia, en el terreno de la organización, son tan enormes y difíciles que el resolverlas, teniendo presente la abundancia de «compañeros de viaje» pequeñoburgueses del proletariado socialista y el escaso nivel cultural de este, exigirá también bastante tiempo.

5. Todas estas circunstancias, en su conjunto, son de tal naturaleza que de ellas emana con toda evidencia la necesidad de disponer, para el triunfo del socialismo en Rusia, de cierto tiempo, no inferior a varios meses, durante el cual el Gobierno socialista debe tener las manos completamente libres para lograr la victoria sobre la burguesía, en primer término en su propio país, y para llevar a cabo una amplia y profunda labor de organización entre las masas.

6. La situación de la revolución socialista en Rusia debe servir de base para cualquier determinación de los problemas internacionales de nuestro Poder soviético, porque la situación internacional en el cuarto año de guerra es tal que resulta de todo punto imposible precisar el momento probable del estallido de la revolución y del derrocamiento de cualquiera de los gobiernos imperialistas de Europa (del alemán incluso). No cabe duda de que la revolución socialista en Europa debe estallar y estallará. Todas nuestras esperanzas

en la victoria *definitiva* del socialismo se fundan precisamente en esta seguridad y en esta previsión científica. Nuestra propaganda, en general, y la organización de la fraternización en el frente, en particular, deben ser reforzadas y extendidas. Pero sería un error basar la táctica del Gobierno socialista de Rusia en los intentos de determinar si la revolución socialista en Europa, y particularmente en Alemania, va o no va a desencadenarse en los próximos seis meses (o en un plazo más o menos aproximado). Como no hay manera de determinarlo, todos los intentos de esta naturaleza se reducirían, objetivamente, a un ciego juego de azar.

7. En el momento presente, o sea hacia el 7 de enero de 1918, las negociaciones de paz en Brest–Litovsk han demostrado con absoluta claridad que en el gobierno alemán (que de los gobiernos de la cuádruple alianza es quien lleva la batuta) ha vencido, sin ninguna duda, la camarilla militar que, en realidad, ha presentado ya un ultimátum a Rusia (de un momento a otro debemos esperar, tenemos que esperar forzosamente, su presentación oficial). Este ultimátum significa: la prosecución de la guerra o una paz anexionista, es decir, la paz a condición de que nosotros, devolvamos todos los territorios ocupados, los alemanes se queden con *todos* los territorios ocupados por ellos y nos impongan una contribución (disfrazada exteriormente bajo forma de pago por la manutención de los prisioneros), contribución que asciende aproximadamente a 3 mil millones de rublos, a pagar en varios años.

8. El Gobierno socialista de Rusia se encuentra frente a un problema cuya solución no puede ser postergada: o bien aceptar en el acto esta paz anexionista, o emprender inmediatamente una guerra revolucionaria. En realidad, no hay solución intermedia posible. No puede haber ningún nuevo aplazamiento, porque *ya* hemos hecho todo lo posible e imposible para prolongar artificialmente las negociaciones.

9. Analizando los argumentos que se invocan en favor de una guerra revolucionaria inmediata, nos encontramos, ante todo, con el razonamiento de que la paz separada constituiría ahora, objetivamente, un acuerdo con los imperialistas alemanes, «un trato imperialista», etcétera y que, por consiguiente, una paz así significaría una ruptura completa con los principios fundamentales del internacionalismo proletario.

Pero este argumento es a todas luces falso. Los obreros que pierden la huelga y firman, para reanudar el trabajo, unas condiciones desventajosas para ellos y ventajosas para los capitalistas, no traicionan al socialismo. Solo traicionan al socialismo quienes aceptan ventajas para una parte de los obreros a cambio de otras ventajas para los capitalistas. Solo semejantes acuerdos son inadmisibles en principio.

Traicionan al socialismo quienes califican de justa y defensiva la guerra contra el imperialismo alemán y, de hecho, reciben el apoyo de los imperialistas anglo–franceses, ocultando al pueblo los tratados secretos concertados con ellos. Los que sin ocultar nada al pueblo, sin firmar ningún tratado secreto con los imperialistas, se avienen a firmar condiciones de paz desfavorables para una nación débil y ventajosas para uno de los grupos imperialistas, porque en ese momento no están en condiciones de continuar la guerra, no cometen ni la más mínima traición al socialismo.

10. Otro de los argumentos en favor de la guerra inmediata es que, concertando la paz, nos constituimos, objetivamente, en agentes del imperialismo alemán, ya que le proporcionamos la posibilidad de utilizar las tropas que tiene en nuestro frente, le devolvemos millones de prisioneros, etcétera. Pero también este razonamiento es a todas luces falso, porque en este momento, la guerra revolucionaria nos convertiría, objetivamente, en agentes del imperialismo anglofrancés, ya que le proporcionaríamos fuerzas auxiliares que favorecerían sus fines. Los ingleses ofrecieron descaradamente a nuestro jefe supremo Krylenko cien rublos al mes por cada soldado nuestro en caso de continuar nosotros la guerra. Y aunque no aceptáramos ni un kopek de los anglo–franceses, no dejaríamos por eso de ayudarles objetivamente, distrayendo una parte de las tropas alemanas.

Desde este punto de vista, tanto en un caso como en otro, no conseguimos librarnos del todo de uno u otro lazo imperialista. Por lo demás, es evidente que no podemos librarnos de ellos por completo antes de derrocar el imperialismo mundial. La conclusión acertada que de aquí se desprende es que, a partir del momento que el Gobierno socialista ha triunfado en un país, los problemas tienen que ser resueltos no desde el punto de vista de la preferencia por uno u otro bando imperialista, sino exclusivamente desde el punto de vista de las mejores condiciones para el desenvolvimiento y consolidación de la revolución socialista ya iniciada.

En otros términos: el principio que debe constituir la base de nuestra táctica no es establecer a cuál de los dos imperialismos es al que más nos conviene

Acerca de la historia sobre la paz desdichada **159**

ayudar en estos momentos, sino determinar cuál es el medio más eficaz y seguro de garantizarle a la revolución socialista la posibilidad de afianzarse o, por lo menos, de sostenerse en un país hasta el momento en que otros países se adhieran a él.

11. Dicen que los adversarios de la guerra, entre los social–demócratas alemanes, se han convertido ahora en «derrotistas» y nos piden que no cedamos ante el imperialismo alemán. Pero nosotros hemos admitido el derrotismo únicamente contra la *propia* burguesía imperialista, rechazando siempre como método inadmisible desde el punto de vista de los principios y, en general, inservible, la victoria sobre el imperialismo extranjero conseguida en alianza formal o efectiva con el imperialismo «amigo».

Por consiguiente, dicho argumento no es más que una variedad del anterior. Si los socialdemócratas de izquierda alemanes nos propusieran demorar la firma de la paz separada por un plazo *determinado,* garantizándonos el desencadenamiento de la revolución en Alemania durante este plazo, el problema *podría* presentársenos bajo otro aspecto. Pero la izquierda alemana no solo no nos dice esto, sino que, por el contrario, declara formalmente: «Sosteneros mientras podáis, pero resolved la cuestión guiándoos por el estado de cosas de la revolución socialista *rusa,* porque no podemos prometeros nada positivo respecto a la revolución alemana».

12. Dicen que en una serie de declaraciones del Partido hemos «prometido» abiertamente la guerra revolucionaria y que la conclusión de una paz separada representaría una traición a nuestra palabra.

Esto es falso. Hablábamos de la *necesidad* para el gobierno socialista *de preparar y sostener* la guerra revolucionaria en la época del imperialismo lo decíamos para luchar contra el pacifismo abstracto, contra la teoría de la negación absoluta de la «defensa de la patria» en la época del imperialismo y, por último, contra los instintos puramente egoístas de una parte de las tropas; pero no contrajimos ningún compromiso de iniciar la guerra revolucionaria sin tener en cuenta la posibilidad de sostenerla en uno u otro momento dado.

También ahora debemos, indudablemente, *preparar* la guerra revolucionaria. Esta promesa nuestra la estamos cumpliendo como hemos cumplido, en general, todas nuestras promesas cuya realización inmediata era posible: hemos anulado los tratados secretos, hemos ofrecido una paz justa a todos los pueblos, hemos demorado varias veces y por todos los medios las negociaciones de paz para dar tiempo a que los demás pueblos se nos adhieran.

Pero la cuestión de si es posible *ahora, inmediatamente,* sostener una guerra revolucionaria, debe resolverse considerando exclusivamente las condiciones materiales de su realización y los intereses de la revolución socialista ya iniciada.

13. Haciendo un resumen de los argumentos en favor de la guerra revolucionaria inmediata, se tiene que llegar a la conclusión de que tal política respondería, quizá, a las exigencias del hombre en su aspiración a lo bello, a lo efectista y brillante, pero no tomaría en consideración en absoluto la correlación objetiva de las fuerzas de clase y de los factores materiales del momento presente de la revolución socialista iniciada.

14. No cabe ninguna duda de que en el momento presente y en las próximas semanas (y probablemente en los próximos meses), nuestro ejército no está en absoluto en condiciones de rechazar la ofensiva alemana, debido, en primer término, al excepcional cansancio y agotamiento de la mayoría de los soldados, dado el inaudito desbarajuste del aprovisionamiento y del relevo de los hombres cansados, etcétera; en segundo término, a causa del estado de completa inutilidad de la tracción animal, que originaría la pérdida inevitable de nuestra artillería; y, por último, a causa de la completa imposibilidad de defender la costa desde Riga hasta Reval, lo que brinda al enemigo la mejor oportunidad para conquistar la parte restante de Liflandia,[2] apoderarse a continuación de Estlandia,[3] envolver la mayor parte de nuestras tropas por la retaguardia y, finalmente, hacerse dueño de Petrogrado.

15. Además, no cabe la menor duda de que, en los momentos presentes, la mayoría campesina de nuestro ejército se pronunciaría con toda seguridad en favor de una paz anexionista y no en favor de una guerra revolucionaria inmediata, porque la reorganización socialista de nuestro ejército y la incorporación a sus filas de los destacamentos de la Guardia Roja, etcétera, solo está iniciándose.

Con un ejército totalmente democratizado sería una aventura sostener la guerra contra la voluntad de la mayoría de los soldados, siendo necesarios, por lo menos, largos meses para crear un ejército obrero y campesino socialista, realmente potente e ideológicamente firme.

16. Los campesinos pobres de Rusia están en condiciones de apoyar la revolución socialista, dirigida por la clase obrera, pero no están en condiciones, en el momento presente, de emprender inmediatamente una guerra revolucionaria seria. Sería un error fatal despreciar esta correlación objetiva de las fuerzas de clase en lo que a dicha cuestión se refiere.

17. Por lo tanto, en lo que concierne a la guerra revolucionaria en el momento actual, la situación es la siguiente:

Si la revolución alemana estallara y triunfase en los próximos tres o cuatro meses, tal vez la táctica de la guerra revolucionaria inmediata no traería consigo el hundimiento de nuestra revolución socialista.

En cambio, si la revolución alemana no se produce en los meses próximos, el curso de los acontecimientos, de continuar la guerra, tendrá inevitablemente un desarrollo tal que gravísimas derrotas obligarán a Rusia a concertar una paz separada aún más desfavorable; y, además, esta paz no la firmaría un Gobierno socialista, sino otro cualquiera (por ejemplo, el bloque de la Rada burguesa con la gente de Chernov u otra cosa por el estilo). Porque el ejército campesino, extremadamente agotado por la guerra, derrocaría con toda seguridad al Gobierno socialista obrero y campesino después de las primeras derrotas, y lo haría probablemente no al cabo de varios meses, sino a las pocas semanas.

18. En tales condiciones sería una táctica completamente inadmisible jugarse a una carta los destinos de la revolución socialista, que ya ha comenzado en Rusia, por el mero hecho de ver si en un plazo cercano, brevísimo, calculando en semanas, estalla la revolución en Alemania. Semejante táctica sería una aventura. No tenemos derecho de exponernos a este riesgo.

19. En virtud de sus condiciones objetivas, tampoco la revolución alemana se verá en absoluto perjudicada por el hecho de que nosotros concertemos la paz separada. Es probable que la embriaguez chovinista la debilite durante cierto tiempo, pero la situación de Alemania seguirá siendo extremadamente difícil, la guerra contra Inglaterra y América será larga, el imperialismo agresivo ha quedado total y definitivamente desenmascarado por ambas partes. La República Socialista Soviética en Rusia se alzará como un ejemplo vivo ante los pueblos de todos los países, y el efecto de este ejemplo, como propaganda y como fuerza revolucionaria, será gigantesco. De un lado: régimen burgués y

162   Vladimir Ilich Lenin: Textos escogidos

guerra de conquista, totalmente desenmascarada entre dos grupos de bandidos. De otro: paz y República socialista de los Soviets.

20. Concertando la paz separada, nos libramos en el mayor grado *posible, en el momento presente,* de ambos grupos imperialistas contendientes, aprovechándonos de la hostilidad existente entre ellos y de la guerra —que les impide llegar a un compromiso contra nosotros—, y conseguimos tener las manos libres durante cierto tiempo para proseguir y consolidar la revolución socialista. La reorganización de Rusia sobre la base de la dictadura del proletariado, sobre la base de la nacionalización de los bancos y de la gran industria, con un régimen de *trueque* natural *de productos* entre la ciudad y las cooperativas de consumo, formadas en el campo por los pequeños campesinos, es, desde el punto de vista económico, posible a condición de que tengamos asegurados unos meses de trabajo pacífico. Y semejante reorganización haría que el socialismo fuese invencible tanto en Rusia como en todo el mundo, creando, a la vez, una base económica firme para un poderoso Ejército Rojo obrero y campesino.

21. En el momento actual, una guerra verdaderamente revolucionaria sería la guerra de la República Socialista contra los países burgueses con el claro objetivo, plenamente aprobado por el ejército socialista, de derrocar a la burguesía de otros países. Pero *es evidente* que en el momento *presente* no podemos todavía plantearnos esta finalidad. Objetivamente, lucharíamos ahora por la liberación de Polonia, Lituania y Curlandia. Pero ningún marxista, sin apartarse de los principios del marxismo y del socialismo en general, podría negar que los intereses del socialismo están por encima de los intereses del derecho de las naciones a la autodeterminación. Nuestra República socialista ha hecho y continúa haciendo todo lo posible para llevar a la práctica el derecho de autodeterminación de Finlandia, Ucrania, etcétera. Pero, si la situación concreta es tal que la existencia de la República socialista se halla en este momento en peligro por haber sido infringido el derecho de autodeterminación de algunas naciones (Polonia, Lituania, Curlandia, etcétera), se comprende que los intereses de la conservación de la República Socialista están por encima.

Por eso, quien dice: «No podemos firmar una paz deshonrosa, infame, etcétera, no podemos traicionar a Polonia, etcétera», no advierte que, firmando una paz condicionada por la liberación de Polonia, no haría otra cosa que reforzar *aún más* el imperialismo alemán contra Inglaterra, contra Bélgica, Servia y otros países. La paz condicionada por la liberación de Polonia, Lituania y Curlandia sería una paz «patriótica» *desde el punto de vista de Rusia,* pero no dejaría de ser en ningún caso una paz *con los anexionistas,* con los imperialistas alemanes.

21 de enero de 1918. A estas tesis debe agregarse lo siguiente:

22. Las huelgas de masas en Austria y Alemania, luego la formación de los Soviets de diputados obreros en Berlín y en Viena y, por último, el comienzo e1 18–20 de enero de los choques armados y de las escaramuzas callejeras en Berlín obligan a reconocer como un hecho que en Alemania ha comenzado la revolución.

De este hecho se deduce la posibilidad para nosotros de alargar y demorar, durante un cierto período, las negociaciones de paz.

Fuente: V.I. Lenin: «Acerca de la historia sobre la paz desdichada», en *Obras escogidas* en tres tomos, t. II, Editorial Progreso, Moscú, 1970, pp. 556–563.

Acerca del infantilismo «izquierdista» y del espíritu pequeñoburgués*

[...]

III

Pasamos a las desventuras de nuestros comunistas «de izquierda» en el terreno de la política interior. Es difícil leer sin una sonrisa frases como las siguientes en las tesis sobre el momento *actual:*

«...El aprovechamiento armónico de los medios de producción que han quedado es concebible solo con la socialización más decidida»... «no capitular ante la burguesía y los intelectuales pequeñoburgueses secuaces suyos, sino rematar a la burguesía y acabar definitivamente con el sabotaje...».

¡Simpáticos «comunistas de izquierda»! ¡Cuánta decisión tienen... y qué poca reflexión! ¿Qué significa «la socialización más decidida»?

Se puede ser decidido o indeciso en el problema de la nacionalización, de la confiscación. Pero la clave está en que la mayor «decisión» del mundo es insuficiente para pasar *de* la nacionalización y la confiscación *a* la socialización. La desgracia de nuestros «izquierdistas» consiste, precisamente, en que con ese ingenuo e infantil juego de palabras, «la socialización más decidida», revelan su más plena incomprensión de la clave del problema, de la clave del momento «actual». La desventura de los «izquierdistas» está en que no han observado la propia esencia del «momento actual», del paso de

---

* Publicado los días 9, 10 y 11 de mayo de 1918 en los núm. 88, 89 y 90 de *Pravda*. Firmado N. Lenin.

las confiscaciones (durante cuya realización la cualidad principal del político es la decisión) a la socialización (para cuya realización se requiere del revolucionario *otra* cualidad).

La clave del momento actual consistía ayer en nacionalizar, confiscar con la mayor decisión, en golpear y rematar a la burguesía, en acabar con el sabotaje. Hoy, solo los ciegos podrán no ver que hemos nacionalizado, confiscado, golpeado y acabado *más de lo que hemos sabido contar*. Y la socialización se distingue precisamente de la simple confiscación en que se puede confiscar con la sola «decisión», sin saber contar y distribuir acertadamente, *pero es imposible socializar sin saber hacer eso*.

Nuestro mérito histórico consiste en que fuimos ayer (y seremos mañana) decididos en las confiscaciones, en rematar a la burguesía, en acabar con el sabotaje. Hablar hoy de eso en unas «tesis sobre el momento actual» significa volver el rostro al pasado y no comprender la transición al futuro.

«Acabar definitivamente con el sabotaje». ¡Vaya tarea! ¡Pero si los saboteadores han sido «acabados» en grado suficiente! Lo que nos falta en absoluto, en absoluto, es otra cosa: *contar* qué saboteadores hay y dónde debemos colocarlos, organizar *nuestras* fuerzas para que, por ejemplo, un dirigente o controlador bolchevique vigile a un centenar de saboteadores que vienen a servirnos. En tal situación, lanzar frases como «la socialización más decidida», «rematar» y «acabar definitivamente» significa no dar una en el clavo. Es peculiar del revolucionario pequeñoburgués no advertir que para el socialismo no basta rematar, acabar, etcétera; eso es suficiente para el pequeño propietario, enfurecido contra el grande, pero el revolucionario proletario jamás caería en semejante error.

Si las palabras que hemos citado suscitan una sonrisa, el descubrimiento hecho por los «comunistas de izquierda» de que la República Soviética, con la «desviación bolchevique de derecha», se ve amenazada de «evolucionar hacia el capitalismo de estado» provoca una franca carcajada homérica: ¡Puede decirse, en verdad, que nos han asustado! ¡Y con qué celo repiten los «comunistas de izquierda» este terrible descubrimiento en sus tesis y en sus artículos!

Pero no se les ha ocurrido pensar que el capitalismo de Estado representaría *un paso adelante* en comparación con la situación existente hoy en nuestra República Soviética. Si dentro de unos seis meses se estableciera en nuestro país el capitalismo de Estado, eso sería un inmenso éxito y la más firme

166 Vladimir Ilich Lenin: Textos escogidos

garantía de que, al cabo de un año, el socialismo se afianzaría definitivamente y se haría invencible.

Me imagino la noble indignación con que rechazará estas palabras el «comunista de izquierda» y la «crítica demoledora» que desencadenará ante los obreros contra «la desviación bolchevique de derecha». ¿Cómo? ¿Que el paso al *capitalismo* de Estado significaría un paso adelante en la República *Socialista* Soviética? ¿No es eso una traición al socialismo?

Precisamente en eso reside el error *económico* de los «comunistas de izquierda». Por ello, es preciso examinar con detalle este punto.

En primer lugar, los «comunistas de izquierda» no han comprendido cuál es precisamente la *transición* del capitalismo al socialismo que nos da derecho y fundamento para denominarnos República Socialista de los Soviets.

En segundo lugar, revelan su espíritu pequeñoburgués precisamente en que *no ven* el elemento pequeñoburgués como enemigo *principal* del socialismo en nuestro país.

En tercer lugar, al levantar el espantajo del «capitalismo de Estado», demuestran no comprender el Estado soviético en su diferencia económica del Estado burgués.

Examinemos estas tres circunstancias.

No ha habido, a mi juicio, una sola persona que al ocuparse de la economía de Rusia haya negado el carácter de transición de esa economía. Ningún comunista ha negado tampoco, a mi parecer, que la expresión República Socialista Soviética significa la decisión del Poder soviético de llevar a cabo la transición al socialismo, mas en modo alguno el no reconocimiento del nuevo régimen económico como socialista.

Sin embargo, ¿qué significa la palabra transición? ¿No significará, aplicada a la economía, que en el régimen actual existen elementos, partículas, pedacitos *tanto* de capitalismo *como* de socialismo? Todos reconocen que sí. Mas no todos, al reconocer eso, se paran a pensar qué elementos de los distintos tipos de economía social existen en Rusia. Y en eso está todo el meollo de la cuestión.

Enumeraremos esos elementos:

1) economía campesina, patriarcal, es decir, natural en grado considerable;

Acerca del infantilismo «izquierdista» y del espíritu pequeñoburgués **167**

2) pequeña producción mercantil (en ella figuran la mayoría de los campesinos que venden cereales);

3) capitalismo privado;

4) capitalismo de Estado;

5) socialismo.

Rusia es tan grande y tan abigarrada que en ella se entrelazan todos esos tipos diferentes de economía social. Lo original de la situación consiste precisamente en eso.

Puede preguntarse: ¿qué elementos predominan? Está claro que en un país pequeñoburgués predomina, y no puede dejar de predominar, el elemento pequeñoburgués; la mayoría, la inmensa mayoría de los agricultores son pequeños productores de mercancías. Los *especuladores,* y el principal objeto de especulación es el *trigo,* rompen ora aquí, ora allá la envoltura del capitalismo de Estado (el monopolio de los cereales, el control sobre los patronos y comerciantes, los cooperadores burgueses).

La lucha principal se sostiene hoy precisamente en este terreno. ¿Entre quién se sostiene esa lucha, si hablamos en los términos de las categorías económicas, como, por ejemplo, el «capitalismo de Estado»? ¿Entre los peldaños cuarto y quinto en el orden en que acabo de enumerarlos? Es claro que no. No es el capitalismo de Estado el que lucha contra el socialismo, sino la pequeña burguesía más el capitalismo privado los que luchan juntos, de común acuerdo, tanto contra el capitalismo de Estado como contra el socialismo. La pequeña burguesía opone resistencia a *cualquier* intervención del Estado, contabilidad y control tanto capitalista de Estado como socialista de Estado. Eso es un hecho de la realidad absolutamente inapelable, en cuya incomprensión está la raíz del error económico de los «comunistas de izquierda». El especulador, el merodeador del comercio, el saboteador del monopolio: ese es nuestro principal enemigo «interior», el enemigo de las medidas económicas del Poder soviético. Si hace 125 años podía perdonarse aún a los pequeños burgueses franceses, los revolucionarios más fervientes y más sinceros, el afán de vencer al especulador mediante la ejecución de unos cuantos «elegidos» y los truenos de las declaraciones hueras, hoy, en cambio, la actitud puramente palabrera de ciertos eseristas de izquierda ante esta cuestión no despierta en cada revolucionario consciente otra cosa que repugnancia o asco. Sabemos perfectamente que la base económica de la especulación la constituyen el sector de los pequeños propietarios, extraordinariamente amplio en Rusia, y el capitalismo privado, que tiene un agente *en cada* pequeño burgués. Sabemos que los millones de tentáculos de esta hidra pequeñoburguesa apresan aquí o allá a algunos sectores de los obreros, que la especulación, *en lugar del monopolio de Estado,* irrumpe por todos los poros de nuestra vida económico–social.

Quienes no ven eso revelan precisamente con su ceguera que son prisioneros de los prejuicios pequeñoburgueses. Así son nuestros «comunistas de izquierda», quienes de palabra (y profundísimamente convencidos de ello, como es natural) son enemigos implacables de la pequeña burguesía; pero, de hecho, no hacen más que ayudarla, no hacen más que servirla, no hacen más que expresar su punto de vista, aullando — *¡¡en abril de 1918!!* — contra... ¡el «capitalismo de Estado»! ¡Eso se llama dar en el clavo!

El pequeño burgués tiene reservas de dinero, unos cuantos miles, acumulados por medios «lícitos», y sobre todo ilícitos, durante la guerra. Tal es el tipo económico característico como base de la especulación y del capitalismo privado. El dinero es el certificado que les permite recibir riquezas sociales, y los millones de pequeños propietarios guardan bien ese certificado, lo ocultan del «Estado», no creyendo en ningún socialismo y comunismo, «esperando a que pase» la tempestad proletaria. Y una de dos; o sometemos a este pequeñoburgués a *nuestro* control y contabilidad (y podemos hacerlo si organizamos a los campesinos pobres, es decir, a la mayoría de la población o semiproletarios alrededor de la vanguardia proletaria consciente), o él echará abajo nuestro poder obrero inevitable e ineluctablemente, de la misma manera que echaron abajo la revolución los Napoleón y los Cavaignac, que brotan precisamente sobre ese terreno de pequeños propietarios. Así está planteada la cuestión. Los eseristas de izquierda son los únicos que no ven esta verdad, sencilla y clara, tras las frases hueras sobre el campesinado «trabajador»; pero ¿quién puede tomar en serio a los eseristas de izquierda, hundidos en las frases hueras?

El pequeño burgués que esconde sus miles es un enemigo del capitalismo de Estado y aspira a invertir esos miles única y exclusivamente en provecho

Acerca del infantilismo «izquierdista» y del espíritu pequeñoburgués **169**

propio, en contra de los pobres, en contra de toda clase de control del Estado; y el conjunto de estos miles forma una base de muchos miles de millones para la especulación, que malogra nuestra edificación socialista. Supongamos que determinado número de obreros aporta en varios días valores por una suma igual a 1 000. Supongamos, además, que de esta suma tenemos una pérdida igual a 200, como consecuencia de la pequeña especulación, de las dilapidaciones de todo género y de las maniobras de los pequeños propietarios para transgredir las normas y los decretos soviéticos. Todo obrero consciente dirá: si yo pudiera aportar 300 de esos 1 000, a condición de que se implantase un orden y una organización mejores, aportaría con gusto 300 en lugar de 200, ya que con el Poder soviético reducir luego este «tributo», supongamos, hasta 100 o 50 será una tarea muy fácil, una vez que se impongan el orden y la organización, una vez que sea vencido por completo el sabotaje de la pequeña propiedad privada contra todo monopolio de Estado.

Este sencillo ejemplo con cifras simplificado premeditadamente al máximo para hacer más clara la exposición explica la *correlación,* en la situación actual, entre el capitalismo de Estado y el socialismo. Los obreros tienen en sus manos el poder del Estado, tienen la absoluta posibilidad jurídica de «tomar» todo el millar, es decir, de no entregar un solo kopek que no esté destinado a fines socialistas. Esta posibilidad jurídica, que se asienta en el paso de hecho del poder a los obreros, es un elemento del socialismo.

Pero los elementos de la pequeña propiedad y del capitalismo privado se valen de muchos medios para minar la situación jurídica, para abrir paso a la especulación y frustrar el cumplimiento de los decretos soviéticos. El capitalismo de Estado significaría un gigantesco paso adelante *incluso si* pagáramos *más* que ahora (he tomado adrede el ejemplo con cifras para mostrar esto claramente), pues merece la pena pagar «por aprender», pues eso es útil para los obreros, pues vencer el desorden, el desbarajuste y el relajamiento tiene más importancia que nada, pues continuar la anarquía de la pequeña propiedad representa el peligro mayor y más temible, que nos hundirá *indudablemente* (si no lo vencemos), en tanto que pagar un mayor tributo al capitalismo de Estado, lejos de hundirnos, nos llevara camino más seguro hacia el socialismo. La clase obrera, después de aprender a proteger el orden estatal frente a la anarquía de la pequeña propiedad, después de aprender a organizar la producción en gran escala, en escala de todo el país sobre la base del capitalismo de Estado, tendrá entonces en las manos —disculpadme la expresión— todos los triunfos, y el afianzamiento del socialismo estará asegurado.

El capitalismo de Estado es incomparablemente superior *desde el punto de vista económico,* a nuestra economía actual. Eso en primer lugar.

Y en segundo lugar, no tiene nada de temible para el Poder soviético, pues el Estado soviético es un Estado en el que está asegurado el poder de los obreros y de los campesinos pobres. Los «comunistas de izquierda» no han comprendido estas verdades indiscutibles, que, como es natural, jamás podrá comprender el «eserista de izquierda», incapaz en general de ligar en la cabeza ninguna clase de ideas sobre economía política, pero que se verá *obligado* a reconocer todo marxista. No merece la pena discutir con el eserista de izquierda: basta señalarle con el dedo como un «ejemplo repulsivo» de charlatán; pero con el «comunista de izquierda» *es preciso* discutir, pues en este caso el error lo cometen marxistas, y el análisis de sus errores ayudará *a la clase obrera* a encontrar el camino certero.

IV

Para aclarar más aún la cuestión, citaremos, en primer lugar, un ejemplo concretísimo de capitalismo de estado. Todos conocemos ese ejemplo: Alemania. Tenemos allí la «última palabra» de la gran técnica capitalista moderna y de la organización armónica, *subordinada al imperialismo junker–burgués.* Dejad a un lado las palabras subrayadas, colocad en lugar de *Estado* militar, junker, burgués, imperialista, *también un Estado,* pero un Estado de otro tipo social, de otro contenido de clase, el Estado *soviético,* es decir, proletario, y obtendréis *toda* la suma de condiciones que da como resultado el socialismo.

El socialismo es inconcebible sin la gran técnica capitalista, basada en la última palabra de la ciencia moderna, sin una organización estatal armónica que someta a decenas de millones de personas a la más rigurosa observancia de una norma única en la producción y la distribución de los productos. Nosotros, los marxistas, hemos hablado siempre de eso, y no merece la pena gastar siquiera dos segundos en conversar con gente que no ha comprendido *ni siquiera* eso (los anarquistas y una buena mitad de los eseristas de izquierda).

Al mismo tiempo, el socialismo es inconcebible sin la dominación del proletariado en el Estado: eso es también elemental. Y la historia (de la que

Acerca del infantilismo «izquierdista» y del espíritu pequeñoburgués **171**

nadie, excepto los obtusos mencheviques de primera clase, esperaba que diera de modo listo, tranquilo, fácil y simple el socialismo «íntegro») siguió un camino tan original que *parió* hacia 1918 dos mitades separadas de socialismo, una cerca de la otra, exactamente igual que dos futuros polluelos bajo el mismo cascarón del imperialismo internacional. Alemania y Rusia encarnaron en 1918 del modo más patente la realización material de las condiciones económico–sociales, productivas y económicas del socialismo, de una parte, y de sus condiciones políticas, de otra.

La revolución proletaria victoriosa en Alemania rompería de golpe, con extraordinaria facilidad, todo cascarón del imperialismo (hecho, por desgracia, del mejor acero, por lo que no pueden romperlo los esfuerzos de *cualquier*... polluelo), haría realidad de modo seguro la victoria del socialismo mundial, sin dificultades o con dificultades insignificantes, si se toma, naturalmente, la escala de lo «difícil», desde el punto de vista histórico–universal y no desde el punto de vista pequeñoburgués y de círculo.

Mientras la revolución tarde aún en «nacer» en Alemania, nuestra tarea consiste en aprender de los alemanes el capitalismo de estado, en implantarlo *con todas las fuerzas,* en no escatimar métodos *dictatoriales* para acelerar su implantación más aún que Pedro I aceleró la implantación del occidentalismo por la bárbara Rusia, sin reparar en medios bárbaros de lucha contra la barbarie. Si entre los anarquistas y eseristas de izquierda hay hombres (recuerdo involuntariamente los discursos de Karelin y Gue en el CEC) capaces de razonar a lo Narciso que no es digno de revolucionarios «aprender» del imperialismo alemán, habrá que decirles una cosa: una revolución que creyera en serio a semejantes hombres se hundiría sin falta (y lo tendría bien merecido).

En Rusia predomina hoy precisamente el capitalismo pequeñoburgués, del que *uno y el mismo camino* lleva *tanto* al gran capitalismo de Estado *como* al socialismo, *lleva a través de una y la misma* estación intermedia, llamada «contabilidad y control por todo el pueblo de la producción y la distribución». Quien no comprende esto comete un error económico imperdonable, bien desconociendo los hechos de la realidad, no viendo lo que existe ni sabiendo mirar la verdad cara a cara, o bien limitándose a una contraposición abstracta del «capitalismo» al «socialismo» y no calando hondo en las formas y fases concretas de esta transición hoy en nuestro país. Entre paréntesis, se trata del mismo error teórico que desconcertó a los mejores hombres del campo de

Nóvaya Zhizn y Vperiod: los peores y medianos de entre ellos se arrastran, por obtusos y amorfos, a la cola de la burguesía, asustados por ella; los mejores no han comprendido que los maestros del socialismo no hablaban en vano de todo un período de transición del capitalismo al socialismo y no subrayaban en vano los «largos dolores del parto» de la nueva sociedad; por cierto que esta nueva sociedad es también una abstracción, que solo puede encarnar en la vida por medio de intentos concretos, imperfectos y variados, de crear uno u otro Estado socialista.

Precisamente porque no se puede seguir avanzando desde la actual situación económica de Rusia sin pasar por *lo que es común* al capitalismo de Estado y al socialismo (la contabilidad y el control por todo el pueblo), es un completo absurdo teórico asustar a los demás y asustarse a sí mismo con la «evolución *hacia* el capitalismo de Estado».[1] Eso significa, precisamente, desviarse con el pensamiento «apartándose» del verdadero camino de la «evolución», no comprender dicho camino; en la práctica, eso equivale a tirar hacia atrás, hacia el capitalismo basado en la pequeña propiedad.

A fin de que el lector se convenza de que no hago solo hoy, ni mucho menos, una «alta» apreciación del capitalismo de Estado, sino que la hice también *antes* de la toma del poder por los bolcheviques, me permito reproducir la siguiente cita de mi folleto *La catástrofe que nos amenaza y cómo combatirla,* escrito en septiembre de 1917:

> Pues bien, *sustituid* ese Estado de junkers y capitalistas, ese Estado de terratenientes y capitalistas, por un Estado *democrático–revolucionario,* es decir, por un Estado que destruya revolucionariamente *todos* los privilegios, que no tema implantar revolucionariamente la democracia más completa, y veréis que el capitalismo monopolista de Estado, en un Estado verdaderamente democrático–revolucionario, representa inevitablemente, infaliblemente, ¡un paso, pasos hacia el socialismo!
>
> Pues el socialismo no es más que el paso siguiente después del monopolio capitalista de Estado.
>
> El capitalismo monopolista de Estado es la preparación *material* más completa para el socialismo, su *antesala,* un peldaño de la escalera histórica entre el cual y el peldaño llamado socialismo *no hay ningún peldaño intermedio.*

Acerca del infantilismo «izquierdista» y del espíritu pequeñoburgués **173**

Observad que eso fue escrito en tiempos de Kerenski, que no se trata aquí de la dictadura del proletariado, no se trata del Estado socialista, sino del Estado «democrático–revolucionario». ¿No está claro, acaso, que *cuanto más alto* nos hayamos elevado de este escalón político, *cuanto más plenamente* hayamos encarnado en los Soviets el Estado socialista y la dictadura del proletariado, *menos* nos será permitido temer al «capitalismo de Estado»? ¿No está claro, acaso, que en el sentido *material,* económico, de la producción, no nos encontramos aún en la «antesala» del socialismo? ¿Y que no se puede entrar por la puerta del socialismo si no es atravesando esa «antesala», no alcanzada todavía por nosotros?

Desde cualquier lado que se enfoque la cuestión, la conclusión es siempre la misma: el razonamiento de los «comunistas de izquierda» acerca de la supuesta amenaza que representa para nosotros el «capitalismo de Estado» es un completo error económico y una prueba evidente de que están prisioneros en absoluto precisamente de la ideología pequeñoburguesa.

Fuente: V.I. Lenin: «Acerca del infantilismo "izquierdista" y del espíritu pequeñoburgués», Capítulos III y IV en *Obras escogidas* en tres tomos, t. II, Editorial Progreso, Moscú, 1970, pp. 723–731.

El hambre*
(Carta a los obreros de Petrogrado)

Camaradas:

Hace unos días me visitó un delegado vuestro, miembro del Partido y obrero de la fábrica Putílov. Este camarada me describió con todo detalle el cuadro, en extremo penoso, del hambre en Petrogrado. Todos sabemos que, en numerosas provincias industriales, el problema del abastecimiento tiene la misma gravedad, el hambre llama no menos dolorosamente a las puertas de los obreros y de los pobres en general.

Y al mismo tiempo observamos el desenfreno de la especulación con los cereales y otros artículos alimenticios. El hambre no se debe a que falte trigo en Rusia, sino a que la burguesía y todos los ricos libran la lucha final, la lucha decisiva, contra el dominio de los trabajadores, contra el estado de los obreros, contra el Poder soviético, en el problema más importante y grave: el de los cereales. La burguesía y todos los ricos, incluidos los ricachos del campo, los kulaks, hacen fracasar el monopolio del trigo y la distribución de este por el Estado, implantada en beneficio y en interés del abastecimiento de toda la población, en primer término de los obreros, de los trabajadores, de los necesitados. La burguesía sabotea los precios fijos, especula con los cereales, se gana cien o doscientos rublos, e incluso más, en cada pud, destruye el monopolio del trigo e impide la justa distribución de este, recurriendo a la corrupción y al soborno, al apoyo premeditado de cuanto pueda hundir el poder de los

---

*   Publicado en *Pravda,* núm. 101, 24 de mayo de 1918. Firmado N. Lenin.

obreros, que pugna por llevar a la práctica el primer principio del socialismo, su principio básico y fundamental: «el que no trabaja, no come».

«El que, no trabaja, no come»: esto lo comprende cualquier trabajador. Con ello están de acuerdo todos los obreros, todos los campesinos pobres e incluso los campesinos medios, todo el que haya conocido las necesidades, todo el que haya vivido alguna vez de su trabajo. Las nueve décimas partes de la población de Rusia están de acuerdo con esta verdad sencilla, la más sencilla y evidente, que constituye la base del socialismo, el manantial inagotable de su fuerza, la firme garantía de su victoria definitiva.

Mas lo esencial consiste, precisamente, en que una cosa es expresar la conformidad con esta verdad, jurar que se la comparte y reconocerla de palabra y otra saber aplicarla en la práctica. Cuando centenares de miles y millones de seres padecen el suplicio del hambre (en Petrogrado, en las provincias no agrícolas y en Moscú) en un país donde los ricos, los kulaks y los especuladores ocultan millones y millones de puds de cereales, en un país que se denomina República Socialista Soviética, hay motivos para que cada obrero y campesino consciente reflexione del modo más serio y profundo.

«El que no trabaja, no come»: ¿cómo llevar esto a la práctica? Está claro como la luz del día que para ello es necesario: primero, el monopolio del trigo por el Estado, es decir, la prohibición absoluta de todo comercio privado de cereales, la entrega obligatoria al Estado de todos los sobrantes de cereales a precios fijos, la prohibición absoluta a quienquiera que sea de retener y ocultar los sobrantes; segundo, un recuento minucioso de todos los sobrantes de cereales y su envío, irreprochablemente organizado, de los lugares donde abundan a los puntos donde escasean, acopiándose al mismo tiempo reservas para el consumo, la elaboración y la siembra; tercero, una distribución acertada y equitativa de los cereales entre todos los ciudadanos del país, bajo el control del Estado obrero, del Estado proletario, sin privilegios ni ventajas de ningún género para los ricos.

Basta reflexionar, por poco que sea, acerca de estas condiciones de la victoria sobre el hambre para comprender la profundísima estupidez de los despreciables charlatanes anarquistas, que niegan la necesidad, del poder estatal (implacablemente severo con la burguesía, implacablemente riguroso con los desorganizadores del mismo) para pasar del capitalismo al comunismo, para emancipar a los trabajadores de todo yugo y de toda explotación.

Precisamente ahora, cuando nuestra revolución ha empezado a acometer de lleno, de manera concreta y práctica (y en esto consiste su inmenso mérito) las tareas de la realización del socialismo, precisamente ahora —y, por cierto, en el problema más importante, el de los cereales— se ve con claridad perfecta la necesidad de un férreo poder revolucionario, de la dictadura del proletariado, de la organización del acopio de productos, de su transporte y su distribución en masa, en escala nacional, teniendo en cuenta las necesidades de decenas y centenas de millones de seres, las condiciones y los resultados de la producción no solo con uno, sino con muchos años de antelación (pues se dan años de malas cosechas, son necesarios a veces trabajos de mejoramiento del terreno para que aumente la cosecha de cereales, lo que requiere una labor de muchos años, etcétera).

Romanov y Kerenski dejaron en herencia a la clase obrera un país arruinado hasta el extremo por su guerra de rapiña, criminal y gravosísima, un país desvalijado totalmente por los imperialistas rusos y extranjeros. Solo habrá cereales para todos si se registra del modo más riguroso cada pud, si se procede con la más absoluta equidad en la distribución de cada libra de pan. El pan para las máquinas, es decir, el combustible, escasea también mucho: si no ponemos en tensión todas las fuerzas para conseguir una economía inflexiblemente rigurosa en su consumo, una acertada distribución, se paralizarán los ferrocarriles y las fábricas, y el paro forzoso y el hambre harán sucumbir a todo el pueblo. La catástrofe nos amenaza, está materialmente a un paso de nosotros. Tras las inusitadas dificultades de mayo vienen otras más penosas aún en junio, julio y agosto.

El monopolio estatal del trigo existe en nuestro país, en virtud de una ley, pero, de hecho, es violado a cada paso por la burguesía. El ricachón de la aldea, el kulak, ese parásito que durante decenios ha venido saqueando a todo su distrito, prefiere lucrarse con la especulación y con la destilación clandestina de alcohol —¡tan beneficiosas para su bolsillo!— y echar la culpa del hambre al Poder soviético. Exactamente igual proceden los defensores políticos de los kulaks —los demócratas constitucionalistas, los eseristas de derecha y los mencheviques— que realizan un «trabajo» descarado y solapado contra el monopolio del trigo y contra el Poder soviético. El partido de los abúlicos, es decir, de los eseristas de izquierda, ha demostrado también en este caso su falta de carácter: cede a los gritos y lamentos interesados de la burguesía, clama contra el monopolio del trigo, «protesta» contra la dictadura de abastos, se deja intimidar por la burguesía, teme la lucha contra el kulak y se revuelve histéricamente, aconsejando elevar los precios fijos, autorizar el comercio privado y otras cosas por el estilo.

Este partido de los abúlicos refleja en política algo parecido a lo que sucede en la vida diaria, cuando el kulak incita a los campesinos pobres contra los Soviets, los soborna, vende, por ejemplo, a algún campesino pobre un pud de trigo no por seis rublos, sino por tres para que este campesino corrompido se «aproveche» a su vez de la especulación, se «beneficie» con la venta especulativa de ese pud de trigo en 150 rublos y se convierta en un vociferador contra los Soviets, que prohíben el comercio privado de los cereales.

Todo el que sea capaz de pensar, todo el que desee pensar, por poco que sea, verá con claridad en qué dirección se desarrolla la lucha.

O vencen los obreros conscientes, avanzados, agrupando a su alrededor a la masa de campesinos pobres y estableciendo un orden férreo, un poder implacablemente severo, la verdadera dictadura del proletariado, obligan al kulak a someterse e implantan una distribución acertada de los cereales y del combustible en escala nacional.

O la burguesía, ayudada por los kulaks y con el apoyo indirecto de los abúlicos y los desorientados (anarquistas y eseristas de izquierda), derribará el Poder soviético y entronizará a un Kornílov ruso–alemán o a un Kornílov ruso–japonés, que traerá al pueblo la jornada de 16 horas, el medio cuarterón de pan a la semana, fusilamientos de obreros en masa y torturas en las mazmorras, como en Finlandia y en Ucrania.

Una cosa u otra.

No hay términos medios.

La situación del país ha llegado a su punto crítico.

Quien reflexione acerca de la vida política, no podrá por menos de ver que los demócratas constitucionalistas, los eseristas de derecha y los mencheviques tratan de ponerse de acuerdo sobre si es más «grato» un Kornílov ruso–alemán o un Kornílov ruso–japonés, si aplastará mejor y con mayor energía la revolución un Kornílov coronado o un Kornílov republicano.

Es hora ya de que se pongan de acuerdo todos los obreros conscientes, avanzados. Es hora ya de que despierten y comprendan que cada minuto de demora es una amenaza de que perezcan el país y la revolución.

178 Vladimir Ilich Lenin: Textos escogidos

Las medias tintas no ayudarán lo más mínimo. Las lamentaciones no conducirán a nada. Los intentos de conseguir pan o combustibles «al por menor», para «uno mismo», es decir, para «su» fábrica, para «su» empresa, no hacen más que aumentar la desorganización, facilitar a los especuladores su obra egoísta, inmunda y tenebrosa.

He ahí por qué, camaradas obreros de Petrogrado, me permito dirigiros esta carta. Petrogrado no es toda Rusia. Los obreros de Petrogrado son una pequeña parte de los de Rusia. Pero son uno de sus destacamentos mejores, más avanzados, más conscientes, más revolucionarios, más firmes; son uno de los destacamentos de la clase obrera y de todos los trabajadores de Rusia menos propicios a las frases vacías, a la desesperación pusilánime, a dejarse intimidar por la burguesía. Y en los instantes críticos de la vida de los pueblos ha sucedido más de una vez que los destacamentos de vanguardia de las clases avanzadas, aun siendo poco numerosos, supieron arrastrar tras de sí a todos, encendieron con el fuego del entusiasmo revolucionario el corazón de las masas y realizaron las más grandiosas hazañas históricas.

Contábamos con 40 000 obreros en la fábrica Putílov, me decía el delegado de los obreros de Petrogrado, pero la mayoría eran «temporeros», no proletarios, gente insegura, floja. Hoy quedan 15 000, pero son proletarios templados y probados en la lucha.

Y es esta vanguardia de la revolución (en Petrogrado y en todo el país) la que debe lanzar el grito de guerra, *alzarse en masa*, comprender que está en sus manos la salvación del país, que se exige de ella un heroísmo no menor que el de enero y octubre de 1905, el de febrero y octubre de 1917, que es preciso organizar la gran «cruzada» contra los especuladores de cereales, los kulaks, los parásitos, los desorganizadores y los prevaricadores, la gran «cruzada» contra los violadores del orden rígido impuesto por el Estado en la obra de acopiar, transportar y distribuir el pan para la población y el pan para las máquinas.

Solo el entusiasmo general de los obreros avanzados puede salvar al país y a la revolución. Hacen falta decenas de miles de proletarios avanzados, templados, lo suficientemente conscientes para explicar la situación a los millones de hombres de los sectores pobres en todos los confines del país y ponerse a la cabeza de esas masas; lo suficientemente firmes para apartar y fusilar sin contemplaciones a todo el que «se deje seducir» (como a veces sucede) por la especulación y se convierta de combatiente de la causa del pueblo en saqueador; lo suficientemente seguros y fieles a la revolución para soportar organizadamente todo el peso de la «cruzada» en los distintos ámbitos del país con objeto de instaurar el orden, reforzar los órganos locales del Poder soviético y controlar por doquier cada pud de trigo, cada pud de combustible.

Esto es más difícil que portarse heroicamente unos cuantos días, sin abandonar el lugar de residencia, sin participar en la «cruzada», limitándose a una insurrección relámpago contra el monstruo idiota de Romanov o el tontaina y vanidoso de Kerenski. El heroísmo del trabajo de organización, prolongado y tenaz, en escala nacional es inconmensurablemente más difícil que el de las insurrecciones; pero es, en cambio, inconmensurablemente más elevado. Sin embargo, la fuerza de los partidos obreros y de la clase obrera ha consistido siempre en que miran el peligro cara a cara, audaz, directa y francamente, sin temor a reconocerlo, en que sopesan con serenidad las fuerzas existentes en «su» campo y en el campo «ajeno», el de los explotadores. La revolución avanza, se desarrolla y crece. Crecen también nuestras tareas. Crecen la extensión y la profundidad de la lucha. E1 verdadero y principal umbral del socialismo consiste en distribuir con acierto los cereales y el combustible, en aumentar su obtención, en establecer una contabilidad y un control rigurosos *por parte de los obreros* en escala nacional. Esto no es ya una tarea «general de la revolución», sino una tarea precisamente *comunista,* la tarea en que los trabajadores y los pobres deben dar la batalla decisiva al capitalismo.

Merece la pena consagrar todas las fuerzas a esa batalla; cierto que son grandes las dificultades, pero grande es también la causa —por la que luchamos— de poner fin a la opresión y la explotación.

Cuando el pueblo padece hambre y el paro hace estragos cada vez más terribles, quien oculte un solo pud de trigo, quien prive al Estado de un pud de combustible es un criminal de la peor calaña.

En momentos como los actuales —y para la auténtica sociedad comunista eso es cierto siempre—, cada pud de trigo y de combustible son cosas verdaderamente sagradas, muy superiores a las que esgrimen los popes para embaucar a los tontos, prometiéndoles el reino de los cielos como recompensa por la esclavitud en la tierra. Y para despojar esta verdadera cosa sagrada de todo vestigio de «santidad» clerical hay que *apoderarse de ella en la práctica,* lograr *de hecho su* acertada distribución, recoger absolutamente todos los sobrantes de cereales, sin excepción, y formar así las reservas del Estado, *limpiar todo el país* de los sobrantes de cereales escondidos o no recogidos, hay que tensar al máximo las fuerzas, con mano firme de obrero, para aumentar la obtención de combustible y lograr la más estricta economía del mismo, el más estricto orden en su transporte y consumo.

Necesitamos una «cruzada» en masa de los obreros avanzados a cada lugar donde se producen cereales y combustible, a cada punto importante de destino y distribución de los mismos, para intensificar la energía en el trabajo, para decuplicarla y ayudar a los órganos locales del Poder soviético en el registro y el control, para acabar por medio de las armas con la especulación, la prevaricación y el desorden. Esta tarea no es nueva. Hablando en propiedad, la historia no plantea tareas nuevas; lo único que hace es aumentar la magnitud y envergadura de las viejas tareas a medida que aumenta la envergadura de la revolución, crecen sus dificultades y se agiganta la grandeza de sus tareas de transcendencia histórico–universal.

Una de las obras más ingentes e imperecederas de la Revolución de Octubre — de la Revolución Soviética — consiste en que el obrero avanzado, *como dirigente* de las masas pobres, *como jefe* de las masas trabajadoras del campo, *como edificador del Estado del trabajo*, «ha ido hacia el pueblo». Petrogrado ha enviado al campo a miles y miles de sus mejores obreros; lo mismo han hecho otros centros proletarios. Los destacamentos de combatientes contra los Kaledin y los Dútov o los destacamentos de abastos no son una novedad. La tarea consiste únicamente en que la proximidad de la catástrofe, la gravedad de la situación, obliga a hacer *diez veces* más que antes.

El obrero, al convertirse en jefe avanzado de las masas pobres, no se ha vuelto un santo. Conducía al pueblo hacia adelante, pero al mismo tiempo se contaminaba de las enfermedades inherentes a la descomposición pequeñoburguesa. Cuanto menor era el número de destacamentos integrados por los obreros mejor organizados, más conscientes, disciplinados y firmes, con tanta mayor frecuencia se corrompían, tanto más menudeaban los casos en que la psicología de pequeño propietario del pasado triunfaba sobre la conciencia proletaria, comunista, del futuro.

Al iniciar la revolución comunista, la clase obrera no puede despojarse de un solo golpe de las debilidades y los vicios que ha dejado en herencia la sociedad de los terratenientes y capitalistas, la sociedad de los explotadores y parásitos, la sociedad basada en el sórdido interés y en el lucro personal de unos pocos a costa de la miseria de los más. Pero la clase obrera puede vencer —*y en fin de cuentas, vencerá segura e indefectiblemente*— al viejo mundo, sus vicios y debilidades, si se lanzan contra el enemigo nuevos y nuevos destacamentos obreros, cada vez más numerosos y con mayor experiencia, cada vez más templados en las dificultades de la lucha.

Esa, precisamente esa, es la situación existente hoy en Rusia. Aisladamente, con acciones desperdigadas, no es posible vencer ni el hambre ni el paro forzoso. Necesitamos una «cruzada» en masa de los obreros avanzados a todos los confines del inmenso país. Hacen falta diez veces más *destacamentos de hierro* del proletariado consciente y fiel sin reservas al comunismo. Entonces venceremos el hambre y el paro forzoso. Entonces llevaremos la revolución hasta el verdadero umbral del socialismo. Entonces podremos incluso hacer una guerra defensiva victoriosa contra los buitres imperialistas.

22. V. 1918.

Fuente: V.I. Lenin: «El hambre», en *Obras escogidas* en tres tomos, t. II, Editorial Progreso, Moscú, 1970, pp. 746–752.

La revolución proletaria y el renegado Kautsky*

Prefacio

El folleto de Kautsky *La dictadura del proletariado*, aparecido hace poco en Viena, constituye un ejemplo evidentísimo de la más completa y vergonzosa bancarrota de la II Internacional, de esa bancarrota de que hace tiempo hablan todos los socialistas honrados de todas las naciones. El problema de la revolución proletaria pasa ahora prácticamente al orden del día en bastantes países. De ahí que sea imprescindible analizar los sofismas de Kautsky, propios de un renegado, y ver cómo abjura por completo del marxismo.

Pero ante todo hay que subrayar que, quien escribe estas líneas ha tenido que indicar muchas veces, desde el mismo principio de la guerra, que Kautsky había roto con el marxismo. A ello estuvo consagrada una serie de artículos, publicados de 1914 a 1916 en *Sotsial–Demokrat*[1] y *Kommunisto*,[2] que aparecían en el extranjero. El Soviet de Petrogrado ha reunido estos artículos y los ha editado: G. Zinóviev y N. Lenin, *Contra la corriente*, Petrogrado, 1918. En un folleto publicado en Ginebra en 1915, y traducido también entonces al alemán y al francés,[3] decía yo del «kautskismo»:

> «Kautsky, autoridad suprema de la II Internacional, constituye un ejemplo sumamente típico y claro de cómo el reconocer el marxismo de palabra conduzco, de hecho, a transformarlo en «struvismo» o en «brentanismo» (es decir, en la doctrina liberal burguesa que admite una lucha de «clase» del

---

* Escrito en octubre–noviembre (no más tarde del 10) de 1918; el Anexo II fue escrito después del 10 de noviembre de 1918. Publicado en 1918 en volumen suelto por la Editorial Kommunist, Moscú.

proletariado que no sea revolucionaria, lo que han expresado con especial claridad el publicista ruso Struve y el economista alemán Brentano). Lo vemos también en el ejemplo de Plejánov. Con manifiestos sofismas se castra en el marxismo su alma revolucionaria viva, se reconoce en él *todo*, *menos* los medios revolucionarios de lucha, la propaganda y la preparación de estos medios, la educación de las masas en este sentido. Kautsky, prescindiendo de ideologías, «concilia» el pensamiento fundamental del socialchovinismo, el reconocimiento de la defensa de la patria en la guerra actual con una concesión diplomática y aparente a la izquierda, absteniéndose al votarse los créditos, declarando verbalmente su oposición, etcétera Kautsky, que en 1909 escribió todo un libro sobre la proximidad de una época de revoluciones y sobre la relación entre la guerra y la revolución; Kautsky, que en 1912 firmó el Manifiesto de Basilea[4] sobre la utilización revolucionaria de la guerra que se avecinaba, se desvive ahora por justificar y cohonestar el socialchovinismo, y, como Plejánov, se une a la burguesía para mofarse de toda idea de revolución, de toda acción dirigida a una lucha efectivamente revolucionaria.

La clase obrera no puede realizar su objetivo de la revolución mundial si no hace una guerra implacable a esta apostasía, a esta falta de carácter, a esta actitud servil ante el oportunismo, a este inaudito envilecimiento teórico del marxismo. El kautskismo no ha aparecido por casualidad es un producto social de las contradicciones de la II Internacional, de la combinación de la fidelidad al marxismo de palabra y de la subordinación al oportunismo de hecho».[5]

Prosigamos. En *El imperialismo, fase superior del capitalismo* (esbozo popular) escrito en 1916 (aparecido en Petrogrado en 1917), analizaba yo en detalle la falsedad teórica de todos los razonamientos de Kautsky sobre el imperialismo. Allí citaba la definición que da Kautsky del imperialismo: «El imperialismo es un producto del capitalismo industrial altamente desarrollado. Consiste en la tendencia de toda nación capitalista industrial a someter o anexionarse cada vez más regiones *agrarias* (la cursiva es de Kautsky), sin tener en cuenta la nacionalidad de sus habitantes». Hacía ver que esta definición es absolutamente falsa, que es «adecuada» para encubrir las más hondas contradicciones del imperialismo, y luego para conseguir la conciliación con el oportunismo. Presentaba mi definición del imperialismo: «El imperialismo es el capitalismo en la

184 Vladimir Ilich Lenin: Textos escogidos

fase de desarrollo en que ha tomado cuerpo la dominación de los monopolios y del capital financiero, ha adquirido señalada importancia la exportación de capitales, ha empezado el reparto del mundo por los trusts internacionales y ha terminado el reparto de toda la Tierra entre los países capitalistas más importantes». Por último, demostraba que la crítica que Kautsky hace del imperialismo es incluso inferior a la crítica burguesa, filistea.

Finalmente, en agosto y septiembre de 1917, es decir, antes de la revolución proletaria de Rusia (25 de octubre–7 de noviembre de 1917), escribí *El Estado y la Revolución. La doctrina marxista del Estado y las tareas del proletariado en la revolución*, folleto aparecido en Petrogrado a principios de 1918. En el capítulo VI de esta obra, que lleva por título *El envilecimiento del marxismo por los oportunistas*, presto una atención especial a Kautsky, demostrando que ha desnaturalizado por completo la doctrina de Marx, tratando de adaptarla al oportunismo, «que ha renunciado a la revolución de hecho, reconociéndola de palabra».

En el fondo, el error teórico fundamental de Kautsky en su folleto sobre la dictadura del proletariado consiste en que desvirtúa de un modo oportunista la doctrina de Marx sobre el Estado, en las formas que he expuesto detalladamente en mi folleto *El Estado y la Revolución.*

Estas observaciones preliminares eran necesarias porque prueban que he acusado públicamente a Kautsky de ser un renegado mucho antes de que los bolcheviques tomaran el poder y de que eso les valiera la condenación de Kautsky.

[…]

¿Qué es el internacionalismo?

Kautsky, con la máxima convicción, se cree y se proclama internacionalista. A los Scheidemann los califica de «socialistas gubernamentales». En la defensa que hace de los mencheviques (él no se solidariza francamente con ellos, pero aplica todas sus ideas), Kautsky ha demostrado con extraordinaria evidencia la calidad de su «internacionalismo». Y como Kautsky no está solo, sino que representa una corriente inevitablemente nacida en el ambiente de la II Internacional (Longuet en Francia, Turati en Italia, Nobs,

Grimm, Graber y Naine en Suiza, Ramsay MacDonald en Inglaterra, etcétera), es instructivo detenerse en el «internacionalismo» de Kautsky.

Después de subrayar que los mencheviques estuvieron también en Zimmerwald[6] (diploma, sin duda, pero un poco deteriorado), traza Kautsky el siguiente cuadro de las ideas de los mencheviques, con los cuales se muestra de acuerdo:

> Los mencheviques querían la paz universal. Querían que todos los beligerantes aceptasen la consigna «sin anexiones ni contribuciones». Mientras esto no se consiguiera, el ejército ruso, según ellos, debía mantenerse en disposición de combate. En cambio, los bolcheviques exigían la paz inmediata a toda costa, estaban dispuestos a concertar una paz por separado en caso de necesidad; pugnaban por imponerla mediante la fuerza, aumentando la desorganización del ejército, que ya de por sí era grande. Según Kautsky, los bolcheviques no debieron tomar el poder sino contentarse con la Constituyente.

Por tanto, el internacionalismo de Kautsky y de los mencheviques consiste en lo siguiente: exigir reformas del gobierno burgués imperialista, pero continuar sosteniéndolo, continuar sosteniendo la guerra dirigida por este gobierno hasta que todos los beligerantes hayan aceptado la consigna de «sin anexiones ni contribuciones». Esta idea la han expresado muchas veces Turati, los kautskianos (Haase y otros) y Longuet y Cía., quienes manifestaron que estaban *por* la «defensa de la patria».

Desde el punto de vista teórico, esto supone total incapacidad de separarse de los socialchovinistas y un completo embrollo en el problema de la defensa de la patria. Desde el punto de vista político, es suplantar el internacionalismo por un nacionalismo pequeñoburgués y pasarse al lado del reformismo, renegar de la revolución.

Reconocer la «defensa de la patria» es justificar esta guerra desde el punto de vista del proletariado, legitimarla. Y como la guerra sigue siendo imperialista (tanto bajo la monarquía como bajo la república) lo mismo si los ejércitos adversarios están en un momento dado en territorio propio qué si están en territorio extranjero, reconocer la defensa de la patria es *de hecho* apoyar a la burguesía imperialista y depredadora, hacer completa traición al socialismo.

186 Vladimir Ilich Lenin: Textos escogidos

En Rusia, con Kerenski, con una república democrático-burguesa, la guerra seguía siendo imperialista, porque la hacía la burguesía como clase dominante (y la guerra es «continuación de la política»); con particular evidencia han demostrado el carácter imperialista de la guerra los tratados secretos que sobre el reparto del mundo y el pillaje de otros países había estipulado el ex zar con los capitalistas de Inglaterra y Francia.

Los mencheviques engañaban miserablemente al pueblo diciendo que se trataba de una guerra defensiva o revolucionaria, y Kautsky, al aprobar la política de los mencheviques, aprueba que se engañe al pueblo, aprueba el papel de los pequeños burgueses, que para complacer al capital embaucan a los obreros y los atan al carro del imperialismo. Kautsky mantiene una política típicamente pequeñoburguesa, filistea, imaginándose (e inculcando a las masas esa idea absurda) que *con lanzar una consigna* cambian las cosas. Toda la historia de la democracia burguesa pone al desnudo esta ilusión: para engañar al pueblo, los demócratas burgueses han lanzado y lanzan siempre todas las «consignas» imaginables. El problema consiste en *comprobar* su sinceridad, en comparar las palabras con los hechos, en no contentarse con *frases* idealistas o charlatanescas, sino en ver *la realidad de clase*. La guerra imperialista no deja de serlo cuando los charlatanes o los pequeños burgueses filisteos lanzan una «consigna» dulzona, sino únicamente cuando *la clase* que dirige la guerra imperialista y está ligada a ella por millones de hilos (incluso de maromas) de carácter económico, es en la realidad *derribada* y la sustituye en el poder *la clase* verdaderamente revolucionaria, el proletariado. *De otro modo es imposible librarse de una guerra imperialista, así como de una paz imperialista, rapaz.*

Al aprobar la política exterior de los mencheviques, al calificarla de internacionalista y zimmerwaldiana, Kautsky pone al descubierto en primer lugar toda la podredumbre de la mayoría oportunista de Zimmerwald, (¡no sin razón nosotros, *la izquierda* de Zimmerwald, nos separamos inmediatamente de tal mayoría!), y en segundo lugar —y esto es lo más importante—, pasa del punto de vista proletario al pequeñoburgués, de la posición revolucionaria a la reformista.

El proletariado lucha para derribar a la burguesía imperialista mediante la revolución; la pequeña burguesía propugna el «perfeccionamiento» reformista del imperialismo, la adaptación a él, *sometiéndose* a él. Cuando Kautsky era todavía marxista, por ejemplo en 1909, al escribir *El camino del poder*, defendía la idea de que la revolución era inevitable en caso de guerra, hablaba de la proximidad de *una era de revoluciones*. El Manifiesto de Basilea de 1912 habla clara y terminantemente de *la revolución proletaria* derivada de la guerra imperialista entre los grupos alemán e inglés, que fue precisamente la que estalló en 1914. Y en 1918 cuando han comenzado las revoluciones derivadas de la guerra, en vez de explicar su carácter inevitable, en vez de meditar y concebir hasta el fin la táctica *revolucionaria*, los medios y los procedimientos de prepararse para la revolución, Kautsky se dedica a llamar internacionalismo a la táctica reformista de los mencheviques. ¿No es esto una apostasía?

Kautsky elogia a los mencheviques porque insistieron en que se mantuviera el ejército en disposición de combate. A los bolcheviques les censura el haber aumentado la «desorganización del ejército», que ya de por sí era grande. Esto significa elogiar el reformismo y la subordinación a la burguesía imperialista, censurar la revolución y renegar de ella, porque mantener bajo Kerenski la disposición de combate significaba y era conservar el ejército con los mandos *burgueses* (aun cuando republicanos). Todo el mundo sabe —y el curso de los acontecimientos lo ha demostrado con evidencia— que el ejército republicano conservaba el espíritu *kornilovista*, pues los mandos eran kornilovistas. La oficialidad burguesa no podía menos de ser kornilovista, de inclinarse hacia el imperialismo, hacia el sojuzgamiento violento del proletariado. La táctica de los mencheviques se reducía *de hecho* a dejar intactas todas las bases de la guerra imperialista, todas las bases de la dictadura *burguesa*, arreglando detalles de poca monta y componiendo pequeños defectos («reformas»).

Y a la inversa. Sin «desorganización» del ejército no se ha producido ni puede producirse ninguna gran revolución. Porque el ejército es el instrumento más fosilizado en que se apoya el viejo régimen, el baluarte más petrificado de la disciplina burguesa y de la dominación del capital, del mantenimiento y la formación de la mansedumbre servil y la sumisión de los trabajadores ante el capital. La contrarrevolución no ha tolerado ni pudo tolerar jamás que junto al ejército existieran obreros armados. En Francia, escribía Engels, después de cada revolución estaban aún armados los obreros; «por eso, el desarme de los obreros era el primer mandamiento de los burgueses que se hallaban al frente del Estado».[7] Los obreros armados eran germen de un ejército *nuevo*, la célula orgánica de un *nuevo* régimen social. Aplastar esta célula, impedir su crecimiento, era el primer mandamiento de la burguesía. El primer mandamiento de toda revolución triunfante —Marx y Engels lo han subrayado muchas veces— ha sido deshacer el viejo ejército, disolverlo y reemplazarlo por un ejército nuevo.[8] La clase social nueva que se alza a la conquista del poder, no ha podido nunca ni ahora puede conseguir ese poder ni afianzarse en él sin descomponer por completo el antiguo ejército («desorganización», claman con este motivo los pequeños burgueses reaccionarios o sencillamente cobardes); sin pasar por un período sembrado de dificultades y de pruebas, falta de todo ejército (la Gran Revolución Francesa pasó también por este terrible período); sin formar poco a poco, en dura guerra civil, el nuevo ejército, la nueva disciplina, la nueva organización militar de una nueva clase. El historiador Kautsky lo comprendía antes. El renegado Kautsky lo ha olvidado.

¿Con qué derecho llama Kautsky a los Scheidemann «socialistas gubernamentales», cuando él mismo *aprueba* la táctica de los mencheviques en la revolución rusa? Los mencheviques, que apoyaban a Kerenski y entraron a formar parte de su ministerio, eran igualmente socialistas gubernamentales. Kautsky no podrá rehuir en modo alguno esta conclusión, si es que intenta referirse *a la clase dominante* que hace la guerra imperialista. Pero Kautsky rehúye hablar de la clase dominante, problema obligatorio para un marxista, porque solo el plantearlo bastaría para desenmascarar a un renegado.

Los kautskianos de Alemania, los longuetistas de Francia y Turati y Cía. de Italia, razonan del modo siguiente: el socialismo presume la igualdad y la libertad de las naciones, su libre determinación; *por tanto* cuando nuestro país es atacado o lo invaden tropas enemigas, los socialistas tienen el derecho y el deber de defender la patria. Pero este razonamiento es, desde el punto de vista teórico, una burla completa del socialismo o un vil subterfugio y en el terreno práctico de la política coincide con el de un rústico de supina ignorancia que ni siquiera sabe pensar en el carácter social de la guerra, en su carácter de clase, ni en las tareas de un partido revolucionario durante la guerra reaccionaria.

El socialismo se opone a la violencia ejercida contra las naciones. Esto es indiscutible. Pero el socialismo se opone en general a la violencia ejercida contra los hombres, y, sin embargo, exceptuando a los anarquistas cristianos

La revolución proletaria y el renegado de Kautsky **189**

y a los discípulos de Tolstoi, nadie ha deducido todavía de ello que el socialismo se oponga a la violencia *revolucionaria*. Por tanto, hablar de «violencia» en general, sin distinguir las condiciones que diferencian la violencia reaccionaria de la revolucionaria, es equipararse a un filisteo que reniega de la revolución, o bien, sencillamente, engañarse uno mismo y engañar a los demás con sofismas.

Lo mismo puede decirse de la violencia ejercida contra las naciones. Toda guerra es una violencia contra naciones, pero esto no obsta para que los socialistas estén *a favor* de la guerra revolucionaria. El carácter de clase de una guerra es lo fundamental que se plantea un socialista (si no es un renegado). La guerra imperialista de 1914–1918 es una guerra entre los grupos de la burguesía imperialista que se disputan el reparto del mundo, el reparto del botín, que quieren expoliar y ahogar a las naciones pequeñas y débiles. Así es como definió la guerra el Manifiesto de Basilea de 1912, y los hechos han confirmado su apreciación.

El que se aparte de este punto de vista sobre la guerra no es socialista.

Si un alemán del tiempo de Guillermo II o un francés del tiempo de Clemenceau dice: «Tengo, como socialista, el derecho y el deber de defender mi patria si el enemigo la invade», no razona como socialista, como internacionalista, como proletario revolucionario, sino como *pequeño burgués nacionalista*. Porque en este razonamiento desaparece la lucha revolucionaria de clase del obrero contra el capital, desaparece la apreciación de *toda* la guerra en conjunto, desde el punto de vista de la burguesía mundial y del proletariado mundial, es decir, desaparece el internacionalismo y no queda sino un nacionalismo miserable e inveterado. Se agravia a mi país, lo demás no me importa: a esto se reduce tal razonamiento, y en ello reside su estrechez nacionalista y pequeñoburguesa. Es como si alguien razonara así en relación con la violencia individual contra una persona: «el socialismo se opone a la violencia; por eso, yo prefiero cometer una traición antes que ir a la cárcel».

El francés, alemán o italiano que dice: «el socialismo condena la violencia ejercida contra las naciones, y *por eso* yo me defiendo contra el enemigo que invade mi país», *traiciona* al socialismo y al internacionalismo. Ese hombre no ve *más* que su «país», coloca por encima de todo «su»... *burguesía*, sin pensar en *los lazos internacionales* que hacen imperialista la guerra, que hacen de *su* burguesía un eslabón en la cadena del bandidaje imperialista.

190 Vladimir Ilich Lenin: Textos escogidos

Todos los pequeños burgueses y todos los rústicos obtusos e ignorantes razonan igual exactamente que los renegados —kautskianos, longuetistas, Turati y Cía.—, o sea: el enemigo está en mi país, lo demás no me importa.[9]

El socialista, el proletario revolucionario, el internacionalista razona de otra manera: el carácter de la guerra (el hecho de si es reaccionaria o revolucionaria) no depende de quién haya atacado ni del territorio en que esté el «enemigo», sino *de la clase* que sostiene la guerra y de la política de la cual es continuación esa guerra concreta. Si se trata de una guerra imperialista reaccionaria, es decir, de una guerra entre dos grupos mundiales de la burguesía imperialista, despótica, expoliadora y reaccionaria, toda burguesía (incluso la de un pequeño país) se hace cómplice de la rapiña, y yo, representante del proletariado revolucionario, tengo el deber de preparar *la revolución proletaria mundial* como *única* salvación de los horrores de la matanza mundial. No debo razonar desde el punto de vista de «mi» país (porque esta es la manera de razonar del pequeño burgués nacionalista, desgraciado cretino que no comprende que es un juguete en manos de la burguesía imperialista), sino desde el punto de vista de *mi participación* en la preparación, en la propaganda, en el acercamiento de la revolución proletaria mundial.

Esto es internacionalismo, este es el deber del internacionalista, del obrero revolucionario, del verdadero socialista. Este es el abecé que «olvida» el renegado Kautsky. Pero su apostasía se hace aún más evidente cuando, después de dar el visto bueno a la táctica de los nacionalistas pequeñoburgueses (mencheviques en Rusia, longuetistas en Francia, Turati en Italia, Haase y Cía. en Alemania), pasa a criticar la táctica bolchevique.

Veamos esta crítica:

> La revolución bolchevique se basaba en la hipótesis de que sería el punto de partida para la revolución general europea, de que la osada iniciativa de Rusia incitaría a todos los proletarios de Europa a levantarse.
>
> Partiendo de este supuesto, poco importaban, naturalmente, las formas que pudiera tomar la paz separada rusa, los sacrificios y las pérdidas territoriales (literalmente, mutilaciones, *Verstümmelungen*) que trajera al pueblo ruso, la interpretación que diera a la libre determinación de las naciones. Entonces carecía también de importancia si Rusia era o no capaz de defenderse. Desde este punto de vista, la revolución europea era

la mejor defensa de la revolución rusa y debía dar a todos los pueblos del antiguo territorio ruso una verdadera y completa autodeterminación.

La revolución en Europa, que debía instaurar y afianzar allí el socialismo, tenía que servir también para apartar los obstáculos que el atraso económico del país ponía a la realización de una producción socialista en Rusia.

Todo esto era muy lógico y bien fundado, siempre que se admitiera una hipótesis fundamental: la revolución rusa tiene que desencadenar infaliblemente la europea. Pero, ¿y en el caso de que no suceda así?

Hasta ahora no se ha confirmado esta hipótesis. Y ahora se acusa a los proletarios de Europa de haber abandonado y traicionado a la revolución rusa. Es una acusación contra desconocidos, porque ¿a quién puede hacerse responsable de la conducta del proletariado europeo?

Y Kautsky remacha esto, añadiendo que Marx, Engels y Bebel se equivocaron más de una vez en lo que respecta al estallido de la revolución que esperaban, pero que nunca basaron su táctica en la espera de la revolución «*a fecha fija*», mientras que, según él, los bolcheviques «lo han jugado todo a la carta de la revolución general europea».

Hemos reproducido expresamente una cita tan larga para que el lector pueda ver con qué «habilidad» falsifica Kautsky el marxismo, sustituyéndolo por banales y reaccionarias concepciones filisteas.

En primer lugar, atribuir al adversario una evidente necedad y refutarla después es procedimiento de personas no muy inteligentes. Hubiera sido una tontería indiscutible por parte de los bolcheviques el fundar su táctica en la espera de la revolución *a fecha fija* en otros países. Pero el Partido Bolchevique no la ha cometido: en mi carta a los obreros norteamericanos (20 de agosto de 1918) yo la eludo abiertamente, diciendo que contamos con la revolución en Norteamérica, pero no para una fecha determinada. En mi polémica contra los eseristas de izquierda y los «comunistas de izquierda» (enero a marzo de 1918) he expuesto repetidas veces la misma idea. Kautsky recurre a una pequeña… a una pequeñísima treta, fundando en ella su crítica del bolchevismo. Kautsky mete en un mismo puchero la táctica que cuenta con la revolución europea para una fecha más o menos próxima, pero no fija, con la táctica que espera la revolución europea a fecha fija. ¡Una pequeña, una pequeñísima adulteración!

192   Vladimir Ilich Lenin: Textos escogidos

La segunda táctica es una estupidez. La primera es *obligatoria* para el marxista, para todo proletario revolucionario y para todo internacionalista; *obligatoria*, porque es la única que tiene en cuenta acertadamente, como lo exige el marxismo, la situación objetiva resultante de la guerra en todos los países de Europa, la única que responde a las tareas internacionales del proletariado.

¡Suplantando el gran problema de los principios de la táctica revolucionaria en general por la mezquina cuestión del error que hubieran podido cometer los revolucionarios bolcheviques, pero que no han cometido, Kautsky ha renegado sin el menor tropiezo de la táctica revolucionaria en general!

Renegado en política, en teoría no *sabe ni plantear el problema* de las premisas objetivas de la táctica revolucionaria.

Y aquí hemos llegado al segundo punto.

En segundo lugar, todo marxista debe contar con la revolución europea si es que existe *una situación revolucionaria*. Es el abecé del marxismo que la táctica del proletariado socialista no puede ser la misma cuando se encuentra ante una situación revolucionaria y cuando esta no existe.

Si Kautsky se hubiera planteado esta cuestión, obligatoria para todo marxista, habría visto que la respuesta iba indudablemente contra él. Mucho antes de la guerra, todos los marxistas, todos los socialistas estaban de acuerdo en que la conflagración europea daría lugar a una situación revolucionaria. Kautsky lo admitía clara y terminantemente cuando aún no era renegado, tanto en 1902 (*La revolución social*) como en 1909 (*El camino del poder*). El Manifiesto de Basilea lo reconoció en nombre de toda la II Internacional: ¡no sin razón los socialchovinistas y los kautskianos (los «centristas», gente que oscila entre los revolucionarios y los oportunistas) de todos los países temen como al fuego las correspondientes declaraciones del Manifiesto de Basilea!

Por tanto, el esperar una situación revolucionaria en Europa no era un arrebato de los bolcheviques, sino *la opinión general* de todos los marxistas. Cuando Kautsky se desentiende de esta verdad indiscutible diciendo que los bolcheviques «han creído siempre en el poder omnímodo de la violencia y de la voluntad», esto no es más que una frase vacía que *encubre* la huida, la vergonzosa huida de Kautsky ante el problema de la situación revolucionaria.

Prosigamos. ¿Estamos o no en presencia de una situación revolucionaria? Tampoco esto ha sabido plantearlo Kautsky. Responden a esta pregunta hechos de orden económico: el hambre y la ruina, a que en todas partes ha

La revolución proletaria y el renegado de Kautsky **193**

dado lugar la guerra, denotan una situación revolucionaria. Contestan también a esa pregunta hechos de carácter político: desde 1915 se observa ya en *todos* los países un claro proceso de escisión en los viejos y podridos partidos socialistas, un proceso en virtud del cual *las masas* del proletariado *se separan* de los jefes socialchovinistas para orientarse hacia la izquierda, hacia las ideas y tendencias Revolucionarias, hacia los dirigentes revolucionarios.

El 5 de agosto de 1918, cuando Kautsky escribía su folleto, solo a un hombre que temiera la revolución y la traicionara se le podían escapar estos hechos. Ahora, a fines de octubre de 1918, la revolución crece ante los ojos de todos, y con gran rapidez, en *una serie* de países de Europa. ¡El «revolucionario» Kautsky, que quiere continuar pasando por marxista, resulta un filisteo miope que, como los filisteos de 1847, de los que se burlaba Marx, no ha visto la revolución que se aproxima!

Hemos llegado al tercer punto.

En tercer lugar, ¿cuáles son las particularidades de la táctica revolucionaria, aceptando que existe en Europa una situación revolucionaria? Kautsky, convertido en renegado, tiene miedo de plantearse esta cuestión, que es obligatoria para todo marxista. Razona como un típico pequeño burgués filisteo o como un campesino ignorante: ¿ha estallado o no «la revolución general europea?». ¡Si ha estallado, *también él* está dispuesto a hacerse revolucionario! ¡Pero en ese caso —haremos notar nosotros— cualquier canalla (como los granujas que se cuelan a veces entre los bolcheviques victoriosos) se declarará revolucionario!

¡En caso contrario, Kautsky vuelve la espalda a la revolución!

Ni por asomo comprende una verdad: lo que distingue al marxista revolucionario del pequeño burgués y del filisteo es el saber *predicar* a las masas ignorantes la necesidad de la revolución que madura, *demostrar* su inevitabilidad, *explicar* su utilidad para el pueblo, *preparar* para ella al proletariado y a todas las masas trabajadoras y explotadas.

Kautsky ha atribuido a los bolcheviques la insensatez de que lo habían jugado todo a una carta, esperando que la revolución europea se produjera a fecha fija. Esta insensatez se ha vuelto contra Kautsky, porque resulta, según él mismo, que ¡la táctica de los bolcheviques habría sido justa si la revolución hubiera estallado en Europa el 5 de agosto de 1918! Esta es la fecha que pone Kautsky a su folleto. ¡Y cuando algunas semanas después de ese 5 de agosto

194 Vladimir Ilich Lenin: Textos escogidos

se ha visto bien claramente que la revolución se avecina en una serie de países europeos, toda la apostasía de Kautsky, toda su falsificación del marxismo, toda su incapacidad para razonar como revolucionario e incluso plantear las cuestiones a lo revolucionario, aparecieron en todo su esplendor!

Acusar de traición a los proletarios de Europa —escribe Kautsky— es acusar a desconocidos.

¡Se equivoca usted, señor Kautsky! Mírese al espejo y verá a los «desconocidos» contra quienes va dirigida la acusación. Kautsky se hace el ingenuo, finge no comprender *quién* lanza la acusación y *qué sentido tiene*. En realidad, sabe perfectamente que esta acusación la han lanzado y la lanzan los socialistas de «izquierda» alemanes, los espartaquistas,[10] Liebknecht y sus amigos. Esta acusación expresa *la clara conciencia* de que el proletariado alemán incurrió en una traición con respecto a la revolución rusa (e internacional) al aplastar a Finlandia, Ucrania, Letonia y Estlandia. Esta acusación va dirigida, ante todo y sobre todo, no contra *la masa*, siempre oprimida, sino contra *los jefes* que, como Scheidemann y Kautsky, *no han cumplido* su deber de agitación revolucionaria, de propaganda revolucionaria, de trabajo revolucionario entre las masas para superar la inercia de estas; contra los jefes cuya actuación *contradecía* de hecho los instintos y las aspiraciones revolucionarias siempre latentes en la entraña de la masa de una clase oprimida. Los Scheidemann han traicionado franca, grosera y cínicamente al proletariado, la mayor parte de las veces por motivos egoístas, y se han pasado al campo de la burguesía. Los kautskianos y longuetistas han hecho lo mismo titubeando, vacilando, mirando cobardemente a los que eran en aquel momento fuertes. Durante la guerra, Kautsky, con todos sus escritos, no ha hecho más que *apagar* el espíritu revolucionario en vez de mantenerlo y fomentarlo.

¡Como un monumento del beotismo pequeñoburgués del jefe «medio» de la socialdemocracia oficial alemana quedará en la historia el que Kautsky no comprenda siquiera el gigantesco valor *teórico* y la importancia aún más grande que para la agitación y la propaganda tiene esta «acusación» de que los proletarios de Europa han traicionado a la revolución rusa! ¡Kautsky no comprende que esta «acusación», bajo el régimen de censura del «imperio» alemán, es casi la única forma en que los socialistas alemanes que no han traicionado al socialismo, Liebknecht y sus amigos, expresan *su llamamiento a los obreros alemanes* para que derriben a los Scheidemann y a los Kautsky, aparten a tales «jefes» y se desembaracen de sus prédicas, que les embotan y envilecen; para que se levanten a *pesar* de ellos, *sin* ellos y por encima de ellos, hacia la revolución, *a la revolución!*

Kautsky no lo comprende. ¿Cómo puede comprender entonces la táctica de los bolcheviques? ¿Cómo puede esperarse que un hombre que reniega de la revolución en general, sopese y aprecie las condiciones del desarrollo de la revolución en uno de los casos más «difíciles»?

La táctica de los bolcheviques era acertada, era la *única* táctica internacionalista, porque no se basaba en un temor cobarde a la revolución mundial, en una «falta de fe» filistea en ella, en un deseo estrechamente nacionalista de defender a «su» patria (la patria de su burguesía), desentendiéndose del resto; estaba basada en *una apreciación* acertada (antes de la guerra y de la apostasía de los socialchovinistas y socialpacifistas, todo el mundo la admitía) de la situación revolucionaria europea. Esta táctica era la única internacionalista, porque llevaba a cabo el máximo de lo realizable en un solo país *para* desarrollar, apoyar y despertar la revolución *en todos los países*. Esa táctica ha quedado probada por un éxito enorme, porque el bolchevismo (y no debido a los méritos de los bolcheviques rusos, sino en virtud de la profundísima simpatía que por doquier sienten *las masas* por una táctica verdaderamente revolucionaria) se ha hecho *mundial*, ha dado una idea, una teoría, un programa y una táctica que se diferencian concreta y prácticamente del socialchovinismo y del socialpacifismo. El bolchevismo *ha rematado* a la vieja Internacional podrida de los Scheidemann y los Kautsky, de los Renaudel y los Longuet, de los Henderson y los MacDonald, que ahora se atropellarán unos a otros, soñando con la «unidad» y resucitando un cadáver. El bolchevismo *ha creado* la base ideológica y táctica de la III Internacional, verdaderamente proletaria y comunista, que tiene en cuenta tanto las conquistas del tiempo de paz como la experiencia de la *era de revoluciones que ha comenzado*.

El bolchevismo ha popularizado en el mundo entero la idea de la «dictadura del proletariado», ha traducido estas palabras primero del latín al ruso y después a *todas* las lenguas del mundo, demostrando con el ejemplo *del Poder soviético* que los obreros y los campesinos pobres, *incluso* en un país atrasado, incluso los de menor experiencia, los menos instruidos y menos habituados a la organización *han podido* durante un año entero, rodeados de gigantescas dificultades, luchando contra los explotadores (a los que

196   Vladimir Ilich Lenin: Textos escogidos

apoyaba la burguesía del mundo *entero*), mantener el poder de los trabajadores, crear una democracia infinitamente más elevada y amplia que todas las democracias anteriores en el mundo, *iniciar* el trabajo fecundo de decenas de millones de obreros y campesinos para la realización práctica del socialismo.

El bolchevismo ha favorecido realmente el desarrollo de la revolución proletaria en Europa y en América como ningún otro partido en ningún otro país lo había hecho hasta ahora. Al mismo tiempo que los obreros de todo el mundo comprenden cada día más claramente que la táctica de los Scheidemann y de los Kautsky no libraba de la guerra imperialista, ni de la esclavitud asalariada bajo el poder de la burguesía imperialista, que esta táctica no sirve de modelo para todos los países, las masas proletarias del mundo entero comprenden cada día con mayor claridad que el bolchevismo ha señalado el único camino seguro para salvarse de los horrores de la guerra y del imperialismo, que el *bolchevismo sirve de modelo de táctica para todos.*

La revolución proletaria madura ante los ojos de todos, no solo en Europa entera, sino en el mundo, y la victoria del proletariado en Rusia la ha favorecido, acelerado y sostenido. ¿Que todo esto no basta para el triunfo completo del socialismo? Desde luego, no basta. Un solo país no puede hacer más. Pero, gracias al Poder soviético, este país, solo, ha hecho, sin embargo, tanto, que incluso si mañana el Poder soviético ruso fuera aplastado por el imperialismo mundial, por una coalición, supongamos, entre el imperialismo alemán y el anglo-francés, incluso en este caso, el peor de los peores, la táctica bolchevique habría prestado un servicio extraordinario al socialismo y habría apoyado el desarrollo de la invencible revolución mundial.

Fuente: V.I. Lenin: «La revolución proletaria y el renegado Kautsky», en *Obras escogidas* en tres tomos, t. III, Editorial Progreso, Moscú, 1970, pp. 63–65 y 106–117.

Una gran iniciativa*

[...]

Los «sábados comunistas» tienen una magna importancia histórica precisamente porque nos muestran la iniciativa consciente y voluntaria de los obreros en el desarrollo de la productividad del trabajo, en el paso a una nueva disciplina de trabajo y en la creación de condiciones socialistas en la economía y en la vida.

J. Jacoby, uno de los pocos, o dicho más exactamente, uno de los rarísimos demócratas burgueses alemanes que, después de las lecciones de 1870-1871, no se pasaron al chovinismo ni al liberalismo nacionalista, sino al socialismo, decía que la fundación de una sola asociación obrera tenía más importancia histórica que la batalla de Sadowa[1] y tenía razón. La batalla de Sadowa decidió cuál de las dos monarquías burguesas, la austríaca o la prusiana, tendría la hegemonía en la creación de un Estado capitalista nacional alemán. La fundación de una asociación obrera representaba un pequeño paso hacia la victoria mundial del proletariado sobre la burguesía. Del mismo modo, podemos decir nosotros que el primer sábado comunista, organizado ello de mayo de 1919 en Moscú por los obreros del ferrocarril Moscú–Kazán, tiene más importancia histórica que cualquier victoria de Hindenburg o de Foch y los ingleses en la guerra imperialista de 1914-1918. Las victorias de los imperialistas son la matanza de millones de obreros para aumentar las ganancias de los multimillonarios anglonorteamericanos y franceses. Son la bestialidad del capitalismo agonizante, atiborrado de tanto tragar y que se

---

* Escrito el 28 de junio de 1919. Publicado en julio de 1919, en un folleto, en Moscú. Firmado: N. Lenin.

pudre en vida. El sábado comunista de los obreros ferroviarios de la línea Moscú–Kazán es uno de los embriones de la sociedad nueva, de la sociedad que trae a todos los pueblos de la tierra la manumisión del yugo del capital y los libra de las guerras.

Los señores burgueses y sus lacayos, incluyendo a los mencheviques y eseristas, habituados a considerarse representantes de la «opinión pública», se burlan, naturalmente, de las esperanzas de los comunistas; dicen que esas esperanzas son un «baobab en una maceta de reseda» y se ríen del ínfimo número de sábados, en comparación con los casos innumerables de robo, haraganería, descenso de la productividad, deterioro de las materias primas, deterioro de los productos, etcétera Nosotros contestamos a esos señores: si los intelectuales burgueses hubieran ayudado a los trabajadores con sus conocimientos, en lugar de ponerse al servicio de los capitalistas rusos y extranjeros para restaurar su poder, la revolución sería más rápida y pacífica. Pero eso es una utopía, pues la cuestión la decide la lucha de clases, y en esta lucha, la mayor parte de los intelectuales se inclina hacia la burguesía. El proletariado triunfará no con la ayuda de los intelectuales, sino a pesar de su oposición (al menos en la mayor parte de los casos), apartando a los intelectuales burgueses incorregibles, transformando, reeducando y sometiendo a los vacilantes y atrayendo paulatinamente a su lado a un número de ellos cada vez mayor. Regocijarse maliciosamente ante las dificultades y reveses de la revolución, sembrar el pánico y predicar la vuelta atrás son armas y procedimientos de lucha de clase que emplean los intelectuales burgueses. Pero el proletariado no se dejará engañar con eso

Mas si abordamos la cuestión a fondo, ¿es que puede encontrarse en la historia un solo ejemplo de un modo de producción nuevo que haya prendido de golpe, sin una larga serie de reveses, equivocaciones y recaídas? Medio siglo después de haber sido abolida la servidumbre, en la aldea rusa persistían aún no pocas supervivencias de aquel régimen. Medio siglo después de haber sido suprimida la esclavitud de los negros en Norteamérica, la condición de estos últimos seguía siendo, en muchas ocasiones, de semiesclavitud. Los intelectuales burgueses, comprendidos los mencheviques y eseristas, permanecen fieles a sí mismos al servir al capital y repetir sus argumentos totalmente falsos: antes de la revolución del proletariado nos tildaban de utopistas, y después de la revolución nos exigen ¡que borremos de la noche a la mañana todas las huellas del pasado!

Pero no somos utopistas y conocemos el valor real de los «argumentos» burgueses; sabemos también que las huellas del pasado en las costumbres predominarán inevitablemente durante cierto tiempo, después de la revolución, sobre los brotes de lo nuevo.

Cuando lo nuevo acaba de nacer, tanto en la naturaleza como en la vida social, lo viejo siempre sigue siendo más fuerte durante cierto tiempo. Las burlas a propósito de la debilidad de los tallos nuevos, el escepticismo barato de los intelectuales, etcétera, son, en el fondo, procedimientos de la lucha de clase de la burguesía contra el proletariado, maneras de defender el capitalismo frente al socialismo. Debemos estudiar minuciosamente los brotes de lo nuevo, prestarles la mayor atención, favorecer y «cuidar» por todos los medios el crecimiento de estos débiles brotes. Es inevitable que algunos de ellos perezcan. No puede asegurarse que precisamente los «sábados comunistas» vayan a desempeñar un papel de particular importancia. No se trata de eso. Se trata de que es preciso apoyar todos los brotes de lo nuevo, entre los que la vida se encargará de seleccionar los más vivaces. Si un científico japonés, para ayudar a los hombres a triunfar sobre la sífilis, ha tenido la paciencia de ensayar 605 preparados antes de llegar al 606, que satisface determinadas exigencias, quienes quieran resolver un problema más difícil, el de vencer al capitalismo, deberán tener la suficiente perseverancia para ensayar centenares y miles de nuevos procedimientos, métodos y medios de lucha hasta conseguir los que más convienen.

Los «sábados comunistas» tienen tanta importancia porque no los han iniciado obreros que se encuentran en condiciones excepcionalmente favorables, sino obreros de diversas especialidades, incluidos también obreros no especializados, peones, que se encuentran en condiciones *habituales,* es decir, en las condiciones *más difíciles.* Todos conocemos muy bien la razón fundamental del descenso de la productividad del trabajo que se observa no solamente en Rusia, sino en el mundo entero: la ruina y la miseria, la exasperación y el cansancio provocados por la guerra imperialista, las enfermedades y el hambre. Por su importancia, esta última ocupa el primer lugar. El hambre: ésa es la causa. Y para suprimir el hambre hay que elevar la productividad del trabajo tanto en la agricultura como en el transporte y en la industria.

Nos encontramos, por consiguiente, ante una especie de círculo vicioso: para elevar la productividad del trabajo hay que salvarse del hambre, y para salvarse del hambre hay que elevar la productividad del trabajo.

Es sabido que, en la práctica, contradicciones semejantes se resuelven por la ruptura del círculo vicioso, por un cambio profundo en el espíritu de las masas, por la iniciativa heroica de algunos grupos, que desempeña con frecuencia un papel decisivo cuando se opera el cambio. Los peones y los ferroviarios de Moscú (claro que teniendo en cuenta su mayoría, y no un puñado de especuladores, burócratas y demás guardias blancos) son trabajadores que viven en condiciones desesperadamente difíciles. Están subalimentados constantemente y ahora, antes de la nueva recolección, cuando el estado del abastecimiento ha empeorado en todas partes, sufren verdadera hambre. Y estos obreros hambrientos, cercados por la canallesca agitación contrarrevolucionaria de la burguesía, de los mencheviques y de los eseristas, organizan «sábados comunistas», trabajan horas extraordinarias *sin ninguna retribución* y consiguen *un aumento inmenso de la productividad del trabajo*, a pesar de hallarse cansados, atormentados y extenuados por la subalimentación. ¿No es esto un heroísmo grandioso? ¿No es el comienzo de una transformación de importancia histórica universal?

La productividad del trabajado es, en última instancia, lo más importante, lo decisivo para el triunfo del nuevo régimen social. El capitalismo consiguió una productividad del trabajo desconocida bajo el feudalismo. Y el capitalismo podrá ser y será definitivamente derrotado porque el socialismo logra una nueva productividad del trabajo muchísimo más alta. Es una labor muy difícil y muy larga, pero lo esencial es que *ha comenzado*. Si en el Moscú hambriento del verano de 1919, obreros hambrientos, tras cuatro penosos años de guerra imperialista y después de año y medio de una guerra civil todavía más penosa, han podido iniciar esta gran obra, ¿qué proporciones no adquirirá cuando triunfemos en la guerra civil y conquistemos la paz?

El comunismo representa una productividad del trabajo más alta que la del capitalismo, una productividad obtenida voluntariamente por obreros conscientes y unidos que tienen a su servicio una técnica moderna. Los sábados comunistas tienen un valor excepcional como comienzo *efectivo del comunismo,* y esto es algo extraordinario, pues nos encontramos en una etapa en la que «se dan solo los *primeros pasos* en la transición del capitalismo al comunismo» (como dice, con toda razón, el programa de nuestro partido).

El comunismo comienza cuando *los obreros sencillos* sienten una preocupación —abnegada y más fuerte que el duro trabajo— por aumentar la productividad del trabajo, por salvaguardar *cada pud de grano, de carbón, de hierro* y demás productos que no están destinados directamente a los que trabajan ni a sus «allegados», sino a personas «ajenas», es decir, a toda la sociedad en conjunto, a decenas y centenares de millones de hombres, agrupados primero en un Estado socialista y, más tarde, en una Unión de Repúblicas Soviéticas.

Carlos Marx se burla en *El capital* de la pomposidad y altisonancia de la carta magna democrático–burguesa de libertades y derechos del hombre, de toda esa fraseología sobre la libertad, la igualdad y la fraternidad *en general*, que deslumbra a los pequeños burgueses y filisteos de todos los países, sin exceptuar a los viles héroes actuales de la vil Internacional de Berna. Marx opone a esas pomposas declaraciones de derechos la manera sencilla, modesta, práctica y corriente con que el proletariado plantea la cuestión: reducción de la jornada de trabajo por el Estado, he ahí un ejemplo típico de ese planteamiento.[2] Toda la precisión y profundidad de la observación de Marx aparece ante nosotros con mayor claridad y evidencia cuanto más se desarrolla el contenido de la revolución proletaria. Las «fórmulas» del verdadero comunismo se distinguen de la fraseología pomposa, refinada y solemne de los Kautsky, de los mencheviques y eseristas, con sus queridos «cofrades» de Berna, precisamente en que dichas «fórmulas» reducen todo a las *condiciones de trabajo*. Menos charlatanería en torno a «la democracia del trabajo», «la libertad, la igualdad y la fraternidad», «la soberanía del pueblo» y demás cosas por el estilo: el obrero y el campesino conscientes de nuestros días ven en estas frases hueras la marrullería del intelectual burgués tan fácilmente como cualquier persona con experiencia de la vida dice en el acto y sin equivocarse al ver el rostro impecablemente cuidado y el aspecto de una «persona distinguida»: «Seguro que es un truhán».

¡Menos frases pomposas y más trabajo sencillo, *cotidiano*, más preocupación por cada pud de grano y cada pud de carbón! Más preocupación por que este pud de grano y este pud de carbón, indispensables al obrero hambriento y al campesino desarrapado, desnudo, *no* les lleguen por transacciones *mercantilistas,* al modo capitalista, sino por el trabajo consciente, voluntario, abnegado y heroico de simples trabajadores, como los peones y los ferroviarios de la línea Moscú–Kazán.

Todos debemos reconocer que a cada paso, en todas partes, y también en nuestras filas, pueden verse huellas del modo charlatanesco, propio de intelectuales burgueses, de abordar los problemas de la revolución. Nuestra prensa, por ejemplo, lucha poco contra estos restos putrefactos del podrido pasado democrático–burgués y presta débil apoyo a los brotes sencillos, modestos cotidianos, pero vivos, de verdadero comunismo.

Observad la situación de la mujer. Ningún partido democrático del mundo, en ninguna de las repúblicas burguesas más avanzadas, ha hecho, en este aspecto, en decenas de años ni la centésima parte de lo que hemos hecho nosotros en el primer año de nuestro poder. No hemos dejado piedra sobre piedra, en el sentido literal de la palabra, de las vergonzosas leyes que establecían la inferioridad jurídica de la mujer, que ponían obstáculos al divorcio y exigían para él requisitos odiosos, que proclamaban la ilegitimidad de los hijos naturales y la investigación de la paternidad, etcétera. En todos los países civilizados subsisten numerosos vestigios de estas leyes, para vergüenza de la burguesía y del capitalismo. Tenemos mil veces razón para sentirnos orgullosos de lo que hemos realizado en este sentido. Sin embargo, *cuanto más* nos deshacemos del fárrago de viejas leyes e instituciones burguesas, tanto más claro vemos que solo se ha descombrado el terreno para la construcción, pero esta no ha comenzado todavía.

La mujer continúa siendo *esclava del hogar,* pese a todas las leyes liberadoras, porque está agobiada, oprimida, embrutecida, humillada por los *pequeños quehaceres domésticos,* que la convierten en cocinera y niñera, que malgastan su actividad en un trabajo absurdamente improductivo, mezquino, enervante, embrutecedor y fastidioso, La verdadera *emancipación de la mujer* y el verdadero comunismo no comenzarán sino en el país y en el momento en que empiece, la lucha en masa (dirigida por el proletariado, dueño del poder del Estado) contra esta pequeña economía doméstica, o más exactamente, cuando empiece su *transformación en masa* en una gran economía socialista.

¿Concedemos en la práctica la debida atención a este problema que, teóricamente, es indiscutible para todo comunista? Desde luego, no. ¿Nos preocupamos suficientemente de *los brotes* de comunismo, que existen ya a este respecto? No, y mil veces no. Los comedores públicos, las casas–cuna y los jardines de la infancia son otras tantas muestras de estos brotes, son medios sencillos, corrientes, sin pompa, elocuencia ni solemnidad, *efectivamente* capaces de *emancipar a la mujer,* efectivamente capaces de aminorar y suprimir su desigualdad respecto al hombre por su papel en la producción y en la vida social. Estos medios no son nuevos. Fueron creados (como, en general, todas las premisas materiales del socialismo) por el gran capitalismo; pero bajo el régimen capitalista han sido, en primer lugar, casos aislados y, en segundo lugar —lo que tiene particular importancia—, o eran empresas *mercantiles,* con los peores aspectos de la especulación, del lucro, de la trapacería y del engaño, o bien «ejercicios acrobáticos de beneficencia burguesa», odiada y despreciada, con toda razón, por los mejores obreros.

Es indudable que esos establecimientos son ya mucho más numerosos en nuestro país y que *empiezan* a cambiar de carácter. Es indudable que entre las obreras y campesinas hay muchas más personas dotadas de *capacidad de organización* que las conocidas por nosotros; personas que saben organizar las cosas prácticas, con la participación de un gran número de trabajadores y de un número mucho mayor de consumidores, sin la facundia, el alboroto, las disputas y la charlatanería sobre planes, sistemas, etcétera, que «padecen» los «intelectuales», demasiado presuntuosos siempre, o los «comunistas» precoces. Pero *no cuidamos* como es debido estos brotes de lo nuevo.

Fijaos en la burguesía. ¡Qué admirablemente sabe dar publicidad a lo que le conviene *a ella!* ¡Cómo exalta las empresas «modelo» (a juicio de los capitalistas) en los millones de ejemplares de *sus* periódicos! ¡Cómo sabe hacer de instituciones burguesas «modelo» un motivo de orgullo nacional! Nuestra prensa no se cuida, o casi no se cuida, de describir los mejores comedores públicos o las mejores casas–cuna; de conseguir, insistiendo día tras día, la transformación de algunos de ellos en establecimientos modelo, de hacerles propaganda, de describir detalladamente la economía de esfuerzo humano, las ventajas para los consumidores, el ahorro de productos, la liberación de la mujer de la esclavitud doméstica y las mejoras de índole sanitaria que se consiguen con un *ejemplar trabajo comunista* y que se pueden realizar y extender a toda la sociedad, a todos los trabajadores.

Una producción ejemplar, sábados comunistas ejemplares, un cuidado y una honradez ejemplares en la obtención y distribución de cada pud de grano, comedores públicos ejemplares, la limpieza ejemplar de una vivienda obrera, de un barrio determinado, todo esto tiene que ser, diez veces más que ahora, objeto de atención y cuidado tanto por parte de nuestra prensa como por parte de *cada* organización obrera y campesina. Todo esto son brotes de comunismo, y el cuidarlos es una obligación primordial de todos nosotros. Por difícil que sea la situación del abastecimiento y de la producción, el avance *en todo el frente* en año y medio de poder bolchevique es indudable: los acopios de grano han pasado de 30 millones de puds (del 1º de agosto de 1917 al 1º de agosto de 1918) a 100 millones (del 1º de agosto de 1918 al 1º de mayo de 1919); se ha extendido la horticultura; ha disminuido la extensión de los campos que quedan sin sembrar; ha comenzado a mejorar el transporte ferroviario, a pesar de las gigantescas dificultades con que se tropieza para obtener combustible, etcétera. Sobre este fondo general, y con el apoyo del poder estatal proletario, los brotes de comunismo no se agostarán, sino que crecerán y se convertirán en comunismo pleno.

[...]

Es necesario reflexionar detenidamente sobre la significación de los «sábados comunistas» para sacar de esta gran iniciativa todas las enseñanzas prácticas, de magna importancia, que se desprenden de ella.

La primera y principal enseñanza consiste en que es necesario apoyar por todos los medios esta iniciativa. Se ha empezado a emplear entre nosotros la palabra «comuna» con excesiva ligereza. Toda empresa fundada por comunistas o con su participación recibe a cada paso, de buenas a primeras, el nombre de «comuna»; pero se olvida con frecuencia que *una denominación tan honrosa* debe ser *conquistada* por una labor prolongada y tenaz, por éxitos *prácticos* concretos en la edificación verdaderamente comunista.

Por eso considero absolutamente acertada la decisión que ha madurado en el espíritu de la mayoría de los miembros del Comité Ejecutivo Central: *anular* un decreto del Consejo de Comisarios del Pueblo en lo que concierne a la *denominación* de las «comunas de consumo».[3] No importa que la denominación sea más sencilla; además, dicho sea de paso, las imperfecciones y los defectos de las *primeras* etapas del nuevo trabajo de organización no se atribuirán a las «comunas», sino (y es justo que así sea) a los *malos* comunistas. Sería muy útil desterrar del uso *corriente* la palabra «comuna», impedir que cualquiera pueda aprovecharse de ella, o *reconocer esta denominación únicamente* a las verdaderas comunas, a las que hayan demostrado de verdad en la práctica (confirmándolo la opinión unánime de la población circundante) que pueden y saben organizar las cosas al modo comunista. ¡Solo después de haber demostrado que se es capaz de trabajar gratis en provecho de la sociedad, en provecho de todos los trabajadores, que se es capaz de «trabajar a lo revolucionario», de elevar la productividad del trabajo, de organizar las cosas de modo ejemplar, solo entonces podrá solicitarse el honroso título de «comuna»!

En este sentido, los «sábados comunistas» constituyen una excepción del más alto valor. Porque los peones y los ferroviarios de la línea Moscú–Kazán *han empezado* por demostrarnos *con hechos* que son capaces de trabajar como *comunistas,* y solo después han dado a su iniciativa la denominación de «sábados comunistas». Hay que procurar y conseguir que se proceda así también en adelante, que cuantos den a su obra, institución o empresa el nombre de comuna, *sin demostrarlo* con el trabajo arduo y los *éxitos* prácticos de *una labor prolongada,* con una manera ejemplar y realmente comunista de organizar las cosas, sean ridiculizados sin piedad y puestos en la picota como charlatanes o fanfarrones. La gran iniciativa de los «sábados comunistas» debe aprovecharse también en otro sentido: para *depurar* el partido. En los primeros tiempos que siguieron a la revolución, cuando la masa de gente «honesta» y de espíritu pequeñoburgués estaba particularmente amedrentada; cuando los intelectuales burgueses, incluyendo, claro está, a los mencheviques y eseristas, se dedicaban sin excepción al sabotaje, como lacayos fieles de la burguesía, era absolutamente inevitable que se pegasen al partido gobernante aventureros y otros elementos nocivos en extremo. Ninguna revolución ha escapado ni podrá escapar a este peligro. Lo importante es que el partido gobernante, apoyándose en la clase de vanguardia, sana y fuerte sepa depurar sus filas.

Hemos empezado hace ya tiempo a trabajar en ese sentido. Y debemos proseguir esa labor sin debilidad y sin descanso. La movilización de los comunistas para la guerra ha venido a ayudarnos: los cobardes y los miserables han huido del partido. ¡Mejor que mejor! *Esta* disminución de los efectivos del partido significa *un inmenso crecimiento* de su fuerza e influencia. Hay que continuar la depuración, utilizando la iniciativa de los «sábados

206 Vladimir Ilich Lenin: Textos escogidos

comunistas»: que no se pueda ingresar en el partido sin haber pasado seis meses, por ejemplo, de «prueba» o «práctica», consistentes en «trabajar a lo revolucionario». La misma prueba debe exigirse a *todos* los miembros del partido que hayan ingresado después del 25 de octubre de 1917 y que no hayan demostrado con trabajos o méritos especiales su absoluta firmeza y lealtad, su capacidad de ser comunista.

La depuración del partido, que ha de ir unida a *la exigencia* inflexible, *cada vez más acentuada,* de un trabajo auténticamente comunista, mejorará *el aparato* del poder estatal y acercará en grado gigantesco *el paso definitivo* de los campesinos al lado del proletariado revolucionario.

Por cierto que los «sábados comunistas» han puesto de manifiesto con claridad extraordinaria el carácter de clase del aparato del poder estatal bajo la dictadura del proletariado. El Comité Central del partido dirige un llamamiento acerca del «trabajo a lo revolucionario». Lanza la idea el Comité Central de un partido que cuenta de 100 000 a 200 000 miembros (supongo que son los que quedarán después de una depuración seria, pues en la actualidad hay más).

La idea es recogida por los obreros sindicados, cuyo número llega en Rusia y Ucrania a cuatro millones. La inmensa mayoría de ellos está a favor del poder estatal proletario, de la dictadura del proletariado. Doscientos mil y cuatro millones: tal es la proporción existente entre las «ruedas del engranaje», si se nos permite expresarnos así. Vienen luego *decenas de millones* de campesinos, que se dividen en tres grupos principales: los semiproletarios o campesinos pobres, que forman el grupo más numeroso y más próximo al proletariado; los campesinos medios, y, por último, un grupo muy reducido, el de los kulaks o burguesía rural.

Mientras sea posible comerciar con el grano y especular con el hambre, el campesino seguirá siendo (cosa inevitable durante cierto período de la dictadura del proletariado) semitrabajador y semiespeculador. Como especulador nos es hostil, hostil al Estado proletario, y tiende al acuerdo con la burguesía y sus fieles lacayos, comprendidos el menchevique Sher o el eserista B. Chernénkov, partidarios de la libertad de comercio de cereales. Pero *como trabajador*, el campesino es amigo del Estado proletario, es el aliado más fiel del obrero en la lucha contra el terrateniente y contra el capitalista. Como trabajadores, la inmensa masa de millones de campesinos apoya la «máquina» del

Estado que dirigen cien o doscientos mil hombres de la vanguardia proletaria comunista y que abarca a millones de proletarios organizados.

Jamás ha habido en el mundo un Estado más democrático, en el verdadero sentido de esta palabra, ni más íntimamente ligado a las masas trabajadoras y explotadas.

Precisamente este trabajo proletario —que los «sábados comunistas» representan y llevan a la práctica— es el que consolidará de modo definitivo el respeto y el amor del campesino al Estado proletario. Este trabajo, y solo este trabajo, convence definitivamente al campesino de que tenemos razón, de que el comunismo tiene razón, y hace de él un entusiasta partidario nuestro. Y esto nos permitirá vencer por completo las dificultades del abastecimiento, conducirá a la victoria total del comunismo sobre el capitalismo en la producción y distribución de cereales, conducirá al afianzamiento absoluto del comunismo.

Fuente: V.I. Lenin: «Una gran iniciativa», en *Obras escogidas* en tres tomos, t. III, Editorial Progreso, Moscú, 1970, pp. 230–239.

La economía y la política en la época de la dictadura del proletariado*

Tenía proyectado escribir para el segundo aniversario del Poder soviético un pequeño folleto sobre el tema indicado en el título. Pero con el ajetreo del trabajo diario no he logrado hasta ahora ir más allá de la preparación preliminar de algunas partes. Por eso, he decidido hacer la experiencia de una exposición breve y sumaria de las ideas más esenciales, a mi modo de ver, en esta cuestión. Naturalmente, el carácter resumido de la exposición encierra muchas dificultades e inconvenientes. Pero quizá para un pequeño artículo periodístico puede ser realizable este objetivo modesto: plantear la cuestión y trazar las líneas generales para su discusión por los comunistas de los diferentes países.

1

Teóricamente, no cabe duda de que entre el capitalismo y el comunismo existe cierto período de transición. Este período no puede dejar de reunir los rasgos o las propiedades de ambas formaciones de la economía social, no puede dejar de ser un período de lucha entre el capitalismo agonizante y el comunismo naciente; o en otras palabras: entre el capitalismo vencido, pero no aniquilado, y el comunismo ya nacido, pero muy débil aún.

La necesidad de toda una época histórica, que se distinga por estos rasgos del período de transición, debe ser clara por sí misma, no solo para un

---

* Escrito el 30 de octubre de 1919. Publicado el 7 de noviembre de 1919 en el núm. 250 de *Pravda*. Firmado: N. Lenin.

marxista, sino para toda persona instruida que conozca de una u otra manera la teoría del desarrollo. Y, sin embargo, todos los razonamientos que sobre el paso al socialismo escuchamos de labios de los actuales representantes de la democracia pequeñoburguesa (tales son, a pesar de su pretendida etiqueta socialista, todos los representantes de la II Internacional, incluyendo gente del corte de MacDonald y Jean Longuet, de Kautsky y Federico Adler) se distingue por el completo olvido de esta verdad evidente. A los demócratas pequeñoburgueses les son propios la aversión a la lucha de clases, los sueños sobre la posibilidad de prescindir de ella, la aspiración a atenuar, conciliar y limar sus agudas aristas. Por eso, los demócratas de esta especie o se desentienden de cualquier reconocimiento de todo un período histórico de transición del capitalismo al comunismo o consideran que su tarea es inventar planes para conciliar ambas fuerzas en pugna, en lugar de dirigir la lucha de una de estas fuerzas.

2

En Rusia, la dictadura del proletariado tiene que distinguirse inevitablemente por ciertas particularidades en comparación con los países avanzados, como consecuencia del inmenso atraso y del carácter pequeñoburgués de nuestro país. Pero las fuerzas fundamentales —y las formas fundamentales de la economía social— son, en Rusia, las mismas que en cualquier país capitalista, por lo que estas particularidades pueden referirse tan solo a lo que no es esencial.

Estas formas básicas de la economía social son: el capitalismo, la pequeña producción mercantil y el comunismo. Y las fuerzas básicas son: la burguesía, la pequeña burguesía (particularmente los campesinos) y el proletariado.

La economía de Rusia en la época de la dictadura del proletariado representa la lucha que en sus primeros pasos sostiene el trabajo mancomunado al modo comunista: —en escala única de un enorme Estado— contra la pequeña producción mercantil, contra el capitalismo que sigue subsistiendo y contra el que revive sobre la base de esta producción.

El trabajo está mancomunado en Rusia a la manera comunista por cuanto, primero, está abolida la propiedad privada sobre los medios de producción y, segundo, porque el poder proletario del Estado organiza en escala nacional la gran producción en las tierras y empresas estatales, distribuye la mano de obra entre las diferentes ramas de la economía y entre las empresas, distribuye entre los trabajadores inmensas cantidades de artículos de consumo pertenecientes al Estado.

Hablamos de los «primeros pasos» del comunismo en Rusia (como lo dice también el programa de nuestro partido aprobado en marzo de 1919), ya que estas condiciones las hemos realizado solo en parte, o dicho con otras palabras: la realización de estas condiciones se encuentra solo en su fase inicial. De una vez, con un solo golpe revolucionario, se ha hecho todo cuanto puede, en general, hacerse de un golpe: por ejemplo, ya el primer día de la dictadura del proletariado, el 26 de octubre de 1917 (8 de noviembre de 1917), fue abolida la propiedad privada de la tierra y fueron expropiados sin indemnización los grandes propietarios[1] de la tierra. En unos meses fueron expropiados, también sin indemnización, casi todos los grandes capitalistas, los dueños de fábricas, empresas de sociedades anónimas, bancos, ferrocarriles, etcétera. La organización de la gran producción industrial por el Estado y el tránsito del «control obrero» a la «administración obrera» de las fábricas y ferrocarriles están ya realizados en sus rasgos más importantes y fundamentales; pero con respecto a la agricultura esto no ha hecho más que empezar (las «haciendas soviéticas», grandes explotaciones realizadas por el Estado obrero sobre las tierras del Estado). Igualmente, apenas ha comenzado la organización de las diferentes formas de cooperación de los pequeños labradores como tránsito de la pequeña producción agrícola mercantil a la agricultura comunista Lo mismo cabe decir de la organización estatal de la distribución de los productos en sustitución del comercio privado, es decir, en lo que atañe al acopio y al envío de cereales a las ciudades y de los artículos industriales al campo por el Estado. Más abajo daremos los datos estadísticos que poseemos sobre esta cuestión.

La economía campesina continúa siendo una pequeña producción mercantil. Hay aquí para el capitalismo una base extraordinariamente amplia y dotada de raíces muy profundas y muy sólidas. Sobre esta base, se mantiene y revive de nuevo, luchando de la manera más encarnizada contra el comunismo. Las formas de esta lucha son: la venta clandestina y la especulación contra los acopios estatales de grano (al igual que de otros productos) y en general contra la distribución estatal de los productos.

3

Para ilustrar estas tesis teóricas abstractas, aportaremos datos concretos.

El acopio estatal de cereales en Rusia, según datos del Comisariado del Pueblo de Abastecimiento, ha dado, desde el 1 de agosto de 1917 al 1 de agosto de 1918, cerca de 30 millones de puds. Al otro año, cerca de 110 millones de puds. En los primeros tres meses de la campaña siguiente (1919–1920), los acopios alcanzarán, por lo visto, cerca de 45 millones de puds, contra 37 millones en los mismos meses (agosto–octubre) del año 1918.

Estas cifras revelan claramente un mejoramiento lento, pero constante, en el sentido de la victoria del comunismo sobre el capitalismo. Se obtiene este mejoramiento a pesar de las inauditas dificultades motivadas por la guerra civil, que los capitalistas rusos y extranjeros organizan poniendo en tensión todas las fuerzas de las potencias más poderosas del mundo.

Por eso, por más que mientan y calumnien los burgueses de todos los países y sus cómplices, francos o encubiertos (los «socialistas» de la II Internacional), es indudable que, desde el punto de vista del problema económico fundamental de la dictadura del proletariado, en nuestro país está asegurada la victoria del comunismo sobre el capitalismo. Si la burguesía de todo el mundo está enrabiada y enfurecida contra el bolchevismo, si organiza invasiones armadas, complots, etcétera, contra los bolcheviques, es precisamente porque comprende muy bien lo inevitable de nuestra victoria en la reestructuración de la economía social, a menos que nos aplaste por la fuerza militar. Pero no consigue aplastarnos por ese procedimiento.

El cuadro que sigue a continuación permite ver en qué medida, precisamente, hemos vencido ya al capitalismo, en el poco tiempo que nos fue concedido y entre las dificultades sin precedentes en que nos hemos visto obligados a actuar. La Dirección Central de Estadística acaba de preparar para la prensa datos sobre la producción y el consumo de cereales no de toda la Rusia soviética, sino de 26 provincias solamente.

He aquí las cifras:

212 Vladimir Ilich Lenin: Textos escogidos

| 26 provincias de la Rusia Soviética | Población (en millones) | Producción de cereales (sin semillas ni piensos) (en millones de puds). | Cereales suministrados | | Total de cereales de que disponía la población (en millones de puds). | Consumo de cereales por habitante (en puds). |
| | | | Por el Comisariado de Abastecimiento | Por los especuladores | | |
			(en millones de puds)			
Provincias productoras	Ciudades 4,4	—	20,9	20,6	41,5	9,5
	Aldeas 28,6	625,4	—	—	481,8	16,9
Provincias consumidoras	Ciudades 5,9	—	20,0	20,0	40,0	6,8
	Aldeas 13,8	114,0	12,1	27,8	151,4	11,0
Total	(26 provincias) 52,7	739,4	53,0	68,4	714,7	13,6

Así, pues, aproximadamente la mitad del grano para las ciudades lo da el Comisariado de abastecimiento; la otra mitad, los especuladores. La investigación exacta de la alimentación de los obreros de las ciudades en 1918 ha dado precisamente esta proporción. Advirtamos que los obreros pagan por el cereal proporcionado por el Estado *la novena parte* que por el de los especuladores. El precio de especulación es equivalente *al décuplo* que el precio del Estado. Así lo dice el estudio concienzudo del presupuesto de los obreros.

4

Los datos citados, si se piensa bien en ellos, proporcionan un material exacto acerca de todos los rasgos fundamentales de la economía actual en Rusia.

Los trabajadores han sido liberados de sus opresores y explotadores seculares, los terratenientes y capitalistas. Este progreso de la verdadera libertad y de la verdadera igualdad, progreso que por su grandeza, magnitud y rapidez no tiene precedente en el mundo, no ha sido tomado en consideración por los partidarios de la burguesía (incluidos los demócratas

La economía y la política en la época de la dictadura del proletariado **213**

pequeñoburgueses), los cuales hablan de la libertad y de la igualdad en el sentido de la democracia burguesa parlamentaria, proclamándola falsamente «democracia» en general o «democracia pura» (Kautsky).

Pero los trabajadores toman en consideración precisamente la verdadera igualdad, la verdadera libertad (la que implica verse libre de terratenientes y capitalistas), por eso apoyan con tanta firmeza al Poder soviético.

En este país campesino, han sido los campesinos en general los primeros en salir favorecidos, los que más han ganado y los que de golpe han gozado los beneficios de la dictadura del proletariado. Bajo el régimen de los terratenientes y capitalistas, en Rusia los campesinos padecían hambre. En el transcurso de largos siglos de nuestra historia, los campesinos jamás tuvieron la posibilidad de trabajar para sí: pasaban hambre, entregando cientos de millones de puds de trigo a los capitalistas, a las ciudades y al extranjero. Bajo la dictadura del proletariado, el campesino *por primera vez* trabaja para sí y *se alimenta mejor que el habitante de la ciudad*. El campesino ha visto por primera vez la libertad de hecho: la libertad de comer su propio pan, la libertad de no pasar hambre. Se ha establecido, como es sabido, la igualdad máxima en el reparto de las tierras: en la gran mayoría de los casos, los campesinos reparten la tierra «por el número de bocas».

El socialismo es la supresión de las clases.

Para suprimir las clases, es preciso, primero, derribar a los terratenientes y a los capitalistas. Esta parte de la tarea la hemos cumplido, pero es solo una parte y, además, *no* es la más difícil. Para abolir las clases, es preciso, en segundo lugar, suprimir la diferencia entre los obreros y los campesinos, convertir *a todos en trabajadores*. Esto no es posible hacerlo de golpe. Esta es una tarea incomparablemente más difícil y, por la fuerza de la necesidad, de larga duración. No es una tarea que pueda resolverse con el derrocamiento de una clase cualquiera. Solo puede resolverse mediante la reorganización de toda la economía social, pasando de la pequeña producción mercantil, individual y aislada, a la gran producción colectiva. Este tránsito es, por necesidad, extraordinariamente largo, y las medidas administrativas y legislativas precipitadas e imprudentes solo conducirían a hacerlo más lento y difícil. Solamente cabe acelerarlo prestando a los campesinos una ayuda que les permita mejorar en enorme medida toda la técnica agrícola, transformándola de raíz.

Para resolver esta segunda parte de la tarea, la más difícil, el proletariado, después de haber vencido a la burguesía, debe aplicar inalterablemente la siguiente línea fundamental en su política con respecto a los campesinos: el proletariado debe distinguir, diferenciar a los campesinos trabajadores de los campesinos propietarios, al campesino trabajador del campesino mercader, al campesino laborioso del campesino especulador.

En esta delimitación reside *toda la esencia* del socialismo. Y no es extraño que los socialistas de palabra y demócratas pequeñoburgueses de hecho (los Mártov y los Chernov, los Kautsky y Cía.) no comprendan esta esencia del socialismo.

La delimitación aquí indicada es muy difícil, pues en la vida práctica todos los rasgos propios del «campesino», por variados y contradictorios que sean, forman un todo único. No obstante, la delimitación es posible, y no solo posible; sino que emana inevitablemente de las condiciones de la hacienda y de la vida del campesino. El campesino trabajador ha estado oprimido durante siglos por los terratenientes, los capitalistas, los mercaderes, los especuladores y *su* Estado, incluyendo a las repúblicas burguesas más democráticas. El campesino trabajador ha ido formando durante siglos su odio y su animosidad contra estos opresores y explotadores, y esta «formación», producto de la vida misma, *fuerza* a los campesinos a buscar la alianza con los obreros contra el capitalista, contra el especulador, contra el mercader. Pero, al mismo tiempo, las circunstancias económicas, las circunstancias de la economía mercantil, convierten de modo inevitable al campesino (no siempre, pero sí en una gran mayoría de casos) en mercader y especulador.

Los datos estadísticos arriba citados muestran con claridad la diferencia que existe entre el campesino trabajador y el campesino especulador. Los campesinos que en 1918–1919 dieron a los obreros hambrientos de las ciudades 40 millones de puds de grano, a los precios de tasa fijados por el Estado y a través de los organismos estatales, a pesar de todos los defectos de estos organismos, defectos perfectamente conocidos por el gobierno obrero, pero irremediables en el primer período de transición al socialismo, estos campesinos son unos campesinos trabajadores, unos camaradas de los obreros socialistas con todos los derechos, sus aliados más seguros, sus hermanos carnales en la lucha contra el yugo del capital. Pero esos otros campesinos que vendieron a escondidas 40 millones de puds de grano a un precio equivalente al décuplo fijado por el Estado, aprovechándose de la penuria y del hambre del obrero de la ciudad, defraudando al Estado, aumentando y engendrando por todas partes el engaño, el pillaje y las maniobras fraudulentas, esos campesinos son unos especuladores, unos aliados del capitalismo, unos enemigos de clase del obrero, unos explotadores. Pues tener sobrantes de trigo recolectado en las tierras que pertenecen al Estado, con la ayuda de aperos en cuya creación fue invertido, de uno u otro modo, no solo el esfuerzo del campesino, sino también el del obrero, etcétera, tener sobrantes de trigo y especular con ellos significa ser un explotador del obrero hambriento.

Vosotros violáis la libertad, la igualdad, la democracia, nos gritan desde todos lados, señalándonos la desigualdad que nuestra Constitución establece entre el obrero y el campesino, la disolución de la Asamblea Constituyente, las requisas forzosas de los excedentes de trigo, etcétera. Nosotros replicamos: no ha habido en el mundo Estado que haya hecho tanto para eliminar la desigualdad y la falta de libertad que de hecho ha padecido durante siglos el campesino laborioso. Pero jamás reconoceremos la igualdad con el campesino especulador, como no reconoceremos la «igualdad» del explotador con el explotado, del harto con el hambriento, la «libertad» del primero de robar al segundo. Y aquellos hombres instruidos que no quieran comprender estas diferencias, nosotros los trataremos como a los guardias blancos, aunque se llamen demócratas, socialistas, internacionalistas, Kautsky, Chernov, Mártov.

5

El socialismo es la supresión de las clases. La dictadura del proletariado ha hecho en este sentido todo lo que estaba a su alcance. Pero no se pueden suprimir de golpe las clases. Y las clases *han quedado y quedarán* durante la época de la dictadura del proletariado. La dictadura dejará de ser necesaria cuando desaparezcan las clases. Y sin la dictadura del proletariado las clases no desaparecerán.

Las clases han quedado, pero *cada* una de ellas se ha modificado en la época de la dictadura del proletariado; han variado igualmente las relaciones entre ellas. La lucha de clases no desaparece bajo la dictadura del proletariado, lo que hace es adoptar otras formas.

El proletariado, bajo el capitalismo, era una clase oprimida, desprovista de toda propiedad sobre los medios de producción, la única clase opuesta directa e íntegramente a la burguesía, y por eso la única capaz de ser revolucionaria hasta el fin. El proletariado, al derrocar a la burguesía y conquistar el poder político, se ha convertido en la clase *dominante:* tiene en sus manos el poder del Estado, dispone de los medios de producción ya socializados, dirige los elementos y las clases vacilantes, intermedias, aplasta la resistencia de los explotadores, que se manifiesta con energía creciente. Todas estas son las tareas *especiales* de la lucha de clases, tareas que antes el proletariado no se las había planteado ni podía planteárselas.

La clase de los explotadores, de los terratenientes y capitalistas, no ha desaparecido ni puede desaparecer de golpe bajo la dictadura del proletariado. Los explotadores están derrotados, pero no aniquilados. Les queda una base internacional, el capital internacional, del que son una rama. Les quedan algunos medios de producción, dinero, amplísimos vínculos sociales. Su fuerza de resistencia ha aumentado, precisamente a causa de su derrota, en cientos y miles de veces. Su «arte» en el gobierno del Estado, en el mando del ejército, en la dirección de la economía, les proporciona una superioridad muy grande, y por tanto una importancia incomparablemente mayor a la que les corresponde por su número entre el conjunto de la población. La lucha de clase de los explotadores derrocados contra la victoriosa vanguardia de los explotados, es decir, contra el proletariado, ha venido a ser incomparablemente más encarnizada. Y esto no puede ser de otra forma si se habla de la revolución, si no se sustituye este concepto (como hacen todos los héroes de la II Internacional) por ilusiones reformistas.

Por último, los campesinos, como toda la pequeña burguesía en general, ocupan bajo la dictadura del proletariado una situación intermedia: por un lado, representan una masa de trabajadores, bastante considerable (y en la Rusia atrasada, una masa inmensa), unida por el interés, común a los trabajadores, de emanciparse del terrateniente y del capitalista; y por otro lado, son pequeños patronos aislados, pequeños propietarios y comerciantes. Tal situación económica provoca inevitablemente su oscilación entre el proletariado y la burguesía. Y en las condiciones de la lucha agudizada entre estos últimos, de la transformación extraordinariamente brusca de todas las

La economía y la política en la época de la dictadura del proletariado **217**

relaciones sociales, ante la máxima costumbre de lo viejo, lo rutinario, lo invariable, tan arraigada precisamente entre los campesinos y los pequeños burgueses en general, es lógico que observemos inevitablemente entre ellos evasiones de un campo a otro, vacilaciones, virajes, inseguridad, etcétera.

En relación a esta clase —o a estos elementos sociales—, al proletariado le incumbe la tarea de dirigir, de luchar por la influencia sobre ella. Conducir tras sí a los vacilantes e inestables es lo que debe hacer el proletariado.

Si confrontamos todas las fuerzas o clases fundamentales y sus relaciones mutuas modificadas por la dictadura del proletariado, veremos qué ilimitado absurdo teórico, qué estupidez constituye la opinión pequeñoburguesa en boga entre los representantes de la II Internacional de que se puede pasar al socialismo «a través de la democracia» en general. La base de este error reside en el prejuicio, heredado de la burguesía, de que la «democracia» tiene un contenido absoluto, independiente de las clases. Pero, de hecho, la democracia pasa a una fase absolutamente nueva bajo la dictadura del proletariado, y la lucha de clases se eleva a un grado superior, sometiendo a su dominio todas y cada una de las formas políticas.

Los lugares comunes sobre la libertad, la igualdad y la democracia equivalen en el fondo a una repetición ciega de conceptos que constituyen una copia fiel de las relaciones de la producción mercantil. Querer resolver por medio de estos lugares comunes las tareas concretas de la dictadura del proletariado, significa pasarse en toda la línea a las posiciones teóricas y de principio de la burguesía. Desde el punto de vista del proletariado, la cuestión se plantea solo así: ¿liberación de la opresión ejercida por qué clase?, ¿igualdad entre qué clases?, ¿democracias sobre la base de la propiedad privada o sobre la base de la lucha por la supresión de la propiedad privada?, etcétera.

En su *Anti-Dühring,* Engels aclaró hace tiempo que la noción de igualdad, con ser una copia fiel de las relaciones de la producción mercantil, se transforma en prejuicio si no se comprende la igualdad en el sentido de la supresión de *las clases.* Esta verdad elemental relativa a la diferencia de la concepción democrático-burguesa y la socialista sobre la igualdad es olvidada constantemente. Cuando no se la olvida resulta evidente que el proletariado, al derrocar a la burguesía, da con ello el paso más decisivo hacia la supresión de las clases, y que para coronar esto el proletariado debe continuar su lucha de clase utilizando el aparato del poder del Estado y aplicando diferentes métodos de lucha, de influencia, de acción con respecto a la burguesía derrocada y a la pequeña burguesía vacilante.

(Continuará)[*]

Fuente: V.I. Lenin: «La economía y la política en la época de la dictadura del proletariado», en *Obras escogidas* en tres tomos, t. III, Editorial Progreso, Moscú, 1970, pp. 289-298.

---

[*] El artículo quedó incompleto.

Informe de la Comisión para los problemas nacional y colonial[*]

Camaradas:

Me limitaré a una breve introducción, después de lo cual, el camarada Maring, que ha sido secretario de nuestra Comisión,[1] presentará un detallado informe sobre las modificaciones introducidas por nosotros en las tesis. A continuación hará uso de la palabra el camarada Roy, que ha formulado algunas tesis adicionales. La Comisión ha aprobado por unanimidad tanto las tesis originales, con las correspondientes modificaciones, como las tesis adicionales. Así, pues, hemos conseguido una absoluta unidad de criterio en todos los problemas de importancia. Ahora haré algunas breves observaciones.

Primero. ¿Cuál es la idea más importante, la idea fundamental de nuestras tesis? Es la distinción entre naciones oprimidas y naciones opresoras. Nosotros subrayamos esta distinción, en oposición a la II Internacional y a la democracia burguesa. Para el proletariado y para la Internacional Comunista tiene particular importancia en la época del imperialismo observar los hechos económicos concretos y tomar como base, al resolver las cuestiones coloniales y nacionales, no tesis abstractas, sino los fenómenos de la realidad concreta.

El rasgo distintivo del imperialismo consiste en que actualmente, como podemos ver, el mundo se halla dividido, por un lado, en un gran número de naciones oprimidas y, por otro, en un número insignificante de naciones opresoras, que disponen de riquezas colosales y de una poderosa fuerza militar. La enorme mayoría de la población del globo, más de mil millones de

---

[*] Escrito el 26 de julio de 1920. Publicado el 7 de agosto de 1920 en el núm. 6 del *Noticiero del II Congreso de la Internacional Comunista*.

seres, seguramente mil doscientos cincuenta millones, si consideramos que aquella es de mil setecientos cincuenta millones, es decir, alrededor del 70% de la población de la Tierra, corresponde a las naciones oprimidas, que se encuentran sometidas a una dependencia colonial directa, que son semicolonias, como, por ejemplo, Persia, Turquía y China, o que, después de haber sido derrotadas por el ejército de una gran potencia imperialista, han sido obligadas por los tratados de paz a depender en gran medida de dicha potencia. Esta idea de la diferenciación, de la división de las naciones en opresoras y oprimidas preside todas las tesis, no solo las primeras, las que aparecieron con mi firma y fueron publicadas originariamente, sino también las tesis del camarada Roy. Estas últimas han sido escritas teniendo en cuenta, sobre todo, la situación de la India y de otros grandes pueblos de Asia oprimidos por Inglaterra, y en esto reside la enorme importancia que tienen para nosotros.

La segunda idea que orienta nuestras tesis es que, en la actual situación del mundo, después de la guerra imperialista, las relaciones entre los pueblos, así como todo el sistema mundial de los Estados, vienen determinados por la lucha de un pequeño grupo de naciones imperialistas contra el movimiento soviético y contra los Estados soviéticos, a cuya cabeza figura la Rusia Soviética. Si no tenemos en cuenta este hecho, no podremos plantear correctamente ningún problema nacional o colonial, aunque se trate del rincón más apartado del mundo. Solo partiendo de este punto de vista es cómo los partidos comunistas de los países civilizados, lo mismo que los de los países atrasados, podrán plantear y resolver acertadamente los problemas políticos.

Tercero. Quisiera destacar de un modo particular la cuestión del movimiento democrático–burgués en los países atrasados. Esta ha sido justamente la cuestión que ha suscitado algunas divergencias. Nuestra discusión giró en torno a si, desde el punto de vista de los principios y de la teoría, era o no acertado afirmar que la Internacional Comunista y los partidos comunistas deben apoyar el movimiento democrático–burgués en los países atrasados. Después de la discusión llegamos a la conclusión unánime de que debe hablarse de movimiento revolucionario nacional en vez de movimiento «democrático–burgués». No cabe la menor duda de que todo movimiento nacional no puede ser sino un movimiento democrático–burgués, ya que la masa fundamental de la población en los países atrasados la constituyen

Informe de la Comisión para los problemas nacional y colonial **221**

los campesinos, que representan las relaciones capitalistas burguesas. Sería utópico suponer que los partidos proletarios, si es que tales partidos pueden formarse, en general, en esos países atrasados, son capaces de aplicar en ellos una táctica y una política comunistas sin mantener determinadas relaciones con el movimiento campesino y sin apoyarlo en la práctica. Ahora bien, en este punto se hizo las objeciones de que si hablásemos de movimiento democrático–burgués, se borraría toda diferencia entre el movimiento reformista y el movimiento revolucionario. Sin embargo, en los últimos tiempos, esta diferencia se ha manifestado en las colonias y en los países atrasados, con plena claridad, ya que la burguesía imperialista trata por todos los medios de que el movimiento reformista se desarrolle también entre los pueblos oprimidos. Entre la burguesía de los países explotadores y la de las colonias se ha producido cierto acercamiento, por lo que, muy a menudo —y tal vez hasta en la mayoría de los casos—, la burguesía de los países oprimidos, pese a prestar su apoyo a los movimientos nacionales, lucha al mismo tiempo de acuerdo con la burguesía imperialista, es decir, aliado de ella, contra todos los movimientos revolucionarios y las clases revolucionarias. En la Comisión, este hecho ha quedado demostrado en forma irrefutable, por lo que hemos considerado que lo único acertado era tomar en consideración dicha diferencia y sustituir casi en todos los lugares la expresión «democrático–burgués» por «revolucionario–nacional». El sentido de este cambio consiste en que nosotros, como comunistas, solo debemos apoyar y solo apoyaremos los movimientos burgueses de liberación en las colonias en el caso de que estos movimientos sean verdaderamente revolucionarios, en el caso de que sus representantes no nos impidan educar y organizar en un espíritu revolucionario a los campesinos y a las grandes masas de explotados. Si no se dan esas condiciones, los comunistas deben luchar en dichos países contra la burguesía reformista, a la que también pertenecen los héroes de la II Internacional. En las colonias ya existen partidos reformistas, y sus representantes se denominan a veces socialdemócratas y socialistas. La diferencia mencionada ha quedado establecida en todas las tesis, y gracias a esto, nuestro punto de vista, a mi entender, aparece formulado ahora de un modo mucho más preciso.

Quisiera hacer una observación más, relativa a los Soviets campesinos. La labor práctica de los comunistas rusos en las antiguas colonias del zarismo, en países tan atrasados como Turquestán, etcétera, ha planteado ante nosotros el problema de cómo han de ser aplicadas la táctica y la política comunistas en las condiciones precapitalistas, pues el rasgo distintivo más importante de estos países es el dominio en ellos de las relaciones precapitalistas, por lo que allí no cabe hablar siquiera de un movimiento puramente proletario. En tales países casi no hay proletariado industrial. No obstante, también en ellos hemos asumido y debemos asumir el papel de dirigentes. Nuestro trabajo nos ha mostrado que en esos países hay que vencer enormes dificultades, pero los resultados prácticos nos han mostrado asimismo que, pese a dichas dificultades, incluso en los países que casi carecen de proletariado, también se puede despertar en las masas el deseo de tener ideas políticas propias y de desarrollar su propia actividad política. Esta tarea presentaba para nosotros más dificultades que para los camaradas de Europa Occidental, pues el proletariado de Rusia está abrumado por el trabajo de organización del Estado. Se comprende perfectamente que los campesinos, colocados en una dependencia semifeudal, puedan asimilar muy bien la idea de la organización soviética y sean capaces de ponerla en práctica. Es evidente asimismo que las masas oprimidas, explotadas no solo por el capital mercantil, sino también por los feudales y por un Estado que se sienta sobre bases feudales, pueden aplicar igualmente esta arma, este tipo de organización, en las condiciones en que se encuentran. La idea de la organización soviética es una idea sencilla, capaz de ser aplicada no solo a las relaciones proletarias, sino también a las campesinas feudales y semifeudales. Nuestra experiencia en este aspecto no es aún muy grande, pero los debates en la Comisión, en los que participaron varios representantes de países coloniales, nos han demostrado de un modo absolutamente irrefutable que en las tesis de la Internacional Comunista debe indicarse que los Soviets campesinos, los Soviets de los explotados, son un instrumento válido no solo para los países capitalistas, sino también para los países con relaciones precapitalistas, y que la propaganda de la idea de los Soviets campesinos, de los Soviets de trabajadores, en todas partes, en los países atrasados y en las colonias, es un deber indeclinable de los partidos comunistas y de quienes están dispuestos a organizarlos. Y dondequiera que las condiciones lo permitan, deberán intentar sin pérdida de tiempo la organización de Soviets del pueblo trabajador.

Ante nosotros aparece aquí la posibilidad de realizar un trabajo práctico de gran interés e importancia. Nuestra experiencia general en este terreno no es aún muy grande, pero poco a poco iremos acumulando materiales. Es indiscutible que el proletariado de los países avanzados puede y debe ayudar a las masas trabajadoras atrasadas, y que el desarrollo de los países atrasados podrá salir de su etapa actual cuando el proletariado triunfante de las repúblicas soviéticas tienda la mano a esas masas y pueda prestarles apoyo.

A este respecto se entablaron en la Comisión unos debates bastante vivos, y no solo en torno a las tesis que llevan mi firma, sino aún más en torno a las tesis del camarada Roy, que él defenderá aquí y en las que se han introducido por unanimidad algunas enmiendas.

La cuestión ha sido planteada en los siguientes términos: ¿podemos considerar justa la afirmación de que la fase capitalista del desarrollo de la economía nacional es inevitable para los pueblos atrasados que se encuentran en proceso de liberación y entre los cuales ahora, después de la guerra, se observa un movimiento en dirección al progreso? Nuestra respuesta ha sido negativa. Si el proletariado revolucionario victorioso realiza entre esos pueblos una propaganda sistemática y los gobiernos soviéticos les ayudan con todos los medios a su alcance, es erróneo suponer que la fase capitalista del desarrollo sea inevitable para los pueblos atrasados. En todas las colonias y en todos los países atrasados, no solo debemos formar cuadros propios de luchadores y organizaciones propias de partido, no solo debemos realizar una propaganda inmediata en pro de la creación de Soviets campesinos, tratando de adaptarlos a las condiciones precapitalistas, sino que la Internacional Comunista habrá de promulgar, dándole una base teórica, la tesis de que los países atrasados, con la ayuda del proletariado de las naciones adelantadas, pueden pasar al régimen soviético y, a través de determinadas etapas de desarrollo, al comunismo, soslayando en su desenvolvimiento la fase capitalista.

Los medios que hayan de ser necesarios para que esto ocurra no pueden ser señalados de antemano. La experiencia práctica nos los irá sugiriendo. Pero es un hecho firmemente establecido que la idea de los Soviets es afín a todas las masas trabajadoras de los pueblos más lejanos, que estas organizaciones, los Soviets, deben ser adaptadas a las condiciones de un régimen social precapitalista y que los partidos comunistas deben comenzar inmediatamente a trabajar en este sentido en el mundo entero.

Quisiera señalar, además, la importancia de que los partidos comunistas realicen su labor revolucionaria no solo en su propio país, sino también en las colonias, y sobre todo entre las tropas que utilizan las naciones explotadoras para mantener sometidos a los pueblos de sus colonias.

El camarada Quelch, del Partido Socialista Británico, se refirió a este problema en nuestra Comisión. Dijo que el obrero de filas inglés consideraría una traición ayudar a los pueblos sojuzgados cuando se sublevan contra el dominio inglés. Es verdad que la aristocracia obrera de Inglaterra y Norteamérica, imbuida de un espíritu jingoísta y chovinista, representa un terrible peligro para el socialismo y constituye un vigoroso apoyo a la II Internacional. Aquí nos hallamos ante una tremenda traición de los líderes y obreros afiliados a esta Internacional burguesa. En la II Internacional también se discutió la cuestión colonial. El Manifiesto de Basilea se refirió a ella en términos inequívocos. Los partidos de la II Internacional prometieron actuar revolucionariamente, pero no vemos por parte de ellos ninguna verdadera labor revolucionaria ni ningún apoyo a las sublevaciones de los pueblos explotados y dependientes contra las naciones opresoras, como tampoco lo vemos, a mi entender, entre la mayoría de los partidos que han abandonado la II y desean ingresar en la III Internacional. Debemos decirlo en voz alta, para que todos se enteren. Esto no puede ser refutado, y ya veremos si se hace algún intento de refutarlo.

Todas estas consideraciones han servido de base a nuestras resoluciones, que, ciertamente, son demasiado largas, pero confío en que, pese a todo, resultarán útiles y contribuirán al desarrollo y a la organización de una labor verdaderamente revolucionaria en los problemas nacional y colonial, que es, en el fondo, nuestro objetivo principal.

Fuente: V.I. Lenin: «Informe de la Comisión para los problemas nacional y colonial», en *Obras escogidas* en tres tomos, t. III, Editorial Progreso, Moscú, 1970, pp. 471– 476.

Tareas de las Juventudes Comunistas*

Discurso pronunciado en el III Congreso de la Unión de Juventudes Comunistas de Rusia el 2 de octubre de 1920[1]

(Lenin es acogido por el Congreso con una clamorosa ovación).

Camaradas: Quisiera departir hoy con vosotros sobre las tareas fundamentales de la Unión de Juventudes Comunistas y, con este motivo, de lo que deben ser las organizaciones de la juventud en la República Socialista en general.

Este problema merece tanto más nuestra atención por cuanto, puede decirse, en cierto sentido, que es precisamente a la juventud a quien incumbe la verdadera tarea de crear la sociedad comunista. Porque es evidente que la generación de militantes educada en la sociedad capitalista puede, en el mejor de los casos, cumplir la tarea de destruir los cimientos de la vieja vida capitalista basada en la explotación. Lo más que podrá hacer es organizar un régimen social que ayude al proletariado y a las clases trabajadoras a conservar el poder en sus manos y a crear una sólida base, sobre la que podrá edificar únicamente la generación que empieza a trabajar ya en condiciones nuevas, en una situación en la que no existen relaciones de explotación entre los hombres.

Pues bien, al abordar desde este punto de vista la cuestión de las tareas de la juventud, debo decir que estas tareas de la juventud, en general; y de las Uniones de Juventudes Comunistas y demás organizaciones semejantes, en particular, podrían definirse con una sola palabra: aprender.

---

*   Publicado en *Pravda*, núm. 221, 222 y 223 del 5, 6 y 7 de octubre de 1920.

226 Vladimir Ilich Lenin: Textos escogidos

Es claro que esto no es más que «una palabra». Y esta palabra no responde a las preguntas principales y más esenciales: ¿qué aprender y cómo aprender? Y lo esencial en este problema, que, con la transformación de la vieja sociedad capitalista, la enseñanza, la educación y la instrucción de las nuevas generaciones, llamadas a crear la sociedad comunista, no pueden seguir siendo lo que eran antes. La enseñanza, la educación y la instrucción de la juventud deben partir de los materiales que nos ha legado la antigua sociedad. El comunismo podremos edificarlo únicamente con la suma de conocimientos, organizaciones e instituciones, con el acervo de medios y fuerzas humanas que hemos heredado de la vieja sociedad. Solo transformando radicalmente la enseñanza, la organización y la educación de la juventud conseguiremos que los esfuerzos de la joven generación den como resultado la creación de una sociedad que no se parezca a la antigua, es decir, de la sociedad comunista. Por ello, debemos examinar detenidamente qué hemos de enseñar a la juventud y cómo ha de aprender esta si quiere merecer realmente el nombre de Juventudes Comunistas y cómo es necesario prepararla para que sea capaz de terminar y coronar la obra iniciada por nosotros.

Debo decir que la primera respuesta y, al parecer, la más natural es que la Unión de Juventudes, y en general toda la juventud que quiera pasar al comunismo tiene que aprender el comunismo.

Pero esta respuesta, «aprender el comunismo», es demasiado general. ¿Qué necesitamos para aprender el comunismo? ¿Qué necesitamos escoger, entre la suma de conocimientos generales, para adquirir la ciencia del comunismo? En este terreno nos amenaza una serie de peligros, que surgen a cada paso en cuanto se plantea mal la tarea de aprender el comunismo o se entiende de una manera demasiado unilateral.

A primera vista, naturalmente, parece que aprender el comunismo es asimilar el conjunto de conocimientos que se exponen en los manuales, folletos y obras comunistas. Pero eso sería definir de un modo demasiado burdo e insuficiente el estudio del comunismo. Si el estudio del comunismo consistiera únicamente en asimilar lo que dicen los trabajos, libros y folletos comunistas, esto nos daría con excesiva facilidad escolásticos o fanfarrones comunistas, lo que muchas veces nos causaría daño y perjuicio, porque esta gente, después de haber leído mucho y aprendido lo que se expone en los libros y folletos comunistas, serían incapaces de coordinar todos estos conocimientos y obrar como exige realmente el comunismo.

Uno de los mayores males y calamidades que nos ha dejado en herencia la antigua sociedad capitalista es el completo divorcio entre el libro y la vida práctica, pues teníamos libros en los que todo estaba expuesto en forma perfecta, y la mayor parte de las veces esos libros no eran sino una repugnante e hipócrita mentira, que nos pintaba un cuadro falso de la sociedad capitalista.

Por eso, sería una gran equivocación limitarse a asimilar simplemente lo que dicen los libros del comunismo. Nuestros discursos y artículos de ahora no son una simple repetición de lo que se ha dicho antes sobre el comunismo, pues están ligados a nuestro trabajo cotidiano en todos los terrenos. Sin trabajo, sin lucha, el conocimiento libresco del comunismo, adquirido en folletos y obras comunistas, no tiene absolutamente ningún valor, ya que no haría más que continuar el antiguo divorcio entre la teoría y la práctica, ese mismo divorcio que constituía el más repugnante rasgo de la vieja sociedad burguesa.

Sería más peligroso todavía que pretendiéramos aprender solamente las consignas comunistas. Si no comprendiéramos a tiempo este peligro, si no hiciéramos toda clase de esfuerzos por evitarlo, la existencia de medio millón o de un millón de jóvenes de ambos sexos; que después de semejante estudio del comunismo se llamasen comunistas, no causaría sino un gran perjuicio a la causa del comunismo.

Se nos plantea, pues, la cuestión de cómo hemos de coordinar todo esto para aprender el comunismo. ¿Qué debemos tomar de la vieja escuela, de la vieja ciencia? La vieja escuela declaraba que quería crear hombres instruidos en todos los dominios y que enseñaba las ciencias en general. Sabemos que eso era pura mentira, puesto que toda la sociedad se basaba y sostenía en la división de los hombres en clases, en explotadores y oprimidos. Como es natural, toda la vieja escuela, saturada de espíritu de clase, no daba conocimientos más que a los hijos de la burguesía. Cada una de sus palabras estaba amañada para favorecer los intereses de la burguesía. En estas escuelas, más que educar a los jóvenes obreros y campesinos, los preparaban para mayor provecho de esa misma burguesía. Trataban de preparar servidores útiles, capaces de proporcionar beneficios a la burguesía, sin turbar, al mismo tiempo, su ociosidad y sosiego. Por eso, al condenar la antigua escuela, nos hemos propuesto tomar de ella únicamente lo que nos es necesario para lograr una verdadera educación comunista.

Y ahora voy a tratar de los reproches, de las censuras, que se dirigen corrientemente a la escuela antigua y que conducen muchas veces a interpretaciones enteramente falsas. Se dice que la vieja escuela era una escuela libresca, una escuela de adiestramiento autoritario, una escuela de enseñanza memorista. Esto es cierto, pero hay que saber distinguir lo que tenía de malo y de útil para nosotros la vieja escuela, hay que saber elegir de ella lo indispensable para el comunismo.

La vieja escuela era libresca, obligaba a almacenar una masa de conocimientos inútiles, superfluos, muertos, que atiborraban la cabeza y transformaban a la generación joven en un ejército de funcionarios cortados todos por el mismo patrón. Pero si intentarais deducir de eso que se puede ser comunista sin haber asimilado el tesoro de conocimientos acumulados por la humanidad, cometeríais un craso error. Sería equivocado pensar que basta con saber las consignas comunistas, las conclusiones de la ciencia comunista, sin adquirir la suma de conocimientos de los que es consecuencia el comunismo. El marxismo es un ejemplo de cómo el comunismo es resultado de la suma de conocimientos adquiridos por la humanidad.

Habréis leído y oído que la teoría comunista, la ciencia comunista, creada principalmente por Marx, que esta doctrina del marxismo ha dejado de ser obra de un solo socialista, bien es verdad que genial, del siglo XIX para transformarse en la doctrina de millones y decenas de millones de proletarios del mundo entero, que la aplican en su lucha contra el capitalismo. Y si preguntáis por qué ha podido la doctrina de Marx conquistar millones y decenas de millones de corazones en la clase más revolucionaria, se os dará una sola respuesta: porque Marx se apoyaba en la sólida base de los conocimientos humanos adquiridos bajo el capitalismo. Al estudiar las leyes del desarrollo de la sociedad humana, Marx comprendió lo ineluctable del desarrollo del capitalismo, que conduce al comunismo, y, cosa principal, lo demostró basándose exclusivamente en el estudio más exacto, más detallado y más profundo de esta sociedad capitalista, por haber asimilado plenamente todo lo que la ciencia había dado hasta entonces. Marx analizó de un modo crítico, sin desdeñar un solo punto, todo lo que había creado la sociedad humana. Analizó todo lo que había creado el pensamiento humano, lo sometió a la crítica, lo comprobó en el movimiento obrero y sacó de ello las conclusiones que la gente encerrada en el marco burgués o atenazadas por los prejuicios burgueses no podían sacar.

Esto hay que tenerlo en cuenta cuando hablamos, por ejemplo, de la cultura proletaria. Sin comprender con claridad que solo se puede crear esta cultura proletaria conociendo con precisión la cultura que ha creado la humanidad en todo su desarrollo y transformándola, sin comprender eso, no podremos cumplir esta tarea. La cultura proletaria no surge de fuente desconocida, no es una invención de los que se llaman especialistas en cultura proletaria. Eso es pura necedad. La cultura proletaria tiene que ser el desarrollo lógico del acervo de conocimientos conquistados por la humanidad bajo el yugo de la sociedad capitalista, de la sociedad terrateniente, de la sociedad burocrática. Todos esos caminos y senderos han conducido y continúan conduciendo hacia la cultura proletaria, del mismo modo que la Economía política, transformada por Marx, nos ha mostrado a dónde tiene que llegar la sociedad humana, nos ha indicado el paso a la lucha de clases, al comienzo de la revolución proletaria.

Cuando oímos con frecuencia, tanto a algunos representantes de la juventud como a ciertos defensores de los nuevos métodos de enseñanza, atacar la vieja escuela diciendo que solo hacía aprender de memoria los textos, les respondemos que es preciso tomar de esa vieja escuela todo lo que tenía de bueno. No hay que imitarla sobrecargando la memoria de los jóvenes con una cantidad desmesurada de conocimientos, inútiles las nueve décimas partes y desvirtuados el resto; pero eso no significa que podamos contentarnos con conclusiones comunistas y limitarnos a aprender de memoria consignas comunistas. De ese modo no se puede edificar el comunismo. Solo se puede llegar a ser comunista cuando se enriquece la memoria con todo el tesoro de ciencia acumulado por la humanidad.

No queremos una enseñanza memorista, pero necesitamos desarrollar y perfeccionar la memoria de cada estudiante dándole hechos esenciales, porque el comunismo sería una vaciedad, quedaría reducido a una fachada vacía, y el comunista no sería más que un fanfarrón si no reelaborase en su conciencia todos los conocimientos adquiridos. No solamente debéis asimilar esos conocimientos, sino asimilarlos con espíritu crítico para no atiborrar vuestro cerebro con un fárrago inútil, para enriquecerlo con el conocimiento de todos los hechos, sin los cuales no es posible ser hombre culto en la época en que vivimos. El comunista que se vanagloriase de su comunismo simplemente por haber recibido unas conclusiones ya establecidas, sin haber

230 Vladimir Ilich Lenin: Textos escogidos

realizado un trabajo muy serio, muy difícil y muy grande, sin analizar los hechos, frente a los que está obligado a adoptar una actitud crítica, sería un comunista muy lamentable. Semejante actitud superficial sería muy funesta. Si yo sé que sé poco, me esforzaré por saber más; pero si un hombre dice que es comunista y que no tiene necesidad de conocimientos sólidos, jamás saldrá de él nada que se parezca a un comunista.

La vieja escuela forjaba los dóciles criados que necesitaban los capitalistas; hacía de los hombres de ciencia personas obligadas a escribir y hablar al gusto de los capitalistas. Eso quiere decir que debemos quitarla de en medio. Pero si debemos suprimirla, destruirla, ¿se deduce de esto que no debamos tomar de ella todo lo que ha acumulado la humanidad y es necesario para el hombre? ¿Se desprende de esto que no debamos saber distinguir lo que necesitaba el capitalismo y lo que necesita el comunismo?

En lugar del adiestramiento autoritario que se practicaba en la sociedad burguesa contra la voluntad de la mayoría, nosotros colocamos la disciplina consciente de los obreros y campesinos, que unen a su odio contra la vieja sociedad el querer, el saber y el estar dispuestos a unificar y organizar las fuerzas para esta lucha, a fin de crear, con millones y centenares de millones de voluntades dispersas, fraccionadas y desperdigadas por la inmensa extensión de nuestro país, una voluntad única, ya que sin ella seremos inevitablemente vencidos. Sin esta cohesión, sin esta disciplina consciente de los obreros y de los campesinos, nuestra causa está condenada a fracasar. Sin ella no podremos derrotar a los capitalistas y terratenientes de todo el Universo. No solo no llegaremos a construir la nueva sociedad comunista, sino ni siquiera a asentar sólidamente sus cimientos. De la misma manera, a pesar de condenar la vieja escuela, a pesar de alimentar contra ella un odio absolutamente legítimo y necesario, a pesar de apreciar el deseo de destruirla, debemos comprender que la vieja escuela libresca, la vieja enseñanza memorista y el viejo adiestramiento autoritario deben ser sustituidos por el arte de asimilar toda la suma de conocimientos humanos, y asimilarlos de tal modo que vuestro comunismo no sea algo aprendido de memoria, sino algo pensado por vosotros mismos, como una conclusión que se impone necesariamente desde el punto de vista de la instrucción moderna.

Así es como hay que plantear las tareas fundamentales cuando se habla de aprender el comunismo.

Para explicaros esto y abordar, al mismo tiempo, la cuestión de cómo estudiar, tomaré un ejemplo práctico. Todos sabéis que ahora, inmediatamente después de los problemas militares, de los problemas de la defensa de la República, surge ante nosotros el problema económico. Sabemos que es imposible edificar la sociedad comunista sin restaurar la industria y la agricultura, y no en su forma antigua, claro está. Hay que restaurarlas sobre una base moderna, conforme a la última palabra de la ciencia. Vosotros sabéis que esa base es la electricidad; que solo el día en que todo el país, todas las ramas de la industria y de la agricultura estén electrificadas, el día en que realicéis esta tarea, solo entonces, podréis edificar para vosotros mismos la sociedad comunista que no podrá edificar la generación vieja. Se alza ante vosotros la tarea de hacer renacer la economía de todo el país, de reorganizar y restaurar la agricultura y la industria sobre una base técnica moderna, fundada en la ciencia y en la técnica modernas, en la electricidad. Comprenderéis perfectamente que la electrificación no puede ser obra de ignorantes y que para ello hace falta algo más que nociones rudimentarias. No basta con comprender lo que es la electricidad; hay que saber cómo aplicarla técnicamente a la industria, a la agricultura y a cada una de sus ramas. Todo eso tenemos que aprenderlo nosotros mismos, y debemos enseñárselo a toda la nueva generación trabajadora. Esa es la tarea que tiene planteada cada comunista consciente, todo joven que se estime comunista y comprenda con claridad que, al ingresar en la Unión de Juventudes Comunistas, ha contraído el compromiso de ayudar al partido a edificar el comunismo y de ayudar a toda la joven generación a crear la sociedad comunista. Debe comprender que solamente sobre la base de la instrucción moderna podrá crear esta sociedad, y que si carece de esa instrucción, el comunismo no será más que un deseo.

La tarea de la generación precedente consistía en derribar a la burguesía. Criticar a la burguesía, fomentar en las masas el sentimiento de odio contra ella, desarrollar la conciencia de clase y la habilidad para agrupar sus fuerzas eran entonces las tareas esenciales. La nueva generación tiene ante sí una tarea más compleja. No basta con que debáis unir todas vuestras fuerzas para apoyar al poder obrero y campesino contra la invasión de los capitalistas. Eso tenéis que hacerlo. Lo habéis comprendido admirablemente, lo ve con claridad todo comunista. Pero eso es insuficiente. Sois vosotros quienes debéis edificar la sociedad comunista. La primera mitad del trabajo está ya, en muchos sentidos, terminada. El antiguo régimen ha sido destruido, como debía serlo; no es más que un montón de ruinas, que es a lo que debía quedar reducido. El terreno se encuentra ya desbrozado y, sobre este terreno, la nueva generación comunista debe edificar la sociedad comunista. Vuestra tarea es edificar, solo podréis cumplirla poseyendo todos los conocimientos modernos, sabiendo transformar el comunismo en lugar de fórmulas hechas, consejos, recetas, prescripciones y programas aprendidos de memoria, en algo vivo que coordine vuestra labor inmediata, sabiendo convertir el comunismo en guía de vuestro trabajo práctico.

Esta es vuestra misión: por ella debéis regiros al instruir, educar y elevar a toda la generación joven. Debéis ser los primeros constructores de la sociedad comunista entre los millones de constructores que deben ser cada muchacho y cada muchacha. Si no incorporáis a esta edificación del comunismo a toda la masa de la juventud obrera y campesina, no construiréis la sociedad comunista.

Esto me lleva, como es natural, a la cuestión de cómo debemos enseñar el comunismo y en qué debe consistir la peculiaridad de nuestros métodos.

Me detendré, en primer término, en el problema de la moral comunista.

Tenéis que hacer comunistas de vosotros mismos. La tarea de la Unión de Juventudes consiste en realizar su actividad práctica de modo que le permita, al aprender, al organizarse, al agruparse, al luchar, convertir en comunistas a sus miembros y a todos los que la reconocen como guía. Toda la educación, toda la instrucción y toda la enseñanza de la juventud contemporánea deben inculcarle el espíritu de la moral comunista.

Pero ¿existe una moral comunista? ¿Existe una moralidad comunista? Es evidente que sí. Se pretende muchas veces que nosotros no tenemos una moral propia, y la burguesía nos acusa con frecuencia de que nosotros, los comunistas, negamos toda moral. Esto no es más que una maniobra para suplantar los conceptos y arrojar arena a los ojos de los obreros y los campesinos.

¿En qué sentido negamos nosotros la moral, la moralidad? La negamos en el sentido en que la ha predicado la burguesía, deduciéndola de mandamientos divinos. A este respecto decimos, naturalmente, que no creemos en Dios, y sabemos muy bien que el clero, los terratenientes y la burguesía hablaban en nombre de Dios para defender sus intereses de explotadores. O bien, en lugar de deducir esta moral de los dictados de la moralidad, de los mandamientos de Dios, la deducían de frases idealistas o semiidealistas que, en definitiva, se parecían mucho a los mandamientos de Dios.

Nosotros negamos toda moralidad de esa índole tomada de concepciones al margen de la sociedad humana, al margen de las clases. Decimos que eso es engañar, embaucar a los obreros y campesinos y embotar su conciencia en provecho de los terratenientes y capitalistas.

Decimos que nuestra moralidad está subordinada por completo a los intereses de la lucha de clase del proletariado. Nuestra moralidad se deriva de los intereses de la lucha de clase del proletariado.

La antigua sociedad se basaba en la opresión de todos los obreros y de todos los campesinos por los terratenientes y capitalistas. Necesitábamos destruirla, necesitábamos derribar a esos opresores, mas para ello había que crear la unión. Y no era Dios quien podía crearla.

Esta unión no podía venir más que de las fábricas, de un proletariado instruido, despertado de su viejo letargo. Solo cuando se constituyó esta clase, comenzó el movimiento de masas que ha conducido a lo que vemos hoy: al triunfo de la revolución proletaria en uno de los países más débiles, que se defiende desde hace tres años frente a los embates de la burguesía del mundo entero. Y vemos cómo crece la revolución proletaria en todo el orbe. Ahora decimos, basándonos en la experiencia, que solo el proletariado ha podido crear una fuerza tan cohesionada, que es seguida por la clase campesina dispersa y fragmentada y que ha sido capaz de resistir todas las acometidas de los explotadores. Solo esta clase puede ayudar a las masas trabajadoras a unirse, a cohesionarse, a hacer triunfar y afianzar definitivamente la sociedad comunista, a edificarla por completo.

Por eso decimos que, para nosotros, la moralidad tomada al margen de la sociedad humana no existe, es un engaño. Para nosotros, la moral está subordinada a los intereses de la lucha de clase del proletariado.

Ahora bien, ¿en qué consiste esta lucha de clases? En derrocar al zar, en derrocar a los capitalistas, en aniquilar a la clase capitalista.

¿Y qué son las clases en general? Es lo que permite a una parte de la sociedad apropiarse del trabajo de la otra. Si una parte de la sociedad se apropia de toda la tierra, tenemos la clase de los terratenientes y la de los campesinos. Si una parte de la sociedad posee las fábricas, las acciones y los capitales, mientras que la otra trabaja en esas fábricas, tenemos la clase de los capitalistas y la de los proletarios.

No ha sido difícil desembarazarse del zar: han bastado para ello algunos días. No ha sido muy difícil echar a los terratenientes: hemos podido hacerlo en algunos meses. Tampoco ha sido muy difícil echar a los capitalistas. Pero suprimir las clases es incomparablemente más difícil; subsiste aún la división en obreros y campesinos. Si un campesino instalado en una parcela de tierra se apropia del trigo sobrante, es decir, del trigo que no necesitan ni él ni su ganado, mientras que los demás carecen de pan, se convierte ya en un explotador. Cuanto más trigo retiene, más gana, y nada le importa que los demás pasen hambre: «Cuanta más hambre tengan, más caro venderé mi trigo». Es preciso que todos trabajen de acuerdo con un plan común en una tierra común, en fábricas comunes y conforme a normas comunes. ¿Es fácil hacerlo? Vosotros mismos veis que en este terreno no es posible lograr soluciones con la misma facilidad que cuando echamos al zar, a los terratenientes y a los capitalistas. Para ello es necesario que el proletariado transforme, reeduque a una parte de los campesinos y atraiga a su lado a los campesinos trabajadores, a fin de romper la resistencia de los campesinos ricos, que se lucran con la miseria de los demás. Por consiguiente, la tarea de la lucha del proletariado no ha terminado aún con el derrocamiento del zar y la expulsión de los terratenientes y capitalistas; llevarla a término es, precisamente, la misión del régimen que denominamos dictadura del proletariado.

La lucha de clases continúa, solamente ha cambiado sus formas. Es la lucha de clase del proletariado para impedir el regreso de los antiguos explotadores, para agrupar en una estrecha unión a la masa campesina dispersa e ignorante. La lucha de clases continúa, y nuestra misión es subordinar todos los intereses a esta lucha. Por eso subordinamos a ella nuestra moralidad comunista. Decimos: la moralidad es lo que sirve para destruir la antigua sociedad explotadora y para agrupar a todos los trabajadores alrededor del proletariado, creador de la nueva sociedad comunista.

La moralidad comunista es la que sirve para esta lucha, la que une a los trabajadores contra toda explotación y contra toda pequeña propiedad, pues la pequeña propiedad pone en manos de un individuo lo que ha sido creado por el trabajo de toda la sociedad.

En nuestro país, la tierra es considerada propiedad común. Pero ¿qué ocurrirá si tomo una parte de esa propiedad común, si cultivo en ella dos veces más trigo del que necesito, si especulo con el sobrante de la cosecha, si calculo que cuantos más hambrientos haya, más caro me pagarán? ¿Obraré como comunista? No, obraré como explotador, como propietario. Contra eso tenemos que luchar. Si las cosas continúan así, volveremos al pasado, caeremos de nuevo bajo el poder de los capitalistas y de la burguesía, como ha ocurrido más de una vez en las revoluciones anteriores. Y para evitar que se restaure el poder de los capitalistas y de la burguesía, es preciso prohibir el mercantilismo, es preciso impedir que unos individuos se enriquezcan a costa de los demás, es preciso que los trabajadores se unan estrechamente al proletariado y constituyan la sociedad comunista. En esto consiste, precisamente, la peculiaridad principal de la tarea más importante de la Unión de Juventudes Comunistas.

La vieja sociedad estaba basada en el principio siguiente: o saqueas a tu prójimo o te saquea él, o trabajas para otro, u otro trabaja para ti, o eres esclavista o eres esclavo y es comprensible que los hombres educados en semejante sociedad, asimilen, con la leche materna, por así decirlo, la psicología, la costumbre, la idea de que no hay más que amo o esclavo, o pequeño propietario, pequeño empleado, pequeño funcionario, intelectual, en una palabra, hombres que se ocupan exclusivamente de tener lo suyo sin pensar en los demás.

Si yo exploto mi parcela de tierra, poco me importan los demás; si alguien tiene hambre, tanto mejor, venderé mi trigo más caro. Si tengo mi puestecito de médico, de ingeniero, de maestro o de empleado, ¿qué importan los demás? Si me arrastro ante los poderosos y soy complaciente con ellos, quizá conserve mi puesto y a lo mejor pueda hacer carrera y llegar a burgués. Semejante psicología y estado de ánimo no pueden existir en un comunista. Cuando los obreros y campesinos demostraron que somos capaces con nuestras propias fuerzas de defendernos y de crear una nueva sociedad, en ese mismo momento comenzó la nueva educación comunista, la educación en la lucha contra los explotadores, la educación en la alianza con el proletariado contra los egoístas y los pequeños propietarios, contra la psicología y las costumbres que dicen: «Yo busco mi propio beneficio y lo demás me tiene sin cuidado».

Tal es la respuesta a la pregunta de cómo debe aprender el comunismo la joven generación.

Esta generación podrá aprender el comunismo únicamente si liga cada paso de su instrucción, de su educación y de su formación a la lucha incesante de los proletarios y de los trabajadores contra la antigua sociedad basada en la explotación. Cuando se nos habla de moralidad, decimos: para un comunista, toda la moralidad reside en esta disciplina solidaria y unida y en esta lucha consciente de las masas contra los explotadores. No creemos en la moralidad eterna y denunciamos el embuste de todas las fábulas acerca de la moralidad. La moralidad sirve para que la sociedad humana se eleve a mayor altura, para que se desembarace de la explotación del trabajo.

Para conseguir eso necesitamos de la joven generación que ha comenzado a convertirse en hombres conscientes en las condiciones de lucha disciplinada y encarnizada contra la burguesía. En esta lucha, la juventud forjará verdaderos comunistas; a esta lucha debe vincular y subordinar en todo momento su instrucción, su educación y su formación. La educación de la juventud comunista no debe consistir en ofrecerle discursos placenteros de todo género y reglas de moralidad. No, la educación no consiste en eso. Cuando un hombre ha visto a su padre y a su madre vivir bajo el yugo de los terratenientes y capitalistas, cuando ha participado él mismo en los sufrimientos de quienes emprendieron la lucha contra los explotadores, cuando ha visto los sacrificios que cuesta la continuación de esta lucha y la defensa de lo conquistado y cuán furiosos enemigos son los terratenientes y los capitalistas, ese hombre, en ese ambiente, se forja como comunista. La base de la moralidad comunista está en la lucha por afianzar y culminar el comunismo. Esa es la base de la educación, la instrucción y la enseñanza comunista. Tal es la respuesta a la pregunta de cómo hay que aprender el comunismo.

No creeríamos en la enseñanza, la educación y la instrucción si estas fuesen encerradas en la escuela y separadas de la agitada vida. Mientras los obreros y los campesinos estén oprimidos por los terratenientes y capitalistas, mientras las escuelas sigan en manos de los terratenientes y capitalistas, la generación joven permanecerá ciega e ignorante. Pero nuestra escuela debe dar a los jóvenes los fundamentos de la ciencia, el arte de forjarse por sí mismos una mentalidad comunista, debe hacer de ellos hombres cultos. En el tiempo que los jóvenes pasan en la escuela, esta tiene que hacer de ellos participantes en la lucha por liberarse de los explotadores. La Unión de Juventudes Comunistas solo será digna de este nombre, de ser la unión de la joven generación comunista, si vincula cada paso de su instrucción, educación y formación a la participación en la lucha común de todos los trabajadores contra los explotadores. Porque sabéis perfectamente que mientras Rusia sea la única república obrera, y en el resto del mundo subsista el antiguo régimen burgués, seremos más débiles que ellos; que nos amenazan constantemente nuevos ataques, y que solo aprendiendo a mantener entre nosotros la cohesión y la unidad triunfaremos en la lucha ulterior y, una vez fortalecidos, nos haremos verdaderamente invencibles. Por tanto, ser comunista significa organizar y unir a toda la generación joven, dar ejemplo de educación y de disciplina en esta lucha. Entonces podréis emprender y llevar a término la edificación de la sociedad comunista.

Para que lo comprendáis con mayor claridad, pondré un ejemplo. Nosotros nos llamamos comunistas. ¿Qué es un comunista? «Comunista» viene de la palabra latina *communis*, que significa común. La sociedad comunista significa que todo es común: la tierra, las fábricas, el trabajo. Eso es el comunismo.

¿Puede ser común el trabajo si los hombres explotan cada uno su propia parcela? El trabajo común no se crea de la noche a la mañana. Eso es imposible. No cae del cielo. Hay que lograrlo tras largos esfuerzos y sufrimientos, hay que crearlo. Y se crea en el curso de la lucha. No se trata aquí de un libro viejo, en el que nadie creería. Se trata de la propia experiencia de la vida. Cuando Kolchak y Denikin avanzaban desde Siberia y el Sur, los campesinos estaban a su lado. El bolchevismo no les gustaba, ya que los bolcheviques les quitaban el trigo al precio de tasa. Pero después de haber sufrido en Siberia y en Ucrania el poder de Kolchak y de Denikin, los campesinos comprobaron que solo podían elegir entre dos caminos: volver al capitalismo, que les sometería a la esclavitud de los terratenientes, o seguir a los obreros, que, si bien es cierto que no prometen el oro y el moro y exigen una disciplina férrea y una firmeza indomable en la dura lucha, los liberan de la esclavitud de los capitalistas y terratenientes. Cuando hasta los campesinos más ignorantes comprendieron y sintieron esto por propia experiencia, en la dura escuela de la vida que habían cursado, se hicieron partidarios conscientes del comunismo. Esta misma experiencia debe tomar como base de toda su actividad la Unión de Juventudes Comunistas.

He respondido ya a las preguntas de qué debemos aprender y qué debemos tomar de la vieja escuela y de la vieja ciencia. Trataré de contestar

238 Vladimir Ilich Lenin: Textos escogidos

también a la pregunta de cómo debemos aprender esto: solo ligando indisolublemente cada paso en la actividad de la escuela, cada paso en la educación, la instrucción y la formación a la lucha de todos los trabajadores contra los explotadores.

Con algunos ejemplos, extraídos de la experiencia del trabajo de algunas organizaciones de la juventud, os mostraré gráficamente cómo debe hacerse la educación del comunismo. Todo el mundo habla de liquidar el analfabetismo. Como sabéis, en un país de analfabetos es imposible edificar la sociedad comunista. No basta con que el poder de los Soviets de una orden, o que el partido lance una consigna, o que determinado contingente de los mejores militantes se consagre a esta tarea. Es preciso que la joven generación ponga ella misma manos a la obra. El comunismo consiste en que la juventud, los muchachos y muchachas pertenecientes a la Unión de Juventudes se digan: eso es misión nuestra, nos uniremos y marcharemos a todos los pueblos para liquidar el analfabetismo, para que nuestra joven generación no tenga analfabetos. Nosotros aspiramos a que la juventud en formación consagre a esta obra su iniciativa. Vosotros sabéis que es imposible transformar rápidamente la Rusia ignorante y analfabeta en una Rusia instruida; pero si la Unión de Juventudes pone en ello su empeño, si toda la juventud trabaja para el bienestar de todos, esta Unión, que agrupa a 400 000 jóvenes, tendrá derecho a llamarse Unión de Juventudes Comunistas. Otra de sus misiones es, al asimilar uno u otro conocimiento, ayudar a los jóvenes que no pueden desembarazarse por sí mismos de las tinieblas de la ignorancia. Ser miembro de la Unión de Juventudes Comunistas significa poner su trabajo y sus fuerzas al servicio de la causa común. En esto consiste la educación comunista. Solo efectuando esa labor se convierte en verdadero comunista un muchacho o una muchacha. Solo serán comunistas si logran resultados prácticos en esta labor.

Tomad, por ejemplo, el trabajo en las huertas suburbanas. ¿Acaso no es un trabajo útil? Es una de las tareas que incumben a la Unión de Juventudes Comunistas. El pueblo pasa hambre, en las fábricas y empresas hay hambre. Para librarnos de ella hay que desarrollar la horticultura, pero los campos siguen cultivándose a la antigua. Es preciso que los elementos más conscientes pongan manos a la obra, y entonces veréis crecer el número de huertas, aumentar su superficie y mejorar el rendimiento. En este trabajo debe participar activamente la Unión de Juventudes Comunistas. Cada una de sus organizaciones o células debe considerarlo asunto suyo.

La Unión de Juventudes Comunistas debe ser el grupo de choque que aporte su ayuda y manifieste su iniciativa en todos los terrenos. La Unión debe ser tal, que cualquier obrero vea en sus miembros gente cuya doctrina quizá le sea incomprensible, en cuyas ideas no crea tal vez inmediatamente, pero cuyo trabajo real y cuya actuación le muestren que son ellos, precisamente, quienes le indican el camino certero.

Si la Unión de Juventudes Comunistas no sabe organizar así su labor en todos los terrenos, significará que se desvía hacia el antiguo camino burgués. Necesitamos vincular nuestra educación a la lucha de los trabajadores contra los explotadores para ayudar a los primeros a cumplir las tareas que se derivan de la doctrina comunista.

Los miembros de las Juventudes Comunistas deben consagrar todas sus horas de ocio a mejorar el cultivo en las huertas, o a organizar en una fábrica cualquiera la instrucción de la juventud, etcétera. Queremos transformar la Rusia pobre y miserable en un país rico. Y es preciso que la Unión de Juventudes Comunistas una su formación, su instrucción y su educación al trabajo de los obreros y de los campesinos, que no se encierre en sus escuelas ni se limite a leer libros y folletos comunistas. Solamente trabajando con los obreros y los campesinos se puede llegar a ser un verdadero comunista. Y es preciso que todos vean que cualquiera de los miembros de las Juventudes Comunistas es instruido y, al mismo tiempo, sabe trabajar. Cuando todos vean que hemos expulsado de la antigua escuela el viejo adiestramiento autoritario, sustituyéndolo con una disciplina consciente, que todos nuestros jóvenes participan en los sábados comunistas, que utilizan los huertos suburbanos para ayudar a la población, empezarán a considerar el trabajo de otro modo que antes.

Es tarea de la Unión de Juventudes Comunistas organizar en su pueblo o en su barrio la ayuda en una obra como, por ejemplo —tomo un pequeño ejemplo—, asegurar la limpieza o la distribución de víveres. ¿Cómo se hacían estas cosas en la vieja sociedad capitalista? Cada cual trabajaba solo para sí, nadie se ocupaba de si había ancianos o enfermos, o de si todos los quehaceres de la casa recaían sobre una mujer, que se encontraba por ello esclavizada y oprimida. ¿Quién tiene el deber de luchar contra todo eso? La Unión de Juventudes Comunistas, que debe decir: nosotros transformaremos esto, organizaremos destacamentos de jóvenes que ayudarán en los trabajos de limpieza o en la distribución de víveres, recorriendo sistemáticamente las casas, que actuarán organizadamente en bien de toda la sociedad, repartiendo acertadamente las fuerzas y demostrando que el trabajo debe ser un trabajo organizado.

La generación que tiene ahora cerca de 50 años, no puede pensar en ver la sociedad comunista. Habrá muerto antes. Pero la generación que tiene hoy 15 años, verá la sociedad comunista y será ella la que la construya. Y debe saber que la edificación de esta sociedad es la misión de su vida. En la vieja sociedad, el trabajo se hacía por familias aisladas y nadie lo unía, a excepción de los terratenientes y capitalistas, que oprimían a las masas del pueblo. Nosotros debemos organizar todos los trabajos, por sucios o duros que sean, de suerte que cada obrero y cada campesino se diga: yo soy una parte del gran ejército del trabajo libre y sabré organizar mi vida sin terratenientes ni capitalistas, sabré establecer el régimen comunista. Es preciso que la Unión de Juventudes Comunistas eduque a todos, desde la edad temprana, en el trabajo consciente y disciplinado. Así es cómo podremos esperar que sean cumplidas las tareas hoy planteadas. Debemos tener en cuenta que harán falta no menos de diez años para electrificar el país, para que nuestra tierra arruinada pueda tener a su servicio las últimas conquistas de la técnica. Pues bien, la generación que tiene hoy 15 años y que dentro de diez o veinte años vivirá en la sociedad comunista, debe organizar su instrucción de manera que cada día, en cada pueblo o ciudad, la juventud cumpla prácticamente una tarea de trabajo colectivo, por minúsculo y simple que sea. A medida que se realice esto en cada pueblo, a medida que se desenvuelva la emulación comunista, a medida que la juventud demuestre que sabe unir su trabajo, a medida que ocurra eso, quedará asegurado el éxito de la edificación comunista. Solo considerando cada uno de sus actos desde el punto de vista de este éxito, solo preguntándose constantemente si hemos hecho todo lo necesario para llegar a ser trabajadores unidos y conscientes, logrará la Unión de Juventudes Comunistas agrupar al medio millón de sus miembros en el gran ejército único del trabajo y granjearse el respeto general. (Clamorosos aplausos).

Fuente: V.I. Lenin: «Tareas de las Juventudes Comunistas», en *Obras escogidas* en tres tomos, t. III, Editorial Progreso, Moscú, 1970, pp. 477–491.

Informe sobre la sustitución del sistema de contingentación por el impuesto en especie
15 de marzo*

Camaradas:

La sustitución del sistema de contingentación por el impuesto en especie es ante todo y sobre todo una cuestión política, pues la esencia de ella reside en la actitud de la clase obrera ante los campesinos. El planteamiento de esta cuestión significa que debemos someter a un nuevo examen, o yo diría más bien a un examen complementario más cauteloso y acertado y a una cierta revisión, las relaciones de estas dos clases principales, cuya lucha intestina o cuyo acuerdo recíproco determinan la suerte de nuestra revolución. No tengo necesidad de detenerme a analizar con todo detalle las causas de esta revisión. Desde luego, todos vosotros conocéis muy bien la serie de hechos, debidos en particular a la extremada agudización de la miseria, provocada por la guerra, por la ruina, por la desmovilización y la pésima cosecha, la serie de circunstancias que han agravado de manera extraordinaria la situación de los campesinos y han acentuado inevitablemente sus oscilaciones, que los alejan del proletariado y los aproximan a la burguesía.

Dos palabras sobre el significado teórico o el enfoque teórico de esta cuestión. No cabe duda que en un país donde la inmensa mayoría de la población está formada de pequeños productores agrícolas, solo es posible llevar a cabo la revolución socialista a través de toda una serie de medidas transitorias especiales, que serían completamente innecesarias en países de

---

* Publicado el 16 de marzo de 1921, núm. 57 de *Pravda*; núm. 57 de *Izvestia* del CEC de toda Rusia.

capitalismo desarrollado, donde los obreros asalariados de la industria y la agricultura constituyen una mayoría aplastante. En los países de capitalismo desarrollado existe una clase de obreros asalariados agrícolas, formada a lo largo de decenios. Solo esta clase puede ser, social, económica y políticamente, la base de apoyo para la transición directa al socialismo. Solo en países donde esta clase se halla desarrollada en grado suficiente, el paso directo del capitalismo al socialismo es posible y no requiere medidas especiales de carácter transitorio en escala de todo el Estado. En toda una serie de obras, en todas nuestras intervenciones públicas y en toda la prensa hemos subrayado que en Rusia la situación es distinta, que en Rusia poseemos una minoría de obreros industriales y una enorme mayoría de pequeños agricultores. En un país así la revolución socialista solo puede alcanzar el éxito definitivo con dos condiciones. En primer término, a condición de que sea apoyada a su debido tiempo por la revolución socialista en uno o en varios países adelantados. Como sabéis, al objeto de que se dé esta condición hemos hecho muchos más esfuerzos que antes, pero no son suficientes ni mucho menos para que esto llegue a convertirse en una realidad.

La otra condición es el acuerdo entre el proletariado, que ejerce su dictadura o mantiene en sus manos el poder del Estado, y la mayoría de la población campesina. El acuerdo representa un concepto muy amplio, que incluye toda una serie de medidas y transiciones. Hay que decir al respecto que debemos plantear el asunto en toda nuestra propaganda y agitación con entera sinceridad. La gente que concibe la política como mezquinos artificios, rayanos a veces en el engaño, debe encontrar por nuestra parte la condenación más resuelta. Es necesario corregir sus errores. No se puede engañar a las clases. Durante tres años hemos hecho mucho para elevar la conciencia política de las masas. Donde más han aprendido estas ha sido en la lucha áspera. De acuerdo con nuestra concepción filosófica del mundo, con nuestra experiencia revolucionaria de decenios enteros y con las enseñanzas de nuestra revolución, necesitamos plantear los problemas directamente: los intereses de estas dos clases son distintos, el pequeño agricultor no quiere lo que quiere el obrero.

Sabemos que solo el acuerdo con el campesinado puede salvar la revolución socialista en Rusia, en tanto que no estalle la revolución en otros países. Así es como tenemos que hablar, sin rodeos, en todas las asambleas, en toda la prensa. Sabemos que este acuerdo entre la clase obrera y los campesinos, expresándonos con suavidad, pero sin recoger la palabra «suavidad» en las actas, es efímero, y, diciendo las cosas como son, es mucho peor. En todo caso no debemos tratar de ocultar nada sino decir francamente que el campesinado está descontento de la forma de relaciones establecidas entre él y nosotros, que no quiere esa forma de relaciones y que no está dispuesto a seguir así. Esto es indiscutible. Esta voluntad se ha manifestado de un modo resuelto. Es la voluntad de masas enormes de la población trabajadora. Debemos tenerla en cuenta y somos políticos lo suficientemente sensatos para decir abiertamente: ¡Vamos a revisar nuestra política con respecto al campesinado! No es posible dejar las cosas tal como estaban hasta ahora.

Debemos decir a los campesinos: «¿Queréis retroceder, queréis restaurar la propiedad privada y el comercio libre por completo? Eso significa deslizarse de manera ineludible e irrevocable hacia el poder de los terratenientes y capitalistas. Lo testifica toda una serie de hechos históricos y de ejemplos de las revoluciones. Unas sucintas consideraciones del abecé del comunismo, del abecé de la Economía política, confirman que esto es inevitable. Vamos a ver. ¿Les conviene a los campesinos apartarse del proletariado para dar marcha atrás —y consentir que dé marcha atrás el país— hasta caer bajo el poder de los capitalistas y terratenientes, o no les conviene? Pensadlo y vamos a pensarlo juntos».

Y estimamos que de sopesar las cosas con buen sentido, aún dada la profunda disparidad que nosotros reconocemos entre los intereses económicos del proletariado y los del pequeño agricultor, el cálculo confirmará que la razón está de nuestra parte.

Por difícil que sea nuestra situación en cuanto a los recursos, debe ser resuelta la tarea de dar satisfacción al campesino medio. Hay muchos más campesinos medios que antes, las contradicciones se han atenuado, la tierra está distribuida en usufructo mucho más igualitario, al kulak se le han cortado las alas y ha sido expropiado en buena parte, en Rusia más que en Ucrania, y en Siberia menos que en Ucrania. Pero, en suma, los datos estadísticos muestran el hecho absolutamente irrefragable de que el agro se ha nivelado, hay en él más igualdad, es decir, se ha paliado el proceso de acusada diferenciación entre kulaks y campesinos que no siembran. Existe por doquier más igualdad, los campesinos son hoy, en general, por su situación, campesinos medios.

¿Podemos dar satisfacción a estos campesinos medios como tales, con sus peculiaridades económicas, con sus raíces económicas? Si algún comunista ha soñado con que en tres años se puede transformar la base económica, las raíces económicas de la pequeña economía agrícola, es, naturalmente, un visionario. No hay por qué ocultar que entre nosotros existían no pocos de estos soñadores. Y nada hay de extraordinariamente malo en ello. ¿Cómo se podía haber empezado la revolución socialista en un país como el nuestro sin fantaseadores? Como es lógico, la práctica ha demostrado el formidable papel que pueden desempeñar los experimentos y las iniciativas de toda índole en orden al cultivo colectivo de la tierra. Pero la práctica ha demostrado también que estos experimentos, como tales, han jugado asimismo un papel negativo, en los casos en que personas movidas de las mejores intenciones y deseos han ido al campo a organizar comunas, colectividades, sin saber llevar la economía, porque carecían de experiencia de cultivo colectivo. La experiencia de estas haciendas colectivas no muestra sino un ejemplo de cómo no se debe llevar una hacienda: los campesinos de los contornos se ríen o se refocilan.

Sabéis muy bien que ha habido muchos ejemplos semejantes. Repito que esto no puede extrañar, pues la labor de rehacer al pequeño agricultor, la labor de trastrocar toda su psicología y todos sus hábitos es obra de varias generaciones. Resolver este problema en relación con el pequeño agricultor, sanear, por decirlo así, toda su psicología, únicamente puede hacerlo la base material, la maquinaria, el empleo en gran escala de tractores y otras máquinas en la agricultura, la electrificación en escala masiva. He aquí lo que podría transformar de raíz y con enorme celeridad al pequeño agricultor. Esto es obra de generaciones enteras, pero yo no digo que hagan falta siglos. Comprenderéis bien que, en todo caso, se requiere cuando menos varios decenios para conseguir tractores y máquinas y electrificar un país inmenso. Tal es la situación objetiva.

Debemos esforzarnos por atender las demandas de los campesinos, que no están satisfechos, que están descontentos, con razón, y no pueden estar contentos. Debemos decirles: «Esta situación no puede prolongarse por más tiempo». ¿Cómo satisfacer al campesino y qué significa darle satisfacción? ¿Dónde está la respuesta a la cuestión de cómo darle satisfacción? Naturalmente, en las propias reivindicaciones del campesinado. Conocemos estas reivindicaciones, pero debemos comprobarlas, examinar desde el punto de

Informe sobre la sustitución del sistema de contingentación... **245**

vista de la ciencia económica todo lo que sabemos acerca de las reclamaciones de tipo económico de los agricultores. Ahondando en esta cuestión, nos diremos al punto: en realidad, se puede satisfacer al pequeño agricultor con dos cosas. En primer lugar, se precisa cierta libertad de intercambio de mercancías, libertad para el pequeño propietario privado, y, en segundo lugar, es menester facilitar mercancías y productos. ¿Qué sentido puede tener la libertad de intercambio, si no hay mercancías que cambiar, y la libertad de comercio, si no hay con qué comerciar? Esto quedaría en el papel, pero a las clases no se las satisfacen con papeles, sino con cosas materiales. Es preciso comprender muy bien estas dos condiciones. De la segunda condición —cómo facilitar mercancías y si sabremos facilitarlas— hablaremos después. Ahora voy a detenerme en la primera, en la libertad de intercambio de mercancías.

¿Qué es la libertad de intercambio? Es la libertad de comercio, y esta significa un retroceso hacia el capitalismo. La libertad de intercambio y la libertad de comercio significan el intercambio de mercancías entre los pequeños propietarios. Todos los que hemos estudiado aunque solo sea el abecé del marxismo sabemos que de este intercambio y de esta libertad de comercio se desprende necesariamente la división del productor de mercancías en el dueño del capital y el dueño de la mano de obra, la división en capitalista y obreros asalariados, es decir, la reconstitución de la esclavitud asalariada capitalista, que no cae del cielo, sino que surge en todo el mundo precisamente de la economía agrícola mercantil. Esto lo sabemos muy bien teóricamente, y todo el que examine la vida y las condiciones de la economía del pequeño agricultor no puede por menos de observar esto en Rusia.

Se pregunta: ¿acaso puede el Partido Comunista reconocer la libertad de comercio y establecerla? ¿No hay en esto contradicciones inconciliables? Hay que responder que, desde luego, esta cuestión es extraordinariamente difícil en el sentido de su solución práctica. Yo preveo anticipadamente, y lo sé por las conversaciones con los camaradas, que el proyecto previo de sustitución del sistema de contingentación por el impuesto en especie, proyecto que se os ha distribuido, suscita preguntas legítimas e inevitables, sobre todo en lo que se refiere a que se admite el intercambio en el marco de las transacciones económicas locales. Esto se dice al final del apartado 8. ¿Qué significa? ¿Qué límites tiene? ¿Cómo realizarlo? Se equivoca quien piense recibir respuesta a estas preguntas en el presente Congreso. La recibiremos de nuestra legislación; nuestra tarea consiste en establecer tan solo la línea de principio, en proclamar la consigna. Nuestro partido es un partido de gobierno, y la resolución que adopte el Congreso del partido será obligatoria para toda la República; aquí debemos resolver esta cuestión en principio y dar cuenta de ella a los campesinos, porque la siembra está encima. Y después debemos movilizar todo nuestro aparato, todos nuestros valores teóricos, toda nuestra experiencia práctica, para ver cómo hacer las cosas. ¿Se puede hacer esto, se puede, hablando teóricamente, restaurar hasta cierto punto la libertad de comercio, la libertad del capitalismo para los pequeños agricultores, sin socavar las raíces del poder político del proletariado? ¿Es posible esto? Es posible, porque el *quid* está en hacer las cosas con medida. Si pudiésemos obtener aunque solo fuera una pequeña cantidad de mercancías y retenerlas en manos del Estado, en manos del proletariado, dueño del poder político, y ponerlas en circulación, nosotros, como Estado, añadiríamos a nuestro poder político el poder económico. La puesta en circulación de estas mercancías reanimaría la pequeña economía agrícola, que ahora atraviesa un estado de terrible estancamiento por el efecto nocivo de las duras condiciones de la guerra, la ruina y la imposibilidad de propulsar la pequeña producción en el campo. El pequeño agricultor, mientras siga siéndolo, debe tener un estímulo, un incentivo, un acicate, adecuado a su base económica, esto es, a la pequeña economía individual. En este caso no cabe prescindir de la libertad de efectuar transacciones económicas en la escala local. Si estas transacciones proporcionan al Estado a cambio de los productos de la industria una determinada cantidad mínima de trigo, suficiente para cubrir las necesidades de la ciudad, de las fábricas, de la industria, en tal caso el intercambio económico se restablecerá de manera que el poder estatal siga en manos del proletariado y se fortalezca. El campesinado exige que se le demuestre prácticamente que el obrero, que mantiene en sus manos las fábricas, la industria, puede establecer el intercambio mercantil con los campesinos. Y, por otra parte, un inmenso país agrícola con pésimas vías de comunicación, con un inmenso territorio, con diversidad de climas, con distintas condiciones agrícolas, etcétera, presupone indefectiblemente una cierta libertad de circulación mercantil de la agricultura local y de la industria local en el plano local. En este sentido hemos cometido muchas faltas, yendo demasiado lejos: hemos ido demasiado lejos por el camino de la nacionalización del comercio

Informe sobre la sustitución del sistema de contingentación... **247**

y de la industria, por el camino de cerrar la circulación local de mercancías. ¿Ha sido un error? Sin duda alguna.

A este respecto hemos incurrido simplemente en muchas equivocaciones, y sería un gravísimo delito no ver y no comprender que no hemos observado la medida, que no hemos sabido cómo observarla. Pero, por otra parte, también nos hemos visto ante una necesidad imperiosa: hemos vivido hasta ahora en medio de una guerra feroz, increíblemente dura, en la que no nos quedaba otra disyuntiva que actuar con arreglo a las leyes de guerra hasta en el terreno económico. Ha sido un milagro que un país en ruinas haya podido resistir una guerra semejante, y este milagro no ha caído del cielo, sino que ha brotado de los intereses económicos de la clase obrera y del campesinado, que han hecho este milagro con su entusiasmo masivo; este milagro ha sido el que ha posibilitado la resistencia a los terratenientes y a los capitalistas. Mas, al propio tiempo, el hecho indudable, que no debemos ocultar en la agitación y la propaganda, es que hemos ido más allá de lo que era necesario desde el punto de vista teórico y político. Podemos permitir en grado considerable el libre intercambio local de mercancías, no destruyendo, sino reforzando el poder político del proletariado. La práctica dirá cómo hacerlo. Mi cometido se circunscribe a demostraros que esto es admisible en el terreno teórico. El proletariado dueño del poder estatal, si cuenta con algunos recursos, puede perfectamente ponerlos en circulación y lograr así satisfacer en parte al campesino medio, darle satisfacción sobre la base del intercambio económico local.

Ahora unas palabras sobre el intercambio económico local. Previamente debo referirme a la cooperación. Como es natural, dado el intercambio económico local, nos es necesaria la cooperación, que en nuestro país atraviesa un estado de extraordinario amortiguamiento. Nuestro programa subraya que el mejor aparato para la distribución es la cooperación que nos ha quedado del capitalismo, y que es preciso conservar este aparato. Así está dicho en el programa. ¿Lo hemos cumplido? Muy deficientemente, y en parte lo hemos incumplido totalmente, unas veces por error y otras por las necesidades de la guerra. La cooperación, al destacar a elementos más prácticos y más preparados en el sentido económico, ha destacado en política a los mencheviques y eseristas. Esta es una ley química, ¡qué le vamos a hacer! (Risas). Los mencheviques y eseristas son gente que consciente o inconscientemente

248 Vladimir Ilich Lenin: Textos escogidos

restauran el capitalismo y ayudan a los Yudénich. Esto también es una ley. Debemos hacerles la guerra. Y en la guerra, como en la guerra: teníamos que defendernos y nos hemos defendido. Pero ¿podemos continuar sin falta en la actual situación? No. Sería un error supino atarnos con esto las manos. Por eso, en el problema de la cooperación propongo adoptar una resolución muy breve, que voy a leer:

> Considerando que la resolución del IX Congreso del PC de Rusia sobre la actitud ante la cooperación estaba basada enteramente en el reconocimiento del principio del sistema de contingentación, que ahora va a ser sustituido por el impuesto en especie, el X Congreso del Partido Comunista de Rusia acuerda:
> Revocar la mencionada resolución.
> El Congreso encarga al Comité Central que elabore y ponga en práctica a través del partido y de los Soviets decisiones que mejoren y desarrollen la estructura y el funcionamiento de las cooperativas en conformidad con el programa del PCR y teniendo en cuenta la sustitución del sistema de contingentación por el impuesto en especie.

Diréis que esto es impreciso. Sí, y es menester que hasta cierto punto lo sea. ¿Por qué? Porque para que sea completamente preciso hay que saber bien lo que haremos durante todo el año. ¿Quién lo sabe? Nadie lo sabe ni puede saberlo.

Pero la resolución del IX Congreso nos ata las manos al decir: «Colocar las cooperativas bajo el control del Comisariado de Abastecimiento». El Comisariado de Abastecimiento es una magnífica institución, pero supeditar por fuerza a él la cooperación y atarnos las manos en el momento en que estamos revisando la actitud ante los pequeños agricultores, es cometer un evidente error político. Al CC que salga elegido del Congreso debemos encargarle que prepare y lleve a cabo determinadas medidas y modificaciones, que compruebe los pasos que demos adelante y atrás, en qué medida debemos hacer esto, cómo velar por los intereses políticos, hasta qué punto debemos aflojar las clavijas para que las cosas sean más llevaderas y cómo comprobar los resultados de la experiencia. Teóricamente hablando, en este sentido tenemos por delante toda una serie de fases y medidas transitorias.

Una cosa es clara para nosotros: la resolución del IX Congreso, presuponía que nuestro movimiento habría de seguir una línea recta. Ha resultado, como se observa constantemente en la historia de todas las revoluciones, que el movimiento ha ido en zigzag. Atarnos las manos con una tal resolución es un error político. Al revocarla decimos que es preciso regirse por el programa, que subraya la importancia del aparato cooperativo.

Al revocar la resolución decimos: adaptaos a la sustitución del sistema de contingentación por el impuesto en especie. Pero ¿cuándo lo realizaremos? No antes de que recolectemos la cosecha, es decir, dentro de algunos meses. ¿Lo haremos de igual forma en todos los lugares? De ningún modo. Querer ajustar a un mismo modelo, medir por el mismo rasero a la Rusia Central, a Ucrania y a Siberia, sería la mayor de las necedades. Propongo recoger esta idea fundamental concerniente a la libertad de intercambio local de mercancías en forma de decisión del Congreso. Pienso que después de esto, en los próximos días, deberá sin falta aparecer una carta del CC que diga, y, naturalmente, él lo dirá mejor que yo ahora (encontraremos a mejores literatos, que lo escribirán mejor): No deis pasos en falso, no os apresuréis, meditad las cosas sin precipitaciones, obrad de modo que deis la máxima satisfacción a los campesinos medios sin menoscabar los intereses del proletariado. Haced experimentos diversos, estudiad prácticamente, sobre la base de la experiencia, comunicadnos después vuestras impresiones y decidnos qué cosas os han salido bien, y nosotros crearemos una comisión especial e incluso varias comisiones que tendrán en cuenta la experiencia adquirida, y creo que incorporaremos especialmente a eso al camarada Preobrazhenski, autor del libro *El papel moneda en la época de la dictadura del proletariado*. Esta cuestión es muy importante porque la circulación monetaria es de tal naturaleza, que aquilata a las mil maravillas la eficiencia del intercambio de mercancías en el país, y cuando este intercambio no es normal, el dinero se convierte en papeles inútiles. Para marchar luego adelante a base de la experiencia, necesitamos comprobar diez veces las medidas adoptadas.

Se nos preguntará y se deseará saber de dónde sacar las mercancías. Pues la libertad de comercio requiere mercancías y los campesinos son muy inteligentes y saben burlarse de lo lindo. ¿Podemos ahora obtener mercancías? Ahora podremos porque nuestra situación económica en escala internacional ha mejorado en enorme medida. Luchamos contra el capital internacional,

250 Vladimir Ilich Lenin: Textos escogidos

que, refiriéndose a nuestra República, decía: «Son unos forajidos, unos cocodrilos» (estas palabras me las transmitió literalmente una pintora inglesa que
se las había oído a un político de lo más influyente). Y puesto que son unos
cocodrilos, lo único que cabe es despreciarles. Esta era la voz del capital
internacional. Era la voz del enemigo de clase, una voz justa desde su punto
de vista. Sin embargo, la justedad de esas conclusiones necesita una comprobación práctica. Si eres una fuerza universal y poderosa, capital mundial, si
dices: «Sois unos cocodrilos» y tienes en tus manos toda la técnica, ¡prueba a
acabar con nosotros! Mas cuando probó a hacerlo, resultó que salía perdiendo. Entonces el capital, que se ve obligado a tener en cuenta la vida política
y económica real, dice: «Es preciso comerciar». Esta es nuestra mayor victoria. Ahora les diré que se nos han hecho dos proposiciones de empréstito
por la suma de cerca de cien millones de rublos oro. Oro tenemos, pero el
oro no se puede vender porque es una cosa que no se come. Todos están
arruinados, en todos los países las relaciones de cambio monetario entre los
estados capitalistas se han alterado hasta lo increíble a causa de la guerra.
Además, para las relaciones con Europa es preciso tener flota, y nosotros no
la tenemos. La flota está en manos del enemigo. Con Francia no hemos concluido ningún tratado, estima que somos deudores de ella, y, por lo tanto,
cualquier barco —dice— «es mío». Ellos tienen marina de guerra, y nosotros
no. Esta es la situación, que hasta ahora solo nos ha permitido realizar el
oro en una proporción pequeña, insignificante hasta más no poder. Ahora
hay dos propuestas de los banqueros capitalistas: concertar un empréstito de
cien millones. Como es natural, por esta suma percibirán intereses usurarios.
Pero hasta ahora, en general, no hablaban de eso, hasta ahora decían: «Te
mataré a tiros y me apropiaré de todo gratis». Ahora, como no pueden acabar con nosotros a tiros, están dispuestos a comerciar. Ahora se puede decir
que el tratado comercial con EE.UU. e Inglaterra es un asunto que marcha;
lo mismo que las concesiones. Ayer recibí otra carta de míster Vanderlip,
que se encuentra en nuestro país y que, luego de toda una serie de quejas,
nos comunica diversos planes referentes a las concesiones y al empréstito. Se
trata de un representante del capital financiero ultrapráctico, ligado con los
Estados occidentales de América del Norte, más hostiles al Japón. De modo
que ahora contamos con una posibilidad económica de obtener mercancías.
Otra cuestión es cómo sabremos hacerlo, pero existe cierta posibilidad.

Repito que este tipo de relaciones económicas, que por arriba ofrece el aspecto de un bloque con el capitalismo extranjero, por abajo brindará al poder estatal proletario la posibilidad de establecer el libre intercambio de mercancías con el campesinado.

Yo sé —ya he tenido ocasión de decirlo— que esto ha suscitado algunas burlas. En Moscú existe todo un sector intelectual–burocrático que tiene pretensiones de crear «opinión pública». Pues bien, ese sector comenzó a mofarse diciendo: «¡Mirad lo que ha resultado del comunismo! Es como uno que llevara muletas, con toda la cabeza cubierta de vendajes. Del comunismo no ha quedado otra cosa que un enigma indescifrable». Hasta mí han llegado en número más que suficiente bromitas por el estilo, pero estas chanzas ¡O despiden tufillo burocrático o no son serias! Rusia ha salido de la guerra en tal estado, que se parece más bien al de una persona medio muerta a fuerza de golpes: siete años estuvieron golpeándola, ¡y menos mal que puede andar con muletas! ¡Esa es nuestra situación! ¡Creer que podemos salir de ella sin muletas es no comprender nada de nada! Mientras no estalle la revolución en otros países, deberemos ir saliendo del presente estado en unos cuantos decenios, y no ha de importarnos ceder parte de nuestras incalculables riquezas, de nuestras abundantes fuentes de materias primas, por la suma de cientos y hasta miles de millones de rublos, con tal de recibir la ayuda del gran capitalismo más desarrollado. Después lo recuperaremos todo con creces. Pero no es posible retener el poder proletario en un país increíblemente arruinado, con un gigantesco predominio de los campesinos, igualmente arruinados, sin ayuda del capital, por la que, lógicamente, cobrará intereses desorbitados. Esto hay que comprenderlo. De ahí que el dilema sea: o relaciones económicas de este tipo o nada. Quien plantee de otro modo la cuestión no entiende ni un comino de economía práctica y sale del paso con cuchufletas de más o menos. Hay que reconocer el hecho del agotamiento y de la extenuación de las masas. ¡¿Cómo no iban a repercutir en nuestro país los siete años de guerra, si cuatro años de conflagración se dejan aún sentir en los países más adelantados?!

En cuanto a nosotros, en nuestro atrasado país, tras siete años de guerra, asistimos manifiestamente a un estado de agotamiento de los obreros, que han hecho sacrificios inauditos, y de las masas campesinas. Este agotamiento, este estado se parece mucho a la imposibilidad absoluta de trabajar. Se precisa una tregua económica. Pensábamos invertir oro en la adquisición de medios de producción. Lo mejor es fabricar máquinas, pero si las compráramos montaríamos nuestra industria. Mas para ello es preciso que haya obreros, que haya campesinos que puedan trabajar; pero en la mayoría de los casos no pueden trabajar: están agotados, están extenuados. Hay que apoyarles, hay que invertir oro en la adquisición de artículos de consumo, a pesar de lo que antes decíamos en nuestro programa. Nuestro programa anterior era teóricamente justo, pero insostenible desde el punto de vista práctico. Daré a conocer una nota que obra en mi poder del camarada Lezhava. Por ella vemos que han sido ya adquiridos varios cientos de miles de puds de diferentes productos alimenticios y están en camino con la mayor urgencia desde Lituania, Finlandia y Letonia. Hoy hemos recibido la noticia de que en Londres se ha firmado un contrato para comprar 18 millones y medio de puds de carbón, que acordamos adquirir con el fin de reanimar la industria de Petrogrado y la textil. Si recibimos mercancías para el campesino, ello será, naturalmente, una infracción del programa, una irregularidad, pero se precisa abrir una tregua, porque el pueblo está tan extenuado que de otro modo no podrá trabajar.

Debo referirme aún al intercambio individual de mercancías. Hablar de libertad de circulación significa hablar de intercambio individual de mercancías, es decir, significa estimular a los kulaks. ¿Qué hacer? No hay que cerrar los ojos al hecho de que la sustitución del sistema de contingentación por el impuesto en especie significa que los kulaks se multiplicarán en tal situación más que hasta ahora. Crecerán donde antes no podían hacerlo. Pero no hay que luchar contra esto con medidas prohibitorias, sino con la fuerza unida del Estado y con medidas estatales dictadas desde arriba. Si se puede proporcionar al campesinado máquinas, con ello será posible levantarlo, y cuando se le faciliten máquinas o electrificación, decenas o cientos de miles de pequeños kulaks dejarán de serlo. Mientras no se le pueda proporcionar esto, hay que darle una determinada cantidad de mercancías. Si se dispone de mercancías, se podrá retener el poder, pero, cerrar el paso, evitar, impedir la posibilidad de contar con mercancías, equivale a hacer imposible todo intercambio, significa no dar satisfacción a los campesinos medios, y obrando así no cabrá la convivencia con ellos. En Rusia hay ahora más campesinos medios, y no hay por qué temer que el intercambio sea individual. Todos podrán dar algo al

Estado a cambio. Unos podrán venderle trigo sobrante, otros entregarán a cambio productos hortícolas, y otros, trabajo. En lo fundamental la situación es la siguiente: debemos dar satisfacción en el sentido económico a los campesinos medios y llegar a la libertad de intercambio de mercancías; de otro modo, dado que la revolución internacional se retarda, no será posible —no lo será desde el punto de vista económico— mantener en Rusia el poder del proletariado. Esto hay que comprenderlo con nitidez y no temer de ningún modo hablar de ello. En el proyecto de resolución sobre la sustitución del sistema de contingentación por el impuesto en especie (el texto se os ha entregado) advertiréis una gran falta de concordancia y veréis que hay contradicciones, razón por la cual hemos escrito al final: «El Congreso, aprobando en lo fundamental (expresión muy imprecisa que se presta a muchas interpretaciones) los enunciados formulados por el CC acerca de la sustitución del sistema de contingentación por el impuesto en especie, encarga al CC del partido que armonice con la mayor urgencia estos enunciados». Sabemos que no estaban armonizados, no hemos podido disponer de tiempo para hacerlo, no hemos efectuado esta labor de detalle. El Comité Ejecutivo Central de toda Rusia y el Consejo de Comisarios del Pueblo elaborarán detalladamente las formas de aplicar el impuesto y promulgarán la ley correspondiente. Se ha acordado seguir el siguiente orden: si vosotros aprobáis este proyecto hoy, la disposición pertinente será adoptada en la primera sesión del Comité Ejecutivo Central de toda Rusia, que tampoco habrá de dictar una ley, sino un reglamento modificado; luego, el Consejo de Comisarios del Pueblo y el Consejo de Trabajo y Defensa lo convertirán en ley y —lo que es todavía más importante— darán instrucciones prácticas. Importa que en el plano local se comprenda la significación de esta medida y se hagan eco de ella.

¿Por qué necesitábamos sustituir el sistema de contingentación por el impuesto en especie? El sistema de contingentación suponía: requisar todos los sobrantes, implantar el monopolio obligatorio del Estado. No podíamos proceder de otra manera, atravesábamos un estado de penuria extremada. Teóricamente no es obligado considerar que el monopolio de Estado sea lo mejor desde el punto de vista del socialismo. En un país campesino que posee industria —y una industria en funcionamiento—, si existe cierta cantidad de mercancías, es posible aplicar como medida transitoria el sistema del impuesto en especie y del libre intercambio.

Este intercambio de mercancías es para el campesino un estímulo, un aliciente, un acicate. El agricultor puede y debe afanarse por su propio interés, puesto que no le serán incautados todos los excedentes, sino que solo se exigirá de él un impuesto, que, a ser posible, habrá que fijarse con antelación. Lo fundamental es que haya un estímulo, un incentivo, un acicate para el pequeño agricultor en su trabajo. Nos es preciso construir nuestra economía estatal teniendo en cuenta la economía de los campesinos medios, que no hemos podido transformar en tres años ni podremos hacerlo en diez más.

El Estado tenía determinadas obligaciones en materia de abastos. Por eso, nuestros contingentes fueron aumentados el año pasado. El impuesto en especie debe ser menor. Las cifras no han sido precisadas con exactitud, y no es posible precisarlas. En el folleto de Popov *La producción cerealista en la República Soviética y en las repúblicas federadas con ella* se reproducen datos de nuestra Dirección Central de Estadística que contienen cifras exactas y muestran las causas en virtud de las cuales se ha reducido la producción agrícola.

Si la cosecha es mala no se podrá reunir sobrantes, porque no los habrá. Tendríamos que quitárselos de la boca a los campesinos. Si hay cosecha, todos tendrán que privarse un poco de lo suyo y el Estado se salvará, o bien, si no somos capaces de tomar parte de los productos a quienes no pueden comer con hartura, el Estado perecerá. Tal es la tarea de nuestra propaganda entre los campesinos. Si la cosecha es regular, los excedentes llegarán a los quinientos millones de puds, lo suficiente para cubrir las necesidades del consumo y para acumular una cierta reserva. El quid está en dar a los campesinos un estímulo, un incentivo desde el punto de vista de la economía. Es preciso decir al pequeño agricultor: «Tú, campesino, produce y el Estado recibirá un impuesto mínimo».

Mi turno se acaba, debo terminar. Lo repito: no podemos promulgar ahora una ley. El defecto de nuestra resolución consiste en que no es demasiado legislativa: en el Congreso del partido no se redactan leyes. Por eso proponemos adoptar la resolución del CC como base y encargarle que armonice sus enunciados. Imprimiremos el texto de esta resolución y los funcionarios locales se esforzarán por concordar las tesis que contiene y por corregirla. Concordar hasta el fin resulta imposible, ello constituye una tarea insoluble, ya que la vida es harto variada. Buscar medidas transitorias es un cometido muy arduo. Si no logramos hacerlo con rapidez y siguiendo el camino recto, no por eso decaerá nuestro ánimo, nosotros conseguiremos lo que nos proponemos. Un campesino, siquiera sea un poco consciente, no puede por menos de comprender que nosotros, como gobierno, representamos a la clase obrera y a aquellos trabajadores con quienes pueden ponerse de acuerdo los campesinos laboriosos (que forman las nueve décimas partes del campesinado), y que todo viraje hacia atrás significa el retorno al viejo gobierno zarista. Así lo demuestra la experiencia de Cronstadt. Allí no quieren a los guardias blancos ni quieren nuestro poder —pero otro no existe—, y se hallan en tal situación que constituye la mejor agitación a nuestro favor y contra todo gobierno nuevo.

En los momentos actuales tenemos la posibilidad de sellar un acuerdo con los campesinos, y hay que llegar a él práctica e inteligentemente, con perspicacia y flexibilidad. Conocemos el aparato del Comisariado de Abastecimiento, sabemos que es uno de nuestros mejores aparatos. Comparándolo con otros, vemos que es el mejor, y debe ser conservado, pero el aparato tiene que estar subordinado a la política. De nada nos servirá el magnífico aparato del Comisariado de Abastecimiento si no sabemos establecer relaciones con los campesinos. En ese caso, este excelente aparato no servirá a nuestra clase, sino a Denikin y a Kolchak. Puesto que la política requiere un cambio decidido, flexibilidad y un viraje inteligente, los dirigentes deben comprenderlo. Un aparato sólido debe ser apto para toda clase de maniobras. Pero si la solidez del aparato se convierte en entumecimiento e impide llevar a efecto los virajes, entonces la lucha resulta inevitable. Por eso es preciso volcar todas las fuerzas para lograr indefectiblemente nuestros fines, para conseguir que el aparato se supedite por completo a la política. La política es la relación entre las clases: esto decide la suerte de la República. El aparato, como medio auxiliar, cuanto mayor solidez tenga mejor resultará y más adecuado será para las maniobras. Y si no está en condiciones de cumplir este cometido, no servirá para nada.

Os invito a tener en cuenta lo fundamental: una elaboración que comprenda todos los detalles y las posibles interpretaciones es labor de meses. Y ahora necesitamos tener en cuenta lo fundamental, necesitamos que lo que acordemos sea dado a conocer esta misma noche por radio en todos los ámbitos del mundo: que el Congreso del partido gobernante sustituye en lo fundamental el sistema de contingentación por el impuesto en especie, dando así toda una serie de estímulos al pequeño agricultor para ampliar su hacienda, para aumentar las superficies de siembra, que el Congreso, al emprender este camino, corrige el sistema de relaciones entre el proletariado y los campesinos y expresa la seguridad de que, siguiendo esta senda, se conseguirán unas relaciones estables entre el proletariado y los campesinos. (Clamorosos aplausos).

Fuente: V.I. Lenin: «Informe sobre la sustitución del sistema de contingentación por el impuesto en especie», en *Obras escogidas* en tres tomos, t. III, Editorial Progreso, Moscú, 1970, pp. 579–592.

Acerca del papel y de las tareas de los sindicatos en las condiciones de la nueva política económica*

Resolución del CC del PC (b) de Rusia del 12 de enero de 1922[1]

1. La nueva política económica y los sindicatos

La nueva política económica introduce una serie de modificaciones sustanciales en la situación del proletariado y, por consiguiente, en la de los sindicatos. La masa aplastante de los medios de producción en la esfera de la industria y el transporte queda en manos del Estado proletario. Junto a la nacionalización de la tierra, esta circunstancia demuestra que la nueva política económica no varía la esencia del Estado obrero, modificando, sin embargo, esencialmente los métodos y las formas de la construcción socialista, puesto que admite la emulación económica entre el socialismo en construcción y el capitalismo, que aspira a resurgir, a base de dar satisfacción, a través del mercado, a los muchos millones de campesinos.

Los cambios de forma en la construcción socialista están motivados por la circunstancia de que, en toda la política de transición del capitalismo al socialismo, el Partido Comunista y el Poder soviético emplean ahora métodos especiales para esta transición, actúan en una serie de aspectos por métodos diferentes que antes, conquistan una serie de posiciones «mediante un nuevo rodeo», por decirlo así, realizan un repliegue para pasar nuevamente, más preparados, a la ofensiva contra el capitalismo. Particularmente, son

---

*   Publicado el 16 de marzo de 1921, núm. 57 de *Pravda*; núm. 57 de *Izvestia* del CEC de toda Rusia.

admitidos hoy y se desarrollan el libre comercio y el capitalismo, que deben estar sujetos a una regulación por el Estado, y, por otra parte, las empresas estatales socializadas se reorganizan sobre la base de la llamada autogestión financiera, es decir, del principio comercial, lo que dentro de las condiciones de atraso cultural y de agotamiento del país, inevitablemente hará surgir, en mayor o menor grado, en la conciencia de las masas la contraposición entre la administración de determinadas empresas y los obreros que trabajan en ellas.

2. El capitalismo de Estado en el estado proletario y los sindicatos

El Estado proletario, sin variar su esencia, puede admitir la libertad de comercio y el desarrollo del capitalismo solo hasta ciertos límites y únicamente a condición de una regulación por parte del Estado (vigilancia, control, determinación de formas, orden, etcétera) del comercio privado y del capitalismo privado. El éxito de tal regulación depende no solo del poder estatal, sino más aún, del grado de madurez del proletariado y de las masas trabajadoras en general, de su nivel cultural, etcétera. Pero aun cuando se efectúe con todo éxito tal regulación, subsiste indiscutiblemente el antagonismo de los intereses de clase entre el trabajo y el capital. Por eso, una de las tareas más importantes de los sindicatos es, desde este momento, la defensa, en todos los aspectos y por todos los medios, de los intereses de clase del proletariado en su lucha contra el capital. Esta tarea debe ser colocada abiertamente en uno de los primeros lugares; el aparato de los sindicatos debe ser reconstruido en correspondencia con esto, modificado o complementado (deben organizarse comisiones para el arbitraje de conflictos, deben crearse fondos para los casos de huelga, fondos de ayuda mutua, etcétera).

3. Las empresas del Estado reorganizadas sobre la base de la llamada autogestión financiera y los sindicatos

La reorganización de las empresas del estado sobre la base de la llamada autogestión financiera está ligada inevitable e indisolublemente con la nueva política económica y, en un futuro próximo, no cabe duda que este tipo será el predominante, si no el único. Esto significa de hecho, dentro de la situación de libre comercio admitido y en desarrollo, el paso de las empresas del estado, en un grado considerable, al principio comercial. Esta circunstancia, debida a la apremiante necesidad de elevar la productividad del trabajo, de lograr que cada empresa del estado trabaje sin pérdidas y sea rentable, y a los inevitables intereses y al exceso de celo de los respectivos departamentos, engendra de manera indefectible cierta contradicción de intereses en las cuestiones referentes a las condiciones de trabajo en las empresas, entre la masa obrera y los directores, los administradores de las empresas estatales o los departamentos a los que pertenecen. Por eso, en lo que respecta a las empresas socializadas, recae incondicionalmente sobre los sindicatos la obligación de defender los intereses de los trabajadores, de contribuir, en la medida posible, a mejorar sus condiciones materiales de existencia, corrigiendo constantemente los errores y las exageraciones en los organismos económicos, por cuanto estos errores y exageraciones se derivan de la deformación burocrática del aparato del estado.

4. Diferencia esencial entre la lucha de clase del proletariado en un Estado que reconoce la propiedad privada sobre la tierra, las fábricas, etcétera, y cuyo poder político se encuentra en manos de la clase capitalista, y la lucha económica del proletariado en un Estado que no reconoce la propiedad privada sobre la tierra y sobre la mayoría de las grandes empresas, en un Estado cuyo poder político se encuentra en manos del proletariado

Mientras existen las clases, la lucha de estas es inevitable. Durante el período de transición del capitalismo al socialismo es inevitable la existencia de las clases; y el programa del PC de Rusia dice, de una manera absolutamente precisa, que solo estamos dando los primeros pasos en la transición del capitalismo al socialismo. Por eso, tanto el Partido Comunista como el Poder soviético, lo mismo que los sindicatos, deben reconocer abiertamente la existencia de la lucha económica y su inevitabilidad, en tanto que no se termine, aunque solo sea en lo fundamental, la electrificación de la industria y de la agricultura, en tanto que con ello no se corten todas las raíces de la pequeña economía y del dominio del mercado.

Por otra parte, es evidente que la meta final de la lucha huelguística dentro del capitalismo es la destrucción del aparato del Estado, el derrocamiento del poder del Estado de determinadas clases. Y en un Estado proletario de tipo transitorio, como es el nuestro, el objetivo final de toda actuación de la clase obrera puede ser solamente el fortalecimiento del Estado proletario y del poder del Estado proletario de clase, mediante la lucha contra las deformaciones burocráticas en este Estado, contra sus defectos y yerros, contra los apetitos de clase de los capitalistas que se esfuerzan por desembarazarse del control de este Estado, etcétera. Por lo tanto, ni el Partido Comunista, ni el Poder soviético, ni los sindicatos deben olvidar de ningún modo, y no deben ocultarlo a los obreros y a las masas trabajadoras, que el empleo de la lucha huelguística en un Estado con un poder estatal proletario puede explicarse y justificarse exclusivamente por la deformación burocrática del Estado proletario y por toda clase de reminiscencias del pasado capitalista en sus instituciones, de un lado, y la falta de desarrollo político y el atraso cultural de las masas trabajadoras, de otro lado.

Por eso, en orden a los rozamientos y conflictos entre grupos aislados de la clase obrera y empresas u organismos aislados del Estado obrero, la tarea de los sindicatos estriba en contribuir al arreglo más rápido y menos penoso de los conflictos, con el máximo de ventajas para los grupos obreros que estos sindicatos representan, en la medida que dichas ventajas pueden ser aprovechadas sin perjuicio para otros grupos y sin daño para el desarrollo del Estado obrero y su economía, ya que solo este desarrollo puede crear las bases para el bienestar material y espiritual de la clase obrera. El único método acertado, sano y conveniente de liquidar los rozamientos y conflictos entre grupos aislados de la clase obrera y los organismos del Estado obrero es la participación de los sindicatos como intermediarios, los cuales, representados por sus organismos correspondientes, entran en negociaciones con los respectivos organismos económicos interesados en la cuestión, a base de reivindicaciones y proposiciones exactamente formuladas por ambas partes, o bien apelan a instancias superiores del Estado.

En caso que las acciones desacertadas de los organismos económicos, el atraso de determinados grupos obreros, la obra provocadora de elementos contrarrevolucionarios o, por último, la falta de previsión de las mismas organizaciones sindicales conduzcan a conflictos declarados en forma de huelgas en las empresas del Estado, etcétera, la tarea de los sindicatos es contribuir a que los conflictos sean liquidados del modo más rápido, tomando medidas derivadas del carácter de la labor sindical: adopción de medidas para liquidar las verdaderas injusticias, las anormalidades y para satisfacer las demandas justas y realizables de las masas, influencia política sobre estas últimas, etcétera.

Uno de los criterios más importantes e infalibles de la justedad y del éxito del trabajo de los sindicatos es el tener en cuenta en qué grado de eficacia evitan los conflictos de masas en las empresas del Estado mediante una política previsora, encaminada a la verdadera y completa salvaguardia de los intereses de la masa obrera y a la eliminación oportuna de las causas de los conflictos.

5. Retorno a la afiliación voluntaria en los sindicatos

La actitud formal que adoptan los sindicatos en la inscripción como miembros de los mismos de todos los trabajadores asalariados, sin exclusión, ha introducido cierto grado de deformación burocrática en los sindicatos y el aislamiento de los mismos de las amplias masas de sus afiliados. Por lo tanto, es preciso llevar a efecto con toda decisión la afiliación voluntaria en los sindicatos, tanto en lo que respecta al ingreso individual como al colectivo. De ningún modo se debe exigir a los miembros de los sindicatos que profesen un determinado credo político; en este sentido, lo mismo que con respecto a la religión, los sindicatos no deben ser una organización de partido. En un Estado proletario debe exigirse de los miembros de los sindicatos solo la comprensión de la disciplina entre camaradas y de la necesidad de que las fuerzas obreras se unan para defender los intereses de los trabajadores y para ayudar al poder de los trabajadores, es decir, al Poder soviético. El Estado proletario debe estimular la unión sindical de los obreros, tanto en el sentido jurídico como en el material. Pero los sindicatos no deben tener ningún derecho sin deber.

6. Los sindicatos y la administración de las empresas

El interés principal y más fundamental del proletariado, después de haber sido conquistado por este el poder estatal, es el aumento de la cantidad de productos y la elevación en gran escala de las fuerzas productivas de la sociedad. Esta tarea, planteada con toda claridad en el programa del PC de Rusia, se ha hecho aún más perentoria ahora en nuestro país debido al estado de ruina de la postguerra, el hambre y el desbarajuste. Por eso el éxito más rápido y sólido posible en la restauración de la gran industria es una condición sin la cual no se concibe el éxito de toda la causa de emancipar el trabajo del yugo del capital, no se concibe el triunfo del socialismo: pero, a su vez, semejante éxito requiere, indudablemente, dentro de la situación actual de Rusia, la concentración de todo el poder en manos de las administraciones de las fábricas. Estas administraciones, establecidas por regla general sobre el principio de la dirección unipersonal, deben determinar independientemente tanto la cuantía de los salarios como la distribución de los fondos, los racionamientos, la ropa de trabajo y toda otra clase de aprovisionamiento, a base y dentro de los límites de los contratos colectivos firmados con los sindicatos y teniendo el máximo de libertad para maniobrar, comprobando del modo más riguroso los éxitos reales obtenidos en el aumento de la producción sin pérdidas y con ganancias, seleccionando con la mayor escrupulosidad los más destacados e inteligentes administradores, etcétera.

Toda intervención directa de los sindicatos en la administración de las empresas, en estas condiciones, debe considerarse, indudablemente, nociva e inadmisible.

Pero sería completamente equivocado interpretar esta indiscutible verdad en el sentido de que se niegue a los sindicatos el derecho a participar en la organización socialista de la industria y en la dirección de la industria estatal. Esta participación es necesaria en formas determinadas con toda precisión, como son las siguientes.

7. El papel y la participación de los sindicatos en los organismos económicos y públicos del Estado proletario

El proletariado es el fundamento de clase del Estado que efectúa la transición del capitalismo al socialismo. En un país en el que predominan en un grado enorme los pequeños campesinos, el proletariado puede cumplir con éxito esta tarea solo a condición de que la ligazón con la aplastante mayoría de los campesinos se lleve a cabo de un modo extraordinariamente hábil, cauteloso y gradual. Los sindicatos deben ser el colaborador más directo e imprescindible del poder del Estado, cuya dirección en toda su labor política y económica está a cargo de la vanguardia consciente de la clase obrera: el Partido comunista. Siendo, en general, escuela de comunismo, los sindicatos deben ser en particular escuela de administración de la industria socialista

Acerca del papel y de las tareas de los sindicatos en las condiciones... **263**

(y luego, gradualmente, de la agricultura) para toda la masa de obreros, y después para todos los trabajadores.

Partiendo de estas tesis de principio, es preciso establecer para un período próximo las siguientes formas fundamentales de participación de los sindicatos en los organismos económicos y públicos del Estado proletario:

1. Los sindicatos participan en la creación de todos los organismos económicos y organismos del Estado ligados con la economía, proponiendo sus candidatos e indicando su antigüedad, experiencia, etcétera. La decisión de la cuestión corresponde exclusivamente a los organismos económicos, sobre los cuales recae también toda la responsabilidad por la labor de los organismos correspondientes. Juntamente con esto, los organismos económicos han de tener en cuenta la apreciación de todos los candidatos hecha por los respectivos sindicatos.

2. Una de las tareas más importantes de los sindicatos es la de promover y preparar a administradores salidos de las masas obreras y trabajadoras en general. Si hoy contamos con decenas de tales administradores de la industria, suficientemente capacitados, y con centenares de estos más o menos aptos, en un futuro próximo precisaremos a centenares de los primeros y millares de los segundos. La estadística sistematizada de todos los obreros y campesinos capaces de desempeñar esta función y el control escrupuloso, detallado y práctico del éxito de su aprendizaje en punto a la administración, deben ser realizados por los sindicatos de un modo mucho más minucioso y perseverante que hasta hoy.

3. Es preciso intensificar la participación de los sindicatos en todos los organismos de planificación del Estado proletario, en la elaboración de los planes económicos y de los programas de producción y de gasto de los fondos de aprovisionamiento material de los obreros, en la selección de las empresas cuyo abastecimiento queda a cargo del Estado, de las que se entregan en arriendo o en calidad de concesión, etcétera. Sin hacerse cargo directo de ninguna clase de funciones de control sobre la producción en las empresas particulares y arrendadas, los sindicatos intervienen en la regulación de la producción capitalista privada

exclusivamente a través de su participación en los organismos estatales correspondientes. Además de la participación de los sindicatos en toda la labor cultural y educativa y en la propaganda en la esfera de la producción, tal actividad de los sindicatos debe atraer cada vez más amplia y profundamente a la clase obrera y a las masas trabajadoras a toda la construcción de la economía del Estado, haciéndoles conocer todo el ciclo de la vida económica, todo el ciclo del trabajo industrial, desde la preparación de la materia prima hasta la venta del producto, y dándoles una idea cada vez más concreta del plan estatal único de la economía socialista, así como del interés práctico que representa para los obreros y los campesinos la realización de este plan.

4. La fijación de tarifas y normas de abastecimiento, etcétera, representa una de las partes integrantes y necesarias de la labor de los sindicatos en la construcción del socialismo y de su participación en la administración de la industria. En particular, los tribunales disciplinarios deben elevar indeclinablemente la disciplina de trabajo y desarrollar las formas educativas de la lucha por ella y por el aumento de la productividad, sin inmiscuirse de ningún modo en las funciones de los tribunales populares en general ni en las funciones de la administración.

Esta relación de las funciones más fundamentales de los sindicatos en la construcción de la economía socialista debe ser, claro está, minuciosamente detallada por los organismos correspondientes de los sindicatos y del Poder soviético. Lo más esencial para levantar la economía nacional y fortalecer el Poder soviético es —teniendo presente la experiencia de la enorme labor realizada por los sindicatos en la organización de la economía y su administración, así como los errores, que no poco daño ocasionaron, por la intervención directa, sin preparación, incompetente e irresponsable en la administración—, pasar de un modo consciente y decidido a una tesonera labor positiva durante una larga serie de años, dedicada a la instrucción práctica de los obreros y de todos los trabajadores en la administración de la economía de todo el país.

8. Ligazón con las masas como condición fundamental para toda labor de los sindicatos

La ligazón con las masas, es decir, con la enorme mayoría de los obreros (y luego con todos los trabajadores) es la condición más importante, la fundamental para lograr éxito en cualquier actividad que desplieguen los sindicatos. Desde abajo hasta lo más alto de la organización de los sindicatos y de su aparato debe ser creado y comprobado en la práctica, basándose en la experiencia de una larga serie de años, todo un sistema de camaradas responsables, entre los cuales deben figurar obligatoriamente no solo los comunistas, que deben vivir muy dentro de la vida obrera, conocerla en todos sus aspectos, saber determinar infaliblemente en cualquier cuestión y bajo cualquier circunstancia el estado de ánimo de las masas, sus verdaderas aspiraciones, necesidades y pensamientos, saber determinar, sin la menor sombra de falsa idealización, su grado de conciencia y la fuerza de la influencia de estos o los otros prejuicios y reminiscencias del pasado, saber conquistarse una confianza ilimitada de las masas con una actitud de camaradería ante ellas, con un solícita satisfacción de sus necesidades. Uno de los mayores y más terribles peligros para un partido comunista numéricamente modesto y que, a título de vanguardia de la clase obrera, dirige a un enorme país que efectúa (por el momento sin gozar todavía del apoyo directo de los países más adelantados) la transición al socialismo, es el peligro de quedarse apartado de la masas, el peligro de que la vanguardia avance demasiado lejos sin «estar alineado el frente», sin conservar una ligazón estrecha con todo el ejército del trabajo, es decir, con la inmensa mayoría de la masa obrera y campesina. Lo mismo que la mejor fábrica con un magnífico motor y con máquinas de primera categoría no podrá funcionar si está averiado el mecanismo de transmisión que va del motor a las máquinas, igualmente será inevitable la catástrofe de nuestra construcción socialista si no está estructurado de manera acertada o trabaja con fallos el mecanismo de transmisión del Partido comunista a las masas: los sindicatos. No es suficiente esclarecer, recordar y corroborar esta verdad, es preciso fijarla orgánicamente en toda la estructuración de los sindicatos y en su labor cotidiana.

9. Carácter contradictorio de la situación de los sindicatos bajo la dictadura del proletariado

De todo lo expuesto más arriba se deducen una serie de contradicciones entre las diversas tareas de los sindicatos. Por una parte, su principal método de acción es la persuasión, la educación; por otra parte, como participan en el poder estatal, no pueden negarse a participar en la coacción. Por un lado, su tarea principal es la defensa de los intereses de las masas trabajadoras en el sentido más directo y próximo de la palabra; pero, al mismo tiempo, no pueden renunciar a la presión siendo participantes del poder estatal y constructores de toda la economía nacional en su conjunto. Por una parte, deben trabajar al estilo militar, puesto que la dictadura del proletariado es la guerra de clases más encarnizada, más empeñada y más desesperada, y, por otra parte, precisamente a los sindicatos, menos que a cualquier otro organismo, les son adecuados los métodos específicamente militares de trabajo. Por una parte, deben saber adaptarse a las masas, al nivel en que estas se encuentran; y, por otra parte, de ningún modo deben alentar los prejuicios y el atraso de las masas, sino que deben elevarlas constantemente a un nivel cada vez más alto, etcétera, etcétera. Estas contradicciones no son casuales y no podrán ser liquidadas en el transcurso de varias decenas de años, puesto que, mientras queden vestigios del capitalismo y de la pequeña producción, son inevitables las contradicciones en toda la estructura social entre estos vestigios y los brotes del socialismo.

Las deducciones prácticas que se desprenden son de dos aspectos. Primero: para que la labor de los sindicatos sea eficaz, no basta comprender bien sus tareas, no basta estructurarlos con acierto; es preciso, además, un tacto singular, saber aproximarse a las masas de un modo especial en cada caso concreto, logrando, con el mínimo de rozamientos, elevarlas a un grado más alto en el aspecto cultural, económico y político.

Segunda deducción: las contradicciones citadas engendran inevitablemente conflictos, desacuerdos, rozamientos, etcétera. Es necesaria una instancia superior, con suficiente autoridad, para resolverlos en el acto. Tal instancia es el Partido Comunista y la unión internacional de los partidos comunistas de todos los países: la Internacional Comunista.

10. *Los sindicatos y los especialistas*

Las tesis fundamentales acerca de esta cuestión se hallan expuestas en el programa del PC de Rusia. Pero quedarán solo en el papel, si no se fija reiteradamente la atención sobre hechos que demuestran el grado de su realización en la práctica. Durante los últimos tiempos, tales hechos son los siguientes: primero, casos de asesinatos de ingenieros, cometidos por obreros de minas socializadas, no solo de los Urales, sino también de la cuenca del Donetz; segundo, el suicidio del ingeniero, jefe del servicio de abastecimiento de aguas de Moscú, V. Oldenborger, debido a las intolerables condiciones de trabajo creadas por la conducta incompetente e inadmisible de los miembros de la célula comunista, así como de los organismos del Poder soviético, lo que obligó al Comité ejecutivo central de toda Rusia a encomendar a los tribunales el examen de todo este asunto.[2]

La culpabilidad por semejantes hechos recae en un grado incomparablemente mayor sobre el Partido Comunista y el Poder soviético en su conjunto que sobre los sindicatos. Pero no se trata ahora de establecer el grado de culpabilidad política, sino de sacar deducciones políticas concretas. Si todas nuestras instituciones dirigentes, es decir, tanto el Partido Comunista como el Poder soviético y los sindicatos, no consiguen que cuidemos como las niñas de nuestros ojos a cada uno de los especialistas que trabajan a conciencia, con conocimiento y amor hacia su trabajo, aunque sean completamente ajenos al comunismo en el aspecto ideológico, no se podrá hablar de éxitos serios de ningún género en la construcción socialista. Todavía no podremos realizarlo pronto, pero, cueste lo que cueste, debemos conseguir que los especialistas, como capa social particular, que continuará siendo capa particular hasta que se haya logrado alcanzar el grado más alto de desarrollo de la sociedad comunista, vivan mejor bajo el socialismo que bajo el capitalismo, tanto en el aspecto material como en el jurídico, tanto en lo que atañe a la colaboración de camaradería con los obreros y campesinos como en el sentido ideológico, es decir, en el sentido de experimentar satisfacción por su trabajo y por la conciencia de la utilidad social del mismo, independizados de los intereses egoístas de la clase capitalista. Nadie estará de acuerdo en reconocer como satisfactoriamente organizado, siquiera en grado mínimo, un departamento que no realice una labor metódica y eficiente, encaminada a satisfacer todas las necesidades de los especialistas, a estimular a los mejores, a defender y salvaguardar sus intereses, etcétera.

Los sindicatos deben desplegar su actividad en todos estos aspectos (o participar de manera sistemática en el trabajo respectivo de todos los departamentos), no desde el punto de vista de los intereses de cada departamento, sino desde el punto de vista de los intereses del trabajo y de la economía nacional en su conjunto. A los sindicatos incumbe, en relación con los especialistas, la más dura y difícil labor de ejercer influencia cotidiana sobre las más amplias masas de los trabajadores para crear justas relaciones mutuas entre estos y los especialistas; solo una labor tal es capaz de dar resultados prácticos de verdadera importancia.

11. Los sindicatos y la influencia pequeñoburguesa sobre la clase obrera

Los sindicatos son solamente efectivos cuando unifican capas muy amplias de obreros sin partido. De aquí que, sobre todo en un país en el que tienen un enorme predominio los campesinos, surja de modo inevitable una relativa estabilidad, precisamente en los sindicatos, de las influencias políticas que forman una superestructura sobre los vestigios del capitalismo y sobre la pequeña producción. Estas son influencias pequeñoburguesas, es decir, por una parte, eseristas y mencheviques (una variedad rusa de los partidos de la II Internacional y de la Internacional II y media) y, por otra parte, anárquicas; solo en el seno de estas corrientes ha quedado cierto número de personas que defienden el capitalismo, no por motivos egoístas de clase, sino ideológicamente, conservando su creencia de que la «democracia», la «igualdad», la «libertad» en general, predicadas por ellas, tienen un valor al margen de las clases.

Precisamente por el motivo económico–social ya indicado y no por el papel de grupos aislados, y menos aún de individuos aislados, es preciso explicar las reminiscencias (y raras veces el resurgimiento) de semejantes ideas pequeñoburguesas en los sindicatos, reminiscencias que se observan en nuestro país. Tanto el Partido Comunista como las instituciones soviéticas que llevan a cabo una labor cultural y educativa, así como todos los comunistas en el seno de los sindicatos, deben por eso dedicar mucha mayor atención a la lucha ideológica contra las influencias, corrientes y desviaciones pequeñoburguesas que tienen lugar dentro de los sindicatos; tanto más que la nueva política económica no puede dejar de conducir a cierto fortalecimiento del capitalismo. Es imperiosamente necesario un contrapeso a esto en forma del reforzamiento de la lucha contra las influencias pequeñoburguesas sobre la clase obrera.

El CC del PC (b) de Rusia.

Fuente: V.I. Lenin: «Acerca del papel y de las tareas de los sindicatos en las condiciones de la nueva política económica», en *Obras escogidas* en tres tomos, t. III, Editorial Progreso, Moscú, 1970, pp. 670–680.

Acerca de la formación de la URSS*

Carta a L. Kámenev para los miembros del Buró Político del CC del PC (b) de Rusia[1]

26/IX

Camarada Kámenev: Usted, de seguro, habrá recibido ya de Stalin la resolución de su comisión sobre la entrada de las repúblicas independientes en la RSFSR.

Si no la ha recibido, pídasela al secretario y léala, por favor, inmediatamente. Ayer hablé de esto con Sokólnikov, hoy he hablado con Stalin. Mañana veré a Mdivani (comunista georgiano sospechoso de «propensión a la independencia»).

A juicio mío, la cuestión es archiimportante. Stalin está algo propenso a apresurarse. Es preciso que usted (usted se proponía un tiempo ocuparse de esto y hasta se ocupó algo de ello) lo piense detenidamente; Zinóviev también.

Stalin ya ha accedido a hacer una concesión. En el § 1 decir, en lugar de «ingreso» en la RSFSR —

«Agrupamiento oficial con la RSFSR en una unión de repúblicas soviéticas de Europa y Asia».

Confío que el espíritu de esta concesión se comprende: nos reconocemos con los mismos derechos que la RSS de Ucrania y otras repúblicas y

---

* Escrito el 26 de septiembre de 1922. Publicado por primera vez en 1959 en la *Recopilación leninista XXXVI*.

entramos junto con ellas, y en pie de igualdad, en una nueva unión, en una nueva federación, en la «Unión de Repúblicas Soviéticas de Europa y Asia».

El § 2 también requiere entonces cambio. Algo así como creación junto a las sesiones del CEC de la RSFSR —

«El CEC federal de la Unión de Repúblicas Soviéticas de Europa y Asia».

Si el primero se reúne una vez a la semana, y el segundo también una vez a la semana, (o incluso una vez cada dos semanas el segundo), eso no será difícil arreglarlo.

Importa que no demos pábulo a los «independientes», que no destruyamos su *independencia,* sino que creemos *un piso más,* una federación de repúblicas *con derechos iguales.*

La segunda parte del § 2 podría quedar así: los descontentos apelarán (las decisiones del *Consejo de Trabajo y Defensa* y del *Consejo de Comisarios del Pueblo)* al CEC de toda la federación *sin detener con ello* la ejecución (lo mismo que en la RSFSR).

El § 3 podría quedar, modificándose la redacción, así: «se funden en Comisariados del Pueblo *de toda la federación,* con sede en Moscú, a fin de que los respectivos Comisariados de la RSFSR tengan en todas las repúblicas, *incorporadas a la Unión de Repúblicas de Europa y Asia,* sus representantes plenipotenciarios con reducido personal».

La parte segunda del § 3 queda; tal vez se pudiera decir, para recalcar más la igualdad de derechos: «por acuerdo de los *CEC* de las repúblicas integrantes de la Unión de Repúblicas Soviéticas de Europa y Asia».

Meditar la tercera parte: ¿no sería mejor sustituir «conveniente» por *«obligatorio»?* ¿O poner lo de obligatorio de modo *condicional,* aunque solo sea en forma de *demanda* y admisibilidad de resolver sin demanda únicamente en los casos de «suma importancia»?

¿Quizá «fundir» también «por acuerdo de los CEC» en el § 4?

¿Tal vez añadir al § 5: «con la constitución de conferencias y congresos conjuntos (o generales) que tengan carácter *puramente consultivo* (o *solamente consultivo)»?*

Introducir los cambios respectivos en las nota 1ª y 2ª.

Stalin ha accedido a aplazar la presentación de la resolución al Buró Político del CC hasta que yo llegue. Llegaré el lunes, 2/X. Quisiera tener una entrevista con usted y Ríkov, durante unas dos horas por la mañana, por ejemplo, de 12 a 2, y, si hace falta, por la tarde, de 5 a 7 o de 6 a 8, por ejemplo.

Este es mi proyecto previo. Sobre la base de las conversaciones que sostenga con Mdivani y otros camaradas, haré adiciones y cambios. Le ruego encarecidamente que haga usted también lo mismo y me conteste.

Suyo Lenin.

P.S. Que se distribuyan copias a *todos* los miembros del Buró Político.

Fuente: V.I. Lenin: «Acerca de la formación de la URSS. Carta a L. Kámenev para los miembros del Buró Político del CC del PC (b) de Rusia», en *Obras escogidas* en tres tomos, t. III, Editorial Progreso, Moscú, 1970, pp. 732–733.

IV Congreso de la Internacional Comunista*

Cinco años de la revolución rusa y perspectivas de la revolución mundial[1]

Informe pronunciado ante el IV Congreso de la Internacional Comunista el 13 de noviembre de 1922

(La aparición del camarada Lenin en la tribuna es acogida con clamorosos y prolongados aplausos de toda la sala, que se transforman en ovación. Todos se ponen en pie y cantan *La Internacional*).

Camaradas:

En la lista de oradores figuro como el informante principal, pero comprenderéis que después de mi larga enfermedad no estoy en condiciones de pronunciar un amplio informe. No podré hacer más que una introducción a los problemas más importantes. Mi tema será muy limitado. El tema *Cinco años de la revolución rusa y perspectivas de la revolución mundial* es demasiado amplio y grandioso para que pueda agotarlo un solo orador y en un solo discurso. Por eso elijo únicamente una pequeña parte de este tema: la «nueva política económica». Tomo deliberadamente solo esta pequeña parte a fin de familiarizaros con esta cuestión, sumamente importante hoy, por lo menos para mí, ya que me ocupo de ella en la actualidad.

---

* Publicado el 15 de noviembre de 1922 en el núm. 258 de *Pravda*.

274   Vladimir Ilich Lenin: Textos escogidos

Así, pues, hablaré de cómo hemos iniciado la nueva política económica y de los resultados que hemos logrado con ella. Si me limito a esta cuestión, tal vez podré hacer un balance en líneas generales y dar una idea general de ella.

Si he de deciros, para empezar, cómo nos decidimos por la nueva política económica, tendré que recordar un artículo mío escrito en 1918.[2] A principios de 1918, en una breve polémica, me referí precisamente a la actitud que debíamos adoptar ante el capitalismo de Estado.

Entonces escribí:

> El capitalismo de Estado representaría un *paso adelante* en comparación con la situación existente hoy (es decir, en aquel entonces) en nuestra República Soviética. Si dentro de unos seis meses se estableciera en nuestro país el capitalismo de Estado, eso sería un inmenso éxito y la más firme garantía de que, al cabo de un año, el socialismo se afianzaría entre nosotros definitivamente y se haría invencible.[3]

Esto fue dicho, naturalmente, en una época en que éramos más torpes que hoy, pero no tanto como para no saber analizar semejantes cuestiones.

Así, pues, en 1918 yo mantenía la opinión de que el capitalismo de Estado constituía un paso adelante en comparación con la situación económica existente entonces en la República Soviética. Esto suena muy extraño y, seguramente, hasta absurdo, pues nuestra República era ya entonces una República socialista; entonces adoptábamos cada día con el mayor apresuramiento — quizá con un apresuramiento excesivo— diversas medidas económicas nuevas, que no podían ser calificadas más que de medidas socialistas. Y, sin embargo, pensaba que el capitalismo de Estado representaba un paso adelante, en comparación con aquella situación económica de la República Soviética, y explicaba más adelante esta idea enumerando simplemente los elementos del régimen económico de Rusia. Estos elementos eran, a mi juicio, los siguientes: «1) forma patriarcal, es decir, más primitiva, de la agricultura; 2) pequeña producción mercantil (incluidos la mayoría de los campesinos que venden su trigo); 3) capitalismo privado; 4) capitalismo de Estado, y 5) socialismo». Todos estos elementos económicos existían a la sazón en Rusia. Entonces me planteé la tarea de explicar las relaciones que existían entre esos elementos y si no sería oportuno considerar a alguno de los elementos no socialistas,

IV Congreso de la Internacional Comunista **275**

precisamente, al capitalismo de Estado, superior al socialismo. Repito: a todos les parece muy extraño que un elemento no socialista sea apreciado en más y considerado superior al socialismo en una República que se proclama socialista. Pero comprenderéis la cuestión si recordáis que nosotros no considerábamos, ni mucho menos, el régimen económico de Rusia como algo homogéneo y altamente desarrollado, sino que teníamos plena conciencia de que, al lado de la forma socialista, existía en Rusia la agricultura patriarcal, es decir, la forma más primitiva de agricultura. ¿Qué papel podía desempeñar el capitalismo de Estado en semejante situación?

Luego me preguntaba: ¿cuál de estos elementos es el predominante? Es claro que en un ambiente pequeñoburgués predomina el elemento pequeñoburgués. Comprendía que este elemento era el predominante; era imposible pensar de otro modo. La pregunta que me hice entonces (se trataba de una polémica especial, que no guarda relación con el problema presente) fue esta: ¿qué actitud adoptamos ante el capitalismo de Estado? Y me respondía: el capitalismo de Estado, aunque no es una forma socialista, sería para nosotros y para Rusia una forma más ventajosa que la actual. ¿Qué significa esto? Significa que nosotros no sobrestimábamos ni las formas embrionarias, ni los principios de la economía socialista, a pesar de que habíamos realizado ya la revolución social; por el contrario, entonces en cierto modo reconocíamos ya: sí, habría sido mejor implantar antes el capitalismo de Estado y después el socialismo.

Debo subrayar particularmente este aspecto de la cuestión, porque considero que solo partiendo de él es posible, en primer lugar, explicar qué representa la actual política económica y, en segundo lugar, sacar de ello deducciones prácticas muy importantes también para la Internacional Comunista. No quiero decir que tuviésemos preparado de antemano el plan de repliegue. No había tal cosa. Esas breves líneas de carácter polémico no significaban entonces, en modo alguno, un plan de repliegue. Ni siquiera se mencionaba un punto tan importante como es, por ejemplo, la libertad de comercio, que tiene una significación fundamental para el capitalismo de Estado. Sin embargo, con ello se daba ya la idea general, imprecisa, del repliegue. Considero que debemos prestar atención a este problema no solo desde el punto de vista de un país que ha sido y continúa siendo muy atrasado por su sistema económico, sino también desde el punto de vista de la

Internacional Comunista y de los países adelantados de Europa Occidental. Ahora, por ejemplo, estamos dedicados a elaborar el programa. Mi opinión personal es que procederíamos mejor si discutiéramos ahora todos los programas solo de un modo general, en primera lectura, por decirlo así, y los imprimiéramos, sin adoptar este año ninguna decisión definitiva. ¿Por qué? Ante todo, porque, naturalmente, no creo que los hayamos estudiado todos bien. Y, además, porque casi no hemos analizado el problema de un posible repliegue y la manera de asegurarlo. Y este problema requiere obligatoriamente que le prestemos atención en un momento en que se producen cambios tan radicales en el mundo entero, como son el derrocamiento del capitalismo y la edificación del socialismo, con todas sus enormes dificultades. No debemos saber únicamente cómo actuar en el momento en que pasamos a la ofensiva directa y, además, salimos vencedores. En un período revolucionario, eso no presenta ya tantas dificultades ni es tan importante; por lo menos, no es lo más decisivo. Durante la revolución hay siempre momentos en que el enemigo pierde la cabeza, y si le atacamos en uno de esos momentos, podemos triunfar con facilidad. Pero esto no quiere decir nada todavía, puesto que nuestro enemigo, si posee suficiente dominio de sí mismo, puede agrupar con antelación sus fuerzas, etcétera. Entonces puede provocarnos con facilidad para que le ataquemos, y después hacernos retroceder por muchos años. Por eso opino que la idea de que debemos prepararnos para un posible repliegue tiene suma importancia, y no solo desde el punto de vista teórico. También desde el punto de vista práctico todos los partidos que se preparan para emprender en un futuro próximo la ofensiva directa contra el capitalismo deben pensar ya ahora en cómo asegurarse el repliegue. Yo creo que si tenemos en cuenta esta enseñanza, así como todas las demás que nos brinda la experiencia de nuestra revolución, lejos de causarnos daño alguno, nos será, probablemente, muy útil en muchos casos.

Después de haber subrayado que ya en 1918 considerábamos el capitalismo de Estado como una posible línea de repliegue, paso a analizar los resultados de nuestra nueva política económica. Repito: entonces era una idea todavía muy vaga; pero en 1921, después de haber superado la etapa más importante de la guerra civil, y de haberla superado victoriosamente, nos enfrentamos con una gran crisis política interna yo supongo que la mayor de la Rusia Soviética. Esta crisis puso al desnudo el descontento no solo de una parte considerable de los campesinos, sino también de los obreros. Fue la primera vez, y confío en que será la última en la historia de la Rusia Soviética, que grandes masas de campesinos estaban contra nosotros, no de modo consciente, sino instintivo, por su estado de ánimo. ¿A qué se debía esta situación tan original y, claro, es tan desagradable para nosotros? La causa consistía en que habíamos avanzado demasiado en nuestra ofensiva económica, en que no nos habíamos asegurado una base suficiente, en que las masas sentían lo que nosotros aún no supimos entonces formular de manera consciente, pero que muy pronto, unas semanas después, reconocimos: que el paso directo a formas puramente socialistas, a la distribución puramente socialista, era superior a las fuerzas que teníamos y que si no estábamos en condiciones de efectuar un repliegue, para limitarnos a tareas más fáciles, nos amenazaría la bancarrota. La crisis comenzó, a mi parecer, en febrero de 1921. Ya en la primavera del mismo año decidimos unánimemente —en esta cuestión no he observado grandes discrepancias entre nosotros— pasar a la nueva política económica. Hoy, después de un año y medio, a finales de 1922, estamos ya en condiciones de hacer algunas comparaciones. Y bien, ¿qué ha sucedido? ¿Cómo hemos vivido este año y medio? ¿Qué resultados hemos obtenido? ¿Nos ha proporcionado alguna utilidad este repliegue y nos ha salvado en realidad, o se trata de un resultado confuso todavía? Esta es la cuestión principal que me planteo y supongo que tiene también importancia primordial para todos los partidos comunistas, pues si la respuesta fuera negativa, todos estaríamos condenados a la bancarrota. Considero que todos nosotros podemos responder afirmativamente con la conciencia tranquila a esta cuestión, y precisamente en el sentido de que el año y medio transcurrido demuestra de manera positiva y absoluta que hemos salido airosos de la prueba.

Trataré de demostrarlo. Para ello debo enumerar brevemente todas las partes integrantes de nuestra economía.

Me detendré, ante todo, en nuestro sistema financiero y en el famoso rublo ruso. Creo que se le puede calificar de famoso aunque solo sea porque la cantidad de estos rublos supera ahora a mil billones. Esto ya es algo. Es una cifra astronómica. Estoy seguro de que no todos los que se encuentran aquí saben incluso lo que esta cifra representa. Pero nosotros —y, además, desde el punto de vista de la ciencia económica— no concedemos demasiada importancia a estas cifras, pues los ceros pueden ser tachados. Ya hemos aprendido algo en este arte, que desde el punto de vista económico tampoco tiene ninguna importancia, y estoy seguro de que en el curso ulterior de los acontecimientos alcanzaremos en él mucha mayor maestría. Lo que tiene verdadera importancia es la estabilización del rublo. En la solución de este problema trabajamos, trabajan nuestras mejores fuerzas, y atribuimos a esta tarea una importancia decisiva. Si conseguimos estabilizar el rublo por un plazo largo, y luego para siempre, habremos triunfado. Entonces, todas esas cifras astronómicas —todos esos billones y millares de billones— no significarán nada. Entonces podremos asentar nuestra economía sobre terreno firme y seguir desarrollándola sobre esa base. Creo que puedo citaros hechos bastante importantes y decisivos acerca de esta cuestión. En 1921, el período de estabilización del rublo papel duró menos de tres meses. Y en el corriente año, 1922, aunque no ha terminado todavía, el período de estabilización dura ya más de cinco meses. Supongo que esto basta. Claro que será insuficiente si esperáis de nosotros una prueba científica de que en el futuro resolveremos por completo este problema. Pero, a mi juicio, es imposible, en general, demostrar esto por completo. Los datos citados prueban que desde el año pasado, en que empezamos a aplicar nuestra nueva política económica, hasta hoy, hemos aprendido ya a marchar adelante. Si hemos aprendido eso, estoy seguro de que sabremos lograr nuevos éxitos en este camino, siempre que no cometamos alguna estupidez extraordinaria. (Lo más importante, sin embargo, es el comercio, la circulación de mercancías, imprescindible para nosotros). Y si hemos salido airosos de esta prueba durante dos años, a pesar de que nos encontrábamos en estado de guerra (pues, como sabéis, hace solo algunas semanas que hemos ocupado Vladivostok) y de que solo ahora podemos iniciar nuestra actividad económica de un modo sistemático; si, a despecho de todo eso, hemos logrado que el período de estabilización del rublo papel se eleve en un plazo de tres a cinco meses, creo tener motivo para atreverme a decir que podemos considerarnos satisfechos de esto. Porque estamos completamente solos. No hemos recibido ni recibimos ningún empréstito. No nos ha ayudado ninguno de esos poderosos países capitalistas que organizan tan «brillantemente» su economía capitalista y que hasta hoy no saben a dónde van. Con la paz de Versalles han creado tal sistema financiero, que ellos mismos no entienden nada. Si esos grandes países capitalistas dirigen su economía de esa manera, pienso que nosotros,

IV Congreso de la Internacional Comunista **279**

atrasados e incultos, podemos estar satisfechos de haber alcanzado lo principal: las condiciones para estabilizar el rublo. Esto lo prueba no un análisis teórico, sino la práctica, y yo considero que esta es más importante que todas las discusiones teóricas del mundo. La práctica demuestra que en este terreno hemos logrado resultados decisivos: hemos comenzado a hacer avanzar nuestra economía hacia la estabilización del rublo, lo que tiene extraordinaria importancia para el comercio, para la libre circulación de mercancías, para los campesinos y para la enorme masa de pequeños productores.

Paso ahora a examinar nuestros objetivos sociales. Lo principal, naturalmente, son los campesinos. En 1921, el descontento de una parte inmensa del campesinado era un hecho indudable. Además sobrevino el hambre. Y esto constituyó para los campesinos la prueba más dura. Y es completamente natural que todo el extranjero empezara a chillar: «Ahí tenéis los resultados de la economía socialista». Es completamente natural, desde luego, que silenciaran que el hambre era, en realidad, una consecuencia monstruosa de la guerra civil. Todos los terratenientes y capitalistas, que se lanzaron sobre nosotros en 1918, presentaron las cosas como si el hambre fuera una consecuencia de la economía socialista. El hambre ha sido, en efecto, una enorme y grave calamidad, una calamidad que amenazaba con destruir toda nuestra labor organizadora y revolucionaria.

Y yo pregunto ahora: luego de esta inusitada e inesperada calamidad, ¿cómo están las cosas hoy, después de haber implantado la nueva política económica, después de haber concedido a los campesinos la libertad de comercio? La respuesta, clara y evidente para todos, es la siguiente: en un año, los campesinos han vencido el hambre y, además, han abonado el impuesto en especie en tal cantidad, que hemos recibido ya centenares de millones de puds, y casi sin aplicar ninguna medida coactiva. Los levantamientos de campesinos que antes de 1921 constituían por decirlo así, un fenómeno general en Rusia, han desaparecido casi por completo. Los campesinos están satisfechos de su actual situación. Lo podemos afirmar con toda tranquilidad. Consideramos que estas pruebas tienen mayor importancia que cualquier prueba estadística. Nadie duda que los campesinos son en nuestro país el factor decisivo. Y hoy se encuentran en tal situación que no debemos temer ningún movimiento suyo contra nosotros. Lo decimos con plena conciencia y sin hipérbole. Eso ya está conseguido. Los campesinos pueden sentir descontento por uno u otro aspecto de la labor de nuestro poder, y pueden quejarse de ello. Esto, naturalmente, es posible e inevitable, ya que nuestro aparato y nuestra economía estatal son aún demasiado malos para poder evitarlo; pero, en cualquier caso, está excluido por completo cualquier descontento serio de todo el campesinado con respecto a nosotros. Lo hemos logrado en un solo año. Y opino que ya es mucho.

Paso ahora a la industria ligera. Precisamente en la industria debemos hacer diferencias entre la industria pesada y la ligera, pues ambas se encuentran en distintas condiciones. Por lo que se refiere a la industria ligera, puedo decir con tranquilidad que se observa en ella un incremento general. No me dejaré llevar por los detalles, por cuanto en mi plan no entra citar datos estadísticos. Pero esta impresión general se basa en hechos y puedo garantizar que en ella no hay nada equivocado ni inexacto. Tenemos un auge general en la industria ligera y, en relación con ello, cierto mejoramiento de la situación de los obreros tanto en Petrogrado como en Moscú. En otras zonas se observa en menor grado, ya que allí predomina la industria pesada; por eso no se debe generalizar. De todos modos, repito, la industria ligera acusa un ascenso indudable, y el mejoramiento de la situación de los obreros de Petrogrado y de Moscú es innegable. En la primavera de 1921, en ambas ciudades reinaba el descontento entre los obreros. Hoy esto no existe en absoluto. Nosotros, que observamos día tras día la situación y el estado de ánimo de los obreros, no nos equivocamos en este sentido.

La tercera cuestión se refiere a la industria pesada. Debo aclarar, a este respecto, que la situación es todavía difícil. En 1921–1922, se ha iniciado cierto viraje en esta situación. Podemos confiar, por tanto, en que mejorará en un futuro próximo. Hemos reunido ya, en parte, los medios necesarios para ello. En un país capitalista, para mejorar el estado de la industria pesada haría falta un empréstito de centenares de millones, sin los cuales ese mejoramiento sería imposible. La historia económica de los países capitalistas demuestra que, en los países atrasados, solo los empréstitos de centenares de millones de dólares o de rublos oro a largo plazo podrían ser el medio para levantar la industria pesada. Nosotros no hemos tenido esos empréstitos ni hemos recibido nada hasta ahora. Cuanto se escribe sobre las concesiones, etcétera, no significa casi nada, excepto papel. En los últimos tiempos hemos escrito mucho de esto, sobre todo de la concesión Urquhart. No obstante, nuestra

IV Congreso de la Internacional Comunista **281**

política concesionaria me parece muy buena. Mas, a pesar de ello, no tenemos aún una concesión rentable. Os ruego que no olvidéis esto. Así, pues, la situación de la industria pesada es una cuestión verdaderamente gravísima para nuestro atrasado país, por cuanto no hemos podido contar con empréstitos de los países ricos. Sin embargo, observamos ya una notable mejoría y vemos, además, que nuestra actividad comercial nos ha proporcionado ya algún capital, por ahora, ciertamente muy modesto, poco más de veinte millones de rublos oro. Pero, sea como fuere, tenemos ya el comienzo: nuestro comercio nos proporciona medios que podemos utilizar para levantar la industria pesada. Lo cierto es que nuestra industria pesada aún se encuentra actualmente en una situación muy difícil. Pero supongo que lo decisivo es la circunstancia de que estamos ya en condiciones de ahorrar algo. Así lo seguiremos haciendo. Aunque con frecuencia esto se hace a costa de la población, hoy debemos, a pesar de todo, economizar. Ahora nos dedicamos a reducir el presupuesto del Estado, a reducir el aparato estatal. Más adelante diré unas cuantas palabras sobre, nuestro aparato estatal, debemos economizar cuanto sea posible. Economizamos en todo, hasta en las escuelas. Y esto debe ser así, pues sabemos que sin salvar la industria pesada, sin restaurarla, no podremos construir ninguna clase de industria, y sin esta pereceremos en absoluto como país independiente. Lo sabemos perfectamente.

La salvación de Rusia no está solo en una buena cosecha en el campo —esto no basta—; no está solo tampoco en el buen estado de la industria ligera, que abastece a los campesinos de artículos de consumo —esto tampoco basta—; necesitamos, además, una industria *pesada*. Pero para ponerla en buenas condiciones serán precisos varios años de trabajo.

La industria pesada necesita subsidios del Estado. Si no los encontramos, pereceremos como estado civilizado y, con mayor motivo, como estado socialista. Por tanto, en este sentido hemos dado un paso decisivo. Hemos empezado a acumular los recursos necesarios para poner en pie la industria pesada. Es verdad que la suma que hemos reunido hasta la fecha apenas si pasa de veinte millones de rublos oro; pero de todos modos, esa suma existe y está destinada exclusivamente a levantar nuestra industria pesada.

Creo que, como había prometido, he expuesto brevemente en líneas generales los principales elementos de nuestra economía nacional. Considero que de todo ello puede deducirse que la nueva política económica nos ha aportado ya beneficios. Hoy tenemos ya pruebas de que, como Estado, estamos en condiciones de ejercer el comercio, de conservar nuestras firmes posiciones en la agricultura y en la industria y de marchar adelante. Lo ha demostrado la actividad práctica. Y pienso que, por el momento, esto es bastante para nosotros. Tendremos que aprender muchas cosas todavía y comprendemos que necesitamos aprender. Hace cinco años que estamos en el poder, con la particularidad de que durante esos cinco años hemos vivido en estado de guerra permanente. Por tanto, hemos tenido éxitos.

Es natural, ya que los campesinos nos seguían. Es difícil dar mayores pruebas de adhesión que las que nos han dado los campesinos. Comprendían que tras los blancos se encuentran los terratenientes, a quienes odian más que a nada en el mundo. Y por eso, los campesinos nos han apoyado con todo entusiasmo, con toda lealtad. No fue difícil conseguir que nos defendieran de los blancos. Los campesinos, que antes odiaban la guerra, apoyaron por todos los medios la guerra contra los blancos, la guerra civil contra los terratenientes. Sin embargo, esto no era todo, porque, en esencia, se trataba únicamente de si el poder quedaría en manos de los terratenientes o de los campesinos. Para nosotros esto no era bastante. Los campesinos comprenden que hemos conquistado el poder para los obreros y que nos planteamos el objetivo de crear el régimen socialista con ayuda de ese poder. Por eso, lo más importante para nosotros era la preparación económica de la economía socialista. No pudimos prepararla directamente y nos vimos obligados a hacerlo de manera indirecta. El capitalismo de Estado, tal como lo hemos implantado en nuestro país, es un capitalismo de Estado original. No corresponde al concepto habitual del capitalismo de Estado. Tenemos en nuestras manos todos los puestos de mando, tenemos en nuestras manos la tierra, que pertenece al Estado. Esto es muy importante, aunque nuestros enemigos presentan la cosa como si no significara nada. No es cierto. El hecho de que la tierra pertenezca al Estado tiene extraordinaria importancia y, además, gran significación práctica desde el punto de vista económico. Esto lo hemos logrado, y debo manifestar que toda nuestra actividad ulterior debe desarrollarse solo dentro de ese marco. Hemos conseguido ya que nuestros campesinos estén satisfechos y que la industria y el comercio se reanimen. He dicho antes que nuestro capitalismo de Estado se diferencia del capitalismo de Estado, comprendido literalmente, en que el Estado proletario tiene

IV Congreso de la Internacional Comunista **283**

en sus manos no solo la tierra, sino también las ramas más importantes de la industria. Ante todo hemos cedido en arriendo solo cierta parte de la industria pequeña y media, pero todo lo demás queda en nuestras manos. Por lo que se refiere al comercio, quiero destacar aún que tratamos de crear, y estamos creando ya, sociedades mixtas, es decir, sociedades en las que una parte del capital pertenece a capitalistas privados —por cierto, extranjeros— y la otra parte, a nosotros. En primer lugar, de esta manera aprendemos a comerciar, cosa que necesitamos, y, en segundo lugar, tenemos siempre la posibilidad de liquidar estas sociedades, si así lo consideramos necesario. De modo que no arriesgamos nada. En cambio, aprendemos del capitalista privado y observamos cómo podemos elevarnos y qué errores cometemos. Me parece que puedo limitarme a cuanto queda dicho.

Quisiera referirme todavía a algunos puntos de poca importancia. Es indudable que hemos cometido y cometeremos aún muchísimas torpezas. Nadie puede juzgarlas mejor ni verlas más claramente que yo. ¿Por qué cometemos torpezas? La razón es sencilla: primero, porque somos un país atrasado; segundo, porque la instrucción en nuestro país es mínima; tercero, porque no recibimos ninguna ayuda de fuera. Ni uno solo de los países civilizados nos ayuda. Por el contrario, todos actúan en contra nuestra. Y cuarto, por culpa de nuestro aparato estatal. Hemos heredado el viejo aparato estatal y esta ha sido nuestra desgracia. Es muy frecuente que este aparato trabaje contra nosotros. Ocurrió que en 1917, después que tomamos el poder, los funcionarios del Estado comenzaron a sabotearnos. Entonces nos asustamos mucho y les rogamos: «Por favor, vuelvan a sus puestos». Todos volvieron, y esta ha sido nuestra desgracia. Hoy poseemos una enorme masa de funcionarios, pero no disponemos de elementos con suficiente instrucción para poder dirigirlos de verdad. En la práctica sucede con harta frecuencia que aquí en la cúspide, donde tenemos concentrado el poder estatal el aparato, más o menos, funciona; pero en los puestos inferiores, disponen ellos a su manera, de tal forma que muy a menudo contrarrestan nuestras medidas. En las altas esferas tenemos no sé exactamente cuántos, pero creo que, en todo caso, solo varios miles, a lo sumo unas decenas de miles, de hombres adictos. Pero en los puestos inferiores se cuentan por centenares de miles los antiguos funcionarios que hemos heredado del régimen zarista y de la sociedad burguesa y que trabajan contra nosotros, unas veces consciente y otras inconscientemente. Es indudable que, en este terreno, no se conseguirá nada en corto plazo. Tendremos que trabajar muchos años para perfeccionar el aparato, cambiar su composición y atraer nuevas fuerzas. Lo estamos haciendo a ritmo bastante rápido, quizá demasiado rápido. Hemos fundado escuelas soviéticas y facultades obreras, varios centenares de miles de jóvenes estudian; acaso estudien demasiado de prisa, pero, de todas maneras, la labor en este terreno ha comenzado y creo que nos dará sus frutos. Si no nos apresuramos demasiado en esta labor, dentro de algunos años tendremos una masa de jóvenes capaces de cambiar radicalmente nuestro aparato.

He dicho que hemos cometido innumerables torpezas, pero debo decir también algo en este aspecto de nuestros adversarios. Si estos nos reprochan y dicen que el propio Lenin reconoce que los bolcheviques han cometido muchísimas torpezas, yo quiero responder: es cierto, pero, a pesar de todo, nuestras torpezas son de un género completamente distinto al de las vuestras. Nosotros no hacemos más que empezar a estudiar, pero estudiamos de modo tan sistemático, que estamos seguros de obtener buenos resultados. Pero si nuestros enemigos, es decir, los capitalistas y los héroes de la II Internacional realzan nuestras torpezas, me permitiré citar aquí, a título comparativo, las palabras de un famoso escritor ruso, que, modificándolas un poco, sonarían así: Si los bolcheviques cometen torpezas, dicen: «Dos por dos, cinco»; pero si las cometen sus adversarios, es decir, los capitalistas y los héroes de la II Internacional, el resultado es: «Dos por dos, una vela de estearina».[4] Esto no es difícil de demostrar. Tomad, por ejemplo, el pacto con Kolchak que concertaron Norteamérica, Inglaterra, Francia y el Japón. Yo os pregunto: ¿existen en el mundo potencias más cultas y fuertes? ¿Y qué resultó? Se comprometieron a ayudar a Kolchak sin calcular, sin reflexionar, sin observar. Ha sido un fiasco, a mi juicio, incluso difícil de comprender desde el punto de vista de la razón humana.

Otro ejemplo más reciente y de mayor importancia: la paz de Versalles. Yo os pregunto: ¿qué han hecho, en este caso, las «grandes» potencias «cubiertas de gloria»? ¿Cómo podrán encontrar ahora la salida de este caos y de este absurdo? Creo que no exageraré si repito que nuestras torpezas no son nada en comparación con las que cometen juntos los países capitalistas, el mundo capitalista y la II Internacional. Por eso supongo que las perspectivas de la revolución mundial —tema al que me tendré que referir brevemente— son favorables. Y pienso que,

IV Congreso de la Internacional Comunista **285**

si se da determinada condición, se harán más favorables todavía. Desearía decir algunas palabras acerca de estas condiciones.

En 1921, en el III Congreso, aprobamos una resolución sobre la estructura orgánica de los partidos comunistas y los métodos y el contenido de su labor. La resolución es magnífica, pero es rusa casi hasta la médula, es decir, se basa en las condiciones rusas. Este es su lado bueno, pero también su lado malo. Malo, porque estoy convencido de que casi ningún extranjero podrá leerla; yo la he releído antes de decir esto. En primer término, es demasiado larga, consta de 50 párrafos o más. Como regla general, los extranjeros no pueden leer cosas así. Segundo, incluso si la leen, no la comprenderán, precisamente porque es demasiado rusa. No porque esté escrita en ruso (ha sido magníficamente traducida a todos los idiomas), sino porque está supersaturada de espíritu ruso. Y tercero, si, en caso excepcional, algún extranjero la llega a entender, no la podrá cumplir. Este es su tercer defecto. He conversado con algunos delegados extranjeros y confío en que podré conversar detenidamente con gran número de delegados de distintos países en el curso del Congreso, aunque no participe personalmente en él, ya que, por desgracia, no me es posible. Tengo la impresión de que hemos cometido un gran error con esta resolución, es decir, que nosotros mismos hemos levantado una barrera en el camino de nuestro éxito futuro. Como ya he dicho, la resolución está excelentemente redactada y yo suscribo todos sus 50 o más párrafos. Pero no hemos comprendido cómo se debe llevar nuestra experiencia rusa a los extranjeros. Cuanto expone la resolución ha quedado en letra muerta. Y si no comprendemos esto no podremos seguir nuestro avance. Considero que lo más importante para todos nosotros, tanto para los rusos como para los camaradas extranjeros, consiste en que, después de cinco años de revolución rusa, debemos estudiar. Solo ahora hemos obtenido la posibilidad de estudiar. Ignoro cuánto durará esta posibilidad. No sé cuánto tiempo nos concederán las potencias capitalistas la posibilidad de estudiar tranquilamente. Pero cada minuto libre de la actividad militar, de la guerra, debemos aprovecharlo para estudiar, comenzando, además, desde el principio.

El partido en su totalidad y todas las capas de la población de Rusia lo demuestran con su ansia de saber. Esta afición al estudio prueba que nuestra tarea más importante ahora es estudiar y estudiar. Pero también los camaradas extranjeros deben estudiar, no en el mismo sentido en que lo hacemos nosotros: leer, escribir y comprender lo leído, que es lo que todavía precisamos. Se discute si esto corresponde a la cultura proletaria o a la burguesa. Dejo pendiente la cuestión. Pero lo que no deja lugar a dudas es que nosotros necesitamos, ante todo, aprender a leer, a escribir y a comprender lo que leemos. Los extranjeros no lo necesitan. Les hace falta ya algo más elevado: esto implica, en primer lugar, que comprendan también lo que hemos escrito acerca de la estructura orgánica de los partidos comunistas, y que los camaradas extranjeros firmaron sin leerlo y sin comprenderlo. Esta debe ser su primera tarea. Es preciso llevar a la práctica esta resolución. Pero no puede hacerse de la noche a la mañana, eso sería completamente imposible. La resolución es demasiado rusa: refleja la experiencia rusa. Por eso, los extranjeros no la comprenden en absoluto y no pueden conformarse con colocarla en un rincón como un icono y rezar ante ella. Así no se conseguirá nada. Lo que necesitan es asimilar parte de la experiencia rusa. No sé cómo lo harán. Puede que los fascistas de Italia, por ejemplo, nos presten un buen servicio explicando a los italianos que no son todavía bastante cultos y que su país no está garantizado aún contra las centurias negras. Quizá esto sea muy útil. Nosotros, los rusos, debemos buscar también la forma de explicar a los extranjeros los fundamentos de esta resolución, pues, de otro modo, estarán imposibilitados en absoluto de cumplirla. Estoy convencido de que, en este sentido, debemos decir no solo a los camaradas rusos, sino también a los extranjeros, que lo más importante del período en que estamos entrando es estudiar. Nosotros estudiamos en sentido general. En cambio, los estudios de ellos deben tener un carácter especial para que lleguen a comprender realmente la organización, la estructura, el método y el contenido de la labor revolucionaria. Si se logra esto, entonces, estoy convencido de ello, las perspectivas de la revolución mundial serán no solamente buenas, sino incluso magníficas.

(Aplausos, que duran largo rato. Las exclamaciones de «¡Viva nuestro camarada Lenin!» suscitan nuevas ovaciones).

Fuente: V.I. Lenin: «IV Congreso de la Internacional Comunista. Cinco años de la revolución rusa y perspectivas de la revolución mundial», en *Obras escogidas* en tres tomos, t. III, Editorial Progreso, Moscú, 1970, pp. 734–746.

Carta al congreso*

Sobre la concesión de funciones legislativas al Gosplan acerca del problema de las nacionalidades o sobre la «autonomización»

Páginas del diario

I

Desearía exponerles las consideraciones que estimo más importantes.

Ante todo coloco el aumento del número de miembros del CC hasta varias decenas e incluso hasta un centenar. Creo que si no emprendiéramos tal reforma, nuestro Comité Central se vería amenazado de grandes peligros, en caso de que el curso de los acontecimientos no fuera del todo favorable para nosotros (y no podemos contar con eso).

También pienso proponer al Congreso que, dentro de ciertas condiciones, se dé carácter legislativo a las decisiones del Gosplan, coincidiendo en este sentido con el camarada Trotski, hasta cierto grado y en ciertas condiciones.

Por lo que se refiere al primer punto, es decir, al aumento del número de miembros del CC, creo que esto es necesario tanto para elevar el prestigio del CC como para un trabajo serio con objeto de mejorar nuestro aparato y como

---

* Por acuerdo del CC del PCUS, las cartas de Lenin fueron puestas en conocimiento de los delegados al XX Congreso del partido y distribuidas a las organizaciones del partido, y luego publicadas en 1956 en el núm. 9 de la revista *Kommunist*, editadas en folleto aparte con gran tirada e insertas en el tomo 36 de la 4ta. edición de las *Obras* de V.I. Lenin.

para evitar que los conflictos de pequeñas partes del CC puedan adquirir una importancia excesiva para todos los destinos del partido.

Opino que nuestro partido está en su derecho al pedir a la clase obrera de 50 a 100 miembros del CC, y que puede recibirlos de ella sin hacerla poner demasiado en tensión sus fuerzas.

Esta reforma aumentaría considerablemente la solidez de nuestro partido y le facilitaría la lucha que sostiene, rodeado de Estados hostiles, lucha que, a mi modo de ver, puede y debe agudizarse mucho en los años próximos. Se me figura que, gracias a esta medida, la estabilidad de nuestro partido se haría mil veces mayor.

Lenin
23 de diciembre de 1922
Taquigrafiado por M.V.

II

Continuación de las notas
24 de diciembre de 1922

Por estabilidad del Comité Central, de que hablaba más arriba, entiendo las medidas contra la escisión en el grado en que tales medidas puedan, en general, adoptarse. Porque, naturalmente, tenía razón el guardia blanco de *Rússkaya Mysl* (creo que era S.S. Oldenburg) cuando, lo primero, en el juego de esa gente contra la Rusia Soviética cifraba sus esperanzas en la escisión de nuestro partido y cuando, lo segundo, las esperanzas de que se fuera a producir esta escisión las cifraba en gravísimas discrepancias en el seno del partido.

Nuestro partido se apoya en dos clases, y por eso es posible su inestabilidad y sería inevitable su caída si estas dos clases no pudieran llegar a un acuerdo. Sería inútil adoptar unas u otras medidas con vistas a esta eventualidad y, en general, hacer consideraciones acerca de la estabilidad de nuestro CC. Ninguna medida sería capaz, en este caso, de evitar la escisión. Pero yo confío que esto se refiere a un futuro demasiado lejano y es un acontecimiento demasiado improbable para hablar de ello.

Me refiero a la estabilidad como garantía contra la escisión en un próximo futuro, y tengo el propósito de exponer aquí varias consideraciones de índole puramente personal.

Yo creo que lo fundamental en el problema de la estabilidad, desde este punto de vista, son tales miembros del CC como Stalin y Trotski. Las relaciones entre ellos, a mi modo de ver, encierran más de la mitad del peligro de esa escisión que se podría evitar, y a cuyo objeto debe servir entre otras cosas, según mi criterio, la ampliación del CC hasta 50 o hasta 100 miembros.

El camarada Stalin, llegado a Secretario General, ha concentrado en sus manos un poder inmenso, y no estoy seguro que siempre sepa utilizarlo con la suficiente prudencia. Por otra parte, el camarada Trotski, según demuestra su lucha contra el CC con motivo del problema del Comisariado del Pueblo de Vías de Comunicación, no se distingue únicamente por su gran capacidad. Personalmente, quizá sea el hombre más capaz del actual CC, pero está demasiado ensoberbecido y demasiado atraído por el aspecto puramente administrativo de los asuntos.

Estas dos cualidades de dos destacados jefes del CC actual pueden llevar sin quererlo a la escisión, y si nuestro partido no toma medidas para impedirlo, la escisión puede venir sin que nadie lo espere.

No seguiré caracterizando a los demás miembros del CC por sus cualidades personales. Recordaré solo que el episodio de Zinóviev y Kámenev[1] en octubre no es, naturalmente, una casualidad, y que de esto se les puede culpar personalmente tan poco como a Trotski de su no bolchevismo.

En cuanto a los jóvenes miembros del CC, diré algunas palabras acerca de Bujárin y de Piatakov. Son, a mi juicio, los que más se destacan (entre los más jóvenes), y, al tratarse de ellos, se debería tener en cuenta lo siguiente: Bujárin no solo es un valiosísimo y notable teórico del partido, sino que, además, se le considera legítimamente el favorito de todo el partido; pero sus concepciones teóricas muy difícilmente pueden calificarse de enteramente marxistas, pues hay en él algo escolástico (jamás ha estudiado y creo que jamás ha comprendido por completo la dialéctica).

25 de diciembre de 1922

290 Vladimir Ilich Lenin: Textos escogidos

Viene después Piatakov, hombre sin duda de gran voluntad y gran capacidad, pero a quien atraen demasiado la administración y el aspecto administrativo de los asuntos para que se pueda confiar en él en un problema político serio.

Naturalmente, una y otra observación son valederas solo para el presente, en el supuesto de que estos dos destacados y fieles militantes no encuentren ocasión de completar sus conocimientos y de corregir su unilateral formación.

Lenin
25 de diceimbre de 1922
Taquigrafiado por M.V.

Suplemento a la carta del 24 de diciembre de 1922

Stalin es demasiado brusco, y este defecto, plenamente tolerable en nuestro medio y en las relaciones entre nosotros, los comunistas, se hace intolerable en el cargo de secretario general. Por eso propongo a los camaradas que piensen la forma de pasar a Stalin a otro puesto y de nombrar para este cargo a otro hombre que se diferencie del camarada Stalin en todos los demás aspectos solo por una ventaja, a saber: que sea más tolerante, más leal, más correcto y más atento con los camaradas, menos caprichoso, etcétera. Esta circunstancia puede parecer una fútil pequeñez. Pero yo creo que, desde el punto de vista de prevenir la escisión y desde el punto de vista de lo que he escrito antes acerca de las relaciones entre Stalin y Trotski, no es una pequeñez, o se trata de una pequeñez que puede adquirir importancia decisiva.

Lenin
4 de enero de 1923
Taquigrafiado por L.F.

III

Continuación de las notas
26 de diciembre de 1922

La ampliación del CC hasta 50 o incluso 100 miembros debe perseguir, a mi modo de ver, un fin doble o incluso triple: cuanto mayor sea el número de miembros del CC, más gente aprenderá a realizar el trabajo de este y tanto menor será el peligro de una escisión debida a cualquier imprudencia. La incorporación de muchos obreros al CC ayudará a los obreros a mejorar nuestro aparato, que es pésimo. En el fondo lo hemos heredado del viejo régimen, puesto que ha sido absolutamente imposible rehacerlo en un plazo tan corto, sobre todo con la guerra, con el hambre, etcétera. Por eso podemos contestar tranquilamente a los «críticos» que con sonrisa burlona o con malicia nos señalan los defectos de nuestro aparato, que son gente que no comprende nada las condiciones de nuestra revolución. En cinco años es imposible por completo reformar el aparato en medida suficiente, sobre todo atendidas las condiciones en que se ha producido nuestra revolución. Bastante es si en cinco años hemos creado un nuevo tipo de Estado en el que los obreros van delante de los campesinos contra la burguesía, lo que, considerando las condiciones de la hostil situación internacional, es una obra gigantesca. Pero la conciencia de que esto es así no debe en modo alguno cerrarnos los ojos ante el hecho de que, en esencia, hemos tomado el viejo aparato del zar y de la burguesía y que ahora, al advenir la paz y cubrir en grado mínimo las necesidades relacionadas con el hambre, todo el trabajo debe orientarse al mejoramiento del aparato.

Según me imagino yo las cosas, unas decenas de obreros incluidos en el CC pueden, mejor que cualquier otro, entregarse a la labor de revisar, mejorar y rehacer nuestro aparato. La Inspección Obrera y Campesina, a la que en un principio pertenecía esta función, ha sido incapaz de cumplirla y únicamente puede ser empleada como «apéndice» o como auxiliar, en determinadas condiciones, de estos miembros del CC. Los obreros que pasen a formar parte del CC deben ser preferentemente, según mi criterio, no de los que han actuado largo tiempo en las organizaciones soviéticas (en esta parte de la carta, lo que digo de los obreros se refiere también por completo a los campesinos), porque en ellos han arraigado ya ciertas tradiciones y ciertos prejuicios con los que es deseable precisamente luchar.

Los obreros que se incorporen al, CC deben ser, de preferencia, personas que se encuentren por debajo de la capa de los que en los cinco años han pasado a ser funcionarios soviéticos, y deben hallarse más cerca de los simples obreros y campesinos, que, sin embargo, no entren, directa o indirectamente, en la categoría de los explotadores. Creo que esos obreros, que asistirán a todas las reuniones del CC y del Buró Político, y que leerán todos los documentos del CC, pueden ser cuadros de fieles partidarios del régimen soviético, capaces, lo primero, de dar estabilidad al propio CC y, lo segundo, de trabajar realmente en la renovación y mejoramiento del aparato.

Lenin
26 de diciembre de 1922
Taquigrafiado por L.F.

IV

Continuación de las notas
Sobre la concesión de funciones legislativas al Gosplan
27 de diciembre de 1922

Esta idea la sugirió el camarada Trotski, me parece, hace ya tiempo. Yo me manifesté en contra, porque estimaba que, en tal caso, se produciría una falta de concordancia fundamental en el sistema de nuestras instituciones legislativas. Pero un examen atento del problema me lleva a la conclusión de que, en el fondo, aquí hay una idea sana: el Gosplan se halla algo al margen de nuestras instituciones legislativas, a pesar de que, como conjunto de personas competentes, de expertos, de hombres de la ciencia y de la técnica, se encuentra, en el fondo, en las mejores condiciones para emitir juicios acertados.

Sin embargo, hasta ahora partíamos del punto de vista de que el Gosplan debe presentar al Gobierno un material críticamente analizado, y que las instituciones gubernamentales deben ser las encargadas de resolver los asuntos públicos. Yo creo que en la situación actual, cuando los asuntos públicos se han complicado extraordinariamente, cuando a cada paso hay que resolver, así como vienen, los problemas en que se necesita el asesoramiento de los miembros del Gosplan sin separarlos de los problemas en los que no se necesita, e incluso más aún, resolver asuntos en los que unos puntos requieren el asesoramiento del Gosplan, mientras que otros puntos no lo requieren, se debe dar un paso en el sentido de aumentar la competencia del Gosplan.

Este paso lo concibo de tal manera que las decisiones del Gosplan no puedan ser rechazadas según el procedimiento corriente en los organismos soviéticos, sino que para modificarlas se requiera un procedimiento especial; por ejemplo, llevarlas a la reunión del CEC de toda Rusia, preparar el asunto cuya decisión deba ser modificada según instrucciones especiales, redactándose, según reglas especiales, informes por escrito con objeto de sopesar si dicha decisión del Gosplan debe ser anulada; marcar, en fin, plazos especiales para modificar las decisiones del Gosplan, etcétera.

En este sentido creo que se puede y se debe coincidir con el camarada Trotski, pero no en lo de que la presidencia del Gosplan debe ocuparla una personalidad destacada, uno de nuestros jefes políticos, o el Presidente del Consejo Supremo de la Economía Nacional, etcétera. Me parece que en este asunto el factor personal se entrelaza hoy día demasiado íntimamente con el problema de principio. Creo que los ataques que ahora se escuchan contra el Presidente del Gosplan, camarada Krzhizhanovski, y el vicepresidente, camarada Piatakov, y que se lanzan contra los dos, de tal manera que, de una parte, escuchamos acusaciones de extremada blandura, de falta de independencia y de carácter, mientras que, de otra parte, escuchamos acusaciones de tosquedad, de trato cuartelero, de falta de una sólida preparación científica, etcétera, creo que estos ataques son expresión de los dos aspectos del problema, desorbitándolos hasta el extremo, y que lo que nosotros necesitamos realmente en el Gosplan es una acertada combinación de los dos tipos de carácter, modelo de uno de los cuales puede ser Piatakov y del otro Krzhizhanovski.

Creo que a la cabeza del Gosplan debe haber una persona con preparación científica en el sentido técnico o agronómico, que posea una experiencia larga, de muchas decenas de años, de trabajo práctico, bien en la técnica, bien en la agronomía. Creo que esa persona debe poseer no tanto aptitudes administrativas como amplia experiencia y capacidad para atraerse a la gente.

Lenin
27 de diciembre de 1922
Taquigrafiado por M.V.

V

Continuación de la carta acerca del carácter legislativo
de las decisiones del Gosplan
28 de diciembre de 1922

He advertido que ciertos camaradas nuestros, capaces de influir decisivamente en la orientación de los asuntos públicos, exageran el aspecto administrativo, el cual, naturalmente, es necesario en su lugar y en su tiempo, pero que no hay que confundir con el aspecto científico, con la amplia comprensión de la realidad, con la capacidad de atraerse a la gente, etcétera.

En toda institución pública, particularmente en el Gosplan, se necesita la unión de estas dos cualidades, y cuando el camarada Krzhizhanovski me dijo que había incorporado al Gosplan a Piatakov y se había puesto de acuerdo con él acerca del trabajo, yo di mi consentimiento, reservándome por una parte, ciertas dudas, y confiando a veces, por otra parte, que lograríamos en este caso la combinación de ambos tipos de hombre de Estado. ¿Se ha cumplido esta esperanza? Ahora hay que aguardar y ver algún tiempo más lo que resulta en la práctica, pero en principio yo creo que no puede ponerse en duda que esta unión de caracteres y tipos (de personas, de cualidades) es indudablemente necesaria para el buen funcionamiento de las instituciones públicas. Me parece que en este punto la exageración del «celo administrativo» es tan nociva como toda exageración en general. El dirigente de una institución pública debe tener en el más alto grado la capacidad de atraerse a la gente y unos conocimientos científicos y técnicos lo bastante sólidos como para controlar su trabajo. Esto es lo fundamental. Sin ello el trabajo no puede ir por buen camino. Por otro lado, es muy importante que sepa administrar y que tenga un digno auxiliar o auxiliares en este terreno. Es dudoso que estas dos cualidades puedan encontrarse unidas en una misma persona, y es dudoso que ello sea necesario.

Lenin
28 de diciembre de 1922
Taquigrafiado por L.F.

VI

Continuación de las notas sobre el Gosplan
29 de diciembre de 1922

Por lo visto, el Gosplan va convirtiéndose en todos los sentidos en una comisión de expertos. A la cabeza de tal institución no puede por menos figurar una persona de gran experiencia y de amplios conocimientos científicos en el terreno de la técnica. La capacidad administrativa debe ser en el fondo una cosa secundaria. El Gosplan debe gozar de cierta independencia y autonomía desde el punto de vista del prestigio de esta institución científica, y el motivo de que así sea es uno: la honestidad de su personal y su sincero deseo de hacer que se cumpla nuestro plan de construcción económica y social.

Esta última cualidad, naturalmente, ahora solo se puede encontrar como excepción, porque la inmensa mayoría de los hombres de ciencia, de los que, como es lógico, se compone el Gosplan, se hallan inevitablemente contagiados de opiniones y prejuicios burgueses. Controlar su labor en este aspecto debe ser tarea de unas cuantas personas, que pueden formar la dirección del Gosplan, que deben ser comunistas y seguir de día en día, en toda la marcha del trabajo, el grado de fidelidad de los hombres de ciencia burgueses y cómo abandonan los prejuicios burgueses, así como su paso gradual al punto de vista del socialismo. Este doble trabajo, de control científico y de gestión puramente administrativa, debería ser el ideal de los dirigentes del Gosplan en nuestra República.

Lenin
29 de diciembre de 1922
Taquigrafiado por M.V.

¿Es racional el dividir en tareas sueltas el trabajo que lleva a cabo el Gosplan?, o, al contrario, ¿no debe tenderse a formar un círculo de especialistas permanentes a quienes controle sistemáticamente la dirección del Gosplan y que puedan resolver todo el conjunto de problemas que son de incumbencia suya? Yo creo que es más racional lo último, y que se debe procurar la disminución del número de tareas sueltas temporales y urgentes.

Lenin
29 de diciembre de 1922
Taquigrafiado por M.V.

VII

Continuación de las notas
(Para el apartado relativo al aumento del número de miembros del CC)
29 de diciembre de 1922

Al mismo tiempo que se aumenta el número de los miembros del CC, deberemos, a mi modo de ver, dedicarnos también, y yo diría que principalmente, a la tarea de revisar y mejorar nuestro aparato, que no sirve para nada. Para este objeto debemos valernos de los servicios de especialistas muy calificados, y la tarea de proporcionar estos especialistas debe recaer sobre la Inspección Obrera y Campesina.

La tarea de combinar a estos especialistas de la revisión, con conocimientos suficientes, y a estos nuevos miembros del CC debe ser resuelta en la práctica.

Me parece que la IOC (como resultado de su desarrollo y de nuestras perplejidades acerca de su desarrollo) ha dado en resumen lo que ahora observamos: un estado de transición de un Comisariado del pueblo especial a una función especial de los miembros del CC; de una institución que lo revisa todo por completo a un conjunto de revisores, escasos en número, pero excelentes, que deben estar bien pagados (esto es particularmente necesario en nuestro tiempo, en que las cosas se pagan, y atendiendo a que los revisores se colocan donde mejor les pagan).

Si el número de miembros del CC es debidamente aumentado y un año tras otro se capacitan en la dirección de los asuntos públicos con la ayuda de estos especialistas altamente calificados y de los miembros de la Inspección Obrera y Campesina, prestigiosos en todos los terrenos, yo creo que daremos acertada solución a este problema que durante tanto tiempo no podíamos resolver.

En resumen: hasta 100 miembros del CC y todo lo más de 400 a 500 auxiliares suyos, miembros de la IOC, que revisen según las indicaciones de los primeros.

Lenin
29 de diciembre de 1922
Taquigrafiado por M.V.

Acerca del problema de las nacionalidades
o sobre la «autonomización»[2]

Continuación de las notas
30 de diciembre de 1922

Me parece que he incurrido en una grave culpa ante los obreros de Rusia por no haber intervenido con la suficiente energía y dureza en el decantado problema de la autonomización, que oficialmente se denomina, creo, problema de la unión de las repúblicas socialistas soviéticas.

Este verano, cuando el problema surgió, yo me encontraba enfermo, y luego, en el otoño, confié demasiado en mi restablecimiento y en que los plenos de octubre y diciembre[3] me brindarían la oportunidad de intervenir en el problema. Pero no pude asistir ni al Pleno de octubre (dedicado a este problema) ni al de diciembre, por lo que no he llegado a tocarlo casi en absoluto.

He podido solo conversar con el camarada Dzerzhinski, que ha vuelto del Cáucaso y me ha contado cómo se halla este problema en Georgia. También he podido cambiar un par de palabras con el camarada Zinóviev y expresarle mis temores sobre el particular. Lo que me ha dicho el camarada Dzerzhinski, que presidía la comisión enviada por el Comité Central para «investigar» lo relativo al incidente de Georgia, no ha podido dejarme más que con los temores más grandes. Si las cosas se pusieron de tal modo que Ordzhonikidze pudo llegar al empleo de la violencia física, según me ha manifestado el camarada Dzerzhinski, podemos imaginarnos en qué charca hemos caído. Al parecer, toda esta empresa de la «autonomización» era falsa e intempestiva en absoluto.

Se dice que era necesaria la unidad del aparato. ¿De dónde han partido estas afirmaciones? ¿No será de ese mismo aparato ruso que, como indicaba ya en uno de los anteriores números de mi diario, hemos tomado del zarismo, habiéndonos limitado a ungirlo ligeramente con el óleo soviético?

Es indudable que se debería demorar la aplicación de esta medida hasta que pudiéramos decir que respondemos de nuestro aparato como de algo propio. Pero ahora, en conciencia, debemos decir lo contrario, que nosotros llamamos nuestro a un aparato que en realidad nos es aún ajeno por completo y constituye una mezcla burguesa y zarista que no ha habido posibilidad alguna de transformarlo en cinco años, sin ayuda de otros países y en unos momentos en que predominaban las «ocupaciones» militares y de lucha contra el hambre.

En estas condiciones es muy natural que la «libertad de separarse de la unión», con la que nosotros nos justificamos, sea un papel mojado incapaz de defender a los no rusos de la invasión del ruso genuino, chovinista, en el fondo un hombre miserable y dado a la violencia como es el típico burócrata ruso. No cabe duda que el insignificante porcentaje de obreros soviéticos y sovietizados se hundiría en este mar de inmundicia chovinista ruso como la mosca en la leche.

En defensa de esta medida se dice que han sido segregados los Comisariados del Pueblo que se relacionan directamente con la psicología de las nacionalidades, con la instrucción en las nacionalidades. Pero a este respecto nos surge una pregunta, la de si es posible hacer independientes estos Comisariados por completo, y una segunda pregunta, la de si hemos tomado medidas con la suficiente solicitud para proteger de veras a los no rusos de *derzhimorda*.[4] Yo creo que no las hemos tomado, aunque pudimos y debimos hacerlo.

Yo creo que en este asunto han ejercido una influencia fatal las prisas y los afanes administrativos de Stalin, así como su saña contra el decantado «social–nacionalismo». De ordinario, la saña siempre ejerce en política el peor papel.

Temo igualmente que el camarada Dzerzhinski, que ha ido al Cáucaso a investigar el asunto de los «delitos» de esos «social–nacionales», se haya distinguido en este caso también solo por sus tendencias puramente rusas (se sabe que los no rusos rusificados siempre exageran en cuanto a sus tendencias puramente rusas), y que la imparcialidad de toda su comisión la caracterice suficientemente el «guantazo» de Ordzhonikidze. Creo que ninguna provocación, incluso ninguna ofensa puede justificar este guantazo ruso, y que el camarada Dzerzhinski es irremediablemente culpable de haber reaccionado ante ello con ligereza.

Ordzhonikidze era una autoridad para todos los demás ciudadanos del Cáucaso. Ordzhonikidze no tenía derecho a dejarse llevar por la irritación a la que él y Dzerzhinski se remiten. Al contrario, Ordzhonikidze estaba obligado a comportarse con un comedimiento que no se puede pedir a ningún ciudadano ordinario, tanto más si este es acusado de un delito «político».

Y la realidad es que los social–nacionales eran ciudadanos acusados de un delito político, y todo el ambiente en que se produjo esta acusación solo así podía calificarlo.

A este respecto se plantea ya un importante problema de principio: cómo comprender el internacionalismo.[5]

Lenin
30 de diciembre de 1922
Taquigrafiado por M.V.

Acerca del problema de las nacionalidades o sobre la «autonomización»

Continuación de las notas
31 de diciembre de 1922

En mis obras acerca del problema nacional he escrito ya que el planteamiento abstracto del problema del nacionalismo en general no sirve para nada. Es necesario distinguir entre el nacionalismo de la nación opresora y el nacionalismo de la nación oprimida, entre el nacionalismo de la nación grande y el nacionalismo de la nación pequeña.

Con relación al segundo nacionalismo, nosotros, los integrantes de una nación grande, casi siempre somos culpables en el terreno práctico histórico de infinitos actos de violencia; e incluso más todavía: sin darnos cuenta, cometemos infinito número de actos de violencia y ofensas. No tengo más que evocar mis recuerdos de cómo en las regiones del Volga tratan despectivamente a los no rusos, de cómo la única manera de llamar a los polacos es «poliáchishka», de que para burlarse de los tártaros siempre los llaman «príncipes», al ucraniano lo llaman «jojol», y al georgiano y a los demás naturales del Cáucaso los llaman «hombres del Cápcaso».

Por eso, el internacionalismo por parte de la nación opresora, o de la llamada nación «grande» (aunque solo sea grande por sus violencias, solo sea grande como lo es un *derzhimorda),* no debe reducirse a observar la igualdad formal de las naciones, sino también a observar una desigualdad que de parte de la nación opresora, de la nación grande, compense la desigualdad que prácticamente se produce en la vida. Quien no haya comprendido esto, no ha comprendido la posición verdaderamente proletaria frente al problema nacional; en el fondo sigue manteniendo el punto de vista pequeñoburgués, y por ello no puede por menos de deslizarse a cada instante al punto de vista burgués.

¿Qué es importante para el proletario? Para el proletario es no solo importante, sino una necesidad esencial, gozar, en la lucha proletaria de clase, del máximo de confianza por parte de los componentes de otras nacionalidades. ¿Qué hace falta para eso? Para eso hace falta algo más que la igualdad formal. Para eso hace falta compensar de una manera o de otra, con su trato o con sus concesiones a las otras nacionalidades, la desconfianza, el recelo, las ofensas que en el pasado histórico les produjo el gobierno de la nación dominante.

Creo que no hacen falta más explicaciones ni entrar en más detalles tratándose de bolcheviques, de comunistas. Y creo que en este caso, con relación a la nación georgiana, tenemos un ejemplo típico de cómo la actitud verdaderamente proletaria exige de nuestra parte extremada cautela, delicadeza y transigencia. El georgiano que desdeña este aspecto del problema, que lanza desdeñosamente acusaciones de «social–nacionalismo» (cuando él mismo es no solo un «social–nacional» auténtico y verdadero, sino un vasto *derzhimorda* ruso), ese georgiano lastima, en esencia, los intereses de la solidaridad proletaria de clase, porque nada retarda tanto el desarrollo y la consolidación de esta solidaridad como la injusticia en el terreno nacional, y para nada son tan sensibles los «ofendidos» componentes de una nacionalidad como para el sentimiento de la igualdad y el menoscabo de esa igualdad por sus camaradas proletarios, aunque lo hagan por negligencia, aunque la cosa parezca una broma. Por eso, en este caso, es preferible exagerar en cuanto a las concesiones y a la suavidad para con las minorías nacionales, que pecar por defecto. Por eso, en este caso, el interés vital de la solidaridad proletaria, y por consiguiente de la lucha proletaria de clase, requiere que jamás miremos formalmente el problema nacional, sino que siempre tomemos en consideración la diferencia obligatoria en la actitud del proletario de la nación oprimida (o pequeña) hacia la nación opresora (o grande).

Lenin
31 de diciembre de 1922
Taquigrafiado por M.V.

Continuación de las notas
31 de diciembre de 1922

¿Qué medidas prácticas se deben tomar en esta situación?

Primera, hay que mantener y fortalecer la unión de las repúblicas socialistas; sobre esto no puede haber duda. Lo necesitamos nosotros lo mismo que lo necesita el proletariado comunista mundial para luchar contra la burguesía mundial y para defenderse de sus intrigas.

Segunda, hay que mantener la unión de las repúblicas socialistas en cuanto al personal diplomático, que, dicho sea de paso, es una excepción en el conjunto de nuestro aparato estatal. No hemos dejado entrar en él ni a una sola persona de cierta influencia procedente del viejo aparato zarista. Todo él, considerando los cargos de alguna importancia, se compone de comunistas. Por eso, este aparato se ha ganado ya (podemos decirlo rotundamente) el título de aparato comunista probado, limpio, en grado incomparablemente mayor, de los elementos del viejo aparato zarista, burgués y pequeñoburgués, a que nos vemos obligados a recurrir en los otros Comisariados del Pueblo.

Tercera, hay que castigar ejemplarmente al camarada Ordzhonikidze (digo esto con gran sentimiento, porque somos amigos y trabajé con él en el extranjero, en la emigración), y también terminar de revisar o revisar nuevamente todos los materiales de la comisión de Dzerzhinski, con objeto de corregir el cúmulo de errores y de juicios parciales que indudablemente hay allí. La responsabilidad política de toda esta campaña de verdadero nacionalismo ruso debe hacerse recaer, claro, sobre Stalin y Dzerzhinski.

Cuarta, hay que implantar las normas más severas acerca del empleo del idioma nacional en las repúblicas de otras nacionalidades que forman parte de nuestra Unión, y comprobar su cumplimiento con particular celo. Es indudable que, con el pretexto de unidad del servicio ferroviario, con el pretexto de unidad fiscal, etcétera, tal como ahora es nuestro aparato, se deslizará un sinnúmero de abusos de carácter ruso puro. Para combatir esos abusos se necesita un especial espíritu de inventiva, sin hablar ya de la particular sinceridad de quienes se encarguen de hacerlo. Hará falta un código detallado, que solo tendrá alguna perfección en caso de que lo redacten personas de la nacionalidad en cuestión y que vivan en su república. A este respecto, de ninguna manera debemos afirmarnos de antemano en la idea de que, como resultado de todo este trabajo, no haya que volver atrás en el siguiente

Congreso de los Soviets, es decir, de que no haya que mantener la unión de las repúblicas socialistas soviéticas solo en sentido militar y diplomático, y en todos los demás aspectos restablecer la autonomía completa de los distintos Comisariados del Pueblo.

Debe tenerse presente que el fraccionamiento de los Comisariados del Pueblo y la falta de concordancia de su labor con respecto a Moscú y los otros centros, puede ser paralizada suficientemente por la autoridad del partido, si esta se emplea con la necesaria discreción e imparcialidad; el daño que pueda sufrir nuestro Estado por la falta de aparatos nacionales unificados con el aparato ruso es incalculablemente, infinitamente menor que el daño que representará no solo para nosotros, sino para toda la Internacional, para los cientos de millones de seres de Asia, que debe avanzar al primer plano de la historia en un próximo futuro, después de nosotros. Sería un oportunismo imperdonable si en vísperas de esta acción del Oriente, y al principio de su despertar, quebrantásemos nuestro prestigio en él aunque solo fuese con la más pequeña aspereza e injusticia con respecto a nuestras propias nacionalidades no rusas. Una cosa es la necesidad de agruparse contra los imperialistas de Occidente, que defienden el mundo capitalista. En este caso no puede haber dudas, y huelga decir que apruebo incondicionalmente estas medidas. Otra cosa es cuando nosotros mismos caemos, aunque sea en pequeñeces, en actitudes imperialistas hacia nacionalidades oprimidas, quebrantando con ello por completo toda nuestra sinceridad de principios, toda la defensa que, con arreglo a los principios, hacemos de la lucha contra el imperialismo. Y el mañana de la historia universal será el día en que se despierten definitivamente los pueblos oprimidos por el imperialismo, que ya han abierto los ojos, y en que empiece la larga y dura batalla final por su emancipación.

Lenin
31 de diciembre de 1922
Taquigrafiado por M.V.

Páginas del diario*

El trabajo que ha aparecido en estos días sobre la instrucción pública en Rusia, según los datos del censo de 1920 (*La Instrucción en Rusia, Moscú, 1922*, Dirección General de Estadística, Sección de estadística de instrucción pública), constituye un acontecimiento de gran importancia.

A continuación doy el cuadro estadístico sobre la instrucción pública en Rusia en los años 1897 y 1920, que se incluye en dicho trabajo:

	Por cada 1 000 hombres instruidos		Por cada 1 000 mujeres instruidas		Por cada 1 000 habitantes instruidos	
	Años		Años		Años	
	1897	1920	1897	1920	1897	1920
1. Rusia Europea	326	422	136	255	229	330
2. Cáucaso Septentrional	241	357	56	215	150	281
3.Siberia (Occidental)	170	307	46	134	108	218
Total	318	409	131	244	223	319

Mientras nosotros charlamos sobre la cultura proletaria y sobre su correlación con la cultura burguesa, los hechos nos brindan cifras que testimonian que incluso en relación con la cultura burguesa nuestra situación deja mucho que desear. Resulta, como era de esperar, que estamos muy retrasados en el terreno de la instrucción general, e incluso nuestro progreso, en comparación con la época zarista (1897), es demasiado lento. Esto representa una seria advertencia y un reproche dirigidos a quienes se perdían y se pierden en el empíreo de la «cultura proletaria». Esto demuestra cuánto trabajo perseverante, de peón, nos queda aún por realizar para alcanzar el nivel de un país civilizado ordinario de la Europa Occidental. Esto demuestra, además, qué enorme trabajo tenemos que realizar para conseguir, a base de nuestras conquistas proletarias, cierto nivel cultural.

---

* Publicado el 4 de enero de 1923 en el núm. 2 de *Pravda*. Publicado por primera vez en 1956 en el núm. 9 de la revista *Kommunist*.

Es necesario que no nos limitemos a esta tesis indiscutible, pero demasiado teórica. Es necesario que durante la próxima revisión de nuestro presupuesto trimestral nos entreguemos de lleno y de una manera práctica a la tarea. Desde luego que en primer término hay que reducir los gastos no del Comisariado del Pueblo de Instrucción Pública, sino de los otros departamentos, con el fin de que las sumas liberadas puedan ser invertidas en las necesidades de este Comisariado. No hay que regatear en aumentar la ración de pan a los maestros en un año como el presente, en que estamos relativamente bien abastecidos.

En términos generales, el trabajo que se está realizando ahora en el terreno de la instrucción pública no puede calificarse de muy limitado. Se hace bastante para terminar con el estancamiento del viejo magisterio, para atraerlo a las nuevas tareas, para interesarlo en la nueva manera de plantear las cuestiones pedagógicas, para despertar su interés por problemas tales como el problema religioso.

Pero no hacemos lo principal. No nos preocupamos, o nos preocupamos de un modo harto insuficiente, de colocar al maestro nacional a la debida altura, sin la cual ni hablar se puede de cultura alguna: ni proletaria, ni siquiera burguesa. Hay que abordar la cuestión de la incultura semiasiática, de la que no hemos logrado salir hasta ahora y de la que no lograremos salir sin realizar un esfuerzo serio, a pesar de que poseamos todas las posibilidades para ello, pues en ninguna parte las masas populares están tan interesadas por la verdadera cultura como entre nosotros; en ninguna parte los problemas de esta cultura se plantean de un modo tan profundo y consecuente como entre nosotros; en ninguna parte, ni en un solo país, el poder se encuentra en manos de la clase obrera, la que en su gran mayoría comprende perfectamente las deficiencias de su, no diré cultura, sino de su instrucción; en ninguna parte como entre nosotros, la clase obrera está tan dispuesta a hacer tantos sacrificios y los hace para el mejoramiento de su situación en este aspecto.

Hacemos todavía muy poco, poquísimo, para reformar todo el presupuesto del Estado en el sentido de, en primer término, satisfacer las necesidades de la instrucción elemental del pueblo. Incluso en el Comisariado del Pueblo de Instrucción Pública podemos encontrar frecuentemente un monstruoso exceso de personal en una editorial cualquiera del estado, sin tener absolutamente en cuenta que la solicitud principal del estado debe manifestarse no por la editorial, sino porque haya lectores, porque haya el mayor número de personas que sepan leer, por que tomen mayor amplitud política las ediciones en la futura Rusia. Todavía, por una antigua (y mala) costumbre, dedicamos mucho más tiempo y energías a las cuestiones técnicas, por ejemplo, a la actividad editorial, que al problema político general sobre la instrucción pública.

Si tomamos la Dirección General de Escuelas Profesionales,[6] estamos seguros de que también podríamos encontrar en ella mucho, pero mucho, de superfluo, de excesivo, estimulado por los intereses departamentales, inadecuado a las necesidades de una amplia instrucción pública. En el Departamento de enseñanza profesional se está muy lejos de poder justificar lo que se hace con el legítimo deseo de elevar primero y dar una orientación práctica después a la instrucción de nuestra juventud que trabaja en las fábricas. Si nos fijamos detenidamente en la plantilla del Departamento de Escuelas Profesionales encontraremos mucho, muchísimo de excesivo y ficticio desde este punto de vista y que debe ser suprimido. En un Estado proletario–campesino se puede y se debe economizar todavía mucho con objeto de impulsar la instrucción del pueblo, a costa de la supresión de toda clase de recreos de tipo semiseñorial, o las instituciones sin las cuales podemos pasar aún y todavía podremos y deberemos pasarnos largo tiempo, teniendo en cuenta el estado de la instrucción pública, del cual habla la estadística.

El maestro nacional debe ser colocado en nuestro país a una altura en la que jamás se ha encontrado, se encuentra ni se puede encontrar en la sociedad burguesa. Esto es una verdad que no necesita demostración. Hacia un estado de cosas así debemos encaminarnos con un trabajo sistemático, infatigable y perseverante, con objeto de elevar al maestro espiritualmente y prepararlo en todos los aspectos para su misión verdaderamente honrosa y, lo que es esencial, tres veces esencial, a fin de mejorar sus condiciones materiales.

Hay que reforzar sistemáticamente el trabajo de organización de los maestros nacionales para que, en vez de puntal del régimen burgués, como son hasta hoy en todos los países capitalistas sin excepción, se conviertan en puntal del régimen soviético, con objeto de, a través de ellos, desviar al campesinado de la alianza con la burguesía y atraerlos a la alianza con el proletariado.

Señalaré brevemente el papel especial que deben desempeñar en este sentido los viajes sistemáticos a las aldeas, que, por otra parte, ya se practican entre nosotros y que deben incrementarse regularmente. En medidas tales como estos viajes no duele gastar dinero, que se derrocha frecuentemente en un aparato estatal que pertenece casi por completo a una vieja época histórica.

Para mi discurso ante el Congreso de los Soviets, en diciembre de 1922 —discurso que no llegué a pronunciar—, sobre el patronazgo dispensado por los obreros urbanos a los habitantes del campo, estaba reuniendo materiales, algunos de los cuales me los proporcionó el camarada Jodorovski, y hoy planteo esta cuestión ante los camaradas para que ellos se encarguen de estudiarla, ya que yo mismo no he podido analizarla y hacerla pública a través del Congreso de los Soviets.

La cuestión política fundamental que aquí se plantea es la actitud de la ciudad respecto al campo, cuestión de importancia decisiva para toda nuestra revolución. Mientras el Estado burgués orienta sistemáticamente todos sus esfuerzos en el sentido de embrutecer a los obreros urbanos, adaptando a este fin toda la literatura que se edita por cuenta del estado, por cuenta de los partidos zaristas y burgueses, nosotros podemos y debemos emplear nuestro poder en el sentido de convertir realmente al obrero urbano en el portador de las ideas comunistas al seno del proletariado agrícola.

He dicho «comunistas» y me apresuro a exponer algunas reservas, temiendo que esto dé origen a alguna confusión, o sea, entendido de un modo demasiado directo. De ninguna manera debe interpretarse esto como si debiéramos llevar inmediatamente al campo las ideas pura y exclusivamente comunistas. Mientras no tengamos en el campo una base material para el comunismo, hasta entonces, eso resultaría, podemos afirmarlo, perjudicial e incluso funesto para el comunismo.

No. Hay que comenzar por establecer relaciones entre la ciudad y el campo, sin proponerse, desde luego, como objetivo premeditado implantar el comunismo en el campo. Esta finalidad no puede ser alcanzada ahora, sería extemporánea. Proponerse tal objetivo ocasionaría daño en lugar de beneficio.

Nuestra obligación y una de las tareas fundamentales de la clase obrera, que se halla en el poder, es establecer relaciones entre los obreros de la ciudad y los trabajadores del campo, establecer una forma de alianza que pueda ser creada con facilidad entre ellos. Para esto hay que fundar una serie de asociaciones (del partido, sindicales y particulares) integradas por los obreros de las fábricas y de las empresas, las cuales se planteen como finalidad sistemática la ayuda al campo en su desarrollo cultural.

¿Lograremos «adscribir» todas las células urbanas a todas las del campo, con el fin de que cada célula de obreros «adscrita» a la célula correspondiente del campo se ocupe sistemáticamente, en cada momento y en cada caso, de satisfacer tal o cual demanda cultural de la célula patrocinada? ¿O, tal vez, se encontrarán otras formas de relación? Aquí, en este punto, me limito a plantear la cuestión para llamar a ella la atención de los camaradas e indicarles la experiencia que se tiene en la Siberia Occidental (sobre esta experiencia me ha puesto al corriente el camarada Jodorovski) y con el fin de destacar en toda su magnitud este gigantesco problema cultural de importancia histórico–mundial.

No hacemos casi nada para el campo, aparte de lo que dispone nuestro presupuesto oficial o aparte de nuestras relaciones oficiales. Es cierto que las relaciones culturales entre la ciudad y el campo adquieren en nuestro país de por sí, inevitablemente, un carácter distinto. Bajo el capitalismo la ciudad daba al campo aquello que le degradaba política, económica, moral y físicamente, etcétera. La ciudad ahora, por sí misma, comienza a dar al campo algo totalmente distinto. Pero todo ello se hace precisamente por sí solo, espontáneamente, mientras que todo eso puede ser aumentado (y también multiplicado luego cientos de veces) aportando a esta labor conciencia, regularidad y sistema.

Solo comenzaremos a avanzar (pero entonces comenzaremos, sin ninguna duda, a avanzar cien veces más rápidamente) cuando sometamos a estudio esta cuestión y empecemos a fundar toda clase de asociaciones obreras — evitando por todos los medios su burocratización— con el fin de plantearla, discutirla y llevarla a la práctica.

2 de enero de 1923

Fuente: V.I. Lenin: «Carta al Congreso; Sobre la concesión de funciones legislativas al Gosplan; Acerca del problema de las nacionalidades o sobre la "autonomización"; Páginas del diario», en *Obras escogidas* en tres tomos, t. III, Editorial Progreso, Moscú, 1970, pp. 756–777.

Sobre la cooperación*

I

Me parece que no prestamos atención suficiente a la cooperación. Es poco probable que todos comprendan que ahora, a partir de la Revolución de Octubre e independientemente de la NEP (por el contrario, en este sentido habría que decir: precisamente gracias a la NEP), la cooperación adquiere en nuestro país una importancia verdaderamente extraordinaria. En los sueños de los viejos cooperadores hay mucha fantasía. A menudo resultan cómicos por lo fantásticos. Pero ¿en qué consiste su carácter fantástico? En que la gente no comprende la importancia fundamental, esencial, de la lucha política de la clase obrera por derrocar el dominio de los explotadores. Ahora es ya un hecho ese derrocamiento, y mucho de lo que parecía fantástico, incluso romántico y hasta trivial en los sueños de los viejos cooperadores, se convierte en una realidad sin artificios.

En efecto, siendo la clase obrera dueña del poder del Estado y perteneciendo a este poder estatal todos los medios de producción, en realidad solo nos queda la tarea de organizar a la población en cooperativas. Consiguiendo la máxima organización de la población en cooperativas, llega por sí mismo a su objetivo aquel socialismo que antes despertaba burlas justificadas, sonrisas y una actitud de desprecio por parte de quienes estaban convencidos, y con razón, de la necesidad de la lucha de clases, de la lucha por el poder político, etcétera. Ahora bien, no todos los camaradas se dan cuenta

---

*   Publicado por primera vez los días 26 y 27 de mayo de 1923 en *Pravda*, Nᵒˢ. 115 y 116. Firmado: N. Lenin.

Sobre la cooperación **309**

de la importancia gigantesca e inconmensurable que adquiere ahora para nosotros la organización cooperativa en Rusia. Con la NEP hicimos una concesión al campesino en su calidad de comerciante, una concesión al principio del comercio privado; precisamente de ello emana (al contrario de lo que algunos creen) la gigantesca importancia de la cooperación. En el fondo, todo lo que necesitamos es organizar en cooperativas a la población rusa en un grado suficientemente amplio y profundo, durante la dominación de la NEP, pues ahora hemos encontrado el grado de conjugación de los intereses privados, de los intereses comerciales privados, los métodos de su comprobación y control por el Estado, el grado de su subordinación a los intereses generales, lo que antes constituyó el escollo para muchos socialistas. En efecto, todos los grandes medios de producción en poder del Estado y el poder del Estado en manos del proletariado; la alianza de este proletariado con millones y millones de pequeños y muy pequeños campesinos; el asegurar la dirección de los campesinos por el proletariado, etcétera, ¿acaso no es esto todo lo que se necesita para edificar la sociedad socialista completa partiendo de la cooperación, y nada más que de la cooperación, a la que antes motejábamos de mercantilista y que ahora, bajo la NEP, merece también, en cierto modo, el mismo trato; ¿acaso no es esto todo lo imprescindible para edificar la sociedad socialista completa? Eso no es todavía la edificación de la sociedad socialista, pero sí todo lo imprescindible y lo suficiente para esta edificación.

Pues bien, esta circunstancia es subestimada por muchos de nuestros militantes dedicados al trabajo práctico. Entre nosotros se siente menosprecio por la cooperación, sin comprender la excepcional importancia que tiene, en primer lugar, desde el punto de vista de los principios (la propiedad sobre los medios de producción en manos del Estado); en segundo lugar, desde el punto de vista del paso a un nuevo orden de cosas por el camino más *sencillo, fácil y accesible para el campesino*.

Y en esto, una vez más, reside lo esencial. Una cosa es fantasear sobre toda clase de asociaciones obreras para la construcción del socialismo y otra es aprender en la práctica a construir ese socialismo, de tal modo que *cada* pequeño campesino pueda colaborar en esa construcción. A ese peldaño hemos llegado ahora. Y es indudable que, una vez alcanzado, lo hemos aprovechado muy poco.

Al pasar a la NEP nos hemos excedido, no en el sentido de haber dedicado demasiado lugar al principio de la industria y del comercio libres, sino nos hemos excedido, al pasar a la NEP, en el sentido de que nos hemos olvidado de la cooperación, no la estimamos ahora lo suficiente y hemos comenzado ya a olvidar su gigantesca importancia en los dos aspectos de su significación arriba indicados.

Me propongo ahora conversar con el lector sobre lo que puede y debe hacerse prácticamente ahora mismo, partiendo de ese principio «cooperativista». ¿Con qué recursos se puede y se debe comenzar a desarrollar hoy ese principio «cooperativo» de tal modo que para todos y cada uno sea evidente su significado socialista?

Es necesario organizar políticamente la cooperación de suerte que no solo disfrute en todos los casos de ciertas ventajas, sino que estas sean de índole puramente material (el tipo de interés bancario, etcétera). Es necesario conceder a la cooperación créditos del Estado que superen aunque sea un poco a los concedidos a las empresas privadas, elevándolos incluso hasta el nivel de los créditos destinados a la industria pesada, etcétera.

Todo régimen social surge exclusivamente con el apoyo financiero de una clase determinada. Huelga recordar los centenares y centenares de millones de rublos que costó el nacimiento del «libre» capitalismo. Ahora debemos comprender, para obrar en consecuencia, que el régimen social al que en el presente debemos prestar un apoyo extraordinario es el régimen cooperativo. Pero hay que apoyarlo en el verdadero sentido de la palabra, es decir, no basta con entender por tal apoyo la ayuda prestada a cualquier intercambio cooperativo, sino que por tal apoyo hay que entender el prestado a un intercambio cooperativo en el que *participen efectivamente verdaderas masas de la población*. Concederle una prima al campesino que participe en el intercambio cooperativo es, sin duda, una forma acertada, pero, al mismo tiempo, hace falta comprobar esa participación hasta qué grado es consciente y valiosa; en esto radica la clave de la cuestión. Cuando un cooperador llega a una aldea y organiza allí una tienda cooperativa, la población, hablando estrictamente, no participa en ello para nada, pero, al mismo tiempo y guiada por su propio interés, se apresurará a intentar participar en ello.

Esta cuestión tiene también otro aspecto. Nos queda muy poco por hacer, desde el punto de vista de un europeo «civilizado» (ante todo, que sepa

Sobre la cooperación **311**

leer y escribir), para que la población entera participe, y no de una manera pasiva, sino activa, en las operaciones de las cooperativas. Propiamente hablando nos queda «*solo*» una cosa: elevar a nuestra población a tal grado de «civilización», que comprenda todas las ventajas de la participación de todos en las cooperativas, y que organice esta participación. «Solo» eso. No necesitamos ahora ninguna otra clase de sabiduría para pasar al socialismo. Mas, para realizar ese «solo», es necesaria toda una revolución, toda una etapa de desarrollo cultural de la masa del pueblo. Por lo mismo, nuestra norma debe ser: la menor cantidad posible de elucubraciones y la menor cantidad de artificios. En este sentido la NEP representa ya un progreso, pues se adapta al nivel del campesino más corriente y no le exige nada superior. Mas para lograr, por medio de la NEP, que tome parte en las cooperativas el conjunto de la población, se necesita toda una época histórica. Esta época podemos recorrerla, en el mejor de los casos, en uno o dos decenios. Pero será una época histórica especial, y sin pasar por esta época histórica, sin lograr que todos sepan leer y escribir, sin un grado suficiente de comprensión, sin acostumbrar en grado suficiente a la población a la lectura de libros y sin una base material para ello, sin ciertas garantías, digamos, contra las malas cosechas, contra el hambre, etcétera, sin eso no podemos alcanzar nuestro objetivo. Toda la cuestión reside ahora en saber combinar ese impulso revolucionario, ese entusiasmo revolucionario, que ya hemos revelado con suficiente amplitud y lo hemos coronado con el éxito completo, en saber combinarlo con la capacidad de ser (aquí estoy casi dispuesto a decirlo) un mercader inteligente e instruido, lo que basta en absoluto para ser un buen cooperador. Por capacidad para ser un mercader, entiendo el saber ser un mercader culto. Que lo recuerden bien los rusos o simplemente los campesinos, quienes creen que puesto que comercian, ya saben ser comerciantes. Esto es completamente equivocado. Comercian, pero de eso a saber ser un comerciante culto hay mucha distancia. Ahora comercian al estilo asiático, mientras que para saber ser comerciante se debe comerciar al estilo europeo. Y de esto los separa toda una época.

Termino: hay que conceder una serie de privilegios económicos, financieros y bancarios a la cooperación; en esto debe consistir el apoyo prestado por nuestro estado socialista al nuevo principio de organización de la población. Pero con ello el problema solo está planteado en líneas generales, puesto que aún queda indeterminado y sin puntualizar detalladamente el aspecto práctico del problema, es decir, hay que saber encontrar la forma de las «primas» (y las condiciones para su entrega) que concederemos por el trabajo realizado en pro de la cooperación, la forma de las primas que nos permita prestar una ayuda suficiente a las cooperativas, la forma de las «primas» que nos permita preparar cooperadores cultos. Ahora bien, cuando los medios de producción pertenecen a la sociedad, cuando es un hecho el triunfo de clase del proletariado sobre la burguesía, el régimen de los cooperadores cultos es el régimen socialista.

4 de enero de 1923.

II

Siempre que he escrito algo acerca de la Nueva Política Económica, he citado mi artículo de 1918 sobre el capitalismo de estado.[1] Esto, en más de una ocasión, despertó dudas entre algunos camaradas jóvenes. Pero sus dudas giraban sobre todo en torno a cuestiones políticas abstractas.

Creían que no se debía calificar de capitalismo de Estado a un régimen en el que los medios de producción pertenecen a la clase obrera y en el que esta es dueña del poder estatal. Sin embargo, no se daban cuenta de que yo utilizaba el calificativo de «capitalismo de Estado», en *primer lugar*, para establecer el enlace histórico de nuestra posición actual con la posición ocupada en mi polémica dirigida contra los llamados comunistas de izquierda; y también demostré ya entonces que el capitalismo de Estado sería superior a nuestra economía de hoy; lo importante para mí era establecer la continuidad entre el habitual capitalismo de Estado y aquel extraordinario, incluso plenamente extraordinario, capitalismo de Estado, al que me referí al introducir al lector en la Nueva Política Económica. *En segundo lugar*, para mí siempre fue de gran importancia el objetivo práctico. Y el objetivo práctico de nuestra Nueva Política Económica consistía en la obtención de concesiones; concesiones que, sin duda alguna, en nuestras condiciones, serían ya un tipo puro de capitalismo de Estado. He aquí en qué aspecto trataba yo la cuestión del capitalismo de Estado.

Pero existe además otro aspecto de la cuestión, por el cual podríamos necesitar el capitalismo de Estado o, por lo menos, trazar un paralelo con este. Se trata de la cooperación.

Es indudable que la cooperación, en las condiciones del Estado capitalista, representa una institución capitalista colectiva. Tampoco hay duda de que en las condiciones de nuestra actual realidad económica, cuando unimos las empresas capitalistas privadas —pero no de otro modo que sobre la base de la tierra socializada y bajo el control del poder del Estado, perteneciente a la clase obrera— con las empresas de tipo consecuentemente socialista (cuando tanto los medios de producción como el suelo en que se halla enclavada la empresa y toda ella en su conjunto pertenecen al Estado), surge la cuestión de un tercer tipo de empresas, que anteriormente no eran independientes desde el punto de vista de su importancia de principios, a saber: las empresas cooperativas. En el capitalismo privado, las empresas cooperativas se diferencian de las empresas capitalistas, como las empresas colectivas se diferencian de las privadas. En el capitalismo de Estado, las empresas cooperativas se diferencian de las empresas capitalistas de Estado, en primer lugar, en que son empresas privadas y, en segundo lugar, en que son empresas colectivas. Bajo nuestro régimen actual, las empresas cooperativas se diferencian de las empresas capitalistas privadas por ser empresas colectivas, pero no se diferencian de las empresas socialistas, siempre y cuando que se basen en una tierra y empleen unos medios de producción pertenecientes al Estado, es decir, a la clase obrera.

Esta circunstancia no la tomamos suficientemente en cuenta cuando discutimos sobre la cooperación. Se olvida que la cooperación adquiere en nuestro país, debido a la peculiaridad de nuestro régimen político, una importancia verdaderamente excepcional. Si dejamos a un lado las concesiones, que, por cierto, no han alcanzado en nuestro país un desarrollo importante, bajo nuestras condiciones, a cada paso, la cooperación coincide plenamente con el socialismo.

Explicaré mi idea: ¿En qué consiste el carácter fantástico de los planes de los viejos cooperativistas, comenzando por Roberto Owen? En que soñaban con la transformación pacífica de la sociedad de entonces mediante el socialismo, sin tener en cuenta cuestiones tan fundamentales como la lucha de clases, la conquista del poder político por la clase obrera, el derrocamiento de la dominación de la clase de los explotadores. Y por eso, tenemos razón al considerar ese socialismo «cooperativista» como una pura fantasía, algo romántico y hasta trivial por sus sueños de transformar, mediante el simple agrupamiento

314 Vladimir Ilich Lenin: Textos escogidos

de la población en cooperativas, a los enemigos de clase en colaboradores de clase, y la guerra de clases en paz de clases (la llamada paz civil).

Indudablemente, desde el punto de vista de nuestro planteamiento de la tarea fundamental en la actualidad, nosotros teníamos razón, ya que sin la lucha de clases por el poder político del Estado el socialismo no puede ser realizado.

Pero fijaos cómo ha cambiado ahora la cuestión, una vez que el poder del Estado se halla en manos de la clase obrera, una vez que el poder político de los explotadores ha sido derrocado y todos los medios de producción (excepto aquellos que el Estado obrero, voluntaria y bajo de determinadas condiciones, da por cierto tiempo en concesión a los explotadores) están en manos de la clase obrera.

Ahora tenemos el derecho de afirmar que para nosotros, el simple desarrollo de la cooperación se identifica (salvo la «pequeña» excepción indicada más arriba) con el desarrollo del socialismo, y al mismo tiempo nos vemos obligados a reconocer el cambio radical producido en todo nuestro punto de vista sobre el socialismo. Ese cambio radical consiste en que antes poníamos y debíamos poner el centro de gravedad en la lucha política, en la revolución, en la conquista del poder, etcétera. Mientras que ahora el centro de gravedad cambia hasta desplazarse hacia la labor pacífica de organización «cultural». Y estoy dispuesto a decir que el centro de gravedad se trasladaría en nuestro país a la obra de cultura, si no fuera por las relaciones internacionales, si no fuera a causa de tener que luchar por nuestras posiciones en escala internacional. Pero si dejamos esa cuestión a un lado y nos limitamos a nuestras relaciones económicas interiores, en realidad, el centro de gravedad del trabajo se reduce hoy a la obra cultural.

Ante nosotros se plantean dos tareas principales, que representan toda una época. Una es la tarea de rehacer nuestro aparato, que ahora no sirve para nada en absoluto y que tomamos íntegramente de la época anterior; no hemos conseguido rehacerlo seriamente en cinco años de lucha y no podíamos conseguirlo. La segunda de nuestras tareas consiste en nuestra labor cultural entre los campesinos. Y esta labor cultural entre los campesinos persigue precisamente como objetivo económico la organización de cooperativas. Si pudiéramos organizar en las cooperativas a toda la población, ya estaríamos con ambos pies en el suelo socialista. Pero esta condición, la de organizar a toda la población en cooperativas, lleva aparejada en sí tal grado de cultura de los campesinos (precisamente de los campesinos, como de una inmensa masa), que esa completa cooperación es imposible sin toda una revolución cultural.

Nuestros adversarios nos han dicho más de una vez que emprendemos una obra descabellada al implantar el socialismo en un país de insuficiente cultura. Pero se equivocaron al afirmar que comenzamos no en el orden en que se debía según la teoría (de toda clase de pedantes), y que en nuestro país la revolución política y social precedió a la revolución cultural, a esa revolución cultural ante la cual, a pesar de todo, nos encontramos ahora.

Hoy nos es suficiente esta revolución cultural para llegar a convertimos en un país completamente socialista, pero esa revolución cultural presenta increíbles dificultades para nosotros, tanto en el aspecto puramente cultural (pues somos analfabetos) como en el aspecto material (pues para ser cultos es necesario un cierto desarrollo de los medios materiales de producción, se precisa cierta base material).

6 de enero de 1923.

Fuente: V.I. Lenin: «Sobre la Cooperación», en Obras escogidas en tres tomos, t. III, Editorial Progreso, Moscú, 1970, pp. 778–785.

Cómo tenemos que reorganizar la Inspección Obrera y Campesina*
(Proposición al XII Congreso del Partido)[1]

Está fuera de duda que la Inspección Obrera y Campesina representa para nosotros una enorme dificultad y esta no ha sido resuelta hasta ahora. Creo que no tienen razón los camaradas que resuelven esta dificultad negando la utilidad o la necesidad de la Inspección obrera y campesina. Pero, al mismo tiempo, no niego que el problema de nuestro aparato estatal y de su perfeccionamiento es un problema muy difícil, que dista mucho de estar solucionado y que es, a la par, una cuestión extraordinariamente importante.

Nuestro aparato estatal, excepto el Comisariado de Negocios Extranjeros, en grado máximo representa una supervivencia del viejo aparato, que ha sufrido cambios más o menos serios en el menor grado. Solo ha sido ligeramente retocado en la superficie, pero en todos los demás aspectos representa lo más típicamente viejo de nuestro viejo aparato estatal. Pues bien, para encontrar el medio de renovarlo verdaderamente es preciso dirigirse, a mi parecer, a la experiencia de nuestra guerra civil.

¿Cómo hemos procedido en los momentos de mayor riesgo en la guerra civil?

Concentramos las mejores fuerzas del partido en el Ejército Rojo; recurrimos a la movilización de nuestros mejores obreros; nos dirigimos en busca de nuevas fuerzas allí en donde se encuentran las más profundas raíces de nuestra dictadura.

---

* Publicado el 25 de enero de 1923 en el núm. 16 de *Pravda*.

Cómo tenemos que reorganizar la Inspección Obrera y Campesina   **317**

En este sentido es en el que, estoy convencido de ello, tenemos que buscar la fuente para reorganizar la Inspección Obrera y Campesina. Yo propongo a nuestro XII Congreso del Partido que adopte el siguiente plan para esta reorganización, plan basado en la ampliación peculiar de nuestra Comisión Central de Control.

El Pleno del CC de nuestro partido ha revelado ya su tendencia a desarrollarse en una especie de Conferencia Superior del Partido. El Pleno, por término medio, se reúne no más de una vez cada dos meses, pero el trabajo corriente en nombre del CC, como es sabido, corre a cargo de nuestro Buró Político, de nuestro Buró de Organización, de nuestro Secretariado, etcétera. Yo creo que debemos terminar este camino que así hemos emprendido y transformar definitivamente los plenos del CC en conferencias superiores del partido, que se reunirán una vez cada dos meses, y en las que tomará parte la Comisión Central de Control. Y esta Comisión Central de Control se unirá, en las condiciones que se expresan a continuación, con la parte fundamental de la Inspección Obrera y Campesina reorganizada.

Yo propongo al Congreso que, entre los obreros y los campesinos, elija de 75 a 100 nuevos miembros para la Comisión Central de Control (doy las cifras, desde luego, a bulto). Los elegidos deben ser sometidos al mismo examen, desde el punto de vista del partido, que los miembros ordinarios del CC, ya que deberán gozar de los mismos derechos que estos.

Por otra parte, la Inspección Obrera y Campesina debe contar en total con 300 o 400 empleados, particularmente probados en lo que se refiere a honradez y al conocimiento de nuestro aparato estatal, y también deben haber sufrido un examen especial en lo referente al conocimiento de las bases de la organización científica del trabajo en general y, en particular, del trabajo administrativo, de oficina, etcétera.

A mi entender, esta fusión de la Inspección Obrera y Campesina con la Comisión Central de Control será beneficiosa para ambas instituciones. Por una parte, la Inspección Obrera y Campesina adquirirá de este modo una autoridad tan alta, que, por lo menos, estará a no menor altura que nuestro Comisariado del Pueblo de Negocios Extranjeros. Por otra parte, nuestro CC, conjuntamente con la Comisión Central de Control, marchará definitivamente por el camino de la transformación en Conferencia Superior del Partido, camino por el que, en realidad, marcha ya y por el que debe

318   Vladimir Ilich Lenin: Textos escogidos

marchar hasta el final para, en dos sentidos, cumplir acertadamente su misión: en el sentido de la planificación, conveniencia y sistematización de *su* organización y trabajo, y en el sentido de relacionarse con masas realmente amplias a través de nuestros mejores obreros y campesinos.

Preveo una objeción, que puede partir directa o indirectamente de las esferas que hacen que nuestro aparato sea viejo, es decir, de los partidarios de conservarlo en forma que se asemeja hasta lo imposible, hasta lo indigno, a la de antes de la revolución, y que aún conserva en el presente (dicho sea de paso, ahora hemos tenido ocasión, bastante rara en la historia, de fijar los plazos indispensables para realizar reformas sociales radicales, y vemos ahora claramente *qué* es lo que puede hacerse en cinco años y para qué necesitamos plazos mucho más largos).

Esta objeción consiste en que, según pretenden, de la transformación por mí propuesta no resultará más que un caos. Los miembros de la Comisión Central de Control vagarán por todos los organismos sin saber a dónde ir, para qué y a quién dirigirse, llevando a todas partes la desorganización, distrayendo a los empleados de su trabajo habitual, etcétera, etcétera.

Creo que el malintencionado origen de esta objeción es hasta tal punto evidente que ni siquiera exige respuesta. Cae de su peso que tanto el *Presidium* de la Comisión Central de Control como el Comisario del Pueblo de la Inspección Obrera y Campesina y su Consejo (y también, en los casos correspondientes, nuestro Secretariado del CC) necesitarán más de un año de tenaz trabajo para organizar como es debido su Comisariado del Pueblo y su trabajo conjunto con la Comisión Central de Control. El Comisario del Pueblo de la Inspección Obrera y Campesina, a mi juicio, puede seguir existiendo como tal Comisario (y debe seguir existiendo), así como todo el Consejo, manteniendo bajo su dirección el trabajo de toda la Inspección Obrera y Campesina, incluyendo a todos los miembros de la Comisión Central de Control, los cuales deberán considerarse como «puestos a sus órdenes». Los 300 o 400 empleados de la Inspección Obrera y Campesina que queden, según mi plan, desempeñarán, por una parte, exclusivamente funciones de secretarios de los otros miembros de la Inspección Obrera y Campesina y de los miembros suplementarios de la Comisión Central de Control, y, por otra parte, deberán poseer una alta capacitación, estar especialmente probados y ser particularmente seguros, recibiendo sueldos elevados que los libren por completo de la actual situación, realmente lamentable (por no decir algo aún peor) de funcionarios de la Inspección Obrera y Campesina.

Estoy seguro de que la reducción del número de empleados hasta la cifra que he indicado mejorará muchísimo tanto la calidad de los funcionarios de la Inspección Obrera y Campesina como la de todos los trabajos, permitiendo, al mismo tiempo, al Comisario del Pueblo y a los miembros del Consejo concentrar toda su atención en la organización del trabajo y en la elevación sistemática y constante de la calidad de este, elevación que representa una absoluta necesidad para el poder obrero y campesino y para nuestro régimen soviético.

Por otro lado, también pienso que el Comisario del Pueblo de la Inspección Obrera y Campesina tendrá que trabajar, en parte, en la fusión, y, en parte, en la coordinación de los institutos superiores para la organización del trabajo, de los que hay en la República no menos de 12 (Instituto Central del Trabajo, Instituto de Organización Científica del Trabajo, etcétera). La uniformidad excesiva y la tendencia a la fusión que de esto se desprende serán perjudiciales. Por el contrario, es preciso encontrar un término medio sensato y conveniente entre la fusión de todos estos organismos en uno solo y una acertada delimitación a condición de que cada uno de ellos goce de cierta independencia.

No cabe duda de que con esta transformación ganará nuestro propio CC no menos que la Inspección Obrera y Campesina; ganará en el sentido de su ligazón con las masas, así como en el sentido de la regularidad y la eficacia de su trabajo. Entonces se podrá (y se deberá) implantar un orden más severo y de mayor responsabilidad en la preparación de las sesiones del Buró Político, a las que deberá asistir un determinado número de miembros de la Comisión Central de Control, siendo designados estos o bien por un cierto período o de acuerdo con un cierto plan de organización.

El Comisario del Pueblo de la Inspección Obrera y Campesina, con el *Presidium* de la Comisión Central de Control, establecerán una distribución del trabajo entre sus miembros, desde el punto de vista de la obligación de estos de asistir al Buró Político y de comprobar todos los documentos que, de uno u otro modo, deberán ser sometidos al examen de este, o bien desde el punto de vista de la obligación de dedicar su jornada de trabajo a la preparación teórica, al estudio de la organización científica del trabajo, o desde el punto de vista de su obligación de participar prácticamente en el control y perfeccionamiento de nuestro aparato estatal, comenzando por los organismos superiores y terminando por los organismos locales inferiores, etcétera.

Yo pienso asimismo que, además de la ventaja política de que los miembros del CC y los miembros de la Comisión Central de Control, debido a esta reforma, estarán mucho más enterados, mejor preparados para las sesiones del Buró político (todos los documentos referentes a las sesiones deben llegar a manos de todos los miembros del CC y de la Comisión Central de Control, a más tardar, 24 horas antes de la reunión del Buró político, salvo los casos que no admiten dilación alguna, casos que requieren un orden especial para poner las cosas en conocimiento de los miembros del CC y de la Comisión Central de Control y una forma especial para resolverlos), se debe mencionar también la ventaja de que en nuestro CC disminuirá la influencia de circunstancias puramente personales y casuales, disminuyendo así el peligro de una escisión.

Nuestro CC está constituido como un grupo rigurosamente centralizado y de alta autoridad, pero la labor de este grupo no está encuadrada dentro de condiciones que correspondan a su autoridad. A ello ha de ayudar la reforma que propongo, y los miembros de la Comisión Central de Control, que, en número determinado, deben asistir a cada reunión del Buró político, tienen que formar un grupo compacto, el cual, «sin reparar en personas», deberá cuidar que ninguna autoridad, ni la del secretario general, ni la de cualquier otro miembro del CC, pueda impedirle interpelar, controlar documentos y, en general, ponerse absolutamente al corriente de todos los asuntos y que estos sean llevados con la más severa escrupulosidad.

Naturalmente, en nuestra República Soviética, el régimen social se basa en la colaboración de dos clases, los obreros y los campesinos, colaboración en la que ahora se admiten también, bajo ciertas condiciones, los «népmanes», es decir, la burguesía. En el caso de que surgiesen serias divergencias de clase entre ellas, la escisión sería entonces inevitable; pero nuestro régimen social no encierra en sí los motivos necesarios de la inevitabilidad de esta escisión, y la misión principal de nuestro Comité Central y de la Comisión Central de Control, así como de nuestro partido en su conjunto, consiste en vigilar cuidadosamente las circunstancias por las que puede originarse una escisión y prevenirlas, porque, en resumidas cuentas, los destinos de nuestra República dependerán del hecho de que la masa campesina marche unida a la clase obrera, conservando la fidelidad a la alianza con esta, o si permitirá a los «népmanes», es decir, a la nueva burguesía, desligarla de los obreros, separarla de ellos. Cuanto mayor sea la claridad con que veamos estos dos desenlaces, cuanto más evidentemente lo comprendan todos nuestros obreros y campesinos, tanto mayores serán las probabilidades de poder evitar la escisión, la cual sería funesta para la República Soviética.

23 de enero de 1923.

Fuente: V.I. Lenin: «Cómo tenemos que reorganizar la Inspección Obrera y Campesina», en *Obras escogidas* en tres tomos, t. III, Editorial Progreso, Moscú, 1970, pp. 790–794.

Más vale poco y bueno*

Por lo que se refiere al mejoramiento de nuestro aparato estatal, la Inspección Obrera y Campesina, a mi entender, no debe afanarse por la cantidad ni apresurarse. Hemos tenido hasta ahora tan poco tiempo para reflexionar y ocuparnos de la calidad de nuestro aparato estatal, que sería legítimo cuidar de que su preparación fuese especialmente seria, preocuparnos de concentrar en la Inspección Obrera y Campesina un material humano de una calidad realmente moderna, es decir, que no esté atrasado en relación con los mejores modelos de la Europa Occidental. Desde luego, esta es una condición harto modesta para una república socialista. Pero los primeros cinco años nos han llenado la cabeza de no poca desconfianza y escepticismo. Nosotros, involuntariamente, estamos inclinados a dejarnos influir por esta desconfianza y escepticismo frente a aquellos que excesiva y ligeramente hablan sin ton ni son, por ejemplo, de la cultura «proletaria»: para empezar nos bastaría una verdadera cultura burguesa, para empezar nos bastaría saber prescindir de los tipos más caracterizados de cultura preburguesa, es decir, de una cultura burocrática, feudal, etcétera. En los problemas de cultura lo más perjudicial es la prisa y el querer abarcarlo todo. Muchos de nuestros jóvenes literatos y comunistas deberían grabar esto en su memoria.

Pues bien, en lo que se refiere al problema del aparato estatal debemos sacar ahora de la experiencia anterior la conclusión de que sería mejor ir más despacio.

Nuestro aparato estatal se encuentra en un estado tan lamentable, por no decir detestable, que primero debemos reflexionar profundamente en la

---

*   Publicado el 4 de marzo de 1923 en el núm. 49 de *Pravda*.

manera de luchar contra sus deficiencias, recordando que las raíces de estas se hallan en el pasado, el cual, a pesar de haber sido subvertido, no ha desaparecido por completo, no ha quedado en la fase de una cultura perteneciente a tiempos remotos. Si planteo aquí la cuestión de la cultura es porque en estas cosas debe considerarse como logrado solo aquello que ha entrado en la cultura, en la vida diaria, en las costumbres. Y entre nosotros se puede decir que lo que hay de bueno en la organización social no ha sido meditado a fondo, no ha sido comprendido ni sentido, ha sido tomado al vuelo, no ha sido comprobado, ni ensayado, ni confirmado por la experiencia, ni consolidado, etcétera. Naturalmente, tampoco podía ser de otro modo en una época revolucionaria y dada la rapidez vertiginosa del desarrollo que en cinco años nos ha llevado del zarismo al régimen soviético.

Es preciso entrar en razón a tiempo. Es preciso penetrarse de salvadora desconfianza con respecto a un movimiento de avance atropellado, con respecto a toda jactancia, etcétera. Es preciso pensar en la comprobación de cada paso de avance que a cada hora proclamamos, que a cada minuto damos y cuya poca firmeza, cuya poca solidez y comprensibilidad demostramos luego a cada segundo. Lo más perjudicial en este caso sería la prisa. Lo más nocivo sería contar que sabemos algo, aunque sea poco, o pensar que hay algo entre nosotros, un número considerable de elementos para la organización de un aparato realmente nuevo, que en verdad merezca el nombre de socialista, de soviético, etcétera.

No, en nuestro país, tal aparato e incluso el número de elementos que lo forman mueve a risa por lo reducido, y debemos tener presente que para crearlo no hay que escatimar el tiempo y que es preciso emplear muchos, muchos, muchísimos años.

¿Qué elementos poseemos para crear este aparato? Solamente dos: en primer lugar los obreros entusiasmados por la lucha en pro del socialismo. Estos elementos no están lo suficientemente instruidos. Querrían darnos un aparato mejor, pero no saben cómo hacerlo. No pueden hacerlo. Hasta ahora no han alcanzado el desarrollo, la cultura indispensable para ello. Y para esto hace falta precisamente cultura. En este sentido no se puede hacer nada de súbito, por asalto, con viveza o energía, o con cualquier otra de las mejores cualidades humanas. En segundo lugar, poseemos unos conocimientos, una educación, una instrucción, que son risibles por lo escasos en comparación con todos los demás Estados.

Y en este sentido no hay que olvidar que estamos aún demasiado inclinados a compensar estos conocimientos (o a creernos que podemos compensarlos) con el celo, la precipitación, etcétera.

Para renovar nuestro aparato estatal tenemos que fijarnos a toda costa como tarea: primero, estudiar, segundo, estudiar, tercero, estudiar y después comprobar que la ciencia no quede reducida a letra muerta o a una frase de moda (cosa que, no hay por qué ocultarlo, ocurre con demasiada frecuencia entre nosotros), que la ciencia se convierta efectivamente en carne y sangre nuestra, que llegue a ser plena y verdaderamente un elemento integrante de la vida diaria. En una palabra, no tenemos que plantearnos las exigencias que se plantea la Europa Occidental burguesa, sino aquellas que son dignas y convenientes para un país que se propone desarrollarse para ser un país socialista.

En conclusión de todo lo expuesto: debemos hacer de la Inspección Obrera y Campesina, instrumento llamado a mejorar nuestro aparato, un organismo realmente modelo.

Para que pueda alcanzar la debida altura, es preciso atenerse a la regla: mide siete veces antes de cortar.

Para ello es preciso que lo que haya de verdaderamente mejor en nuestro régimen social sea aplicado a la creación del nuevo Comisariado del Pueblo con el máximo cuidado, reflexión y conocimiento.

Para ello es preciso que los mejores elementos de nuestro régimen social, a saber: los obreros avanzados, en primer lugar, y, en segundo lugar, los elementos realmente instruidos —por los cuales se puede responder de que ni confiarán en palabras, ni dirán una palabra contra su conciencia— no teman confesar cualquier dificultad ni teman lucha alguna para conseguir el fin que se han planteado seriamente.

Hace ya cinco años que estamos atareados con el mejoramiento de nuestro aparato estatal, ajetreando, pero este es precisamente tan solo un ajetreo que en cinco años no ha demostrado sino su ineficacia, e incluso su inutilidad y su nocividad. Como todo ajetreo, nos daba la impresión de trabajo, pero, en realidad, entorpecía nuestras instituciones y embrollaba nuestros cerebros.

Es preciso que, por fin, todo esto cambie.

Es preciso tener por norma: más vale poco en cantidad, pero bueno en calidad. Es preciso seguir la regla: más vale esperar dos o incluso tres años, que apresurarse, sin ninguna esperanza de conseguir un buen material humano.

Yo sé que esta norma será difícil de mantener y de aplicar a nuestra realidad. Sé que la norma contraria tratará de abrirse paso valiéndose de mil subterfugios. Sé que habremos de oponer una gigantesca resistencia y dar pruebas de una perseverancia diabólica, que en este sentido el trabajo será, por lo menos durante los primeros años, endemoniadamente ingrato; no obstante, estoy convencido de que solo por medio de este trabajo lograremos nuestro objetivo y que, únicamente después de haber conseguido este objetivo, crearemos una república realmente digna de ser llamada soviética, socialista, etcétera, etcétera.

Probablemente, muchos lectores habrán encontrado demasiado insignificantes las cifras que citaba como ejemplo en mi primer artículo.[1] Estoy seguro de que se podrían traer a cuento muchos cálculos para demostrar la insuficiencia de esas cifras. Pero yo creo que por encima de estos y de toda clase de cálculos tenemos que poner una cosa: el interés por una calidad verdaderamente modelo.

Considero que precisamente ahora, ha llegado, por fin, el momento en que debemos ocuparnos de nuestro aparato estatal como es debido, con toda seriedad, el momento en que quizá el rasgo más perjudicial en este trabajo sería el apresuramiento. Por esto, yo prevengo contra el aumento de esas cifras. Por el contrario, a juicio mío, en este caso es preciso ser comedidos en extremo con las cifras. Hablemos con franqueza. El Comisariado del Pueblo de la inspección Obrera y Campesina no goza actualmente ni de la más ligera sombra de prestigio. Todos saben que no hay una institución peor organizada que nuestra Inspección Obrera y Campesina y que en las condiciones actuales no podemos pedir nada a este Comisariado. Es preciso tener esto bien en cuenta, si verdaderamente queremos plantearnos la tarea de forjar al cabo de unos años una institución que, en primer lugar, debe ser modelo, en segundo lugar, debe inspirar a todos absoluta confianza y, en tercer lugar, debe demostrar a todos y a cada uno que realmente está justificada la labor de una institución tan alta como es la Comisión Central de Control. A mi entender, hay que desterrar en el acto e irrevocablemente toda clase de normas generales sobre el número de empleados. Tenemos que seleccionar a los empleados de la Inspección Obrera y Campesina de un modo especial y solo a base de pruebas rigurosísimas. En efecto, ¿qué objeto tendría crear un Comisariado del Pueblo en el cual el trabajo marchase de cualquier manera, sin inspirar la menor confianza una vez más, y en el cual la palabra gozase de una autoridad ínfima? Creo que nuestro principal objetivo, dado el género de reorganización que ahora nos proponemos, consiste en evitar esto.

Los obreros que promovamos como miembros de la Comisión Central de Control deben ser irreprochables como comunistas, y creo que debemos esforzarnos aún largo tiempo para enseñarles los métodos y las finalidades de su trabajo. Además, como auxiliares en este trabajo, deberá haber un número determinado de personal de secretaría, al cual se le exigirá pasar una triple prueba antes de designarlo para cada empleo. Por último, los funcionarios que decidamos colocar inmediatamente a título de excepción como empleados de la Inspección Obrera y Campesina, deben reunir las condiciones siguientes:

Primero, deben estar recomendados por varios comunistas; segundo, deben sufrir un examen sobre el conocimiento de nuestro aparato estatal; tercero, deben sufrir un examen sobre los conocimientos de los fundamentos teóricos de nuestro aparato estatal, sobre el conocimiento de las cuestiones esenciales de la ciencia administrativa, expedientes, etcétera; cuarto, deben trabajar bien compenetrados con los miembros de la Comisión Central de Control y con su Secretariado de tal manera que podamos responder el funcionamiento de todo este aparato en su conjunto.

Sé que estas exigencias presuponen condiciones sumamente severas y mucho me temo que la mayoría de los «prácticos» de la Inspección Obrera y Campesina las consideren irrealizables o las acojan con una sonrisa de desprecio. Pero yo pregunto a cualquiera de los actuales dirigentes de la Inspección Obrera y Campesina o de las personas que están en contacto con esta, si me pueden decir en conciencia qué necesidad hay, en la práctica, de un Comisariado del Pueblo como el de la Inspección Obrera y Campesina. Creo que esta pregunta les ayudará a encontrar el sentido de la medida. O no vale la pena ocuparse de una de esas reorganizaciones, de las que ya hemos tenido tantas, de algo tan desquiciado como la Inspección Obrera y Campesina, o es preciso plantearse de verdad la tarea de crear en un proceso lento, difícil y fuera de lo común, no sin recurrir a numerosas comprobaciones, algo realmente ejemplar, capaz de imponer respeto a todos y cada uno, y no solo porque los títulos y los rangos lo requieran.

Si no nos armamos de paciencia, si no dedicamos a esta obra unos cuantos años, más vale que no la acometamos en absoluto.

A juicio mío, de los establecimientos que en tanto número hemos creado ya —institutos superiores de trabajo, etcétera—, hay que elegir el mínimo, comprobar si están bien organizados y permitirles que continúen funcionando solo si están en realidad a la altura de la ciencia moderna y nos proporcionan todas las conquistas de esta. Entonces, no será utópico esperar que al cabo de unos años tengamos una institución capaz de cumplir su cometido, esto es: de trabajar sistemática e inflexiblemente, gozando de la confianza de la clase obrera, del Partido Comunista de Rusia y de toda la masa de la población de nuestra República, para mejorar nuestro aparato del Estado.

Desde ahora podrían empezarse ya los trabajos preparatorios con este fin. Si el Comisariado del Pueblo de la Inspección Obrera y Campesina estuviera de acuerdo con el plan de esta reorganización, podría comenzar enseguida a dar los pasos preliminares para trabajar de un modo sistemático, hasta llevarlo a completo término, sin apresurarse y sin renunciar a reformar lo que ya estaba hecho antes.

Toda decisión a medias en relación con esto sería en extremo perjudicial. Toda clase de normas de los empleados de la Inspección Obrera y Campesina que partiesen de cualquier otra consideración estarían, en el fondo, basadas en las antiguas consideraciones burocráticas, en los viejos prejuicios, en todo aquello que ha sido ya condenado, en lo que a todos mueve a risa, etcétera.

En esencia, el problema se plantea del modo siguiente:

O demostrar ahora que de veras hemos aprendido algo en orden a la construcción del Estado (no estaría mal aprender algo en cinco años), o bien demostrar que no estamos aún maduros para ello: y entonces no vale la pena iniciar la obra.

Yo creo que con el material humano de que disponemos no será falta de modestia suponer que hemos aprendido ya lo suficiente para reconstruir sistemáticamente aunque solo sea un Comisariado del Pueblo. Es cierto que este Comisariado del Pueblo debe determinar todo nuestro aparato estatal en su conjunto.

Anunciar inmediatamente un concurso para la redacción de dos o más manuales sobre la organización del trabajo en general y especialmente sobre el trabajo administrativo. Se puede tomar como base el libro de Ermanski[2] que ya tenemos, si bien este, dicho sea entre paréntesis, se distingue por su simpatía manifiesta al menchevismo y no sirve para componer un manual adecuado al Poder soviético. También se puede tomar como base el libro recientemente publicado de Kérzhentsev, y, por último, pueden ser útiles asimismo algunos de los materiales sobre distintos temas que tenemos.

Enviar algunas personas preparadas y concienzudas a Alemania o a Inglaterra para recoger bibliografía y hacer estudios sobre esta cuestión. Y digo a Inglaterra, en caso de que no fuera posible enviarlos a los EE.UU. o al Canadá.

Nombrar una comisión encargada de redactar un programa previo para los exámenes de los aspirantes a empleados de la Inspección Obrera y Campesina, así como para los aspirantes a miembros de la Comisión Central de Control.

Estos trabajos, y otros parecidos, claro está, no deberán entorpecer la labor del Comisario del Pueblo, ni de los miembros del Consejo de la Inspección Obrera y Campesina ni del *Presídium* de la Comisión Central de Control.

Paralelamente a esto habrá que designar una comisión preparatoria para la elección de los candidatos al cargo de miembros de la Comisión central de control. Espero que para este cargo podamos encontrar ahora más que suficientes aspirantes, tanto entre los colaboradores experimentados de todos los departamentos como entre los estudiantes de nuestras escuelas soviéticas. Es muy dudoso que sea justo excluir de antemano tal o cual categoría. Probablemente, será preferible para tal departamento un personal variado, en el cual tenemos que buscar numerosas cualidades reunidas, diferentes méritos unidos; por consiguiente, habrá que dedicarse a componer una lista de aspirantes. Por ejemplo, lo que menos sería de desear es que el nuevo Comisariado del Pueblo se constituyera según un patrón único, supongamos, del tipo de gente de carácter de burócrata, o bien con exclusión de personas del tipo de los agitadores, o excluyendo a personas cuyo rasgo distintivo es la sociabilidad o la facultad de penetrar en círculos no muy habituales para esta clase de colaboradores, etcétera.

[...]

Creo que expresaré del mejor modo mi pensamiento si comparo mi plan con las instituciones de tipo académico. Los miembros de la Comisión Central de Control, bajo la dirección de su *Presídium*, deberán trabajar de un modo sistemático en el examen de todos los papeles y documentos del Buró político. Al mismo tiempo, deberán distribuir con acierto su tiempo entre los diversos trabajos referentes al control de los expedientes en nuestros organismos, comenzando por los más pequeños y terminando con las instituciones superiores del Estado. Por último, entre sus tareas también figurará el estudio de la teoría, es decir, de la teoría de la organización de aquel trabajo al que se proponen dedicarse, así como los ejercicios prácticos bajo la dirección bien de viejos camaradas, bien de profesores de las escuelas superiores de organización del trabajo.

Pero yo creo que no tendrán que limitarse en modo alguno a esta clase de trabajos académicos. A la par de estos, deberán capacitarse para trabajos que me atrevería a llamar de preparación para la caza, no diré para la caza de granujas, pero sí para algo por el estilo, y de invención de estratagemas destinadas a disimular sus campañas, sus procedimientos, etcétera.

En las instituciones de Europa Occidental semejantes proposiciones darían lugar a una indignación inaudita, a un sentimiento de escándalo moral, etcétera, pero yo confío en que nosotros no nos hemos burocratizado hasta ese punto. Entre nosotros la NEP no ha tenido aún tiempo de adquirir una autoridad tal, como para sentimos agraviados por la idea de que se pretenda cazar a alguien. La edificación de nuestra República Soviética es cosa tan reciente y hay una cantidad tan enorme de morralla, que apenas se le ocurrirá a nadie sentirse ofendido ante la idea de que entre este montón de basura se puedan efectuar indagaciones mediante algunos ardides, con ayuda de investigaciones dirigidas a veces hacia fuentes bastante lejanas o por caminos bastante sinuosos; y si a alguien se le pasase esto por la cabeza, puede estar seguro de que todos nosotros nos reiríamos de él con todas nuestras ganas.

Confiamos que nuestra nueva Inspección Obrera y Campesina dejará de lado esa cualidad que los franceses llaman *pruderie* y que nosotros llamaríamos ridícula gazmoñería o petulancia ridícula, que, hasta el último extremo, hace el juego a toda nuestra burocracia, tanto de los Soviets como del partido. Dicho sea entre paréntesis, en nuestro país suele haber burocracia no solo en las instituciones de los Soviets, sino también en las del partido.

330 Vladimir Ilich Lenin: Textos escogidos

Si antes dije que debemos aprender y aprender en las escuelas superiores de organización del trabajo, etcétera, esto no significa, en modo alguno, que yo comprenda ese «aprendizaje» en una forma escolar o que me limite a la idea de enseñar solamente a lo escolar. Espero que ni un solo verdadero revolucionario vaya a sospechar que yo renuncio a entender por «aprendizaje» alguna jugada medio en broma, alguna astucia, artimaña o algo por el estilo. Yo sé que en un Estado occidental, ceremonioso y serio, esta sola idea provocaría verdadero horror y ningún funcionario respetable consentiría el discutirla. Pero confío en que no estamos aún burocratizados hasta ese punto y que entre nosotros la discusión de esta idea no puede originar más que risas.

Y en efecto, ¿por qué no unir lo útil a lo agradable? ¿Por qué no permitirnos una jugada en broma o medio en broma, para descubrir algo ridículo, algo dañino, algo medio ridículo, medio nocivo, etcétera?

Me parece que nuestra Inspección Obrera y Campesina ganará mucho si toma en cuenta estas consideraciones para su examen, y que la lista de los casos por los que nuestra Comisión Central de Control o sus colegas de la Inspección Obrera y Campesina han ganado algunas de sus victorias más brillantes se verá enriquecida en grado considerable con expediciones de nuestros futuros colaboradores de la Inspección Obrera y Campesina y de la Comisión Central de Control a lugares que no es muy decoroso mencionar en los respetables y ceremoniosos manuales.

[…]

¿Cómo se pueden fusionar las instituciones del partido con las de los Soviets? ¿No hay aquí algo inadmisible?

Planteo estas preguntas no en mi nombre, sino en el de aquellos a los que he aludido antes, al decir que hay burócratas no solo en nuestras instituciones de los Soviets, sino también en las del partido.

¿Por qué, pues, no fusionar las unas con las otras, si los intereses de la obra lo reclaman? ¿Acaso alguien no ha advertido alguna vez que en un Comisariado del Pueblo como el de Negocios Extranjeros semejante fusión reporta extraordinaria utilidad y es practicada desde su mismo nacimiento? ¿Acaso no se discuten en el Buró Político, desde el punto de vista de partido, muchos problemas, grandes y pequeños, sobre nuestras «maniobras», en respuesta a las «maniobras» de las potencias extranjeras, para evitar, por decirlo así, sus estratagemas, por no emplear una expresión menos decorosa? ¿No es acaso esta flexible unión de lo soviético con lo del partido una fuente de extraordinaria fuerza en nuestra política? Creo que lo que se ha justificado, lo que se ha consolidado en nuestra política exterior y ha penetrado ya en las costumbres de modo tal que no da lugar a dudas en este terreno, será adecuado por lo menos en la misma medida (y yo creo que será mucho más adecuado) en relación a todo nuestro aparato estatal. Y hay que tener en cuenta que la Inspección Obrera y Campesina ha sido precisamente consagrada a todo nuestro aparato estatal, y sus actividades deben abarcar a todas las instituciones del Estado sin ninguna excepción, tanto locales como centrales, tanto comerciales como puramente burocráticas, tanto de estudios como de archivos, teatrales, etcétera, en una palabra, a todas sin la menor excepción.

¿Por qué, pues, para una institución de tan gran alcance, para la cual, además, se requiere una flexibilidad extraordinaria en las formas de actuar, por qué no se puede admitir para esa institución una fusión peculiar de la institución de control del partido con la institución de control de los Soviets?

Yo no veía en ello ningún inconveniente. Aún más: creo que esta fusión constituye la única garantía de un trabajo eficiente. Creo que cualquier duda al respecto parte de los rincones más polvorientos de nuestro aparato estatal y que solo debemos contestar a ella de una forma: con la burla.

[…]

Otra duda: ¿Conviene aunar la actividad del estudio con la actividad del cargo? Me parece que esto no solo es conveniente, sino necesario. Hablando en términos generales hemos llegado a contagiarnos de toda una serie de prejuicios perniciosos y ridículos de la organización estatal de Europa Occidental, a pesar de nuestra actitud revolucionaria frente a dicha organización; y en parte nos han contagiado deliberadamente nuestros queridos burócratas, no sin mala intención, especulando con que en el río revuelto de semejantes prejuicios se podría pescar lo más posible; y ellos pescaban tanto en ese río revuelto, que solamente aquellos de entre nosotros que estaban completamente ciegos no veían cuán ampliamente se practicaba esa pesca.

En todo el terreno de las relaciones sociales, económicas y políticas somos «terriblemente» revolucionarios. Pero en el terreno del respeto al rango, de la observancia de las formas de los expedientes, nuestro «revolucionarismo» se ve reemplazado a menudo por una serie de las más rancias rutinas. En este sentido, más de una vez se ha podido observar un fenómeno sumamente interesante: cómo en la vida social el mayor salto de avance va unido a un prodigioso temor ante el menor cambio.

Y esto se comprende, porque los más audaces pasos hacia adelante se han hecho en un terreno que desde tiempos atrás constituía el patrimonio de la teoría, en un terreno que era cultivado principalmente o casi exclusivamente en teoría. El hombre ruso, ante la odiosa realidad burocrática que veía ante sí, desahogaba su espíritu con especulaciones teóricas de una audacia extraordinaria, razón por la cual esas especulaciones teóricas excesivamente audaces adquirían entre nosotros un carácter singularmente unilateral. Convivían en nuestro país, una al lado de la otra, la audacia teórica en las especulaciones generales y un sorprendente temor en cuanto a las reformas oficinescas más insignificantes. Cualquier revolución agraria de gran alcance universal era elaborada con una audacia sin precedente en ningún otro Estado, pero junto a esto no había suficiente imaginación para realizar una reforma oficinesca de décima categoría; no había suficiente imaginación o faltaba la paciencia para aplicar a esa reforma los mismos principios generales que habían dado resultados tan «brillantes» en su aplicación a los problemas generales.

Y por eso, nuestra actual vida diaria reúne en sí, en grado sorprendente, rasgos de increíble audacia con la timidez del pensamiento ante los más pequeños cambios.

Creo que tampoco ha podido ser de otra manera en ninguna revolución verdaderamente grande, porque las revoluciones verdaderamente grandes nacen de las contradicciones entre lo viejo, entre lo que tiende al cultivo de lo viejo, y la más abstracta aspiración a lo nuevo, que debe ser ya de tal manera nuevo, que no contenga ni un ápice de lo viejo.

Y cuanto más radical sea la revolución, tanto más habrá de prolongarse el período en que se mantendrán varias de estas contradicciones.

[…]

El rasgo general de nuestra vida consiste ahora en lo siguiente: hemos destruido la industria capitalista, hemos tratado de arrasar las instituciones medievales, la propiedad agraria de los terratenientes, y sobre esta base hemos creado a los pequeños y muy pequeños campesinos, que siguen al proletariado, porque tienen confianza en los resultados de su labor revolucionaria. Sin embargo, no nos será fácil sostenernos con esta sola confianza hasta el triunfo de la revolución socialista en los países más desarrollados, porque los pequeños y muy pequeños campesinos, sobre todo durante la NEP, se mantienen, debido a la necesidad económica, en un nivel extremadamente bajo de productividad del trabajo. Además, la situación internacional ha dado lugar a que Rusia se vea ahora arrojada hacia atrás, a que, en conjunto, el rendimiento del trabajo del pueblo sea hoy en nuestro país bastante menor que antes de la guerra. Las potencias capitalistas de la Europa Occidental, en parte conscientemente, en parte de un modo espontáneo, hicieron todo cuanto estaba a su alcance para arrojarnos hacia atrás, para aprovechar los elementos de la guerra civil en Rusia con el objeto de arruinar lo más posible al país. Precisamente en esta salida de la guerra imperialista veían, desde luego, sensibles ventajas: si no llegamos a derribar el régimen revolucionario en Rusia, dificultaremos, en todo caso, su desarrollo hacia el socialismo; así discurrían, poco más a menos, aquellas potencias, y, desde su punto de vista, no podían razonar de otra manera. Como resultado, obtuvieron una solución a medias de su tarea. No lograron derrocar el nuevo régimen creado por la revolución, pero tampoco le dieron la posibilidad de realizar en seguida un paso de avance tal, que pudiera justificar los pronósticos de los socialistas, un paso que les permitiera a estos desarrollar con colosal rapidez las fuerzas productivas, desarrollar todas las posibilidades que, en suma, darían por resultado el socialismo, demostrar a todo el mundo palmariamente, con toda evidencia, que el socialismo encierra gigantescas fuerzas y que la humanidad ha pasado ahora a una nueva fase de desarrollo, que trae aparejadas posibilidades extraordinariamente brillantes.

El sistema de las relaciones internacionales es actualmente tal, que uno de los Estados de Europa, Alemania, se ve avasallado por los estados vencedores. Por otra parte, diversos Estados, por cierto los más antiguos del occidente, se hallan, gracias a la victoria, en condiciones de poder aprovechar esa misma victoria para hacer a sus clases oprimidas una serie de concesiones

334   Vladimir Ilich Lenin: Textos escogidos

que, si bien son insignificantes, retardan el movimiento revolucionario en esos países, creando una apariencia de «paz social».

Al mismo tiempo, otros muchos países —el Oriente, la India, China, etcétera— se han visto definitivamente sacados de su carril, precisamente por causa de la última guerra imperialista. Su desarrollo se ha orientado definitivamente por la vía general del capitalismo europeo. En esos países ha comenzado la misma efervescencia que se observa en toda Europa. Y para todo el mundo es ahora claro que ellos, han entrado en un proceso de desarrollo que no puede por menos de conducir a la crisis de todo el capitalismo mundial.

Así, pues, en estos momentos nos hallamos ante la siguiente cuestión: ¿podremos mantenernos con la producción de nuestros pequeños y muy pequeños campesinos, en nuestro estado ruinoso, hasta el momento en que los países capitalistas de Europa Occidental lleven a término su desarrollo hacia el socialismo? Pero ellos lo hacen de un modo distinto a como esperábamos anteriormente. No lo llevan a término por un proceso gradual de «maduración» del socialismo en ellos, sino mediante la explotación de unos Estados por otros, mediante la explotación del primer Estado entre los vencidos en la guerra imperialista, unida a la explotación de todo el Oriente. Por otra parte, el Oriente se ha incorporado de manera definitiva al movimiento revolucionario, gracias precisamente a esta primera guerra imperialista viéndose arrastrado definitivamente a la órbita general del movimiento revolucionario mundial.

¿Cuál es la táctica que este estado de cosas impone a nuestro país? Evidentemente, la siguiente: debemos manifestar prudencia extrema para conservar nuestro poder obrero, para mantener bajo su autoridad y bajo su dirección a nuestros pequeños y muy pequeños campesinos. Tenemos de nuestra parte la ventaja de que todo el mundo pasa ahora ya a un movimiento que debe engendrar la revolución socialista mundial. Pero también nos encontramos con el inconveniente de que los imperialistas han logrado dividir todo el mundo en dos campos, y esta escisión se complica por el hecho de que Alemania, país de desarrollo capitalista realmente avanzado y culto, se ve ahora ante infinitas dificultades para levantarse. Todas las potencias capitalistas del llamado Occidente clavan en ella sus garras y no le permiten levantarse. Y, por otra parte, todo el Oriente, con sus centenares de millones de trabajadores explotados, llevados al extremo de la miseria, ha sido puesto en condiciones en que sus fuerzas físicas y materiales no pueden ni compararse en manera alguna con las fuerzas físicas, materiales y militares de cualquiera de los estados de Europa Occidental, que son mucho más pequeños.

¿Podemos librarnos de la próxima colisión con estos Estados imperialistas? ¿Podemos esperar que las contradicciones internas y los conflictos entre los Estados imperialistas prósperos del Occidente y los Estados imperialistas prósperos del Oriente nos darán por segunda vez una tregua, igual que nos la dieron la primera vez, cuando la cruzada de la contrarrevolución de Europa Occidental, encaminada a apoyar a la contrarrevolución rusa, fracasó a causa de las contradicciones existentes en el campo de los contrarrevolucionarios del Occidente y del Oriente, en el campo de los explotadores orientales y de los explotadores occidentales, en el campo del Japón y de los EE.UU.?

A mi entender hay que contestar a esta pregunta en el sentido de que la solución depende aquí de muchísimas circunstancias, y solo se puede prever el desenlace de la lucha en su conjunto basándose en que el propio capitalismo, en fin de cuentas, enseña y educa para la lucha a la inmensa mayoría de la población del mundo.

El desenlace de la lucha depende, en definitiva, del hecho de que Rusia, la India, China, etcétera, constituyen la inmensa mayoría de la población. Y precisamente esta mayoría de la población es la que se incorpora en los últimos años con inusitada rapidez a la lucha por su liberación, de modo que en este sentido no puede haber ni sombra de duda con respecto al desenlace definitivo de la lucha mundial. En este sentido, la victoria definitiva del socialismo está plena y absolutamente asegurada.

Pero lo que nos interesa no es esta inevitabilidad de la victoria final del socialismo. Lo que nos interesa es la táctica que nosotros, Partido comunista de Rusia, que nosotros, Poder Soviético de Rusia, debemos seguir para impedir que los estados contrarrevolucionarios de Europa Occidental nos aplasten. A fin de asegurar nuestra existencia hasta la siguiente colisión militar entre el Occidente imperialista contrarrevolucionario y el Oriente revolucionario y nacionalista, entre los Estados más civilizados del mundo y los Estados atrasados al modo oriental, los cuales, sin embargo, constituyen la mayoría, es preciso que esta mayoría tenga tiempo de civilizarse. A nosotros también nos hace falta civilización para pasar directamente al socialismo,

336 Vladimir Ilich Lenin: Textos escogidos

aunque tenemos para ello las premisas políticas. Tenemos que seguir la táctica siguiente o adoptar para nuestra salvación la siguiente política.

Debemos tratar de construir un Estado en el que los obreros conserven su dirección sobre los campesinos, en el que conserven la confianza de estos y en el que, aplicando el más severo régimen de economías, eliminen de sus relaciones sociales hasta el menor indicio de gastos superfluos.

Debemos reducir nuestro aparato estatal, economizando hasta el máximo. Debemos eliminar de él todos los indicios de gastos superfluos, de los cuales nos han quedado tantos de la Rusia zarista, de su aparato burocrático capitalista.

¿No será esto el reinado de la estrechez campesina?

No. Si conservamos la dirección de la clase obrera sobre los campesinos, obtendremos la posibilidad, mediante un régimen de economías llevado al grado superlativo en nuestro Estado, de lograr que todo ahorro, por mínimo que sea, se conserve para el desarrollo de nuestra gran industria mecanizada, para el desarrollo de la electrificación, de la extracción hidráulica de la turba, para acabar de construir la central hidroeléctrica del Vóljov,[3] etcétera.

En esto, y solamente en esto, residirá nuestra esperanza. Solo entonces estaremos en condiciones, hablando en sentido figurado, de apearnos de un caballo para montar otro, es decir, de desmontar el mísero caballo campesino, el caballo del mujik, el caballo del régimen de economías calculado para un país campesino arruinado, para montar un caballo que el proletariado busca y no puede dejar de buscar para sí: el caballo de la gran industria mecanizada, de la electrificación, de la central hidroeléctrica del Vóljov, etcétera.

Así es cómo yo uno en mi pensamiento el plan general de nuestra labor, de nuestra política, de nuestra táctica, de nuestra estrategia con las tareas de la Inspección Obrera y Campesina reorganizada. En esto consiste para mí la justificación de los cuidados excepcionales, de la atención extraordinaria que debemos prestar a la Inspección Obrera y Campesina, colocándola a una altura excepcional, dándole una dirección con derechos de Comité Central, etcétera, etcétera.

Esta justificación consiste en que solo depurando al máximo nuestro aparato, reduciendo al máximo todo lo que no sea absolutamente indispensable en él, nos mantendremos con seguridad. Y además, estaremos en condiciones de mantenernos no al nivel de un país de pequeños campesinos, no al

Más vale poco y bueno **337**

nivel de esta estrechez generalizada, sino a un nivel que se eleva y avanza continua e ininterrumpidamente hacia la gran industria mecanizada.

He aquí las elevadas tareas con que yo sueño para nuestra Inspección Obrera y Campesina. He aquí por qué planteo la fusión en ella de la cúspide más autorizada del partido con un «ordinario» Comisariado del Pueblo.

2 de marzo de 1923.

Fuente: V.I. Lenin: «Más vale poco y bueno», en *Obras escogidas* en tres tomos, t. III, Editorial Progreso, Moscú, 1970, pp. 795–808.

Notas

(*Todas las notas, salvo indicación de lo contrario son del editor*).

¿Qué hacer?

1. Durante la guerra franco–prusiana, Guillermo Liebknecht dictó un programa de acción para toda la democracia; en mucha mayor escala aún lo hicieron Carlos Marx y Federico Engels en 1848.

2. En el número 7 de *Iskra* (agosto de 1901), en la sección «Crónica del movimiento obrero y cartas de fábricas y talleres», se publicó la carta de un obrero tejedor, testimonio de la enorme influencia que ejercía la *Iskra* leninista en los obreros avanzados.

    He dado a leer a muchos camaradas la *Iskra* —decía el autor de la carta— y el número ha quedado todo manoseado, lo que es una lástima por el mucho valor que tiene… Se habla en él de nuestra causa, de toda la causa rusa, cuyo valor no se puede medir con kopeks ni determinar con horas… El domingo pasado reuní a once personas y les leí *¿Por dónde empezar?*; no nos separamos hasta bien entrada la noche. ¡Qué bien está dicho todo, cómo ha sabido el autor llegar al fondo de las cosas! Quisiéramos escribir a esta vuestra *Iskra* una carta para que no solo enseñe cómo hay que empezar, sino cómo hay que vivir y morir.

3. La falta de espacio no nos ha permitido dar en *Iskra* una respuesta completa y detallada a esta carta, tan propia de los economistas. Su aparición nos causó verdadero júbilo, pues hacía ya mucho tiempo que oíamos decir por diferentes lados que *Iskra* carecía de un consecuente punto de vista de clase, y solo esperábamos una ocasión propicia o la expresión cristalizada de esta acusación en boga, para darle una respuesta. Y tenemos por costumbre no contestar a un ataque con la defensiva, sino con un contraataque (*V.I. Lenin*).

4. Se tiene en cuenta el artículo de P. Struve «La autocracia y el zemstvo», publicado en los números 2 y 4 de *Iskra*, febrero y mayo de 1901. La publicación en *Iskra* del artículo de Struve, y en *Zariá*, de la «memoria confidencial» de S. Witte *La autocracia y el zemstvo*, con prólogo de P. Struve (RNS), fue posible gracias al acuerdo que establecieron en enero de 1901 las redacciones de *Iskra* y *Zariá* y la «oposición democrática» (Struve). Este acuerdo, concluido por P. Axelrod y V. Zasúlich, con ayuda de J. Plejánov y con el voto en contra de Lenin, duró poco tiempo: en la primavera de 1901 se puso de relieve la completa imposibilidad de una colaboración sucesiva de los socialdemócratas con los demócratas burgueses, y se deshizo el bloque con Struve.

340 Vladimir Ilich Lenin: Textos escogidos

5. Y, en el intervalo entre la aparición de estos artículos, se ha publicado (*Iskra,* núm. 3) uno especialmente dedicado a los antagonismos de clase en el campo. (*N. de la Red.*).

6. *Rossía* (Rusia): Diario moderado–liberal; se editó en Petersburgo en 1899–1902 bajo la dirección de G. Sazonov y con la colaboración de los folletinistas A. Amfiteátrov y V. Doroshévich. Adquirió vasta difusión entre las capas burguesas de la sociedad rusa. En enero de 1902 fue suspendido por el gobierno debido a la publicación del folletín de Amfiteátrov *Los señores engañadores.*

Un paso adelante, dos pasos atrás

1. *Pompadour:* Imagen genérica, de carácter satírico, que aparece en la obra de M. Saltikov–Schedrín *Los Pompadour y las Pompadour,* en la que el famoso escritor satírico ruso flageló a la alta administración zarista, a los ministros y a los gobernadores. La acertada denominación de Saltikov–Schedrín adquirió carta de naturaleza en la lengua rusa como sinónimo de arbitrariedad y despotismo administrativos.

2. La palabra «organización» suele utilizarse en dos sentidos: amplio y estricto. En sentido estricto, designa una célula de una colectividad humana, en cuanto ha adquirido aunque sea la más mínima forma. En sentido amplio, significa una suma de dichas células, reunidas en un todo. Por ejemplo: la marina, el ejército, el Estado, constituyen simultáneamente una suma de organizaciones (en el sentido estricto de la palabra) y una variedad de organización social (en el sentido amplio de la palabra). El Departamento de Instrucción Pública es una organización (en el sentido amplio de la palabra) y consta de una serie de organizaciones (en el sentido estricto de la palabra). Del mismo modo, un partido es asimismo una organización, *debe ser* una organización (en el sentido amplio de la palabra); pero, al mismo tiempo, un partido debe constar de una serie de organizaciones diversas (en el sentido estricto de la palabra). De aquí que el camarada Axelrod, al hablar de la delimitación entre los conceptos de partido y organización, no ha tenido en cuenta, en primer lugar, esta diferencia entre el sentido amplio y estricto de la palabra organización y, en segundo lugar, no se ha fijado en que *ha mezclado,* él mismo, en un solo montón a elementos organizados y no organizados. (*V.I. Lenin*).

3. *Manilovismo:* Conjunto de rasgos del carácter inherentes a uno de los personajes (Manílov) de la novela *Las almas muertas,* de N. Gogol. En la imagen del terrateniente sentimental y plácido Manílov, el escritor encarna los rasgos típicos del soñador sin carácter, al hombre de fantasía huera y del vago y parlanchín sin límite.

4. Se alude al incidente que tuvo lugar en 1900 en Hamburgo con motivo de la conducta de un grupo de 122 albañiles que formaron la «Unión libre de albañiles» y trabajaron a destajo durante una huelga, a pesar de haberlo prohibido la agrupación central.

Dos tácticas de la socialdemocracia en la revolución democrática. Conclusiones

1. Luis Eugenio Varlin (1839–1871): Obrero francés, destacado dirigente de la I Internacional, fue miembro del Comité Central de la guardia nacional y miembro de la Comuna de París de 1871.

2. Lenin criticó los «estatutos de organización» —aprobados por la conferencia menchevique de 1905— en el artículo *El tercer paso atrás* y en el «Prólogo» para el folleto «Los obreros opinan de la escisión en el Partido».

Sobre la reorganización del Partido

1. *Nezavísimtsi:* Se denominaban así los miembros del Partido social obrero independiente de tipo zubatovista. Fue fundado en Petersburgo en 1905 por encargo del gobierno zarista y con el concurso de la ojrana zarista. Su finalidad consistía en desviar a los obreros de la lucha revolucionaria. A principios de 1908 dejó de existir.

2. El llamamiento «A todas las organizaciones del Partido y a todos los obreros socialdemócratas», con el título «Para la convocatoria del IV Congreso del POSDR», fue publicado en el número. 9 del periódico *Nóvaia Zhizn,* del 10 (23) de noviembre de 1905 (Véase: *El PCUS en las resoluciones y acuerdos de los Congresos y Conferencias y de los Plenos del* CC). Véase: El PECUS en las resoluciones y acuerdos de los Congresos y Conferencias.

3. Se trata de la nueva *Iskra,* la *Iskra* menchevique.

4. El IV Congreso del POSDR (Congreso de Unificación) se celebró en Estocolmo del 10 al 25 de abril (23 de abril–8 de mayo) de 1906. Participaron en el Congreso 112 delegados con voz y voto, que representaban a 57 organizaciones locales del Partido, y 22 delegados con voz. También asistieron al Congreso representantes de los partidos socialdemócratas nacionales: la socialdemocracia de Polonia y Lituania, el Bund y el Partido Obrero Socialdemócrata de Letonia enviaron cada uno tres representantes; el Partido Obrero Socialdemócrata de Ucrania y el Partido Obrero de Finlandia enviaron cada uno un delegado; asistió también un representante del Partido Obrero Socialdemócrata de Bulgaria. Las principales cuestiones examinadas por el congreso fueron: la agraria, apreciación del momento y de las tareas de clase del proletariado actitud ante la Duma y cuestiones de organización. En torno a todas ellas se libró una enconada lucha entre los bolcheviques y los mencheviques. Lenin pronunció varios informes y discursos sobre la cuestión agraria, el momento actual, la táctica con respecto a las elecciones a la Duma, la insurrección armada y otras cuestiones.

   El predominio de los mencheviques, si bien insignificante, determinó el carácter de los acuerdos del congreso. En varias cuestiones se adoptaron resoluciones mencheviques (el programa agrario, la actitud ante la Duma y otras). El Congreso aprobó la fórmula de Lenin en cuanto al primer artículo de los Estatutos, sobre la condición de miembro del Partido.

   El Comité Central elegido por el Congreso estaba integrado por 3 bolcheviques y 7 mencheviques. Para la redacción del órgano central solo fueron elegidos mencheviques.

   En el folleto «Informe sobre el Congreso de Unificación del POSDR», Lenin analizó las labores del congreso.

5. *Nóvaia Zhizn* (Vida Nueva): Primer periódico legal bolchevique; apareció diariamente desde el 27 de octubre (9 de noviembre) hasta el 3(16) de diciembre de 1905 en Petersburgo. Al regreso de Lenin de la emigración a Petersburgo, a comienzos de noviembre de 1905, dirigió el periódico. *Nóvaia Zhizn* era de hecho el órgano central del POSDR. Los colaboradores más asiduos del periódico eran V. Vorovski, M. Olminski, A. Lunacharski y otros. Tomó parte activa en *Nóvaia Zhizn* Máximo Gorki, que también prestó al periódico una gran ayuda pecuniaria. La tirada diaria del periódico llegó a ser de 80 000 ejemplares.

   Nóvaia Zhizn sufrió numerosas persecuciones. De 27 números, 15 fueron confiscados y destruidos. Después de la aparición del número 27, fue suspendido por el gobierno. El último número, el 28, salió clandestinamente.

342 Vladimir Ilich Lenin: Textos escogidos

6. No conozco una palabra rusa para expresar el concepto y llamo «tiro al blanco» a un local en el que hay armas de distintas clases y cualquiera, previo módico pago, puede ejercitarse en el manejo del revólver y del rifle. En Rusia se ha proclamado la libertad de reunión y de asociación. Los ciudadanos tienen el derecho a reunirse para ejercitarse en el tiro, eso no puede representar un peligro para nadie. En cualquier gran ciudad europea veréis tiros al blanco abiertos al público e instalados en sótanos o, a veces, en las afueras, etcétera, y no estará, ni mucho menos, de más que los obreros aprendan a tirar, a manejar las armas. De su peso se cae que mientras no haya sido garantizada la libertad de asociación no podremos desplegar esto en serio y ampliamente y no se pueda llevar a los tribunales a los canallas de la policía que se atrevan a clausurar tales instituciones. (*V.I. Lenin*).

7. En el III Congreso del Partido expresé el deseo de que en los comités partidarios hubiera aproximadamente unos ocho obreros por cada dos intelectuales. ¡Cuánto ha envejecido este deseo! Ahora es de desear que en las nuevas organizaciones haya por cada militante socialdemócrata intelectual cientos de obreros socialdemócratas. (*V.I. Lenin*).

8. *Vendée* (Vandea): Provincia francesa, en la que en la época de la revolución burguesa de Francia, a finales del siglo XVIII, se produjo un levantamiento contrarrevolucionario de los campesinos reaccionarios atrasados contra la Convención revolucionaria. La insurrección se desarrolló bajo consignas religiosas y fue dirigida por el clero y los terratenientes contrarrevolucionarios.

Las enseñanzas de la insurrección de Moscú

1. El consejo coligado de los destacamentos de combate estaba integrado por representantes de los destacamentos del Partido del Comité de Moscú del POSDR, del grupo socialdemócrata de Moscú, del Comité de Moscú del Partido eserista y de otros destacamentos.

2. Se alude a la huelga política general declarada por decisión del Comité de Moscú del POSDR. La huelga empezó en el ferrocarril Moscú–Kazán el 7 (20) de octubre. Se extendió rápidamente a todos los centros industriales y abarcó después al país entero. Participaron en ella más de dos millones de obreros. La huelga de octubre transcurrió bajo las consignas del derrocamiento de la autocracia, boicot activo a la Duma de Bulyguin, convocatoria de la Asamblea Constituyente e instauración de la República democrática.

   La huelga de octubre acercó el proletariado a la insurrección armada de diciembre.

3. Dubásov, F.V. (1825–1912): Gobernador general de Moscú, que aplastó la insurrección armada de diciembre de 1905.

4. El regimiento *Semiónovski* de la Guardia fue enviado de Petersburgo a Moscú en diciembre de 1905 para reprimir la insurrección de los obreros moscovitas.

5. *Malájov:* Ayudante del comandante en jefe de la región militar de Moscú.

6. Véase F. Engels: *La revolución y la contrarrevolución en Alemania*, capítulo XVII.

7. Esta tesis fue desarrollada en varias ocasiones por F. Engels en algunas de sus obras, particularmente en su libro *Anti–Dühring*.

8. Lenin alude a la *Introducción* de F. Engels al trabajo de C. Marx, *Las luchas de clases en Francia de 1848 a 1850*. Al publicarla en 1895 los socialdemócratas alemanes, fue tergiversada; más tarde fue interpretada por ellos como una renuncia a la insurrección

Notas **343**

armada y a la lucha de barricadas. El texto completo de la *Introducción,* con arreglo al manuscrito de Engels, fue publicado por primera vez en la URSS.

9. En diciembre de 1905, algunas ciudades de Letonia estuvieron en poder de los destacamentos armados de obreros, braceros y campesinos insurrectos. Comenzó la guerra de guerrillas contra las tropas zaristas. En enero de 1906, las insurrecciones de Letonia fueron aplastadas por las expediciones punitivas del gobierno zarista.

10. Se tiene en cuenta las sublevaciones de los fuertes de Sveaborg y Cronstadt en julio de 1906.

Marxismo y revisionismo

1. Proudhon (1809–1865): Socialista pequeño burgués francés, anarquista, fundador del proudhonismo. Proudhon aspiraba a perpetuar la pequeña propiedad privada, proponía organizar la Banca del pueblo y la Banca de cambio, con la ayuda de las cuales obtendrían los obreros —según él— sus propios medios de producción, se convertirían en artesanos y asegurarían la venta «equitativa» de sus productos. El proudhonismo fue sometido a una crítica demoledora en la obra de C. Marx *Miseria de la Filosofía.* La lucha resuelta de C. Marx y F. Engels y sus partidarios contra el proudhonismo terminó con la completa victoria del marxismo en la I Internacional.

2. Lenin alude al *bernsteinianismo,* corriente hostil al marxismo en la socialdemocracia internacional, surgida a fines del siglo XIX en Alemania, y que debe su nombre al socialdemócrata alemán Eduardo Bernstein.

    En Rusia fueron partidarios del bernsteinianismo los «marxistas legales», los «economistas», los bundistas y los mencheviques.

3. Lenin cita las palabras del «Epílogo» de C. Marx a la segunda edición del primer tomo de *El capital.*

4. Véase el libro *Ensayos sobre la filosofía del marxismo* de Bogdánov, Basárov y otros. Aquí no es lugar oportuno para analizar este libro, y por el momento, tengo que limitarme a la declaración de que, no tardando, he de demostrar en una serie de artículos, o en un folleto especial, que todo lo que se dice en el texto sobre los revisionistas neokantianos guarda también relación, en sustancia, con estos «nuevos» revisionistas neohumistas y neoberkelianos. (*V.I. Lenin*).

5. *Teoría de la utilidad límite* fue elaborada por el economista burgués austríaco Böhm–Bawerk en oposición a la teoría del valor de Marx. Böhm–Bawerk determina el valor de las mercancías en dependencia de su utilidad para los hombres y no en dependencia de la cantidad de trabajo socialmente necesario invertido en su producción.

6. *Demócratas–constitucionalistas* (Partido demócrata–constitucionalista): Partido principal de la burguesía imperialista de Rusia, fundado en octubre de 1905. Los demócratas-constitucionalistas se denominaban partido de la «libertad del pueblo», pero en realidad aspiraban a un entendimiento con la autocracia a fin de mantener el zarismo en forma de monarquía constitucional.

    Triunfante la Gran Revolución Socialista de Octubre, los demócratas–constitucionalistas —enemigos encarnizados del Poder soviético— tomaron parte en la lucha armada y en todas las intervenciones de la contrarrevolución. Después de la derrota de los intervencionistas y los guardias blancos, los demócratas–constitucionalistas continuaron su actividad contrarrevolucionaria antisoviética en la emigración.

344 Vladimir Ilich Lenin: Textos escogidos

7. *Millerandismo* (Ministerialismo): Corriente oportunista en los partidos socialistas de Europa Occidental a fines del siglo XIX y comienzos del XX; debe su nombre al socialista francés A. Millerand, que en 1899 entró a formar parte del gobierno burgués reaccionario de Francia y aplicó juntamente con la burguesía una política imperialista.

8. *Guesdistas y jauresistas, brousistas* (Posibilistas).

   Guesdistas: Partidarios de J. Guesde y P. Lafargue, corriente marxista de izquierda, que propugnaba una política proletaria revolucionaria independiente. En 1901, los guesdistas formaron el Partido Socialista de Francia.

   Jauresistas: Partidarios de J. Jaurès, que encabezó el ala derecha, reformista, del movimiento socialista francés. En 1902, los jauresistas formaron el Partido Socialista Francés, que mantuvo posiciones reformistas.

   Brousistas (Posibilistas): Miembros de la corriente oportunista surgida en el movimiento obrero francés en los años 80 del siglo XIX, encabezada por B. Melon y P. Brousse. En 1902, los posibilistas, junto con otros grupos reformistas, fundaron el Partido Socialista Francés.

   En 1905, el Partido Socialista de Francia y el Partido Socialista Francés se unificaron en un solo partido. Durante la guerra imperialista de 1914–1918, J. Guesde, con toda la dirección del Partido Socialista Francés, se pasó a las posiciones del socialchovinismo.

9. Se refiere a la *Federación Socialdemócrata de Inglaterra*, fundada en 1884. A la par con los reformistas (Hyndman y otros) y los anarquistas, formaba parte de la Federación Socialdemócrata de Inglaterra un grupo de socialdemócratas revolucionarios partidarios del marxismo (G. Quelch, T. Mann, E. Eveling, E. Marx y otros), que constituían el ala izquierda del movimiento socialista de Inglaterra. En 1907, la Federación Socialdemócrata de Inglaterra empezó a llamarse Partido Social–demócrata. Este, junto con los elementos de izquierda del Partido Obrero Independiente, formó en 1911 el Partido Socialista Británico; en 1920, la mayoría de sus afiliados tomó parte en la fundación del Partido Comunista de la Gran Bretaña.

   Independent Labour Party (ILP) (Partido Laborista Independiente): Fue fundado en 1893. Lo encabezaban James Keir Hardie, R. MacDonald y otros. En 1921, el ala izquierda del Partido Laborista Independiente de Inglaterra se separó de este e ingresó en el Partido Comunista de la Gran Bretaña.

10. En el Partido Obrero Belga, Brouckére y sus partidarios se pronunciaban contra la participación de los socialistas en un gobierno burgués reaccionario y luchaban contra Vandervelde, que encabezaba a los revisionistas belgas.

11. *Integralistas:* Partidarios del socialismo «integral», variedad del socialismo pequeño-burgués.

12. «Sindicalismo revolucionario»: Corriente semianarquista, surgida en el movimiento obrero de diversos países de Europa Occidental a fines del siglo XIX.

El imperialismo, fase superior del capitalismo

1. El libro *El imperialismo, fase superior del capitalismo* fue escrito en la primera mitad de 1916. Lenin inició en Berna, en 1915, el estudio de publicaciones de distintos países acerca del imperialismo, y empezó a escribir el libro en enero de 1916. A fines de este mes, Lenin se traslada a Zurich y continuó escribiendo esta obra en la biblioteca cantonal de esa ciudad. Los extractos, apuntes, observaciones y tablas que hizo Lenin de centenares de libros, revistas, periódicos y resúmenes estadísticos componen más

de 40 pliegos de imprenta. Estos materiales fueron editados en edición aparte en 1939 bajo el título de *Cuadernos sobre el imperialismo.*

El 19 de junio (2 de julio) de 1916, Lenin terminó el trabajo y lo envió a la editorial Parus. Con el título de *El imperialismo, etapa contemporánea del capitalismo* la Editorial Parus lo imprimió a principios de 1917 en Petrogrado.

A su llegada a Rusia, Lenin escribió el «Prólogo», que vio la luz a mediados de 1917.

2. *Die Neue Zeit,* 11 de septiembre de 1914, 2 (año 32), p. 909; véase también 1915, 2, p. 107 y siguientes.

3. Hobson, *Imperialism,* Londres, 1902, p. 324.

4. Grundriss der Sozialökonomik, p. 146.

Las tareas del proletariado en la presente revolución

1. El artículo «Las tareas del proletariado en la presente revolución», publicado el 7 de abril de 1917 en el número 26 de *Pravda* con la firma de N. Lenin, contiene las famosas Tesis de Abril, de V.I. Lenin. En ellas se trazó el rumbo del Partido hacia la transformación de la revolución democrático–burguesa en revolución socialista y se expuso el plan concreto, fundamentado teóricamente, de esta transformación. Lenin leyó las tesis en dos reuniones (en una de bolcheviques y en otra conjunta de delegados bolcheviques y mencheviques a la Conferencia de los Soviets de diputados obreros y soldados de toda Rusia), celebradas el 4 (17) de abril de 1917 en el Palacio de Táurida.

2. Socialistas populares (Partido Socialista Popular del Trabajo): Partido pequeñoburgués fundado en 1906 a partir del ala derecha de los eseristas; planteaba reivindicaciones democráticas moderadas que no rebasaban el marco de la monarquía constitucional. Después de la Revolución Democrático–burguesa de Febrero, el partido de los socialistas populares apoyo activamente el Gobierno Provisional y se paso al campo de la contrarrevolución.

3. Socialistas revolucionarios (eseristas): Partido pequeñoburgués fundado en Rusia a fines de 1901 y comienzos de 1902 como resultado de la unificación de diversos círculos y grupos populistas (Unión de Socialistas Revolucionarios, Partido de Socialistas Revolucionarios, y otros). Tuvo como órganos oficiales el periódico *Revolutsiónnaya Rossía* (La Rusia Revolucionaria), en 1900–1905, y la revista *Véstnik Russkoi Revolutsii* (El mensajero de la revolución rusa), en 1901–1905.

4. Es decir, sustitución del ejército permanente por el armamento general del pueblo.

5. Es decir, de un Estado cuyo prototipo dio la Comuna de París.

6. En lugar de «socialdemocracia», cuyos líderes oficiales han traicionado al socialismo en el mundo *entero,* pasándose a la burguesía (los *defensistas* y los vacilantes *kautskianos*), debemos denominarnos *Partido Comunista.*

7. En la socialdemocracia internacional se llama «centro» a la tendencia que vacila entre los chovinistas (o *defensistas*) y los internacionalistas, es decir: Kautsky y Cía. en Alemania, Longuet y Cía. en Francia, Chjeídze y Cía. en Rusia, Turati y Cía. en Italia, MacDonald y Cía. en Inglaterra, etcétera.

8. *Edinstvo* (Unidad): Diario que se publicó en Petrogrado desde marzo hasta noviembre de 1917; desde diciembre de 1917 hasta enero de 1918 apareció con el título de *Nashe Edinstvo* («Nuestra unidad»). Desde el 5 (18) de abril (a partir del núm. 5) fue dirigido por Plejánov. El periódico expresaba las opiniones de la extrema derecha de los mencheviques

346 Vladimir Ilich Lenin: Textos escogidos

defensistas y apoyaba incondicionalmente al gobierno provisional burgués, sosteniendo una lucha furiosa contra el Partido bolchevique. Después de la Revolución de Octubre adoptó una posición hostil al Poder soviético.

9. *Rússkaya Volia* (La libertad rusa): Diario burgués fundado y financiado por los grandes bancos, que inició su publicación en Petrogrado en diciembre de 1916. Después de la Revolución de Febrero de 1917 apoyó activamente la política interior y exterior del Gobierno Provisional y sostuvo una agitación desaforada contra el Partido bolchevique. Lenin decía que era uno de los periódicos burgueses más inmundos. El 25 de octubre (7 de noviembre) de 1917 fue clausurado por el Comité Militar Revolucionario del Soviet de Petrogrado.

10. Véase C. Marx y F. Engels: *Obras Escogidas* en dos tomos, ed. en español, t. I, pp. 13–14, 494–509, t. II, pp. 35–36, 492–494, Moscú.

11. El 4 de agosto de 1914, la minoría socialdemócrata del Reichstag alemán votó a favor de los créditos de guerra al gobierno de Guillermo II.

La dualidad de poderes

1. *Blanquismo*: Corriente del movimiento socialista francés, encabezada por Luis Augusto Blanqui (1805–1881), eminente revolucionario y destacado representante del comunismo utópico francés. Los blanquistas negaban la lucha de clases y esperaban que «la humanidad se libraría de la esclavitud asalariada no por medio de la lucha de clase del proletariado, sino por medio de un complot de una pequeña minoría de intelectuales».

La VII conferencia (de abril) de toda Rusia del POSDR(b)

1. *Tierras parcelarias o de «nadiel»:* Se trata de las tierras entregadas a los campesinos en usufructo después de la abolición de la servidumbre en Rusia en 1861. Los campesinos no tenían derecho a venderlas; eran de propiedad comunal y se distribuían en usufructo entre los campesinos mediante repartos periódicos.

2. Se trata de la reforma agraria de Stolypin, con la que el zarismo pretendía crearse una firme base en el campo personificada por los kulaks. Esta reforma (1906) intensificó el proceso de desarrollo del capitalismo en la agricultura y la diferenciación del campesinado y exacerbó la lucha de clases en el campo. Su autor fue P. Stolypin, presidente del Consejo de Ministros de la Rusia zarista. En diversos trabajos de Lenin, en particular en *El programa agrario de la socialdemocracia en la primera revolución rusa de 1905 a 1907*, se caracterizan y enjuician las medidas de esta reforma agraria.

El Estado y la revolución: La doctrina marxista del Estado y las tareas del proletariado en la revolución

1. Engels, Federico: Anti–Düring o la subversión de la ciencia por el señor Eugenio Düring. (*V.I. Lenin*).

2. Engels, Federico: *El origen de la familia, la propiedad privada y el Estado*. Final del IV capítulo, II parte. (*V.I. Lenin*).

3. Programa de Gotha: Programa del Partido Socialista Obrero de Alemania, aprobado en el Congreso de Gotha en 1875, al unificarse los dos partidos socialistas existentes hasta entonces: el de los eisenachianos (dirigidos por A. Bebel y G. Liebknecht e influenciado ideológicamente por Marx y Engels) y el de los lassalleanos. El Programa

padecía de eclecticismo y era oportunista, ya que los eisenachianos cedieron en las cuestiones importantes ante los lassalleanos y admitieron las fórmulas de estos. Marx y Engels sometieron el Programa de Gotha a una crítica demoledora, considerándolo como un sensible paso atrás en comparación con el Programa eisenachiano de 1869.

La crisis ha madurado

1. Se trata de la posición de Kámenev, Zinóviev quienes se pronunciaban contra el plan de Lenin de preparar la insurrección armada, procurando demostrar que la clase obrera de Rusia no era capaz, en ese momento, de llevar a cabo la revolución socialista.

2. *Los liberdán*: Nombre irónico dado a los líderes mencheviques Liber y Dan y a sus partidarios después de que en el número 141 del periódico bolchevique moscovita *Sotsial–Demokrat*, del 25 de agosto (7 de septiembre) de 1917, apareció un suelto satírico de D. Bedni titulado *Liberdán*.

3. «Convocar» el Congreso de los Soviets para el 20 de octubre a fin de decidir «la toma del Poder», ¿se diferencia en algo de «fijar» estúpidamente la fecha de la insurrección? Ahora se puede tomar el Poder, pero el 20–29 de octubre, no os lo dejarán tomar. (*V.I. Lenin*).

4. ¿Qué ha hecho el Partido para *estudiar* la dislocación de las tropas, etcétera, para llevar a cabo la insurrección como un «arte»?: ¡Solo charlatanería en el CEC y etcétera! (*V.I. Lenin*).

El Segundo Congreso de los Soviets de diputados, obreros y soldados de toda Rusia

1. *El Segundo Congreso de los Soviets de diputados, obreros y soldados de toda Rusia* se inauguró el 25 de octubre (7 de noviembre) de 1917. Aprobó el llamamiento ¡A los obreros, a los soldados, a los campesinos!, escrito por Lenin, en el que se proclamaba el paso de todo el Poder a los Soviets. Las cuestiones fundamentales examinadas en el Congreso fueron: formación del Gobierno soviético y aprobación de los decretos sobre la paz y sobre la tierra (Lenin pronunció los informa a cerca de ambas cuestiones) y formó el primer Gobierno soviético: el Consejo de Comisarios del Pueblo, eligiendo a Lenin presidente del mismo. Eligió también el Comité Ejecutivo Central de toda Rusia.

2. El 14 (27) de marzo de 1917, en la sesión del Soviet se aprobó el Llamamiento del Soviet de diputados obreros y soldados de Petrogrado *A los pueblos del mundo entero*.

3. *Izvestia Vserosíiskogo Sovieta Krestiánskij Diputatov* (Noticias del Soviet de Diputados Campesinos de toda Rusia): Diario, órgano oficial del Soviet de diputados campesinos; se publicó en Petrogrado desde mayo hasta diciembre de 1917; expresaba las opiniones del ala derecha de los eseristas.

4. *Tierras de la corona y de la familia imperial*: Tierras que pertenecían al zar y sus familiares. *Tierras de posesión*: Tierras cedidas por el Estado a los propietarios de las fábricas para que las entregaran en usufructo a los campesinos que trabajan en dichas fábricas percibiendo únicamente como retribución de su trabajo las parcelas de tierra. *Tierras de los mayorazgos*: Grandes latifundios que pasaban íntegramente de generación en generación, como la herencia, al hijo mayor o al más viejo de la familia.

348 Vladimir Ilich Lenin: Textos escogidos

Acerca de la historia sobre la paz desdichada

1. Lenin leyó las *Tesis sobre el problema de la conclusión inmediata de una paz separada y anexionista* en una reunión de miembros del CC y de delegados bolcheviques al III Congreso de los Soviets el 8 (21) de enero; el Comité Central del Partido las aprobó el 23 de febrero de 1918. Al ser publicadas, Lenin escribió una introducción a las tesis y tituló el documento *Acerca de la historia sobre la paz desdichada*.

   La joven República Soviética se hallaba en aquel período en una situación grave en extremo. El desbarajuste económico en el país, el cansancio de las masas populares a causa de la guerra y el hundimiento del frente requerían una tregua pacífica. Esa tregua era necesaria, además, para afianzar el Poder soviético, aplastar la resistencia de las clases explotadoras derrocadas dentro del país y crear un ejército nuevo, el Ejército Rojo, capaz de defender al país frente a los invasores imperialistas. La paz era una cuestión de vida o muerte para la República Soviética. Por eso, Lenin insistía en la firma inmediata de la paz, a pesar de sus duras condiciones.

   El 3 de marzo de 1918 se firmó el tratado de paz de Brest–Litovsk entre la Rusia Soviética, de una parte, y Alemania, Austria–Hungría, Bulgaria y Turquía, de otra. De acuerdo con la paz de Brest, Letonia, Estonia y Polonia pasaban a Alemania, y Ucrania se convertía en un Estado dependiente de Alemania. Además, la República Soviética debía pagar a Alemania una contribución considerable.

   Para resolver definitivamente el problema de la paz con Alemania, el 6 de marzo de 1918 se celebró el VII Congreso del PC(b) de Rusia, que confirmó la justeza de la política leninista en el problema de la paz de Brest y consideró necesario ratificar el tratado de paz con Alemania que había firmado el gobierno soviético.

   El 15 de marzo de 1918, el IV Congreso Extraordinario de los Soviets de toda Rusia ratificó el tratado de paz de Brest–Litovsk.

   Después de la revolución de noviembre en Alemania y de la derrota de los imperialistas alemanes, las condiciones de paz con Alemania perdieron su vigor. El 13 de noviembre de 1918, el Comité Ejecutivo Central de toda Rusia anuló el tratado de paz de Brest–Litovsk.

2. *Liflandia*: Antiguo nombre de una región en la parte meridional del Báltico.

3. *Estlandia*: Antigua denominación de la parte septentrional de Estonia.

Acerca del infantilismo «izquierdista» y del espíritu pequeñoburgués

1. *Kommunist*, núm. 1, p. 8, col. 1.

La revolución proletaria y el renegado Kautsky

1. *Sotsial-Demokrat*: Órgano central del POSDR, periódico ilegal; se publicó desde febrero de 1908 hasta enero de 1917; aparecieron 58 números. El primer número salió en Rusia y los siguientes en el extranjero, primero en París y más tarde en Ginebra. En *Sotsial-Demokrat* aparecieron más de 80 artículos y sueltos de Lenin. A partir de diciembre de 1911 lo redactó Lenin. El último número de este periódico salió el 31 de enero de 1917.

2. *Kommunist*: Revista editada en Ginebra el año 1915 por la redacción del periódico *Sotsial-Demokrat* en conjunto con G. Piatakov y E. Bosh. Salió un número (doble), en el que se publicaron tres artículos de Lenin: «La bancarrota de la II Internacional», «La voz honrada de un socialista francés» y «El imperialismo y el socialismo en Italia».

Notas **349**

3. Se alude al folleto «El socialismo y la guerra»; fue editado en septiembre de 1915 en ruso y alemán y repartido a los delegados de la Conferencia Socialista de Zimmerwald. En francés se publicó en 1916.

4. *Manifiesto de Basilea:* Manifiesto sobre la guerra, adoptado unánimemente por el Congreso extraordinario de la II Internacional, celebrado en Basilea (Suiza) del 24 al 25 de noviembre de 1912. Se señalaban en él los fines bandidescos de la guerra que preparaban los imperialistas y se exhortaba a los obreros de todos los países a que lucharan enérgicamente contra la guerra. El Manifiesto de Basilea repitió los postulados de la resolución del Congreso de Stuttgart de la II Internacional, celebrado en 1907, propuestos por Lenin y R. Luxemburgo, acerca de que en caso de desencadenamiento de la guerra imperialista, los socialistas debían aprovechar la crisis económica y política, originada por la contienda, para preparar la revolución socialista.

   Los líderes de la II Internacional, Kautsky, Vandervelde y otros, que votaron por la aprobación de este Manifiesto, al declararse en 1914 la guerra mundial lo dieron al olvido y se colocaron al lado de sus gobiernos imperialistas.

5. G. Zinóviev y N. Lenin: *El socialismo y la guerra*, Ginebra, 1915, pp. 13–14.

6. Lenin alude a la Primera Conferencia Socialista Internacional, celebrada en Zimmerwald (Suiza) del 5 al 8 de septiembre (nuevo calendario) de 1915. En la Conferencia se desplegó una lucha entre los internacionalistas revolucionarios, encabezados por Lenin, y la mayoría kautskiana. Lenin formó con los internacionalistas de izquierda el grupo izquierdista de Zimmerwald, en el que solo el partido de los bolcheviques mantuvo la única posición justa y consecuentemente internacionalista hasta el fin contra la guerra.

   La Conferencia aprobó un manifiesto, en el que se reconocía que la guerra era imperialista; condenaba la conducta de los «socialistas» que habían votado en pro de los créditos de guerra y colaborado en los gobiernos burgueses; exhortaba a los obreros de Europa a desplegar la lucha contra la guerra y por la paz sin anexiones ni contribuciones.

   La Conferencia adoptó también una moción de simpatía a las víctimas de la guerra y eligió la Comisión Socialista Internacional (I.S.K.).

   Sobre la importancia de la Conferencia de Zimmerwald véanse los artículos de Lenin «El primer paso» y «Los marxistas revolucionarios en la Conferencia socialista internacional del 5 al 8 de septiembre de 1915».

7. Lenin cita la «Introducción» de F. Engels al trabajo de C. Marx, *La guerra civil en Francia.*

8. Véase C. Marx: *La guerra civil en Francia.*

9. Los socialchovinistas (los Scheidemann, los Renaudel, los Henderson, los Gompers y Cía.) no quieren oír hablar de la «Internacional» durante la guerra. Consideran a los enemigos de «su» burguesía «traidores»… al socialismo. *Propugnan* la política de conquistas de *su* burguesía. Los socialpacifistas (es decir, socialistas de palabra y pacifistas pequeñoburgueses de hecho) expresan todo género de sentimientos «internacionalistas», protestan contra las anexiones, etcétera, pero *de hecho* continúan *apoyando* a *su* burguesía imperialista. No es grande la diferencia entre los dos tipos, algo así como entre un capitalista que pronuncie discursos trabiliarios y otro que los pronuncie melifluos. (*V.I. Lenin*).

10. *Espartaquistas:* Socialdemócratas alemanes de izquierda, miembros de la «Liga Espartaco», fundada durante la primera guerra mundial. La encabezaron C. Liebknecht,

R. Luxemburgo, F. Mehring, C. Zetkin y otros. En abril de 1917 entraron en el Partido socialdemócrata independiente de Alemania, de carácter centrista, manteniendo dentro de él su independencia orgánica. Después de la revolución de noviembre de 1918 en Alemania, los espartaquistas rompieron con los «independientes», y en diciembre del mismo año fundaron el Partido Comunista de Alemania.

Una gran iniciativa

1. La batalla de Sadowa (pueblo de Checoslovaquia, hoy ciudad de la región de Hradec Králové) se libró el 3 de julio de 1866. Esta batalla, que terminó con la victoria completa de Prusia y la derrota de Austria, decidió el desenlace de la guerra austro–prusiana.

2. Véase C. Marx: *El capital*, t. I, ed. en ruso, p. 307.

3. Por decreto del 16 de marzo de 1919, el Consejo de Comisarios del Pueblo reorganizó las cooperativas de consumo, adjudicándoles el título de «comunas de consumo». Pero esta denominación de las cooperativas dio lugar a que en algunos sitios la población campesina no entendiera bien el decreto. Teniéndolo en cuenta, el CEC de toda Rusia resolvió en su disposición del 30 de junio de 1919, tras aprobar el decreto, sustituir la denominación de «comuna de consumo» por la de «sociedad de consumo», habitual para la población (ver *Izvestia del CEC de toda Rusia*, núm. 143, 3 de julio de 1919).

La economía y la política en la época de la dictadura del proletariado

1. El número de «haciendas soviéticas» y de «comunas agrícolas» en la Rusia soviética es de unas 3 536 y 1 961 respectivamente; el número de arteles agrícolas es de 3 696. Nuestra Dirección Central de Estadística efectúa en la actualidad un censo exacto de todas las haciendas soviéticas y comunas. Los primeros resultados serán conocidos en noviembre de 1919. (*V.I. Lenin*).

Informe de la Comisión para los problemas nacional y colonial

1. La Comisión para los problemas nacional y colonial se formó en el II Congreso de la Internacional Comunista de representantes de los partidos comunistas de los siguientes países: Rusia, Bulgaria, Francia, Holanda, Alemania, Hungría, Estados Unidos, India Británica, Persia, China, Corea, Inglaterra y otros. La Comisión funcionó bajo la dirección de Lenin. Las tesis de Lenin sobre las cuestiones nacional y colonial se debatieron en la cuarta y quinta sesiones del Congreso y se aprobaron el 28 de julio.

Tareas de las Juventudes Comunistas

1. El III Congreso de la Unión de Juventudes Comunistas de Rusia se celebró en Moscú del 2 al 10 de octubre de 1920, asistiendo a él cerca de 600 delegados. En el orden del día figuraban las siguientes cuestiones: Situación militar y económica de la República, la Internacional Juvenil Comunista, el informe de balance del Comité Central, la educación socialista de la juventud, el Programa de la Unión de Juventudes Comunistas de Rusia, los Estatutos de la Unión de Juventudes Comunistas de Rusia y otras. Lenin pronunció un discurso en la primera sesión del Congreso en la tarde del 2 de octubre.

Acerca del papel y de las tareas de los sindicatos en las condiciones de la nueva política económica

1. La cuestión del papel y tarea de los sindicatos en las condiciones de la nueva política económica se trató en el Pleno del CC del PC(b) de Rusia el 28 de diciembre de 1921. El pleno acordó crear una comisión compuesta por V.I. Lenin, A.A. Andréiev e Y.E. Rudzutak, a la que se encomendó examinar las tesis de Andréiev y Rudzutak y preparar el proyecto de resolución. Lenin escribió unas tesis nuevas que sirvieron de base para la presente resolución del CC del PC(b) de Rusia del 12 de enero de 1922 *Sobre el papel y las tareas de los sindicatos en las condiciones de la nueva política económica.* Este fue un proyecto de resolución sobre los sindicatos para el XI Congreso del partido. Examinadas las tesis por la Comisión del Congreso, fueron aprobadas por este con enmiendas insignificantes.

2. La causa del suicidio del ingeniero V. Oldenborger fue vista por el Tribunal Supremo adjunto al CEC de toda Rusia del 8 al 14 de marzo de 1922. Los culpables de la persecución de Oldenborger fueron castigados.

Acerca de la formación de la URSS

1. El 10 de agosto de 1922 el Buró Político del CC del PC(b) de Rusia formó una Comisión a fin de preparar, para el Pleno del CC, la cuestión de las relaciones sucesivas entre la RSFSR, la RSS de Ucrania, la RSS de Bielorrusia, la RSS de Azerbaidzhán, la RSS de Georgia y la RSS de Armenia. El proyecto inicial de la resolución *Sobre las relaciones mutuas entre la RSFSR y las repúblicas independientes* lo compuso J. Stalin. Este proyecto arrancaba de la idea de la «autonomización», o sea, de la unificación de las repúblicas soviéticas nacionales mediante su ingreso en la RSFSR con derechos de unidades autonómicas. El 23–24 de septiembre la Comisión adoptó la resolución propuesta por Stalin.

    Los materiales de la labor de la Comisión fueron enviados a Lenin, que había enfermado gravemente en el verano de 1922 y estaba en Gorki, cerca de Moscú, por lo que no pudo participar en la preparación de la cuestión relativa a la unificación de las repúblicas soviéticas. Al conocer la resolución de la Comisión, Lenin tuvo el 27 de septiembre una charla con Stalin, después de la cual escribió la presente carta a los miembros del Buró Político. En esta carta Lenin se manifestó enérgicamente en contra de la «autonomización» y propuso una solución distinta por principio: la unificación voluntaria de todas las repúblicas soviéticas, incluida la RSFSR, en un nuevo Estado: la Unión de Repúblicas Soviéticas, en pie de completa igualdad de derechos.

    Partiendo de las indicaciones de Lenin, la Comisión redactó un nuevo proyecto de resolución sobre la unificación de las repúblicas soviéticas, que se sometió al examen del Pleno del CC del PC(b) de Rusia el 6 de octubre de 1922. Al aprobar este proyecto como directriz, el Pleno constituyó una Comisión de representantes de la RSFSR y de las repúblicas soviéticas de Ucrania, Bielorrusia, Azerbaidzhán, Georgia y Armenia para elaborar, a base de esa directriz, un proyecto de ley y aplicado a través de los congresos de los Soviets.

    El acuerdo del Pleno del CC del PC(b) de Rusia fue aprobado por los Comités Centrales de los partidos comunistas de Ucrania, Bielorrusia, Georgia, Azerbaidzhán y Armenia. Múltiples reuniones de trabajadores en todas las repúblicas soviéticas y congresos de los Soviets saludaron cálidamente la idea de la formación de la URSS.

352 Vladimir Ilich Lenin: Textos escogidos

El primer Congreso de los Soviets de la URSS, que se reunió el 30 de diciembre de 1922, adoptó unánimemente la Declaración y el Tratado sobre la formación de la Unión de Repúblicas Socialistas Soviéticas, basados ambos documentos en la idea leninista de la igualdad de derechos y colaboración fraternal de los pueblos, en la idea del internacionalismo proletario (véase V.I. Lenin: *Obras escogidas* en tres tomos, t. III, Editorial Progreso, Moscú, 1970, pp. 767–772).

IV Congreso de la Internacional Comunista

1. El IV Congreso de la Internacional Comunista se reunió del 5 de noviembre al 5 de diciembre de 1922. Se inauguró en Petrogrado, y las siguientes sesiones, a partir del 9 de noviembre, se celebraron en Moscú. Participaron en el Congreso 408 delegados, de ellos 343 con voz y voto en representación de 58 organizaciones comunistas de distintos países. Además, asistieron representantes del Partido Socialista Italiano, del Partido Obrero Islandés y del Partido Revolucionario–popular Mongol, así como de la Internacional Juvenil Comunista, de la Internacional Sindical, del Secretariado Internacional de las Mujeres, del Socorro Obrero Internacional y de la organización de los negros de los EE.UU. El 13 de noviembre el Congreso escuchó el informe de Lenin «Cinco años de la revolución rusa y perspectivas de la revolución mundial», que leyó en alemán. El Congreso aprobó las tesis elaboradas por el PC(b) de Rusia sobre el frente obrero único, las tesis sobre la táctica de la Internacional Comunista, sobre las tareas de los comunistas en el movimiento sindical, sobre la cuestión oriental y adoptó una resolución sobre la revolución socialista e Rusia, sobre la Internacional Juvenil Comunista y otras.

2. Lenin se refiere a su artículo «Acerca del infantilismo "izquierdista" y del espíritu pequeñoburgués». Véase *Obras Escogidas* en tres tomos, Editorial Progreso, Moscú 1970, pp. 716–741.

3. Ibídem, p. 724.

4. Lenin tomó esta expresión de la novela *Rudin* de I.S. Turguénev.

Carta al congreso

1. Se alude a la conducta de Zinóviev y Kámenev en las reuniones del CC del partido del 10 (23) y 16 (29) de octubre de 1917, cuando se pronunciaron y votaron contra la resolución de Lenin de preparar inmediatamente la insurrección armada.

2. *Autonomización:* Idea de la unificación de las repúblicas soviéticas mediante su ingreso en la RSFSR a base de los principios de la autonomía. El 30 de diciembre de 1922 se reunió el I Congreso de los Soviets de la URSS. Lenin, gravemente enfermo, no pudo asistir. Como concedía una importancia excepcional a la aplicación acertada de la política nacional y a la realización práctica de la Declaración y el Tratado sobre la formación de la URSS, adoptados por el Congreso, Lenin dictó la presente carta el 30 y el 31 de diciembre de 1922. Esta carta de Lenin fue leída en la reunión de los dirigentes de las delegaciones del XII Congreso del PC(b) de Rusia, que se celebró en abril de 1923. El Congreso aprobó una resolución sobre la cuestión nacional sobre la base de las indicaciones de Lenin.

3. Se trata de los plenos del CC del PC(b) de Rusia, que se reunieron en octubre y diciembre de 1922. En el orden del día figuraban cuestiones de la formación de la URSS.

4. *Derzhimorda:* Nombre de un policía de la comedia *El inspector,* de N. Gogol, se ha convertido en nombre genérico que personifica al tirano y opresor insolente y grosero.
5. Más adelante, en las notas taquigráficas está tachado el siguiente texto: «Creo que nuestros camaradas no comprendieron suficientemente esta importante cuestión de principios».
6. Dirección General de Escuelas Profesionales y Técnicas y de Establecimientos de Enseñanza Superior del Comisariado del Pueblo de Instrucción Pública.

Sobre la cooperación

1. Lenin alude a su artículo «Acerca del infantilismo "izquierdista" y del espíritu pequeñoburgués».

Cómo tenemos que reorganizar la Inspección Obrera y Campesina

1. Lenin escribió el artículo «Cómo tenemos que reorganizar la Inspección Obrera y Campesina» y su continuación «Más vale poco y bueno» para el XII Congreso del partido.

   El XII Congreso del PC(b) de Rusia, que se celebró del 17 al 25 de abril de 1923, tuvo en cuenta en sus acuerdos todas las indicaciones de Lenin hechas en sus últimos artículos y cartas. El Congreso adoptó una resolución especial *Sobre las tareas de la Inspección Obrera y Campesina y la Comisión Central de Control,* así como un acuerdo sobre la unión de los órganos de la Comisión Central de Control y el Comisariado del Pueblo de la Inspección Obrera y Campesina.

Más vale poco y bueno

1. Se refiere a su artículo «Cómo tenemos que reorganizar la Inspección Obrera y Campesina».
2. Se alude al libro de O.A. Ermanski *La organización científica del trabajo y el sistema de Taylor.* Véase el artículo de V.I. Lenin «Una cucharada de hiel en un barril de miel».
3. *Obras de la central hidroeléctrica del Vóljov,* primera gran central eléctrica construida en la Unión Soviética. Las obras empezaron en 1918, pero adquirieron plena intensidad tan solo en 1921, después de terminar la guerra civil. La central hidroeléctrica del Vóljov empezó a funcionar en 1926.

Bibliografía general

V.I. Lenin. *Obras escogidas* en tres tomos, t. I, Ediciones en Lenguas Extranjeras, Moscú, 1960, p. 928.

V.I. Lenin. *Obras escogidas* en tres tomos, t. II, Editorial Progreso, Moscú, 1970, p. 851.

V.I. Lenin. *Obras escogidas* en tres tomos, t. III, Editorial Progreso, Moscú, 1970, p. 879.

Personas mencionadas*
(Breve selección)

ALEJANDRO II, NIKOLAEVICH (1818–1881). Emperador ruso desde marzo de 1855 hasta su muerte en 1881, cuando miembros de la organización *Narodnaia Volya* (*La Voluntad del Pueblo*) arrojaron una bomba sobre su carruaje, con la finalidad de acabar con su gobierno, convertido en autocrático y despótico. Subió al trono durante la guerra de Crimea en la que su padre, Nicolás I de Rusia había resultado muerto. También fue gran duque de Finlandia y rey de Polonia hasta 1867. Vendió Alaska a Estados Unidos en 1867.

ARMAND, INESSA (1874–1920). Miembro del Partido Obrero Socialdemócrata. Colaboró estrechamente con los comunistas, alcanzando la secretaría del Comité de Relaciones Exteriores que se formó para coordinar todos los grupos bolcheviques en Europa Occidental. En el Congreso de Mujeres Obreras y Campesinas de 1918 pronunció un sorprendente discurso sobre la liberación femenina de las tareas del hogar. Durante la primavera de 1920 impulsó la aparición del periódico feminista *Kommunistka*, entre cuyos temas destacaban «los aspectos principales de la emancipación femenina y si debía efectuarse un cambio profundo en la relación entre sexos».

AXELROD, PAVEL (1850–1928). Militante de Partido Obrero Socialdemócrata de Rusia, en su fracción de los mencheviques (minoría), cuyas proposiciones se centraban en la idea de que Rusia atravesara primero una revolución

---

*   Esta selección no tiene otro interés que contribuir a la mayor comprensión de los textos escogidos de Vladimir Ilich Lenin. No constituye un estudio sobre estos autores. De hecho, las fuentes de estas fichas se encuentran disponibles en la web, de donde han sido tomadas para su redacción.

358 Vladimir Ilich Lenin: Textos escogidos

burguesa, antes que proponerse una transformación postcapitalista. El menchevismo se caracteriza por representar una línea socialdemócrata: planteaban la instauración de una democracia representativa manteniendo la estructura de producción capitalista.

BEBEL, AUGUSTO (1840-1913). Destacado dirigente socialdemócrata alemán. Fue diputado de la Asamblea de la Confederación del Norte, y se opuso a la política de Bismarck. En 1869 participa en la fundación del Partido Socialdemócrata Alemán (SPD), y desde entonces fue un importante dirigente y miembro del Reichstag.

BERSTEIN, EDUARD (1850-1932). Político alemán militante del SPD y considerado padre del revisionismo. Exiliado en Suiza por defender el SPD, ilegalizado en su país. Después marcha a Londres donde publica en la revista de la Internacional sus tesis revisionistas del marxismo. Contacta con Engels. Sus tesis revisionistas se enfrentaron a las de Karl Kautsky dentro del SPD; pero posteriormente influirá mucho en la socialdemocracia europea durante la segunda parte del siglo XX. Escribió Las premisas del socialismo y las tareas de la socialdemocracia (1899).

BLANQUI, LUIS AUGUSTO (1805-1881). Luchador político revolucionario francés, inspirador del «blanquismo», corriente que movilizó sobre todo al estudiantado y los intelectuales en la Francia del siglo XIX. Fue apresado y condenado a cárcel en múltiples ocasiones debido a su participación en actividades de insurgencia con «las armas en la mano» —tal era su tesis acerca del método de lucha—. Su radicalismo y liderazgo lo convirtieron en una figura admirada y criticada por Carlos Marx y Federico Engels. Durante la Comuna de París los blanquistas dominaron el escenario de este evento, en posiciones valoradas por Marx como de «infantilismo revolucionario».

BROUCKÉRE, LUIS DE (1874-1951). Fue miembro del Partido Obrero Belga. Posteriormente se unió a la burguesía belga. Senador y diplomático de ese gobierno.

BUJÁRIN, NICOLÁI (1888-1938). Prominente líder bolchevique, dirigente central en la Internacional Comunista, director de Pravda (1919-1929); encabezó la oposición de derecha por lo que fue expulsado del Partido Comunista en

1929; después se retractó y fue readmitido; finalmente se le ejecutó durante los procesos de Moscú.

CHJEIDZE, NICOLÁS (1864–1926) Socialdemócrata georgiano del menchevismo. Miembro del gobierno provisional burgués en febrero de 1917.

CLEMENCEAU, GEORGES BENJAMIN (1841–1929). Médico, periodista y político francés, fue opositor de Napoleón III. Pasó de ser un defensor acérrimo de las izquierdas anticlericales a liderar la derecha nacionalista francesa. Participó en el gobierno desde 1906 como ministro del Interior, y después como primer ministro, cargo que volvería a ocupar tras el estallido de la guerra. Fue uno de los artífices y destacados negociadores de las conferencias de París en 1919.

DUBÁSOV, F.V. (1825–1912). Gobernador general de Moscú, que aplastó la insurrección armada de diciembre de 1905.

DÜHRING, KARL EUGEN (1833–1921). Filósofo, abogado y economista alemán. Desde su concepción socioeconómica, no se promovía la supresión del capitalismo, sino solo la eliminación de sus excesos, mediante un consolidado movimiento obrero.

DZERZHINSKI, FÉLIX EDMÚNDOVICH (1877–1926). Bolchevique de primera línea, dirigente del Partido Comunista en la época de Lenin. Fundador de los Órganos de la Seguridad del Estado soviéticos.

ENGELS, FEDERICO (1820–1895). Colaborador de Carlos Marx durante toda la vida, con él fundó el Movimiento Obrero Comunista moderno.

GAPÓN, GUEORGUI APOLÓNOVICH (1870–1906). Sacerdote ortodoxo ruso y líder popular de la clase obrera antes de la Revolución Rusa de 1905.

HEGEL, GEORG WILHELM FRIEDRICH (1770–1831). Filósofo alemán que representa la cumbre del pensamiento idealista y es uno de los teóricos más influyentes en el pensamiento universal desde el siglo XIX. Entre sus aportes fundamentales se encuentran la comprensión del desarrollo o autodesarrollo mediante el método dialéctico, basado en el movimiento resultante del conflicto entre opuestos. Mantenía que «el único pensamiento que aporta la filosofía […] es la idea de razón; porque la razón es la soberana del mundo, la historia del mundo se nos presenta, por tanto, como un proceso racional».

360 Vladimir Ilich Lenin: Textos escogidos

«Lo que es racional es real y lo que es real es racional». Su pensamiento constituye una de las fuentes teóricas más importantes del marxismo. Algunas de las obras más importantes que dejó son *Fenomenología del espíritu* (1807), *Enciclopedia de las ciencias filosóficas* (1817) y *La filosofía del Derecho* (1821).

JAURÈS, JEAN (1859–1914). Político francés. Con solo veinte años es elegido diputado republicano por el departamento de Tarn en 1885. Heredero del espíritu de 1789, es en principio un firme partidario del reformismo institucional y republicano, y de la alianza entre obreros y pequeña burguesía. Pero tras los sucesos de la gran huelga de las minas de Carmaux en 1892, Jaurès comprende y combate la complicidad entre el gobierno y la patronal. Mil quinientos soldados fueron enviados a reprimir a los obreros en nombre del «derecho al trabajo». A partir de estos acontecimientos Jaurès se consagra a la defensa de los obreros en lucha. Funda el periódico *L'Humanité* en 1904. En los albores de la Primera Guerra Mundial Jaurès se distanció de la ola chauvinista y culpó de la «situación terrible» a «la política colonial de Francia, la política hipócrita de Rusia y la brutal voluntad de Austria». Llamó a los obreros de todos los países que estaban al borde de enfrentarse en la guerra, a unirse para alejar «la horrible pesadilla». Su postura pacifista, le ganó enemigos entre los sectores nacionalistas y un exaltado fanático le asesinó en París, tres días antes de que se iniciaran las hostilidades. Luego de la guerra fue rescatado como héroe popular.

KÁMENEV, LIVE B. (1883–1936). Veterano dirigente del Partido Bolchevique, participó en una fracción que en la víspera de la Revolución de Octubre de 1917 se opuso a la toma del poder; se unió a Stalin en bloque contra Trotski, 1923–1925; se unió a Trotski y a Zinóviev en la oposición unida, 1926–1927; se retractó en 1928; fue ejecutado durante los procesos de Moscú.

KARELIN, V.A. (1891–1938). Uno de los fundadores del Partido Eserista ruso de orientación anarquista que se enfrentó al bolchevismo.

KAUTSKY, KARL JOHANN (1854–1938). Destacado teórico marxista. En 1875 se convirtió en miembro del Partido Socialdemócrata de Austria. En 1891, fue el coautor del Programa de Erfurt del Partido Socialdemócrata de Alemania (SPD), junto a August Bebel y Eduard Bernstein. Después de la muerte de Engels, en 1895, Kautsky se convirtió en uno de los más importantes e influyentes teóricos del socialismo y de la Segunda Internacional, formando el núcleo marxista del partido junto a Bebel.

KERENSKI, ALEXANDR FIÓDOROVICH (1881–1970). Líder político ruso que presidía el gobierno provisional antes de que los bolcheviques tomaran el poder en noviembre de 1917. Tras la caída del zar y el establecimiento de un gobierno provisional republicano, Kerenski fue nombrado ministro de Justicia y luego ministro de Guerra. Finalmente fue nombrado jefe del Gobierno Provisional establecido tras la Revolución de Julio. Una de las primeras medidas que adoptó fue la supresión del Partido Bolchevique dirigido por Lenin, quien tuvo que exiliarse en Finlandia. El 7 de noviembre de 1917 Kerenski organizó algunas tropas e intentó tomar Petrogrado (hoy San Petersburgo), pero los soldados se negaron a combatir. Debió huir a París, desde donde dirigió varias organizaciones antibolcheviques. Cuando los alemanes tomaron a Francia, escapó a los Estados Unidos en 1940 donde viviría hasta su muerte.

KNIGHT, ROBERTO (1833–1911). Destacada personalidad del movimiento obrero inglés. Representante de la tendencia tradeunionista que se limitó a exigir demandas económicas sin carácter político.

KOLLONTAI, ALEKSANDRA (1872–1952). Destacada política comunista, revolucionaria y rusa, defensora de los derechos de la mujer. La primera mujer de la historia en ocupar un puesto en el gobierno de una nación. Se afilió al Partido Obrero Socialdemócrata Ruso en 1899. Tras la toma del poder, Aleksandra Kollontái fue elegida para la Comisaría del Pueblo para la Asistencia Pública en el gobierno del Sovnarkom. Fue una de las personas que más trabajó para hacer valer los derechos y libertades de las mujeres, modificando aspectos de algunas de las leyes que hacían a la mujer una subordinada del hombre. En 1918 Kollontái fue una de las organizadoras del Primer Congreso de Mujeres Trabajadoras de toda Rusia. De este congreso nació el Zhenotdel (Departamento de la Mujer), un organismo dedicado a promover la participación de las mujeres en la vida pública, y en proyectos sociales, y de manera muy especial la lucha contra el analfabetismo. El Zhenotdel tenía su propia revista llamada *Kommunistka* (*Mujer Comunista*) y Kollontái era parte de su Consejo editorial. Todo este esfuerzo fungió como base para el surgimiento de la mujer nueva en toda Rusia. En 1923 pasó al servicio diplomático. Fue

362 Vladimir Ilich Lenin: Textos escogidos

nombrada embajadora de la Unión Soviética (primera mujer embajadora de la historia) en Noruega y posteriormente en Suecia y México.

KRUPSKAIA, NADEZHDA (1869–1939). Más conocida como Nadia Krúpskaya, fue la esposa del revolucionario bolchevique Vladímir Ilich Uliánov, Lenin, además de una reconocida figura del Partido Comunista de la Unión Soviética. Fue un de las principales responsables de la creación del sistema educativo soviético y pionera del desarrollo de las bibliotecas rusas.

LABRIOLA, ARTURO (1873–1959). Economista y político italiano. Se unió al Partido Socialista Italiano en 1895, siendo uno de los representantes del ala revolucionaria.

LAFARGUE, PAUL (1842–1911). Periodista, médico, teórico político y revolucionario franco–cubano. Aunque en un principio su actividad política se orientó a partir de la obra de Proudhon, el contacto con Karl Marx (del que llegó a ser yerno al casarse con su segunda hija, Laura) acabó siendo determinante. Su obra más conocida es *El derecho a la pereza*. Lafargue ingresó en la sección francesa de la «Asociación Internacional de Trabajadores» (la AIT, más conocida como Primera Internacional). Sin embargo, pronto entró en contacto con dos de las personalidades más prominentes del pensamiento revolucionario, Karl Marx y Luis Augusto Blanqui, cuya influencia eclipsó completamente las tendencias anarquistas que hasta entonces había mostrado Lafargue. Lafargue fue también dirigente de la II Internacional.

LAGARDELLE, HUBERT (1874–1958). Político pequeño burgués francés de ideología anarco–sindicalista.

LENIN, VLADIMIR ILICH (1870–1924). Fundador del Partido Bolchevique, fue el presidente del Consejo de Comisarios del Pueblo (Gobierno soviético), 1917–1924, y dirigente central de la Internacional Comunista.

LIEBKNECHT, GUILLERMO (1826–1900). Destacada personalidad del movimiento obrero alemán y uno de los fundadores del Partido Socialdemócrata Alemán y de la II Internacional.

LUNACHARSKI, ANATOLI (1875–1933). Dramaturgo, crítico literario y político comunista ruso. Se unió al Partido Obrero Social Demócrata de Rusia, en el que era conocido como Vóinov. Tras la división del partido en 1903

Personas mencionadas **363**

en bolcheviques (liderados por Lenin) y mencheviques (liderados por Yuli Mártov), Lunacharski tomó partido inicialmente por los bolcheviques, hasta 1905. Hacía parte de la redacción del periódico *Vperiod* (*Adelante*). Sin embargo, tras la derrota de la Revolución Rusa de 1905, los desacuerdos políticos con Lenin lo alejaron de los bolcheviques. Sostuvo por entonces la necesidad de unir el marxismo con la religión. Después de la Revolución de Octubre fue nombrado Comisario de Instrucción para el Narkompros (Comisariado Popular para la Instrucción Pública).

LUXEMBURGO, ROSA (1871-1919). Líder del ala revolucionaria del Partido Socialdemócrata de Alemania, se le encarceló en 1915 por oponerse a la Primera Guerra Mundial. Fundadora de la Liga Espartaco y del Partido Comunista de Alemania, fue asesinada por oficiales del ejército instigados por el Gobierno socialdemócrata.

MARTÍNOV, ALEXANDER (1865-1935). Teórico burgués reformista que combatió a los bolcheviques en su condición de menchevique, para adherirse posteriormente al Partido Comunista de la URSS en el año 1923.

MÁRTOV, YULI (1873-1923). Revolucionario socialista ruso que llegó a ser el líder de la fracción menchevique. Fundó, junto con Lenin, la publicación socialdemócrata *Iskra*. Tras varios años de estrecha colaboración, Lenin y Mártov se separaron durante el Segundo Congreso del nuevo Partido Obrero Socialdemócrata Ruso; el desacuerdo llevó a la formación de las corrientes bolchevique (leninista) y menchevique (antileninista). Las disputas internas se sucedieron, a pesar de los intentos de Mártov de reunificar las fracciones. Los sucesivos intentos de recuperar la unidad el partido fracasaron y se sucedieron distintos periodos de predominio menchevique y bolchevique hasta la separación definitiva de las fracciones en partidos en 1912. Durante la guerra mundial, perteneció a la corriente internacionalista, opuesta a la contienda, pero no respaldó el derrotismo de Lenin.

MARX, CARLOS (1818-1883). Fundó junto con Federico Engels el movimiento obrero comunista moderno.

MILIUKOV, PÁVEL NIKOLÁIEVICH (1859-1943). Historiador y dirigente político ruso. Entre 1907 y 1917 fue diputado de la Tercera y Cuarta Duma. Aun después de la revolución de marzo de 1917 se opuso a la abolición total del

364 Vladimir Ilich Lenin: Textos escogidos

zarismo. A la caída del zar, durante unos dos meses, desempeñó el ministerio de Asuntos Exteriores en el primer gobierno provisional presidido por el príncipe Lvov, pero tuvo que dimitir ante la presión popular. Durante la guerra civil de 1918–1920 huyó de Petrogrado para refugiarse en el sur de Rusia y luego en Francia. Durante varios años dirigió en París un influyente periódico ruso, *Posliedniia Novosti* (*Últimas Noticias*). Enemigo del nacionalsocialismo alemán, defendió la causa soviética al producirse el ataque de Alemania a Rusia en junio 1941 durante la Segunda Guerra Mundial. Entre sus obras destacan: *Ensayo sobre la historia de la civilización rusa* (1901), *La crisis rusa* (1905) e *Historia de Rusia* (3 vols., 1932–1933).

MILLERAND, ALEJANDRO E. (1859–1943). Político francés. Se adhirió a los socialistas franceses. Traicionó a los socialistas franceses y en 1899 se pasó al partido de la derecha burguesa.

NAPOLEÓN I (NAPOLEÓN BONAPARTE) (1769–1821). Militar y estadista francés, general republicano durante la Revolución, artífice del golpe de Estado del Dieciocho de Brumario que le convirtió en gobernante de Francia como primer cónsul de la República del 11 de noviembre de 1799 al 18 de mayo de 1804. Posteriormente pasó a ser emperador de los franceses desde el 18 de mayo de 1804 al 6 de abril de 1814 y nuevamente, por un breve lapso, desde el 20 de marzo hasta el 22 de junio de 1815. Napoleón es considerado como uno de los mayores genios militares de la Historia, habiendo comandado campañas bélicas muy exitosas, aunque con derrotas igualmente estrepitosas. Sus agresivas guerras de conquista se convirtieron en las mayores conocidas en Europa, las cuales involucraban a un número de soldados jamás visto en los ejércitos hasta entonces. Durante el período de poco más de una década, adquirió el control de casi todo el Occidente y parte central de Europa por conquistas o alianzas y solo fue tras su derrota en la Batalla de las Naciones, cerca de Leipzig, en octubre de 1813, que se vio obligado a abdicar unos meses más tarde. Regresó a Francia en lo que es conocido como los Cien Días y fue decisivamente derrotado en la Batalla de Waterloo en Bélgica, el 18 de junio de 1815, siendo exiliado a la isla de Santa Elena, donde murió.

NICOLÁS II (1868–1918). Fue el último zar de Rusia hasta su abdicación en 1917. Cuando triunfa la Revolución de Octubre la familia imperial es trasladada a Ekaterinburgo, que se hallaba bajo control del Ejército Rojo. En

Personas mencionadas **365**

julio de 1918, ante el avance de las legiones checoslovacas (llamadas Ejército Blanco) hacia la ciudad, se temió que las tropas liberasen a la familia e intentasen restaurar el régimen del zar. En la noche del 17 de julio Nicolás II y el resto de los integrantes de la familia fueron ejecutados.

PEDRO I (1672–1725). Zar de toda la Rusia de 1682–1721. De 1721 a 1723 fue el emperador de toda Rusia.

PETROV, ALEXANDER (sin fecha de nacimiento y fallecimiento). Uno de los principales dirigentes de la Rebelión de la Flota del Mar negro en noviembre de 1905. Fue fusilado.

PISARIEVSKI (sin nombre conocido). Contralmirante de la Flota de Rusa del Mar Negro que participó en la represión de la Rebelión de los marineros en Sebastopol en 1905

PLEJÁNOV, GUEORGUI (1856–1918). Fundador del movimiento socialdemócrata ruso en 1883. Autor de numerosas obras en defensa del marxismo. Después de 1903 se une a los mencheviques. Se opuso a la Revolución de Octubre de 1917.

POTRÉSOV, ALEKSANDR (1869–1934). Revolucionario ruso, miembro del Partido Obrero Socialdemócrata de Rusia, de la corriente menchevique.

PROUDHON, PIERRE–JOSEPH (1809–1865). Filósofo y político francés. Fue fundamentalmente autodidacta. En 1840 su ensayo *¿Qué es la propiedad?* le valió fama en Francia y otros países europeos. En 1843 escribió dos obras importantes: *La creación del orden en la humanidad* y *El sistema de las contradicciones económicas* o la *Filosofía de la miseria*. Este último requirió la réplica de Marx titulada *La miseria de la Filosofía*. Sobre Proudhon, Marx diría: «Proudhon tenía una inclinación natural por la dialéctica. Pero como nunca comprendió la verdadera dialéctica científica, no pudo ir más allá de la sofística. En realidad, esto estaba ligado a su punto de vista pequeñoburgués».

QUELCH, TOMAS (1886–1954) Comunista inglés asociado a la Tercera Internacional (Komintern) en 1920.

REISNER, LARISA (1895–1926) Una de las mujeres legendarias del bolchevismo ruso. Combatiente del Ejército Rojo durante el comunismo de guerra. Comisaria del Estado Mayor de la Marina bolchevique. Combatiente internacionalista en la Revolución alemana en 1923. Publicó interesantes textos literarios que la califican como una intelectual marxista de primer nivel.

RIESSER, JACOBO (1833–1932). Economista y financiero alemán representante de poderosos capitales de la nación alemana.

ROMANOV (DINASTÍA). Familia real que reinó en Rusia desde 1613 hasta que estalló la Revolución Rusa en 1917. Los Romanov eran descendientes de un aristócrata de Moscú, cuya hija, Anastasia Romanovna, contrajo matrimonio con el zar Iván IV, el Terrible. Los hijos de Nikita, el hermano de Anastasia, adoptaron el nombre de Romanov en honor a su abuelo, que fue el padre de una zarina. El nieto de Nikita, Miguel, pasó a ser el primer zar de los Romanov.

STALIN, JOSÉ (1879–1953). Secretario general del Partido Comunista de la URSS, presidió la degeneración burocrática del Estado obrero soviético y de la Cominternn, así como su rechazo del rumbo internacionalista proletario. Organizó procesos basados en cargos falsos durante los años treinta y el asesinato de la mayoría de los líderes bolcheviques de la época de Lenin.

STEKLOV, YURI MIJÁILOVICH (1873–1941): Periodista, historiador y revolucionario ruso. En1903 se une a la corriente bolchevique del Partido Obrero Socialdemócrata de Rusia. Editor de *Izvestia*, publicación del Sóviet de Petrogrado. Tras la Revolución Rusa, se convierte en miembro del Comité Central del Partido.

TOLSTOI, LIEV NIKOLÁIEVICH (1828–1910). Escritor y moralista ruso. A los veintitrés años ingresó en el ejército y, mientras su unidad estaba de guarnición en el Cáucaso, escribió parte de un cuento semiautobiográfico, *Infancia, adolescencia y juventud*, con el que irrumpió en el campo de las letras (1852). Dos años más tarde se distinguió en el sitio de Sebastopol. Al incorporarse a la vida civil, luego de la guerra de Crimea, siguió escribiendo obras como *Dos húsares* (1856), *Tres muertes* (1859) y *Polikushka* (1860). Hizo también dos viajes al extranjero, que le confirmaron en su desprecio a la civilización burguesa de la Europa Occidental. En 1863 publicó *Los cosacos*, novela a la que siguió *La guerra y la paz*, monumental crónica de la vida rusa, tal como la conoció la nobleza durante las guerras napoleónicas, que apareció en fascículos durante los años 1865–1869. Luego dio a la luz (1875–1877) la novela de costumbres contemporáneas *Ana Karenina*. Solo por estas dos obras Tolstoi alcanza fama universal, para todos los tiempos.

TROTSKI, LEÓN (1879–1940). Político y teórico revolucionario ruso. Uno de los principales protagonistas de la Revolución Bolchevique en Rusia en 1917. Cuando Stalin alcanza el control del Partido Bolchevique, Trotski es primero destituido como comisario de guerra, luego apartado de la dirección del partido y posteriormente expulsado de este. Más tarde sería expulsado de la URSS en 1929. Desde su exilio encabezó la oposición comunista disidente, que formaría la Cuarta Internacional. Por orden de Stalin, fue asesinado en México en 1940.

TSERETELI, IRAKLI GUEÓRGUIEVICH (1881–1959). Político georgiano, uno de los dirigentes más destacados del Partido Obrero Socialdemócrata de Rusia y, más tarde, del Partido menchevique georgiano, tras la proclamación de la independencia de Georgia de Rusia. Fue uno de los miembros más destacados del Sóviet de Petrogrado y uno de los más notables defensistas tras la Revolución de Febrero de 1917.

VANDERVELDE, EMILE (1866–1938). Abogado y político belga, dirigente de la Segunda Internacional desde 1889 y ministro en diversas ocasiones. Durante la Revolución Rusa tomó partido por los mencheviques ante los bolcheviques.

VARLIN, LUIS E. (1839–sin fecha de fallecimiento). General zarista. Uno de los organizadores del aplastamiento sangriento de la insurrección armada de 1905.

WEBER, MAXIMILIAN CARL EMIL (1864–1920). Filósofo, economista, jurista, historiador, politólogo y sociólogo alemán, considerado uno de los fundadores del estudio moderno de la sociología y la administración pública, con un marcado sentido antipositivista.

ZASÚLICH, VERA (1849–1919). Escritora y revolucionaria rusa. Junto a Plejánov participó en la fundación del grupo marxista Emancipación del Trabajo (1883). Le fue asignada la tarea principal de traducir al ruso una parte importante de la obra de Carlos Marx con lo que se contribuyó a extender la influencia del marxismo entre la intelectualidad rusa de finales del siglo XIX. Luego formó parte del consejo de redacción de *Iskra*, el periódico fundado por Lenin.

ZINÓVIEV, GREGORI (1883–1936). Veterano líder bolchevique, participó en la fracción que en la víspera de la Revolución de Octubre de 1917 se opuso a la toma del poder dirigida por los bolcheviques. Presidente de la Internacional Comunista, 1919–1926. Se unió a Stalin en bloque contra Trotski, 1923–1925. Se unió a Trotski y a Kámenev en la oposición unida, 1926–1927. Se retractó en 1928; fue ejecutado durante los procesos de Moscú.

Índice temático

A

Administración obrera 210
Agricultura comunista 210
Anarquistas cristianos 188
Andréiev, A.A. 351
Armenia 351
Artillería de Rostov 72
Asamblea constituyente 126
Asociación obrera 197
Autonomización 8, 287, 297, 299, 307, 351

B

Bandidaje imperialista 189
Batalla de Sadowa 197, 350
Bolcheviques 1, 5, 6, 7, 8, 9, 13, 14, 15, 50,
    59, 60, 66, 83, 114, 135, 142, 143, 144,
    172, 184, 185, 187, 191, 192, 193, 195,
    211, 237, 284, 300, 341, 345, 348, 349,
    357, 361, 363, 366, 367, 368
Brousistas (ver posibilistas) 344
Burguesía
    — imperialista 159, 185, 186, 187, 189,
    190, 196, 221, 343, 349
    — mundial 189, 301

C

Capital
    — dominación del 170, 187
    — financiero 86, 87, 88, 90, 91, 92, 113,
    123, 184, 250
    — internacional 216, 249, 250
Capitalismo
    — de Estado 165, 166, 167, 168, 169,
    170, 171, 172, 173, 258, 274, 275, 276,
    282, 312, 313
    — industrial 88, 183
    — privado 167, 168, 169, 258, 274, 313

Carácter
    — de clase 29, 111, 188, 189, 206
    — social de la guerra 188
Centristas 120, 192
Chovinismo 120, 197, 344
Clases
    — dominantes 113
    — realidad de 186
    — supresión de las 213, 215, 217
Comisión Socialista Internacional (ISK)
    349
Comuna
    — agrícolas 350
    — de consumo 350
    — de París 106, 118, 120, 137, 340, 345,
    358
Conciencia
    — política 19, 20, 22, 98
    — política de las masas 242
Conferencia Socialista de Zimmerwald
    14, 349
Congreso
    — de Stuttgart 349
Consejo de Comisarios del Pueblo 14, 204,
    253, 271, 347, 350, 362
Control obrero 210
Cooperación 8, 126, 210, 247, 248, 308, 309,
    310, 311, 312, 313, 314, 315, 353
Crisis económica y política 349
Cuarteles
    — Krutitski 72
    — Nesvizh 72
Cultura
    — burguesa 303, 322
    — burocrática 322
    — preburguesa 322
    — proletaria 229, 286, 303

370   Vladimir Ilich Lenin: Textos escogidos

D

Defensismo revolucionario 114, 124, 125
Democracia
  — burguesa 24, 48, 49, 50, 53, 139, 186, 219
  — burguesa parlamentaria 213
  — burguesa revolucionaria 49, 50
  — del trabajo 201
  — pura 213
Demócratas constitucionalistas 82, 128, 176, 177
Dictadura del proletariado 137, 140, 162, 173, 176, 177, 182, 184, 195, 206, 208, 209, 210, 211, 213, 215, 216, 217, 218, 234, 249, 266, 350
Disciplina burguesa 187
Domingo Sangriento 96, 98
Duma de Bulyguin 107, 342

E

Educación de las masas 101, 183
Ejército nuevo 188, 348
Electrificación 231, 244, 252, 259, 336
Emancipación de la mujer 202
Empresas
  — capitalistas 313
  — colectivas 313
  — cooperativas 313
  — socialistas 313
Esclavitud asalariada 139, 196, 245, 346
Eseristas 111, 134, 135, 143, 154, 168, 170, 171, 176, 177, 191, 198, 200, 201, 205, 206, 247, 268, 342, 345, 347
Espartaquistas 194, 349, 350
Estilo Pompadour 37

F

Federación Socialdemócrata de Inglaterra 344
Ferrocarril Moscú–Kazán 197, 342
Flota del Báltico 143

G

Gobierno burgués imperialista 185
Gosplan 287, 292, 293, 294, 295, 307
Gran Revolución Francesa 188
Guerra
  — de los Treinta Años 140

  — imperialista 97, 113, 114, 115, 117, 123, 125, 186, 187, 188, 189, 196, 197, 199, 200, 220, 333, 334, 344, 349
  — imperialista reaccionaria 190
  — imperialista ruso–japonesa 103
Guesdistas 32, 82, 344

H

Haciendas soviéticas 210, 350
Huertos suburbanos 239

I

III Congreso del Partido Obrero Socialdemócrata de Rusia 48, 50
III Internacional 6, 7, 15, 195, 224
II Internacional 14, 182, 183, 184, 192, 209, 211, 216, 217, 219, 221, 224, 268, 284, 348, 349, 362
Imperialismo
  — alemán 94, 158, 159, 163, 171, 196
  — anglo–francés 126, 158, 196
  — mundial 158, 196
  — ruso 126
Impuesto en especie 241, 245, 248, 249, 252, 253, 254, 255, 256, 279
Independent Labour Party (Partido Laborista Independiente) 83, 344
Industria
  — ligera 280, 281
  — pesada 280, 281, 310
Intelectuales burgueses 198, 202, 205
Intercambio
  — cooperativo 310
  — económico local 247
  — individual de mercancías 252
Internacional de Berna 201
Internacionalistas
  — de izquierda 349
  — revolucionarios 349
I.S.K. (ver Comisión Socialista Internacional) 349
IV Congreso del Partido Obrero Social Demócrata de Rusia (POSDR) 62, 63, 65, 341

J

Jauresistas 82, 344

K
Kautskismo 133, 182, 183

L
Labor cultural 264, 268, 314
Liberalismo nacionalista 197
Libertad
— de circulación 246, 252
— de comercio 206, 245, 246, 249, 258, 275, 279
— de intercambio 245, 249, 253
Libre
— circulación de mercancías 279
— intercambio 251, 253
— intercambio local de mercancías 247
Lucha
— de clases 33, 46, 54, 81, 129, 134, 198, 209, 215, 216, 217, 229, 233, 234, 308, 313, 314, 346
— de clases del proletariado 129

M
Mandos burgueses 187
Manilovismo 340
Mansedumbre servil 187
Marxismo 5, 9, 12, 30, 55, 61, 76, 77, 78, 81, 83, 84, 88, 89, 95, 118, 120, 132, 133, 134, 135, 137, 138, 140, 162, 182, 183, 184, 191, 192, 194, 228, 245, 343, 344, 358, 360, 363, 365, 367
Medios
— de producción 94, 129, 135, 136, 137, 138, 156, 164, 209, 216, 252, 257, 308, 309, 312, 313, 314, 343
— revolucionarios de lucha 183
Mencheviques 6, 13, 50, 65, 66, 83, 114, 124, 130, 134, 135, 143, 144, 149, 171, 176, 177, 184, 185, 186, 187, 188, 190, 198, 200, 201, 205, 247, 268, 341, 343, 345, 347, 357, 363, 365, 367
Millerandismo (ver Ministerialismo) 344
Ministerialismo (ver *Millerandismo*) 344
Monarquías burguesas 197
Monopolio 85, 86, 89, 90, 97, 167, 168, 169, 172, 174, 175, 176, 177, 253
Moral comunista 232
Moralidad comunista 232, 234, 236

Movimiento
— democrático–burgués 220, 221
— puramente proletario 222
— reformista 221
— revolucionario 1, 9, 21, 23, 98, 101, 102, 110, 220, 221, 334
— revolucionario nacional 220

N
Nacionalismo pequeñoburgués 185
Naciones
— opresoras 219, 224
— oprimidas 219, 220
Neoiskrista 48, 50, 51, 53, 55
Népmanes 320, 321
NEP (ver Nueva Política Económica) 8, 308, 309, 310, 311, 329, 333
Nezavísimtsi 341
Nueva Política Económica (ver *NEP*) 8, 15, 257, 258, 269, 273, 274, 276, 277, 278, 279, 281, 351

O
Oficialidad burguesa 187
Organismos
— del Estado 260, 263
— de planificación 263
— económicos 259, 260, 262, 263

P
Países capitalistas 86, 100, 106, 184, 222, 278, 280, 284, 305, 334
Partido
— Bolchevique 8, 191, 346, 360, 361, 362, 367
— Comunista de Alemania 350, 363
— Laborista Independiente (*Independent Labour Party*) 83, 344
— Obrero Belga 344, 358
— Obrero Socialdemócrata de Letonia 341
— Obrero Socialdemócrata de Rusia 6, 45, 48, 50, 357, 365, 366, 367
— Socialista Británico 224, 344
— Socialista de Francia 344
— Socialista Francés 344
Paz
— de Brest–Litovsk 7, 14, 157, 348
— de Versalles 278, 284

372 Vladimir Ilich Lenin: Textos escogidos

— inmediata 145, 185
— por separado 125, 185
— separada 155, 157, 159, 161, 162, 190, 348
Pequeña burguesía 83, 122, 126, 127, 167, 168, 186, 209, 216, 218, 360
Pequeño burgués nacionalista 189, 190
Pequeños burgueses 121, 167, 186, 188, 190, 201, 217
Perfeccionamiento reformista del imperialismo 186
Poder soviético 155, 156, 166, 167, 169, 170, 174, 176, 177, 179, 180, 195, 196, 208, 213, 257, 259, 260, 261, 264, 267, 328, 343, 346, 348
Posibilistas (ver *brousistas*) 344
Primera Conferencia Socialista Internacional 349
Problema
— colonial 7, 220
— nacional 88, 220, 299, 300
Producción socialista 191
Productividad del trabajo 197, 199, 200, 201, 205, 259, 333
Proletariado
— industrial 222
— mundial 189
Proletario revolucionario 80, 189, 190, 192
Propaganda 5, 11, 22, 23, 25, 26, 27, 28, 31, 47, 48, 51, 63, 82, 115, 139, 141, 157, 161, 183, 190, 194, 203, 222, 223, 242, 247, 254, 264
Propiedad privada de la tierra 210
Proudhonismo 77, 343

R
Reformismo 6, 82, 185, 187, 360
Régimen cooperativo 310
Regimiento
— de Bielostok 104
— de Ekaterinoslav 72
— de Semiónov 110
— Semiónovski (ver Regimiento de Semiónov) 69, 342
Repúblicas
— democrático–burguesa 186
— soviéticas 223, 270, 351, 352

Revolución
— a fecha fija 191
— China 7
— cultural 315
— del proletariado 198
— de Noviembre 348, 350
— de Octubre 7, 9, 180, 308, 346, 360, 363, 364, 365, 368
— europea 6, 110, 112, 190, 191, 192, 193
— general europea 190, 191, 193
— mundial 183, 195, 196, 273, 284, 286, 352
— proletaria 84, 99, 102, 112, 113, 129, 137, 171, 182, 184, 187, 190, 196, 201, 229, 233, 348
— proletaria mundial 190
— rusa 69, 74, 82, 96, 99, 100, 106, 107, 109, 111, 112, 129, 155, 188, 191, 194, 273, 285, 286, 345, 346, 352
— socialista 5, 7, 14, 51, 52, 137, 138, 155, 156, 157, 158, 159, 160, 161, 162, 241, 242, 244, 333, 334, 345, 347, 349, 352
— violenta 135, 139, 140, 141

S
Sábado comunista 197, 198
Segunda Internacional 87, 361, 367
Sindicalismo revolucionario 83, 344
Sistema de contingentación 241, 245, 248, 249, 252, 253, 255, 256
Situación revolucionaria 141, 192, 193, 195
Socialchovinismo 183, 195, 344
Socialchovinistas 117, 118, 133, 141, 185, 192, 193, 195, 349
Socialistas
— gubernamentales 184, 188
— populares 124, 345
— revolucionarios 124, 154
Socialpacifistas 97, 195, 349
Sociedad
— burguesa 90, 227, 230, 283, 305
— capitalista 79, 83, 90, 106, 129, 225, 226, 227, 228, 229, 239
— comunista 179, 225, 226, 230, 231, 232, 233, 234, 235, 237, 238, 240, 267

Índice temático **373**

— contemporánea 21
— de consumo 350
— humana 228, 229, 233, 236
— moderna 76
— rusa 5, 340
— socialista 309
— terrateniente 229
Soviets
— campesinos 221, 222, 223
— de los explotados 222
— de trabajadores 222
Sublevación de los fuertes de Sveaborg y
Cronstadt 343

T
Táctica revolucionaria 187, 192, 193
Teoría de la utilidad límite 343

U
Unión
— de Repúblicas Soviéticas 201, 271,
351
— de Repúblicas Soviéticas de Europa
y Asia 270, 271

V
Violencia individual 189

Z
Zapadores de Alexándrov 72
Zemstvos 26, 31, 32, 33, 53
Zubatovista 341

Índice de nombres

A

Adler, Federico 209
África 7, 91, 149
Akímov (ver Vladimir P. Majnóvets) 41, 42
Alejandro II 102, 357
Alemania 2, 6, 12, 14, 77, 82, 89, 90, 91, 92, 94, 99, 125, 139, 147, 149, 157, 159, 161, 163, 170, 171, 188, 190, 328, 333, 334, 342, 343, 345, 346, 348, 350, 360, 363, 364
Alexéiev, Piotr A. 42
América del Norte 250
América Latina 7
Andréiev, A.A. 351
Armenia 351
Asia 7, 111, 112, 220, 270, 271, 302
Austria 112, 124, 163, 348, 350, 360
Avxéntiev, Nikolai D. 150
Axelrod, Pavel B. 12, 31, 36, 37, 38, 39, 40, 41, 42, 44, 59, 339, 340, 357
Azerbaidzhán 351

B

Bagdad 89
Bebel, Augusto 191, 346, 358, 360, 361
Bélgica 83, 88, 89, 163, 364
Berlín 2, 163
Berna 201, 344
Berstein, Eduard 12, 358
Bielostok 104
Blanqui, Luis Augusto 346, 358, 362
Böhm–Bawerk 79, 81, 343
Bolsháia Serpujovskaia 72
Bosh, E. 348
Brentano, Lujo 183
Brouckére, Luis de 83, 344, 358

Brousse, Pablo 344
Bujárin, Nicolái I. 8, 9, 289, 358

C

Canadá 328
Cáucaso 50, 297, 298, 299, 303, 366
Cavaignac, Luiss Eugenio 168
Chernénkov, B.N. 206
Chernov, Víctor M. 161, 214, 215
China 7, 112, 124, 220, 334, 335, 350
Chjeidze, Nicolás S. 359
Clemenceau, Georges 189, 359
Crimea 104, 357, 366
Cronstadt 74, 255, 343
Cuenca del Donetz 267
Curlandia 162, 163

D

Dan, Fiódor I. 150, 347
Denikin, Antón I. 237, 255
Derzhimorda 353
Dubásov, Fiodor V. 71, 72, 342, 359
Dühring, Eugenio 77, 79, 139, 359
Dútov, Alexander I. 180
Dzerzhinski, Félix E. 9, 297, 298, 301, 359

E

Edinstvo 117, 345
EE.UU. 250, 328, 335, 352
Ellenbogen, Guillermo 112
Engels, Federico 6, 7, 9, 15, 73, 77, 79, 118, 133, 135, 136, 137, 138, 139, 140, 141, 187, 188, 191, 217, 339, 342, 343, 346, 347, 349, 358, 359, 360, 363
Ermanski, Osip A. 353
Estados Unidos (ver EE.UU.) 2, 90, 92, 99, 350, 357, 361
Estlandia 160, 194, 348

Índice de nombres 375

Europa Occidental 7, 23, 82, 100, 110, 222, 276, 303, 322, 324, 329, 331, 333, 334, 335, 344, 357, 366
Eveling, Eleonora 344

F

Feodosia 104
Fídler, I.I. 69
Finlandia 162, 177, 194, 252, 341, 357, 361
Foch, Ferdinando 197
Francia 83, 88, 99, 123, 147, 149, 184, 186, 187, 188, 190, 250, 284, 342, 344, 345, 349, 350, 358, 360, 361, 364, 365

G

Gapón, Gueorgui 96, 359
Georgia 297, 351, 367
Gogol, N. 340, 353
Goldenberg, Iósif P. 117, 118
Goldman, Mijail Isaákovich (Liber) 347
Gorki, Máximo 341
Graber, Ernesto Pablo 184
Grimm, Roberto 184
Guchkov, Alexandr I. 127, 129
Gue, Alexander Y. 171
Guesde, Julio 344
Guesdistas 32, 82, 344
Guillermo II 125, 149, 189, 346

H

Haase, Hugo 185, 190
Hamburgo 43, 340
Hegel, Federico 78, 133, 359
Henderson, Arturo 195, 349
Hindenburg 197
Hobson, John Atkinson 89, 345
Hradec Králové 350
Huysmans, Camilo 92

I

India 220, 334, 335, 350
Inglaterra 21, 83, 89, 90, 91, 92, 99, 123, 147, 149, 161, 163, 185, 186, 220, 224, 250, 284, 328, 344, 345, 350
Iskra 12, 13, 21, 25, 26, 28, 29, 30, 31, 32, 36, 42, 49, 50, 52, 59, 65, 72, 339, 340, 341, 363, 367
Italia 83, 184, 188, 190, 286, 345, 348
Izvestia 149, 151, 241, 347, 350, 366

Izvestia Vserosíiskogo Sovieta Krestiánskij Diputatov 347

J

Jacoby, Juan 197
Jalturin, Stepán N. 42
Japón 250, 284, 335
Jaurès, Juan 344, 360
Jodorovski, Iósif I. 306, 307

K

Kaledin, Alexéi M. 180
Kámenev, Lev B. 9, 270, 272, 347, 352, 360, 368
Karelin, V.A. 171, 360
Katkov, Mijaíl N. 29
Kautsky, Karl 52, 73, 87, 88, 89, 92, 110, 120, 135, 182, 183, 184, 185, 186, 187, 188, 190, 191, 192, 193, 194, 195, 196, 201, 209, 213, 214, 215, 345, 348, 349, 358, 360
Kerenski, Alexandr F. 142, 143, 173, 176, 179, 186, 187, 188, 361
Kérzhentsev, Platón M. 328
Kishkín, Nikolai M. 142
Knight, Roberto 21, 22, 361
Kolchak, Alexandr V. 237, 255, 284
Kolomna 72
Kommunist 182, 287, 303, 348
Kornilov, Lavr G. 177
Krichevski, Borís N. 22
Krylenko, Nikolái V. 158
Krzhizhanovski, Gleb M. 293, 294

L

Labriola, Arturo 83, 362
Lafargue, Paul 12, 344, 362
Lagardelle, Hubert 83, 362
La Voluntad del Pueblo 38, 357
Lenin, N. (ver Vladimir Ilich Lenin, Vladimir Ilich Ulianov) 1, 5, 6, 7, 8, 9, 11, 12, 13, 14, 15, 34, 39, 42, 46, 57, 58, 67, 75, 76, 84, 96, 113, 114, 117, 118, 119, 122, 131, 141, 144, 154, 155, 163, 164, 173, 174, 181, 182, 196, 197, 207, 208, 218, 224, 225, 240, 256, 269, 272, 273, 284, 286, 287, 288, 290, 292, 293, 294, 295, 296, 299, 300, 302, 307, 308, 315, 321, 337, 339, 340, 341, 342, 343,

344, 345, 346, 347, 348, 349, 350, 351, 352, 353, 355, 357, 359, 361, 362, 363, 366, 367

Letonia 194, 252, 341, 343, 348

Lezhava, A.M. 252

Liber (ver Mijail Isaákovich Goldman) 347

Liebknecht, C. 349

Liebknecht, Guillermo 21, 22, 194, 339, 346, 362

Liflandia 160, 348

Lituania 162, 163, 252, 341

Londres 12, 252, 345, 358

Longuet, Jean 184, 185, 195, 209, 345

Lorena 88

Lunacharski, Anatoli 9, 341, 362, 363

Luxemburgo, Rosa 118, 349, 350, 363

Lvov 114, 364

M

MacDonald, Ramsay 185, 195, 209, 344, 345

Májnovets, Vladimir P. (Akímov) 41, 42

Malájov, Nikolái N. 72, 342

Mandelberg, Victor E. (Posadovski) 42

Manifiesto Comunista 81, 140

Manifiesto de Basilea 187, 189, 192, 224, 349

Maring, Enrique 219

Marsellesa 72

Martínov (ver Alexandr Samóilovich Piker) 20, 21, 22, 25, 26, 30, 31, 42, 51, 52, 363

Mártov (ver Yuli Osipovich Tsederbaum) 12, 36, 37, 38, 41, 42, 43, 44, 45, 46, 92, 214, 215, 363

Marx, Carlos 6, 7, 9, 12, 15, 56, 69, 72, 76, 77, 78, 79, 80, 83, 84, 95, 118, 132, 133, 134, 135, 137, 139, 140, 141, 184, 188, 191, 193, 201, 228, 229, 339, 342, 343, 344, 346, 347, 349, 350, 358, 359, 362, 363, 365, 367

Mehring, Francisco 350

Melon, B. 344

Mescherski, Vladimir P. 29

Miliukov, Pavel N. 124, 129, 363

Millerand, Alejandro E. 52, 344, 364

Mishkin, Ippolit N. 42

Moscú 8, 33, 34, 46, 57, 67, 68, 69, 70, 71, 72, 73, 74, 75, 84, 95, 110, 113, 118, 122, 124, 131, 141, 143, 144, 154, 163, 173, 175, 181, 182, 196, 197, 198, 200, 202, 205, 207, 218, 224, 240, 251, 256, 267, 269, 271, 272, 280, 286, 302, 303, 307, 315, 321, 337, 342, 346, 350, 351, 352, 355, 359, 360, 366, 368

Mühlberger, Arturo 77

N

Nadiezhdin, L. (ver Evgueni Osipovich Zelenski) 41

Naine, Carlos 185

Napoleón (Napoleón I Bonaparte) 364

Nicolás II, (ver Romanov) 123, 125, 364, 365

Nobs, Ernesto 184

Nóvaia Zhizn 58, 60, 62, 132, 172, 341

O

Odesa 103

Oldenborger, Vladimir V. 267, 351

Oldenburg, S.S. 288

Olminski, M. 341

Ordzhonikidze, Grígori K. 297, 298, 301

Osvobozhdenie 50, 56

Owen, Roberto 313

P

París 12, 13, 81, 106, 120, 128, 137, 340, 345, 348, 358, 359, 360, 361, 364

Pedro I 171, 365

Persia 112, 124, 220, 350

Petersburgo 11, 12, 13, 14, 85, 97, 100, 103, 108, 110, 340, 341, 342, 361

Petrogrado 1, 14, 114, 121, 127, 132, 143, 151, 160, 174, 175, 178, 180, 182, 183, 184, 252, 280, 345, 346, 347, 352, 361, 364, 366, 367

Petrov, Alexandr 104, 365

Piatakov, Gueorgui L. 289, 290, 293, 294, 348

Pisarievski 104, 365

Plejánov, Gueorgui 12, 13, 22, 37, 38, 70, 78, 79, 117, 118, 120, 183, 339, 345, 365, 367

Popov (ver Vladimir Nikoláievich Rozanov) 42, 254

Índice de nombres   377

Posadovski (ver Victor E. Mandelberg) 42
Potiomkin 103
Praga 14, 112
Preobrazhenski, Evgueni A. 8, 9, 249
Presnia 69, 72
Programa de Gotha 140, 346, 347
Putílov 174, 178

Q

Quelch, Tomás 224, 365

R

Rabócheie Dielo 23, 24, 26, 52
Renaudel, Pedro 349
Reval 160
Revolutsiónnaya Rossía 345
Riesser, Jacobo 91, 93, 366
Riga 100, 160
Ríkov, Alexéi I. 272
Romanov (Nicolás II) 5, 14, 176, 179, 366
Rossía 33, 340, 345
Roy, Manabendra Nath 219, 220, 223
Rozanov, Vladimir Nikoláievich (Popov) 42, 254
Rúdnev (ver Vladimir A. Basárov) 343
Rudzutak, Y.E. 351
Rusia 2, 5, 6, 7, 8, 9, 11, 12, 13, 14, 15, 21, 28, 29, 45, 47, 48, 50, 52, 54, 58, 61, 74, 75, 77, 78, 81, 83, 97, 98, 99, 100, 101, 102, 103, 105, 106, 107, 108, 109, 110, 111, 113, 114, 115, 120, 123, 124, 125, 126, 128, 129, 130, 131, 146, 147, 153, 154, 155, 156, 157, 161, 162, 163, 166, 167, 168, 171, 172, 174, 175, 178, 181, 184, 186, 190, 191, 196, 199, 206, 209, 210, 211, 212, 213, 216, 220, 222, 225, 237, 238, 239, 241, 242, 243, 245, 248, 249, 251, 252, 253, 257, 259, 261, 262, 267, 269, 272, 274, 275, 276, 277, 279, 281, 285, 288, 293, 297, 303, 305, 309, 327, 333, 335, 336, 340, 342, 343, 345, 346, 347, 348, 350, 351, 352, 353, 357, 360, 361, 362, 364, 365, 366, 367
Rusia Central 249
Rusia europea 12
Rússkaya Mysl 32, 288
Rússkaya Volia 117, 346

S

Saint-Simon, Claudio Enrique 94, 95
Sazonov, Gueorgui P. 340
Scheidemann, Felipe 184, 188, 194, 195, 196, 349
Schulze-Gaevernitz, Gerhardt 94
Serbia 163
Sher, Vasili V. 206
Shingariov, Andréi I. 130
Siberia 12, 237, 243, 249, 303, 307
Sokólnikov, Grigori Y. 270
Sotsial-Demokrat 347, 348
Stalin, José V. 9, 15, 270, 271, 289, 290, 298, 301, 351, 360, 366, 367, 368
Steklov, Yuri M. 116, 120, 121, 366
Stolypin, Piotr A. 129, 346
Strastnaia 69, 72
Struve, Piotr B. 98, 183, 339
Stuttgart 19, 133, 349
Suiza 12, 13, 14, 113, 185, 349, 358
Sveaborg 74, 343

T

Tierra y Libertad 38, 55
Tolstoi, L.N. 189, 366, 367
Trotski, León D. 9, 12, 287, 289, 290, 292, 293, 360, 367, 368
Tsederbaum, Yuli Osipovich (Mártov) 12, 36, 37, 38, 41, 42, 43, 44, 45, 46, 92, 214, 215, 363
Tsereteli, Irakli G. 114, 116, 120, 121, 124, 367
Turati, Felipe 184, 185, 188, 190, 345
Turguénev, Iván S. 352
Turquestán 221
Turquía 112, 124, 220, 348

U

Ucrania 162, 177, 194, 206, 237, 243, 249, 270, 341, 348, 351
Urales 267
URSS 15, 270, 343, 351, 352, 363, 366, 367

V

Vanderlip, Washington 250
Vandervelde, Emilio 83, 344, 349, 367
Varlin, Luis Eugenio 52, 340, 367
Véstnik Russkoi Revolutsii 345

378 Vladimir Ilich Lenin: Textos escogidos

Viena 112, 163, 182
Vladivostok 278
Volga 299
Vóljov 336, 353
Voluntad del Pueblo 11, 357
Vorovski, V. 341
Vperiod 172

W
Weber, Max 110, 367
Witte, Serguei Y. 33, 339

Y
Yudénich, Nikolái N. 248

Z
Zasulich, Vera I. 339, 367
Zelenski, Evgueni Osipovich (Nadiezhnin
L.) 41
Zetkin, Clara 350
Zheliabov, Andrei I. 42
Zimmerwald 14, 186, 349
Zinóviev, Gregori E. 9, 182, 270, 289, 297,
347, 349, 352, 360, 368
Zurich 344

VLADIMIR ILICH ULIÁNOV, *LENIN*, líder revolucionario ruso, político y pensador, que encabezó la Revolución de Octubre y llegó a convertirse en la figura cimera del marxismo europeo en el siglo xx. Nació en Simbirsk, Rusia, el 22 de abril de 1870 y estudió Derecho en la Universidad de Kazán, donde se incorporó a las luchas estudiantiles en 1887.

Creó en 1895 la Unión para la Lucha por la Emancipación de la Clase Obrera. Por esta causa sufrió prisión y fue deportado a Siberia. En 1900 se trasladó a Suiza y allí fundó el periódico *Iskra* (*La chispa*).

A partir del II Congreso del Partido Obrero Socialdemócrata Ruso (POSDR), en 1903, donde hubo un rompimiento entre dos tendencias ideológicas, Lenin encabezó la más radical, que se conoció como Bolchevique.

Al estallar la Primera Guerra Mundial en 1914, llamó a los socialistas a «transformar la guerra imperialista en una guerra civil». En agosto de 1917 se vio obligado a viajar a Finlandia, y allí escribió su obra clásica *El Estado y la Revolución*.

El 7 de noviembre de 1917 (25 de octubre según el calendario juliano), el Partido, dirigido por Lenin, encabezó la rebelión armada que dio inicio a la Gran Revolución de Octubre. Lenin adaptó, con espíritu creador, la teoría marxista a las nuevas condiciones históricas, partiendo de la experiencia de las revoluciones rusas y del movimiento revolucionario internacional. Esa es su gran lección a los marxistas de todo el mundo. Al alcanzar la victoria, fue nombrado jefe de gobierno y ratificó los grandes objetivos fijados por la revolución.

En agosto de 1918 sufrió un atentado a manos de una anarquista. A partir de ese momento, la salud de Lenin fue deteriorándose. Murió el 21 de enero de 1924 en Nizhni Nóvgorod.

Printed in the United States
by Baker & Taylor Publisher Services